존재와 달리
또는 존재성을 넘어

Autrement qu'être ou au-delà de l'essence

Autrement qu'être ou au-delà de l'essence

Copyright © Emmanuel Levinas, 1974

Korean edition copyright © Greenbee Publishing Co., 2021
All rights reserved.
This Korean edition published by arrangement with Michaël Levinas through Shinwon Agency
Co., Seoul.

레비나스 선집 6
존재와 달리 또는 존재성을 넘어

초판1쇄 펴냄 2021년 8월 5일
초판2쇄 펴냄 2024년 4월 11일

지은이 에마뉘엘 레비나스
옮긴이 문성원
펴낸이 유재건
펴낸곳 그린비
주소 서울시 마포구 와우산로 180, 4층
대표전화 02-702-2717 | **팩스** 02-703-0272
홈페이지 www.greenbee.co.kr
원고투고 및 문의 editor@greenbee.co.kr

편집 이진희, 구세주, 송예진 | **디자인** 이은솔, 박예은
마케팅 육소연 | **물류유통** 류경희 | **경영관리** 이선희

이 책의 한국어판 저작권은 신원에이전시를 통해 저작권자와 독점 계약한 (주)그린비출판사에 있습니다.
저작권법에 의하여 한국 내에서 보호를 받는 저작물이므로 무단전재와 무단복제를 금합니다.
책값은 뒤표지에 있습니다. 잘못 만들어진 책은 구입처에서 바꿔 드립니다.
ISBN 978-89-7682-843-9 94160   978-89-7682-405-9 (세트)

독자의 학문사변행學問思辨行을 돕는 든든한 가이드 _(주)그린비출판사

레비나스 선집 6
Emmanuel Levinas

존재와 달리
또는 존재성을 넘어

에마뉘엘 레비나스 지음

문성원 옮김

Autrement qu'être ou au-delà de l'essence

ㅇB
그린비

나치가 학살한 600만 명 가운데 가장 가까웠던 이들을 기억하며.
그리고 모든 종파와 모든 민족의 수많은 사람들,
반유대주의와 같은 방식의 다른 사람에 대한 증오로
희생된 이들을 기억하며.

정의로운 자가 그 덕을 저버리고 악을 행하면 내가 그 앞에 장애물을
놓을 것이며 그는 죽을 것이다. 네가 그에게 경고하지 않으면 그는
자기 죄로 죽게 될 것이며 그가 행한 덕스러운 행위들이 아니라
그의 피가 기록되어 남겨질 것이다. 나는 너에게 책임을 물을 것이다.
―「에스겔」, 3장 20절

신께서 그에게 말씀하셨다. "너는 도시 가운데로, 예루살렘 가운데로 가서
그곳에서 행해지는 모든 죄악 때문에 탄식하고 신음하는 자들의 이마에
표를 하라." 내가 듣는 데서 또 다른 이들에게 말씀하셨다.
"너희는 그 뒤를 따라 도시로 가서, 쳐라. 관용을 베풀지 말고
불쌍히 여기지 말라. 늙은이, 젊은이, 젊은 처자, 어린아이, 부인들을
닥치는 대로 죽이되, 이마에 표를 한 사람은 손을 대지 말라.
내 성소에서부터 시작하라."
―「에스겔」, 9장 4~6절

현자는 말했다. "'내 성소에서부터 시작하라'라고 읽지 말고 […]
탈무드 사바트(Sabbath) 조항 55a가 가르치듯 '나를 신성시하는
자들로부터 시작하라'라고 읽어라."
―「에스겔」, 9장 6절에 대한 라히(Rachi)의 주석

"[…] 이곳은 태양 아래 나의 자리다."
이것이 모든 땅에 대한 찬탈의 시작이고 찬탈의 이미지다.
|
"[…] 사람들은 사욕을 공공선을 위해 할 수 있는 만큼 활용해 왔다.
그러나 그것은 시늉에 불과하며, 자비의 그릇된 이미지다.
사실상 그것은 증오일 뿐이기 때문이다."
― 파스칼, 『팡세』[단락 112, 404]

| 일러두기 |

1 이 책은 Emmanuel Levinas, *Autrement qu'être ou au-delà de l'essence*, Den Hagg: Martinus Nijhoff, 1974를 완역한 것이다.

2 본문의 주석은 모두 각주이며, 옮긴이 주는 각주의 끝에 '—옮긴이'라고 표시했다. 또한 옮긴이기 보충히는 내용이나 인용출처는 대괄호([ ])로 표시했나.

3 원서에서 기유메(« »)로 표시된 부분은 큰따옴표(" ")로, 이탤릭체로 강조된 부분은 고딕체로 표시했다. 또 레비나스가 특정한 단어들에서 대소문자를 달리하여 의미를 부여하거나 강조할 때가 있는데, 이때는 방점을 찍어 표시했다.

4 단행본·정기간행물 등에는 겹낫표(『 』)를, 논문·단편 등에는 낫표(「 」)를 사용했다.

5 외국어 고유명사는 2002년 국립국어원에서 펴낸 외래어표기법을 따랐다.

예비 노트

이 책의 중간에 더러 반복되겠지만, 시작하는 문턱에서 마땅히 강조해야 할 주요 사항이 있다. 이 논의와 이 논의에 붙여진 제목을 이해하는 데 필수적인 그 사항은, 여기에서는 존재성^essence이라는 용어가 존재자^étant와 다른 존재^être를 표현한다는 점이다. 독일어로는 Seiendes와 구별되는 Sein을, 라틴어로는 스콜라학파의 ens와 구별되는 esse를 나타낸다. 언어의 역사로 보면 antia나 entia에서 유래한 ance라는 접미사가 활동을 나타내는 명사형을 만들어 주므로 essance라는 용어를 쓰는 것이 옳겠지만, 그렇게까지 하지는 않았다. 우리는 essence라는 용어와 그 파생어들을 전통적인 용법으로 사용하지 않도록 주의할 것이다. 우리는 ["본질", "본질적인", "본질적으로"라는 뜻으로 쓰일 때] essence, essentiel, essentiellement 대신 eidos, eidétique, eidétiquement이나 nature, quiddité, fondamental 등을 사용할 것이다.

이 책의 몇몇 글들은 다음과 같은 곳에 게재되었던 것들이다.

4장의 주요 부분은 「대신함」La substitution이라는 제목으로 『루뱅 철학』Revue philosophique de Louvain(1968년 10월 호)에 실렸고, 이 책의 논지를 드러내고 있는 「존재성을 넘어」Au-delà de l'essence(1장)는 『형이상학과 도덕 리뷰』Revue de Métaphysique et de Morale(1970년 8~9월 호)에 실렸다. 『누보 코메르스』Nouveau Commerce 1971년 봄 호는 2장의 주요 내용을 「말해진 것과 말함」Le Dit et le Dire이란 제목으로 실어 주었다. 3장의 한 부분인 「근접성」La proximité은 1971년 10월의 『철학 아카이브』Archives de Philosophie에 처음 선보였다. 5장의 주요 몇 페이지는 「탈은폐로서의 진리와 증언으로서의 진리」Vérité du témoignage et vérité du dévoilement라는 제목으로 『증언』Le Témoignage이라는 문집에 수록되어 있다(이 문집에는 엔리코 카스텔리Enrico Castelli 교수의 주재로 인문학 국제 연구 센터와 로마 철학 연구소가 1972년 1월에 조직한 학회에서 발표된 작업들이 함께 실려 있다).

그렇다고 해서 이 책이 논문 모음집은 아니다. 중심부를 이루는 4장을 위주로 구성된 이 책의 최초 기안은 다른 잡지에 실린 글들보다 앞선다. 다른 잡지에 실린 글들은 각각 나름의 상황에서 작성된 것이어서 상대적인 자율성을 지닌 채 전체에서 분리되어 있었다. 그 후에 수정하고 주석을 덧붙였음에도 불구하고, 그 자율의 흔적들이 다 지워지지는 않았다.

존재성, 존재자 그리고 "차이"의 결합을 흩뜨리는 하나의 예-외ex-ception를 주체성 안에서 식별해 내는 것. 주체의 실체성에서, 내 안의 "유일한" 것의 단단한 핵에서, 비교할 짝이 없는 나의 동일성에서 타인에 대한 대신함을 알아차리는 것. 이러한 헌신abnégation 을, 의욕함에 앞서, 수용성, 정념passion, 유한성보다 더 ─ 그리고 달리 ─ 수동적인 감수感受함susception에 의해 초월의 외상traumatisme 에 가차 없이 노출되는 것으로 생각한다는 것. 이 떠맡을 수 없는 감수성susceptibilité 으로부터 세상 내부의 실천과 지식을 도출하는 것. 이런 것들이 바로 존재성을 넘어라고 이름 붙인 이 책에서 주장하는 것들이다. 이런 발상은 아마 독창적인 것이라 할 수는 없을 것이다. 그러나 거기에 대한 접근은 옛날부터의 그 가파름을 전혀 잃어버리지 않았다. 등정의 어려움이, 또 실패와 재시도의 어려움이 이 글에 배어 있다. 이 글은 또한 의심할 바 없이 탐구자의 숨 가쁨도 보여 준다. 그러나 존재에 의해 오염되지 않은 신의 소리를 듣는 것은 형이상학과 존재─신학 속으로 떨어지게 될 망각으로부터 그 존재를 끄집어내는 것 못지않게 중요하고 또 그것 못지않게 불확실한précaire 인간적 가능성이다.

차례

1장. 존재성과 탈이해관심

> 노발리스는 수동성에 관하여 무언가 할 말이 있다고 썼다. 노발리스와 동시대인이자 능동성의 철학자이고자 했던 멘드비랑이 본질적으로 두 가지 수동성—하위의 수동성과 상위의 수동성—의 철학자로 남게 될 것이라는 점은 의미심장하다. 그러나 하위의 것은 상위의 것보다 하위의 것인가?
>
> —장 발, 『형이상학 논고』, 1953, 562쪽

1. 존재의 "타자"

만일 초월이 어떤 의미를 가진다면, 그것은 존재의 사건이 —존재 esse가 —존재성[1]이 존재의 타자로 이행한다는 사태만을 의미할 수 있다. 그러나 존재의 타자란 무엇을 말하는 것인가? 『국가』 이후로 이미 존재성 너머의 문제가 제기되고 있긴 하지만, 『소피스트』에 나오는 다섯 개의 "유類, genre들" 가운데 존재에 대립되는 유는 없다.[2] 또 여기서 이행함의 사태란 무엇을 의미할 수 있을까? 그것이 존재의 타자에 도달하는 가운데 이 이행의 과정에서 할 수 있

---

1) essence라는 용어 —우리가 essance라고 쓰지는 않았지만—는 ens와 구분되는 esse를, 존재의 과정이나 존재의 사건을, Seinedes와 다른 Sein을 가리킨다. 자세한 내용은 앞의 「예비 노트」(9쪽) 참조.
2) 플라톤, 『소피스트』, 255d~257b 참조. —옮긴이

는 바는 자신의 사실성을 해체하는 것뿐일 텐데 말이다.

존재의 타자로 이행함, 존재와 달리. 달리 존재함이 아니라 존재와 달리. 이것은 결코 존재하지-않음이 아니다. 여기서 이행함이란 죽는 것과 같지 않다. 존재와 존재하지-않음은 서로를 밝혀 주며, 존재의 규정인 사변적 변증법을 펼쳐 낸다. 거기서는 존재를 밀쳐 내려는 부정성이 즉시 존재에 묻혀 버린다. 죽어 가는 자에 의해 남겨진 자리가 그 자리를 요구하는 사람들의 중얼거림으로 채워지듯이, 깊어지는 공허는 그저 있음$^{il\ y\ a}$[3]의 희미하고 익명적인 웅웅거림으로 즉시 채워진다. 존재의 존재^{esse}는 존재하지-않음 그-자체를 지배한다. 나의 죽음은 무의미하다. 맥베스가 자신의 마지막 전투의 시간에 바랐던 것처럼, 존재의 전체성을 내 죽음으로 끌어들이지 않는 한 그렇다. 그러나 그 경우, 죽을 수밖에 없는 존재는—또는 삶은—무의미해지고 우스꽝스러워져 "자기에 대한 아이러니"에까지 이르게 될 텐데, 이 아이러니를 우리는 부득불, 죽을 수밖에 없는 존재와 동일시할 수 있을 것이다.

존재하느냐 또는 존재하지 않느냐—그러므로 초월의 문제는 여기에 있는 것이 아니다. 존재의 타자—존재와 달리—에 대한 언급은 존재를 무로부터 분리하는 차이 너머의 차이를 언표한다고 주장한다. 정확히 말해, 너머의 차이, 초월의 차이를 말이다. 그러나 곧 다음과 같은 의문이 생겨난다. 존재와 달리라는 표현에서

---

3) 그저 있음 개념에 대한 자세한 설명은 Emmanuel Levinas, *De l'existence à l'existant*, Paris: Vrin, 1947, p.93[『존재에서 존재자로』, 서동욱 옮김, 민음사, 2001, 93쪽] 이하 참조.

부사 달리|autrement는 인위적으로 생략된 형태 속에 단순히 숨어 있는 동사 존재하다être와 불가피하게 관계하는 것이 아닌가? 그렇다면 동사 존재하다가 의미하는 바는 모든 말해진 것 속에, 모든 사유된 것 속에, 모든 감각된 것 속에 들어 있을 수밖에 없을 것이다. 존재하다 동사를 중심으로 짜인 우리의 언어들은 신들의 권위보다 더 강한, 박탈할 수 없는 이 권위를 반영하는 데 그치는 것이 아니라, 그 권위의 자줏빛 망토 자체가 될 것이다. 하지만 그럴 경우, 지상 도시의 하늘에서 맴도는 천상 도시의 배후-세계라는 인위의 초월과는 다른 그 어떤 초월도 의미를 갖지 못할 것이다. 존재자들의 존재 그리고 세계들의 존재는—이들 간에 어떤 차이가 있다 해도—비교 불가능한 것들 사이에 하나의 운명 공동체를 자아낸다. 그것들을 모으는 존재의 단일성이 단지 유비적인 단일성이라고 할지라도, 존재는 그것들을 결합시킨다. 이 결합conjonction과 정황[결합 상황]conjoncture을 풀고자 하는 모든 시도는 그것들에 밑줄을 긋는다. 그저 있음은 존재의 부정이 남기는 공허를 채운다.

2. 존재와 이해관심

따라서 존재성은 존재성에 머물려는 불굴의 노력으로 실행된다. 존재성은 이러한 실행을 중단시킬 수 있을 법한 무의 모든 간격을 메워 버린다. 존재esse는 사이존재interesse다. 존재성은 이해관심[사이존재임]intéressement이다. 이해관심은 자신의 부정négation의 상대성에 봉착한 정신Esprit이나, 자신의 죽음의 무의미성을 받아들인 인간에게만 나타나는 것이 아니다. 이해관심은 부정성에 대한 이런 반박으로만 귀착하지 않는다. 긍정적인 면에서, 이해관심은 존재자의 **코나투스**로 확증된다. 이 **코나투스**가 아니라면 긍정성이 대체 다른 무엇을 의미할 수 있겠는가? 존재의 이해관심은 서로 싸움을 벌이는, 만인에 대한 만인의 투쟁을 벌이는 에고이즘들 속에서, 서로 전쟁 중에 있고 그래서 함께 있는, 여러 알레르기적 에고이즘들 속에서 그 극적 모습을 드러낸다. 전쟁은 존재성의 이해관심의 몸짓이자 드라마다. 그 어떤 존재자도 자신의 시간을 기다릴 수 없다. 모두는 맞서 다툰다. 갈등을 빚는 항들이 속할 수 있는 영역들의 차이에도 불구하고 그렇다. 이렇듯 존재성은 전쟁의 극단적인 공시성이다. 결정의 선이 그어진다. 또 그 결정은 이미 충돌에 의해 지워진다. 결정이 행해지고, 우글거림 속에서 지워진다. 극단적 동시성 또는 내재성.

　존재성이 평화에 의해 존재성의 타자로 전환되지는 않을까? 존재들의 직접적 충돌을 중단시키는 이성이 지배하는 평화에 의해서 말이다. 인내를 지닌 존재들, 즉 존재를 고집하는 알레르기적 불관용을 거부하는 존재들은 존재와 **달리**를 극적으로 드러내지 않겠는가? 하지만 이 이성적인 평화, 인내와 시간의 길이는 계산이고 중재이며 정치에 불과하다. 만인에 대한 만인의 투쟁은 교환과 상업이 된다. 만인에 대한 만인은 충돌 속에서 만인과 같이 있는 만인이다. 이 충돌은 상호적 제약이 되고 물질의 결정이 된다. 하지만 존재를 고집함, 이해관심은 여기서 직접적인 것에서 이루어진

양보를 보상받음으로써 유지된다. 참을성 있게 또 정치적으로 승인된 이 양보는 미래에 보상을 통해 상쇄되어야 한다. 존재들은 언제나 모아진 채로—현전하여—존속한다. 그러나 그것들은 기억 덕택에 또 역사 덕택에, 물질로서 결정된 전체성으로 확장된 현재에서 존속한다. 균열도 없고 뜻밖의 일도 없는, 생성이 추방되는 현재에서, 기억과 역사 덕택에 그 대부분이 재-현으로 이루어진 현재에서 말이다. 아무것도 공짜gratuit가 아니다. 대중은 영원토록 지속하며 이해관심도 지속한다. 초월은 인위적이고 평화는 불안정하다. 그 초월은 이익에 저항하지 않는다. 게다가 지켜지지 않는 약속—이것을 내세우는 사람들의 보증이 하늘과 땅을 분리시키는 거리만큼이나 멀고 먼 지불기한을 가짐에도 불구하고, 덕에 보답하고 악을 벌하겠다는 약속—때문에, 신은 죽었다든가 하늘은 공허하다는 이상한 소문이 퍼지게 될 것이다. 누구도 그들의 침묵을 믿지 않을 것이다.

그렇지만 이제 우리는 이렇게 물어봐야 한다. 상업이 전쟁보다 더 낫다는 이유로, 선Bien이 평화 속에 이미 자리 잡고 있다는 이유로 사람들은 전쟁에서의 존재성을 평화에서의 존재성과 분리하여 생각하는데, 이렇게 분리시키는 차이마저도 **정신의 숨 가쁨을** 또는 자신의 숨을 참고 있는 정신—플라톤 이래 존재성 너머가 사유되고 말해진 것은 바로 여기인데—을 전제하지 않는가? 그리고 이제 이렇게 물어봐야 한다. 이 숨 가쁨 또는 이 숨 참음이 존재성 너머의 의미 담지자인 정신의 극단적 가능성은 아닌가?

3. 말함과 말해진 것

존재가 존재의 타자에 대한 언표를 즉시 가두게 되는 막다른 운명은, 말해진 것이 말함에 대해 행사하는 영향력에서, 말해진 것이 고정되는 신탁에서 기인하지 않는가? 그렇다면 초월의 실패는 신학의 실패에 불과한 것이 아닐까? 초월자를 로고스 속에 주제화하고 초월의 도정에 어떤 도달점을 할당하며 그 도달점을 "배후 세계"로 고정시키는 신학, 자신이 말하는 바를 전쟁과 물질 안에서, 즉 존재가 자신의 이해관심 속에서 엮어 내는 운명의 불가피한 양태들 안에서 수립하는 그런 신학의 실패에 불과한 것이 아닐까?

이것은 존재성 안에서 자신을 고집하는 것으로서의 ─ 코나투스와 이해관심으로서의 ─ 존재성이 언어적 놀이로 환원된다는 뜻이 아니다. 정확히 말해서 말함은 놀이가 아니다. 말함이 활용하는 언어 기호에 앞서는, 언어 체계와 의미론적 광채에 앞서는, 그런 점에서 언어들의 서문^avant-propos인 말함은, 일자의 타자에 대한 근접성^proximité이고, 다가감^approche의 개입^engagement이며, 타자를 위한 일자이고, 의미작용^signification의 의미함^signifiance 자체다(그러나 다가감이 개입에 의해 정의되어야 하는가? 거꾸로 개입이 다가감에 의해 정의되어서는 안 되는가? 우리가 근접성과 다가감의 이 모든 함축들에 대해 크게 놀라지 않게 된 것은 아마, 이웃^prochain이라는 낱말이 끼어드는 일상적인 도덕 원칙들 덕택일 것이다). 근원적 또는 전-근원적^pré-originel 말함 ─ 서문의 말^propos de l'avant-propos ─ 이 책임의 얼개를 엮어 낸다. 존재보다 더 무겁고 존재에 앞선 질서. 이 질서와 비교하면 존재는 분명 놀이의 면모를 가진다. 모든 책임으로부터 해방된, 놀이 또는 존재의 이완. 여기서는 모든 가능한 것이 허용된다. 그러나 놀이는 이해관심을 벗어나는가? 곧바로 돈이나 명예 같은 내기가 놀이에 달라붙는다. 보상도, 영원한 삶도, 행복의 즐거움도 없는 탈이해관심désintéressement, 완전한 무상성無償性, gratuité은 놀이의 헛된 경솔함이 아니라 극단적인 무거움을 가리키지 않는가? 미리 다음과 같은 것을 물어보자. 존재의 존재esse가 전복되는 이 무거움은 전-근원적인 이 언어로, 타자를 위한 일자의 책임으로, 타자에 대한 일자의 대신함으로, 또 이렇게 묘사되는 볼모의 조건(무조건)으로 귀착하지 않는가?

어떻든, 이 전-근원적인 말함은, 그 안에서 말함과 말해진 것이 서로 상관적이 되는 그런 언어로 변화한다. 여기서 말함은 그것의 주제에 종속된다. 우리는 존재와 존재자의 구분조차 말해진 것의 모호함amphibologie에 담긴다는 점을 보여 줄 수 있다. 그렇다고 이 구분이나 모호함이 언어적 기교들로 환원되지는 않는다. 말함과 말해진 것의 상관관계, 다시 말해 말함이 말해진 것에, 언어 체계에 그리고 존재론에 종속되는 이 사태는, 명시manifestation가 요구하는 대가다. 말해진 것인 언어를 통해 모든 것이 우리 앞에서 해석된다. 배반의 대가를 치르더라도 말이다. 시중드는 언어, 그래서 필수불가결한 언어. 그 언어는 지금 이 순간에조차 존재와 달리 또는 존재의 타자를 주제들 바깥으로 해방시키려는 이 탐구에 봉사하고 있다. 그 주제들에서 존재와 달리 또는 존재의 타자는 이미 자신을 내보인다. 불성실하게, 존재의 존재esse로 내보인다. 그러나 여하튼 자신을 내보이는 것이다. 이 존재의 **바깥**에를, 존재에 대한 이 예-외를 말하게 하는──그것을 배반하면서이긴 하지만──언어. 마치 존재의 타자가 존재의 사건인 것처럼 말하게 하는 언어. 존재, 존재의 인식, 그리고 존재가 자신을 내보이는 말해진 것은, 존재와 관련해 예외를 이루는 말함 속에서 의미작용을 한다signifier. 그러나 이 예외와 인식의 탄생이 드러나는 것은 말해진 것 안에서다. 하지만 **말해진 것** 안에서 예-외가 드러나고 진리가 이뤄진다는 사실이, 말함의 진술적 돌발형태──시종과 같은 역할을 하는 것이건 천사와 같은 역할을 하는 것이건──를 절대적인 것으로 여기게 하는 충분한 구실이 되진 않는다.

시종과 같은 또는 천사와 같은 돌발형태, 다시 말해 ──비록 숭고하다 할지라도── 오로지 매개자일 따름인 돌발형태. 주제화──존재의 존재성은 이를 통해 우리 앞에서 해석되는데──는, 또 이론과 사유 및 그것의 동시대적인 것들은, 말함의 어떤 실패를 입증하는 것이 아니기 때문이다. 그것들은 말함의 전-근원적 소명에 의해, 책임 그 자체에 의해 초래된다. 이 점은 나중에 다루겠다.[4]

하지만 말함은 진술apophansis[5]에 의해 고갈되지 않는다. 진술

───────────────

4) 5장 3절 참조.
5) apophansis는 '빛'을 뜻하는 phaos를 어근으로 하여, 실재의 존재론적 근거를 어원적으로 포함하는 명제를 가리키는 그리스어다. 술어를 통해 주어를 밝히는 근본적인 언명을 뜻한다고 이해할 수 있다. 후설은 술어적 판단을 가리키는 데 apophantische라는 말을 사용했다. 후설의 apophantische Logik은 보통 '진술논리'나 '명제논리'로 번역된다. 레비나스의 견지에서 볼 때, 이것은 의미작용의 진정한 원천인 타자와의 관계에서 출발하는 것이 못 된다.──옮긴이

은 책임으로 응답하는 언어를 전제하며, 이 응답의 무거움은 존재로 측정되지 않는다. 사실, 책임 거절의 불가능성은 이 거부에 앞서거나 뒤따르는 가책이나 후회 속에만 반영된다. 실재의 실재성은 가책들을 지나쳐 간다. 그러나 물론 피상적으로는, 존재성은 존재가 무를 배제하듯 책임의 주름들을 배제하지 않는다. 게다가 책임지는 말함의 무거움은 존재에 대한 준거를 간직하고 있다——그 존재의 본성을 명확히 할 필요가 있을 것이다. 도덕적 불가능성은 덜 무거운 것이 아니다. 책임을 긴장이 낮은 어떤 영역에, 존재와 존재하지-않음의 경계에 위치시키는 그런 것이 아니다. 존재와 달리의 무게란 윤리와의 친화성을 아직 혼잡한 방식으로 보여 준다. 존재와 달리, 이것은 처음부터 이 책에서 탐구되고 있으며, 우리 앞에서 해석되자마자 배반됨에 직면한다. 그것을 언표하는 말함을 지배하는 말해진 것을 통해서 말이다. 여기서 방법론적 문제가 제기된다. 말함의 전-근원적인 것(우리가 무시원적인 anarchique 것, 또한 무-근원적인 non-originel 것이라고 지칭하는 것)이 주제 속에서 드러나면서 배반당하는 처지에 놓일 수 있는가(일종의 반-고고학 an-archéologie이 가능한가)? 또 이 배반은 환원될 수 있는가? 우리는 알 수 있으면서 그와 동시에 알려진 것을 해방시킬 수 있는가? 주제화가 그것을 존재론에 종속시키면서 남기는 표시들로부터 해방시킬 수 있는가? 이 배반을 대가로 모든 것이, 심지어 형언 불가능한 것이 드러난다. 또 형언 불가능한 것에 관해 경솔하게 말하는 것 indiscrétion ——이것이 아마 철학의 일일 텐데——도 이 배반에 의해 가능하다.

명제들로 언표될 때, 형언 불가능한 것(또는 무-시원적인 것l'an-archique)은 형식 논리의 형식들과 짝을 이루고,[6] 존재 너머는 억견적 주제들에 놓여 존재와 존재자의 모호함 속에서 깜박인다. 존재자가 존재를 은폐해 버릴 그런 모호함 속에서 말이다. 존재와 달리는 말함 속에서 언표되지만, 그 말함은 또한 취소되어야 한다. 존재와 달리를 말해진 것에서 떼어 내기 위해서다. 말해진 것에서 존재와 달리는 이미 달리 존재함만을 의미하게 된다. 철학이 언표하는 존재 너머 —— 그런데 철학이 이것을 언표하는 것은 그 너머의 초월성 자체 때문이다 —— 는 어쩔 수 없이, 시중드는 언표의 형식들로 떨어지고 마는가?

이 말함과 이 취소함은 모아질 수 있는가? 동시에 존재할 수 있는가? 사실 이런 동시성을 요구하는 것은 이미 존재의 타자를 존재와 존재하지 않음으로 환원하는 것이다. 우리는 극단적 상황에,

---

6) 형식 논리를 넘어서는 의미작용들은 형식 논리 속에서 드러난다. 형식 논리와 그런 의미작용들이 뚜렷이 구분되는 의미가 무엇인지를 정확히 지시해 줄 때에만 그렇긴 하지만. 그 지시는 이 참조가 더 엄밀한 논리로 사유되는 만큼 더 정확해진다. 모든 사유를 존재 이해에 종속시키는 신화는 아마 정합성의 이 계시적 기능에서 비롯할 것이다. 형식 논리는 이 정합성의 정당성을 풀어내는데, 그곳에서 의미작용과 존재 사이의 간격이 측정된다. 그곳에서 [무시원적 심층으로서의] 형이상학적 이편(en deçà)이, 그 자체로, 모순적으로 나타난다. 그러나 논리에서 드러나는 존재 너머의 구조들에 의해 중단된 논리는 철학적 명제들에 변증법적 구조를 부여하지 못한다. 체계를 중단시키는 것은 범주에 대한 부정 이상의 것인 최상급이다. 마치 논리적 질서와 그것에 짝하는 존재가 자신들을 초과하는 최상급을 간직하고 있는 것 같은 사태다. 이를테면, 주체성에서는 비-장소(non-lieu)가 척도를 넘어서며, 또 애무[어루만짐](caresse)와 성(sexualité)에서는 접촉이 "실제 이상으로 고조된다"(surenchère). 마치 접촉이 점증하여 내장까지 나아가 닿듯, 다른 피부 아래로 파고들어 가는 피부.

통시적 사유의 극단적 상황에 머물러야 한다. 철학의 여명기에 회의주의는 이 통시성을 해석하고 또 배반했다. 다름 아닌 이 해석과 이 배반의 통시성을 말이다. 존재와 달리를 사유하는 것은 어쩌면 이 회의주의가 표방했던 만큼의 대담함을 요구한다. 언표의 불가능성을 긍정하면서 이 불가능성에 대한 언표 자체를 통해 이 불가능성을 실현하려 시도한 회의주의 못지않은 대담함을 요구한다. 만일 논리적 사유가 회의주의에 제기하는 수많은 "논박 불가능한" 논박 이후에도, 회의주의가 뻔뻔스럽게 되돌아온다면(게다가 늘 철학의 적자嫡子로 되돌아온다면), 그 이유는 논리가 회의주의에서 알게 되는 모순에는 모순적인 것들의 "동시에"en même temps가 없기 때문이다. 비밀스러운 통시성이 이 양면적인ambigu 혹은 수수께끼 같은 발언을 요구하기 때문이다. 그리고 일반적으로 말해, 의미작용이 공시성 저편을, 존재성 저편을 의미하기 때문이다.

4. 주체성

존재와 달리. 관건은 존재성에서 군림하는 운명의 파열을 언표하는 일이다. 파르카이[7]에 의해 잘려진 실 끝이 이후에 다시 연결되

---

7) 인생의 3단계를 상징하는 운명의 세 여신인 클로토(Clotho, 운명의 실을 뽑는 자), 라케시스(Lachésis, 실을 재고 할당하는 자), 아트로포스(Atoropos, 실을 자르는 자)를 가리킨다. ─옮긴이

는 것처럼, 존재성의 부분들과 양태들은 그 다양성에도 불구하고 서로가 서로에게 속한다. 즉, 동일한 질서를, 그러니까 질서를 벗어나지 못한다. 중요한 것은 자유를 넘어서려는 시도다. 전쟁과 물질의 결정론에 대한 중단인 자유는 여전히 존재성의 운명을 피하지 못하고 시간 속에 또 역사 속에 자리한다. 역사는 사건들을 서사시 épos로 모아 공시화하며 그것들의 내재성과 질서를 드러낸다.

중요한 것은 존재성에서 빠져나옴의 가능성을 사유하는 것[8]이다. 어디로 가기 위해 그렇게 하는가? 어떤 영역으로 가기 위해? 어떤 존재론적 평면에 놓이기 위해? 그러나 존재성에서 빠져나옴은 어디로라는 질문의 무조건적 특권에 이의를 제기한다. 그것은 비-장소를 의미한다. 존재성은 모든 예-외를, 즉 부정성, 무화無化, neantisation, 그리고 이미 플라톤 이래로 "어떤 의미로는 존재하는" 것으로 여겨져 온 비-존재를 다시 덮어 버리고 회수하고자 한다. 이제부터 우리가 보여 줘야 할 점은, "존재의 타자"라는 이 예외가 존재하지-않음을 넘어서 주체성 또는 인간성을 의미한다는 것, 존재성의 병합들을 밀쳐 내는 자기-자신을 의미한다는 것이다. 나는 유일성으로서, 비교 바깥에, 공동체 바깥에, 유와 형식의 공동체 바깥에 있기에, 자기 안에서 결코 쉴 수 없으며, 평온할 수 없고, 자기와 합치하지도 않는다. 이 유일성의 자기 바깥, 자기에 대한 차이 différence는 무관심하지-않음non-indifférence이며, 대명동사 또는 재

---

8) 물론, 사유의 필연성이 초월의 의미 속에 기입된다는 점을 보여 주는 것이 중요할 것이다. 5장 339쪽 이하 참조.

귀대명사 se의 비-상非常한 회귀다. 이런 점은, 사물이 스스로를 드러낸다se montrer, 가방이 스스로를 접는다[주름진다]se plier, 생각이 스스로를 이해시킨다se comprendre와 같이 일상적이고 매끄러운 언어 속에 들어와 있기에 더 이상 놀라운 일이 아니다. 장소 없는 유일성, 한 존재가 자신이 현시되는 무수한 측면들을 동일화하는 선포kerygme로부터 도출하는 이상적 동일성이 없는 유일성, 자기와 합치하는 자아의 동일성이 없는 유일성, 존재성으로부터 자신을 떼어 내는 유일성 — 이것이 인간이다.

철학사에서는 몇몇 섬광과 같은 순간에 이런 주체성이 인식되었다. 극한의 젊음에서처럼, 존재성과 단절하는 주체성이 말이다. 플라톤의 존재 없는 일자에서부터 내재성 안에서 초월하는 후설의 순수 자아에 이르기까지, 철학사에는 존재로부터 형이상학적으로 빠져나오는 경우들이 있었다. 비록 그 즉시, 말해진 것의 배반을 통해, 신탁의 효력 아래서처럼, 존재성과 운명으로 복구된 예외가 규칙으로 되돌아가고, 오직 "배후-세계들"로 나아갔다고 해도 말이다. 모든 것을 넘어선 니체적 인간. 괄호 치기는 후설의 초월론적transcendantal 환원에 충분한가? 그것은 글쓰기의 한 방식, 잉크를 묻히지 않으려는 손에 묻은 잉크처럼 달라붙는 세계와 엮이는 한 방식이 아닌가? 불가역적인 시간을 소용돌이로 뒤엎어 버리는 니체의 시적 글쓰기의 허무주의로까지 나아갈 필요가 있다. 언어를 거부하는 웃음으로까지 나아갈 필요가 있다.

이것은 철학사의 언어 남용 가운데서 철학자가 다시 발견해 내는 언어다. 형언 불가능한 것과 존재 너머가 철학사를 통해 그것을 우리 앞에 표현해 왔다. 그러나 여전히 존재와 상관적일 수밖에 없는 부정성은 존재와 달리의 의미작용에 충분치 못할 것이다.

5. 타인에 대한 책임

그런데 어떻게 해서 단절의 순간에 존재와 시간이 무너져 내리고 주체성이 그것의 존재성으로부터 벗어나게 되는가? 그 단절의 지점은 여전히 시간적이어서 거기서도 사태는 존재로 진행되는데 말이다. 무너져 내림과 벗어남^{dégagement}은 지속되는 것이며, 존재 안에서 일어나지 않는가? 존재와 달리는 시간에서 빠져나와 시간의 계열을 지배하는—어떻게 지배하는지는 모르지만—어떤 영원한 질서에 놓일 수 없다. 칸트는 네 번째 이율배반의 반정립에서 그것이 불가능함을 보여 주었다. 그러므로 시간의 시간화는, 그것이 존재와 무, 삶과 죽음을 의미화하는^{signifier} 방식에 의해, 또한 존재 너머와 존재하지–않음 너머를 의미화해야 한다. 이 시간의 시간화는 존재와 무의 쌍과 관련한 차이를 의미화해야 한다. 시간은 존재성이자 존재성의 드러냄^{monstration}이다. 시간의 시간화 속에서 빛은 순간이 그–자신과 어긋남에 의해 형성된다. 이 어긋남이 시간의 흐름이다. 즉 동일한 것의 차이다. 동일한 것의 차이는 또한 그것의 현현^{manifestation}이다. 그러나 시간은 또한 모든 간격의 회복이다. 다시잡음[파지]^{rétention}에 의한, 기억에 의한, 역사에 의한 회복이다. 다시잡음, 기억, 역사로 말미암아, 시간의 시간화에서는 어떤 것도 상실되지 않는다. 거기서는 모든 것이 현시되거나 재현되며, 모든 것이 기입되고 기록에 적합해진다. 또는 하이데거가 말하듯, 종합되거나 모인다. 거기서는 모든 것이 실체로 결정結晶되거나 경화硬化된다. 회복 가능한 이 시간화, 잃어버린 시간이 없는, 잃어버릴 시간이 없는, 게다가 실체의 존재가 지나가는 이 시간화 속에서, 복귀 없는 시간의 경과가, 모든 공시화에 저항하는 통시성이, 초월적인 통시성이 부각되어야 한다.

그리고 이런 부각의 의미가 밝혀져야 한다. 통시성의 단절 저편에서, 흘러간 과거라는 이름으로 이 "옛날의 깊이"profond jadis를 재현으로 복구하지 않는 관계가 보존될 수 있는가? 현재의 "변양"fication을 의미화하지 않는, 따라서 시작을, 주제화할 수 있는 원리를, 결국 역사적이거나 기억 가능한 모든 과거의 근원을 의미화하지 않는 관계가 보존될 수 있는가? 도리어 모든 현재와 모든 재현에 낯선 것으로 머물고, 그럼으로써 재현 가능한 모든 근원보다 더 오래된 과거, 전-근원적이고 무시원적인 과거를 의미할 수 있는가? 현재 속의 이 전-근원적 과거의 부각이 다시 존재론적 관계가 되지는 않을 것이다.

그러나 만일 시간이 存在 및 존재와 달리의 애매성[양면성]ambiguïté을 드러내기 마련이라면, 시간의 시간화를 존재성으로서가 아니라 말함으로서 사유하는 것이 적절할 것이다. 존재성은 말해진 것을, 즉 말함의-서사를 채운다. 하지만 말함은 자신이 가지고 있는 애매화équivocation의 능력을 통해, 즉 자신이 그 비밀을 지닌 수수께끼를 통해, 자신을 에워싸는 존재성의 서사를 빠져나간다. 또 말함은 너머를 의미화하는데, 이것은 이 너머와, 존재성의 서사로의 복귀 사이에서 망설이는 의미작용에 의해 이뤄진다. 애매함^{équivoque} 또는 수수께끼, 이것은 말함의 양도 불가능한 능력이자 초월의 양태다.[9] 주체성이란 바로, 존재성과 존재성의 타자의 매듭이고 풀림이다. 매듭 또는 풀림이다.

그러나 어떻게 말함이 자신의 원초적 수수께끼 속에서 말해지는가? 어떻게 시간이 시간화하여 초월의 ─ 존재와 다른 것의 ─ 통–시성^{dia-chronie}이 부각되는가? 어떻게 초월은 존재^{esse}에 자신을 부각시키면서 존재에서 벗어날 수 있는가? 어떤 구체적인 경우에 과거와의 독특한 관계가 생산되는가? 과거가 부각되는[신호로 알려지는]^{se signaler} 내재성으로 이 과거를 환원하지 않는 관계, 과거가 현재로서 ─ 또 재현으로서 ─ 돌아오지 않는 지나간 것이 되게 하는 관계, 과거가 "변양하여" 성립시키게 될 그 어떤 현재도 참조함이 없이 과거를 지나간 것이 되도록 하는 관계가 말이다. 이런 과거는 결국 근원이었을 수 없다. 그것은 전–근원적 과거, 무시원적 과거다.

후퇴의 선형적인 운동 ─ 아주 먼 과거로 나아가는 회고, 시간계열의 길이 ─ 은 절대적으로 통시적인 전–근원적인 것에 결코 닿을 수 없을 것이다. 이 전근원적인 것은 기억이나 역사에 의해

---

9) Emmanuel Levinas, "Engime et phénomènes"(「수수께끼와 현상들」), *En découvrant l'existence avec Husserl et Heidegger*(『후설과 하이데거와 함께 존재를 찾아서』), 2nd ed., Paris: Vrin, 1967, pp.207~217 참조.

되찾을 수 없다. 그러나 우리는 현재의 단순한 연속의 얽힘과는 다른 시간의 얽힘들을 풀어 나가야 할 처지에 있을 수 있다. 사람들은 감사할 수 있는 상태에 있다는 바로 그 사실 자체에 감사할 수 있었다. 이런 현행의 감사는 이미 앞선 감사에 접목되듯 그 자신에 접목된다. 자신의 기도가 들리기를 기원하는 신자의 기도에서, 그 기도는 어떤 의미로는 그 자신에 앞서거나, 그 자신의 뒤를 따른다.

그러나 모든 현재 및 모든 재-현 가능한 것 이편의 과거와 맺는 관계는, 그 과거가 현존의 질서에 속하지 않기 때문에, 타자들의 잘못이나 불행에 대한 나의 책임이라는 비상하면서도 일상적인 사건 속에, 타인의 자유에 책임을 지는 나의 책임 속에 포함되어 있다. 인간의 놀라운 형제애fraternité 속에 포함되어 있다. 하지만 카인의 절제된 냉정함과 함께 생각된 형제애 그 자체로서는 그것이 요구하는 분리된 존재들 사이의 책임을 아직 설명하지 못할 것이다. 타인의 자유는 결코 나의 자유 안에서 시작할 수 없을 것이다. 다시 말해, 동일한 현재 속에 머물 수 없고 동시적일 수 없으며 나에게 재현될 수 없을 것이다. 타인에 대한 책임은 나의 개입으로, 나의 결정으로 시작되었을 수 없다. 내가 놓인 한계 없는 책임은 나의 자유 이편에서, 비-현재의 "모든-성취-뒤"에서, "모든-기억-앞"에서 온다. 진정으로 비-근원적인 것에서, 무-시원적인 것에서, 존재성의 이편 또는 존재성 너머에서 온다. 타인에 대한 책임은 주체성의 비-장소가 자리하는 장소며, "어디?"라는 물음의 특권이 사라지는 장소다. 말해진 것의 그리고 존재성의 시간은 그곳에서 전-근원적인 말함이 들리게끔 해주며, 초월에, 통-시성에, 환원 불가능한 간격에 응답한다. 여기서 이 간격은, 책임을 지는 자에게 자신의 방식 — 분명해져야 할 방식 — 으로 신호^{signe}를 보내는 재현 가능한 모든 간격과 비-현재 사이에서 입을 벌린다.

6. 존재성과 의미작용

그러나 이 전-근원적인 것과 맺는 관계는 회복이 아닌가? 이 점을 자세히 살펴볼 필요가 있다. 책임지는 자의 응답은 통시적인 것을 마치 그것이 다시 붙잡힌 것인 양, 기억되거나 역사적으로 재구성된 것인 양 주제화하지 않는다. 그 응답은 주제화하지도, 포괄하지도 않을 것이다. 약함 때문은 아니다. 포함될 수 없을 것에는 어떠한 역량^{capacité}도 상응하지 못한다. 비-현재는 포괄 가능하지-않다. 그것의 광대함 또는 그것의 "최상급의" 겸손 때문이다. 또는, 예를 들면, 최상급 그 자체인 그것의 선함 때문이다. 여기서 비-현재는 비가시적이며, 분리되어 있고(또는 성스러우며), 또 그런 점에서 무-근원이며 무-시원적이다. 주제화의 불가능성은 통시적인 것의 선함에 연결될 수 있다. 선은 현재가 될 수도, 재현으로 들어올 수도 없을 것이다. 현재는 나의 자유에서의 시작이다. 반면에 선은 자유에 제공되지 않는다. 내가 선을 선택하기에 앞서, 선이 나를 선택했다. 누구도 자발적으로 선하지 않는다. 선을 선택할 시간을 갖지 못하는 주체성, 그래서 결국 자신도 모르는 사이에 선의 광선으로 침투당하는 주체성, 이것이 비-자유의 형식적 구조를 드러낸다. 하지만 그 주체성은, 예외적으로, 이 비-자유가 선의 선함에 의해 만회되는 것을 본다. 이 예외는 독특하다. 그리고 누구도 자발적으로 선하지 않는다면, 누구도 선의 노예가 아닌 것이다.[10]

기억될 수 없고, 재현될 수 없으며, 보일 수 없는, 현재가 필요 없는, 완성됨 이상인plus que parfait[11] 이 과거는, 대가 없는 경과의 과거로 떨어진다. 이것은 상기로 되찾을 수 없는데, 그 이유는 이 과거가 멀리 떨어져 있기 때문이 아니라, 이 과거가 현재와 통약 불가능하기 때문이다. 현재, 그것은 시작하고 끝나는 존재성, 주제화 가능한 결합으로 모아진 시작과 끝인데, 이것은 자유와 상관관계 속에 있는 유한이다. 통시성, 그것은 결합의 거부, 전체화할-수-없음이며, 이런 정확한 의미에서 무한이다. 그러나 타인에 대한—다른 자유에 대한—책임 속에서 이 무시원의 부정성, 기억될 수 없는 것의, 현재에—나타남—대립하는 이 거부의 부정성은, 내게 명령하고commander, 나를 타인에게로, 처음 온 자에게로 명하며ordonner, 나를 그에게 다가가게 하고, 내가 그의 이웃이 되게 한다. 그럼으로써 이 부정성은 존재와 마찬가지로 무에서도 멀어진다. 나의 의향에 반하여 이 같은 책임을 촉구하면서, 다시 말

---

10) 선은 자유를 서임(敍任)한다(investir). 내가 선을 사랑하기 전에 선이 나를 사랑한다. 이 선행성에 의해 사랑은 사랑이 된다. 선은 만족 가능한 욕구의 도달점이 아닐 것이다. 선은 에로틱한 욕구의, 매력적인 것(le Séduisant) — 선으로 오해되게끔 선과 닮았으나, 선의 타자가 아니라 선의 모방인 —과 맺는 관계의 도달점이 아니다. 무한으로서의 선은 타자를 가지지 않는다. 이는 선이 전체이기 때문이 아니라, 선이기 때문이며 그래서 아무것도 선의 선함에서 빠져나갈 수 없기 때문이다.
11) plus-que-parfait는 대과거를 뜻한다. —옮긴이

해 내가 볼모로서 타인을 대신하게 하면서 말이다. 나의 모든 친밀
성은 내-의향에-반해 ─ 타자를-위해 투여된다. 나를 거슬러, 타
자를-위함, 바로 이것이 진정한 의미의 의미작용이고 자기 자신
의 의미, 재귀대명사 se ─ 어떤 주격에서도 도출되지 않는 목적
격─의 의미다. 이것은 스스로를 잃으면서 스스로를 되찾는 사태
자체다.

　스스로를 가리키는se signaler 이 방식의 예외성은 나를 타자의
얼굴로 향하도록 명하는 데 있다. 일종의 임명ordination인 이 명령
ordre 탓에, 무한의 비-현존은 부정 신학의 형태일 수 없다. 존재성
너머를 진술하는 모든 부정적 속성들은 책임 안에서 긍정성이 된
다. 책임은 주제화-불가능한 도발provocation에 응답하는 응답이고
그래서 비-사명non-vocation이며 외상이다. 모든 자유, 모든 의식, 모
든 현재에 앞서서 진 빚에 대해, 모든 지성에 앞서 응답하는 응답
이다. 하지만 그 응답함은 마치 현재가 필요 없는 비가시적인 것이
현재가 필요 없다는 바로 그 사태로 인해 흔적을 남기는 것과 같
다. 이 흔적은 이웃의 얼굴로서 빛난다. 그 앞에서(또는 어떤 간섭의
관계도 없이 그에게) 내가 응답하는 자와, 그에 대해 내가 응답하는
자라는 양면성 속에서 말이다. 이것은 얼굴의 수수께끼 또는 예-
외이며, 자기 결정juge et parti이다.

　책임의 긍정성은 존재성 밖에서 무한을 해석한다. 관계들과
원리들을 전도시키고 이해관심의 질서를 전복시킨다. 책임이 이
행됨에 따라 책임은 배가된다. 관건은 어떤 이상을 무한히 추구하
도록 명령하는 당위Sollen가 아니다. 무한의 무한성은 거꾸로 살아

간다. 빚이 청산되면 될수록 빚은 증대된다. 이 간격은 아마도 영광이라는 이름에 어울릴 것이다. 무한의 긍정성, 그것은 무한에 대한 응답이 책임으로, 타인의 접근으로 전환되는 것이다. 무한은 주제화 불가능하며, 모든 역량을 영광스럽게 넘어서고, 이웃의 접근 속에서 반대-방향으로 나아가듯 자신의 과도함을 드러낸다. 무한의 과도함démesure은 무한의 척도mesure에 따르는 것이다. 자유와 비-자유의 이편 또는 너머의 주체성, 이웃에 대해 의무를 진 주체성은 무한이 초과하는 존재성의 단절점이다.

이 단절점은 그러나 연결점이기도 하다. 흔적의 빛남은 수수께끼다. 다시 말해, 현상의 출현으로부터 흔적의 빛남을 구분하는 또 다른 의미 속에서 애매하다. 흔적의 빛남은 그것을 냉혹하게 내재성과 존재성으로 끌고 갈 증명의 출발점으로 쓰이지 못할 것이다. 흔적은 얼굴 속에서 말함의 애매함으로서 그려지고 또 지워지며, 그럼으로써 초월적인 것의 양상 자체를 변조한다.[12]

그러므로 무한은 사냥꾼이 추적하는 사냥감처럼 그 흔적으로 뒤쫓아지지 않을 것이다. 무한에 의해 남겨진 흔적은 현존의 잔여가 아니다. 흔적의 빛남 자체는 애매하다. 그렇지 않다면, 흔적의 긍정성은 부정성이 무한의 무한성을 보존하지 못하는 것 못지않게 그런 무한성을 보존하지 못할 것이다.

무한은 자신의 흔적들을 흐리게 한다. 이것은 뒤따르는 자를

---

12) Levinas, "Engime et phénomènes", *En découvrant l'existence avec Husserl et Heidegger*, 2nd ed., p.203 참조.

따돌리기 위함이 아니라, 무한이 현재 ―이 현재에서 무한은 내게 명령을 하는데 ― 를 초월하기 때문이며, 이 명령으로부터 내가 무한을 추론해 낼 수 없기 때문이다. 내게 명하는 무한은 자기 앞에서 곧장 작용하는 원인이 아니며, 비록 회고적이더라도 자유에 의해 이미 지배된 주제도 아니다. 얼굴에서 출발하는 이 우회와 흔적의 수수께끼 자체 안의 이 우회에 대한 이 우회야말로 우리가 삼자성^{illéité}이라고 불렀던 것이다.[13]

"너"를 배제하고 대상의 주제화를 배제한 삼자성 ―il[그] 또는 ille[그녀]에서 형성된 신조어 ― 은 나와 결합하지 않으면서 나와 관련되는 한 방식을 지시한다. 물론 이 관련됨이 어떤 요소에서 일어나는지를 보여 줄 필요가 있다. 만일 삼자성과의 관계가 의식의 관계라면, 'il'은 하나의 주제를 가리키게 될 것이다. 아마 부버의 나-너 관계에서 "너"가 그런 것처럼 말이다. 부버는 나-너의 관계가 생산되는 정신적 요소를 결코 긍정적으로 표현하지 못했다. 존재-너머의 삼자성, 이것은 존재-너머가 내게로 옴이 나로 하여금 이웃을 향한 운동을 완수하도록 하는 출발점이라는 사실을 뜻한다. 이 출발의 긍정성, 이 출발을 야기하는 그것, 이 통시성은 부정 신학의 도달점이 아니다. 그것은 타자들에 대한 나의 책임이다. 또는 타자들이 그들의 얼굴에서 드러난다는 사실을 거론해도 좋겠다. 이 책임의 역설은 이런 의무가 내게서 시작됨이 없이 내게 의무가 된다는 데 있다. 그것은 마치 어떤 질서가 도둑처럼 내 의

---

13) Ibid., pp.187~203.

식으로 미끄러져 들어오고, 밀수처럼 숨어들어 와 있는 것과 같다. 플라톤의 방황하는 원인에서 출발하듯 말이다. 이것은 의식에 대해서는 불가능한 일이다. 또 이것은 우리가 더 이상 의식의 요소 안에 있지 않다는 점을 분명히 입증해 준다. 의식에서는 이 "어딘지 알지 못함"je ne sais où이 시대착오적인anachronique 혼란으로, 받아들여진 명령이나 계약에 비해 책임과 복종이 앞서는 사태로 나타난다. 이것은 마치, 책임의 최초 운동이 질서를 기다리는 것에서도, 심지어 질서를 받아들이는 것(이것은 여전히 준-능동성에 해당할 텐데)에서도 성립할 수 없고, 오히려 질서가 형성되기에 앞서 그 질서에 복종하는 것에서 성립할 수 있다는 식이다. 또는 마치 이 질서가 가능한 모든 현재 이전에, 과거 속에서 —그것에 대해 추억하지도[그곳 아래 이르지도]s'y souvenir 기억으로 그것에 이르지도venir 못한 채 복종의 현재 속에 드러나는 그런 과거 속에서 —형성된다는 식이다. 그 질서가 이렇게 형성되는 것은 이 복종 자체 속에서 복종하는 자에 의해서이고 말이다.

그러나 여기서 문제는 아마 여전히 꽤 이야기 같고 꽤 서사적인 발언 방식일 것이다. 나는 직접성을 결여하고 있는 무한의 대화 상대자여서 무한은 자신의 명령들을 간접적으로, 그가 내게 명하는 얼굴 자체로부터 주는가? 삼자성이란 단순히, 곁눈질하는 시선에 비스듬하게 제시하는 것을 가리키지 않는다. 물론 삼자성은 처음에는 사람들의 그러한 처지를 의미할 수 있다. 그러나 끝까지 나가야 한다. 무한은 이웃을 향하라는 그의 명령으로 한 주체성 —이미 완전히 이루어진 통일성 —에 스스로를 알리는se

이다. 바로 이런 비-자발적인 면 때문에 그 희생은 지목된 볼모의 희생이다. 이 볼모는 볼모로서 선출되는 것이 아니라, 가능적으로, 선출된 자에 의해 떠맡아지지 않는 비자발적인 선출이라는 선에 의해 선출된다. 왜냐하면 선은 현재로 들어갈 수 없고 재현될 수도 없을 것이며, 오히려 선은, 정확히 말해, 그것의 타자성의 폭력을 만회하기 때문이다. 언제나 그 이상을 요구하는 이 폭력의 증가로 주체가 고통받게 된다 할지라도 그렇다.

8. 존재와 존재 너머

타자에 대한 일자의 근접성은 여기서 존재론적 범주들 바깥에서 사유된다. 존재론적 범주들에서는 타자에 대한 생각이 다양한 명칭으로 무차별하게 끼어든다. 그것은 자유에 대한, 지성에 대한 또는 완벽함에 대한 장애물일 수도 있고, 그러한 장애물을 인식하는 가운데, 유한하고 죽을 수밖에 없으며 자기에 대해 불안해하는 존재를 확인하게 해주는 항일 수도 있다. 또 그것은 노예일 수도 있고 협력자 또는 도움을 주는 신일 수도 있다. 도처에서 근접성은 존재론적으로 사유된다. 즉 존재성의 모험 수행을 제한하거나 보충해 주는 것으로 여겨진다. 이 존재성은 동일성 안에서 자기를 고집하며 내재성을 전개하고 나로 남는 데 있다. 근접성은 축소된 거리, 쫓겨난 외재성에 머문다. 우리는 현재의 이 연구에서 근접성을 존재의 함수로 생각하지 않으려 한다. 존재와 달리는 물론 존재에서 이해되지만 존재성과 완전히 다르다. 그것은 존재성과 공통의 유를 가지지 않는다. 또 그것은 너머라는 비상한 낱말을 발음하는 숨 가쁨 속에서만 말해진다. 여기서 타자성은 사회성으로 여겨지는 근접성 속의 가까움으로서, 존재론적 질서에 대한 타자의 모든 특성 바깥에 ─ 그리고 모든 속성 바깥에 ─ 속한다. 이 사회성은 순수하고 단순한 자신의 타자성에 의해 관계를, 그것을 은폐하는 범주들의 도움 없이 우리가 분석하려고 시도한 관계를 "유발한다". 말함, 접촉, 노출의 성실성으로서의 근접성. 언어에 앞선 말함, 그러나 이것이 없다면 메시지의 전달로서의 어떤 언어도 불가능해질 그런 말함.

여기서 제안되는 사유 방식은 존재를 오인하는 데 있는 것도, 존재가 어떤 질서의 혹은 최상의 무질서의 실패라는 경멸적인 방식의 우스꽝스러운 주장을 펴는 데 있는 것도 아니다. 반대로 존재가 자신의 정당한 의미를 얻게 되는 것은 근접성으로부터다. 삼자성의 간접적인 방식 속에서, 나를 타자에게로 명하는 무시원적 도발 속에서 주제화에, 또 의식화^{prise de conscience}에 이르는 길이 부과된다. 의식화는 다가온 이웃 곁에 제삼자^{le tiers}가 현존한다는 사실에 의해 촉발된다. 제삼자 또한 다가와진다. 이웃과 제삼자 사이의 관계는 다가가는 내게 무차별할 수 없다. 비교할 수 없는 것들 사이에 정의^{正義}가 필요하다. 그러므로 비교할 수 없는 것들 사이의 비교와 개괄이 필요하다. 함께 놓임과 동시성이 필요하다. 주제화, 사유, 역사, 글쓰기가 필요하다. 그러나 존재를 존재의 타자로부터 이해하는 것이 필요하다. 다가감의 의미작용에서부터 볼 때,

존재함은 제삼자를 위해pour 또는 제삼자를 거슬러contre 타인과 함께 존재함이다. 자기를 거슬러 타인 및 제삼자와 함께 존재함이다. 존재 너머를 보지 못하는 철학, 언어를 남용함으로써 말함을 말해진 것으로, 모든 의미를 이해관심으로 환원해 버리는 철학을 거스르는 정의 속에서 말이다. 사람들은 평화의 질서에 이르기 위해 폭력을 중단시키는 효능을 이성Raison에 돌리는데, 이 이성은 탈이해관심을, 수동성 또는 인내를 전제한다. 이 탈이해관심에서 ─타인에 대한 책임인 그것이 제삼자에 대한 책임이기도 할 때─드러나는 것이 비교하고 모으며 사유하는 정의, 존재와 평화의 공시태다.

9. 주체성은 존재성의 한 양태가 아니다

초월 및 신의 문제와 존재성으로 환원할 수 없는─존재적essentiel 내재성으로 환원할 수 없는─주체성의 문제는 함께 간다.

모든 실재 ─어떤 명목으로든 인식된 ─는 주관적이라고 하는 뻔한 소리, 어떤 명목으로든 인식된 모든 사물은 존재의 이해를 전제한다는 것과 짝을 이루는 이 뻔한 소리에 의거하지 않은 채, 칸트는 이율배반의 해결에서 한편으로는 경험의 시간적 계열을, 다른 한편으로는 지성에 의해 사유된 비-시간적(또는 공시적?) 계열을 구별하면서, 대상의 대상성 자체 속에서 대상의 현상성을 보여 주었다. 이것은 연속의 근본적 불완전성을, 따라서 주체의 주체성을 지시한다.

그러나 주체성은 그럼으로써 주체성의 환원 불가능성 속에서 생각되는가? 헤겔과 하이데거는 주체와 그것의 의미작용의 존재 사이의 구별을 지우려고 시도한다. 시간을 존재 속에 다시 도입함으로써 그들은 존재성으로 환원할 수 없는 주체성 관념을 고발하고, 주체와 분리될 수 없는 대상 저편에서 주체와 객체의 상호관계 및 그것들로 이해되는 인류학적인 것을 존재의 한 양태로 환원시킨다. 『정신현상학』서문에서 얇은 절대자를 파악하는 도구(기술적 은유)이거나 진리의 빛이 그것을 통해 인식하는 자를 관통하는 매체(굴절광학적 은유)라는 주장을 "단순한 전제"로 취급하면서, 헤겔은 주체성과 인식될 수 있는 것 사이에 근본적 단절이 있다는 데 이의를 제기한다.[16] 너머가 의미를 지니는 것은 절대지에서다. 얇음의 내재성으로 이해된 존재성은 개념의, 사유의 또는 절대적 존재성의 한 계기로 환원된 주체성을 해명해 줄 것이다. 하이데거는 자신의 저서 『니체』의 말미에(II, p.451) 나오는 한 통찰을 통해 이렇게 말한다. "주체성이라는 요즘의 용어는 사유에 즉각, 또 매우 완고하게 잘못된 억견으로 짐 지운다. 존재를 인간에 또 무엇보다 인간의 자아성에 관련시키는 것을 모두 객관적 존재의 파괴로 여기도록 하는 억견으로 말이다." 하이데거의 노력은 주체성을 존재의 함수로 생각하는 데 있다. 주체성은 존재의 "시대"époque[17]를 표현

---

16) 게오르그 빌헬름 프리드리히 헤겔, 『정신현상학 1』, 임석진 옮김, 한길사, 2005, 114~115쪽 참조.──옮긴이
17) 존재가 밝히는 존재자 배후에서 존재가 숨고 중지된다는 의미에서.

한다. 즉 주체성, 의식, 차아는 양태로서의 존재성에 속하는 현존재Dasein를 전제하는데, 그 존재성은 이 양태에 의해 현현되며, 존재성의 이 현현은 존재성의 존재적인 것이다. 경험 및 이 경험을 만드는 주체는 존재성의 주어진 "시대"에서 존재성이 완성되는, 즉 현현되는 방식 자체를 이룬다. 모든 지양은, 주체에서 이뤄지는 존재의 모든 재평가로서, 여전히 존재의 존재성으로 되돌아올 것이다.

　　존재와 달리에 대한 우리의 질문은 주체의 실체화hypostase[18]에서 ─ 주체의 주체화에서 ─ 하나의 예-외를, 사변적으로 언제나 회복 가능한 부정성 이편의en deçà de 비-장소를 예감한다. 더 이상 존재의 용어로, 또 존재자 ─ 존재를 조절한다는 의심으로, 실체화에 의해 새겨진 단절을 다시 연결한다는 의심으로 여전히 짓눌릴 ─ 의 용어로도 말해지지 않는 절대적인 것의 바깥en-dehors을 예감한다. 우리가 주체를 말함으로서 사유할 때, 이미 주체는 이 존재론화에 저항한다. 존재로서의 존재에 대한 모든 언표 뒤에서, 말함은 타인에게 존재를 언표하기 위해 자신이 주제화하는 존재 자체를 넘어선다. 낱말 ─ 처음이건 마지막이건 ─ 속에서 이해되는 것은 존재이지만, 마지막 말함이 나아가는 곳은 주제화되거나 전체화된 존재 너머다. 존재의 존재성으로 환원될 수 없는 것이 책임의 대신함이다. 이것은 의미작용 또는 타자를-위한-일자, 또는 코나투스에 반대되는, 모든 해체 너머의 차아의 탈-퇴dé-fection, 또는 선

────────────

18) hypóstase는 '아래에 놓이는 행위'을 뜻하는 희랍어 hupóstasis에서 온 말로 substance(sub-stantia)와 유사한 용어라고 할 수 있다. ─옮긴이

함이다. 그것에서 타인은 실재의 실재성과 전적으로 달리 부과된다. 그가 부과되는 것은 그가 타자이기 때문이며, 이 타자성이 가난과 약함의 전적인 짐을 내게 돌리기 때문이다. 대신함은 ─ 그리고 선함은 ─ 여전히 "운동"으로서나 존재의 존재성의 한 양상으로서 해석되어야 할 것인가? 대신함은 여전히 존재의 빛 속에서 움직일 것인가? 하지만 얼굴의 봄^{vision}은 존재의 빛 안에 있는가? 여기서 이 봄은 곧바로 부담 짐이 아닌가? **타인에게로**$^{envers\ autrui}$의 지향, 자신의 정점에 이른 지향은 그것이 지향성에 야기하는 반대 사태를 드러낸다. 타인에로 향함은 타인을 위함에서, 그의 고통에 대한 고통에서 절정에 이른다. 빛 없이, 즉 아무런 척도 없이 말이다. 이것은 스스로를 자의에 내맡기기 위해 단순히 눈을 감는 것으로 보이는 운명의 여신의 순전히 부정적인 맹목과는 전적으로 다르다. 존재성의 정점에서 솟아 나오기에 선함은 존재와 다르다. 선함은 더 이상 계산하지 않는다. 선함은 자신이 부정한 것을 자신의 역사 속에 보존하는 부정성과 같은 것이 아니다. 선함은 피로 물든 희생물들을 위해 과거의 우상들에 세워진 재단들을 기억^{souvenir}으로 남기지 않고, 박물관으로 옮기지도 않은 채, 파괴해 버린다. 선함은 과거의 메아리가 울려 퍼지는 성스러운 숲들을 불태운다. 선함의 이 예-외적인, 비-상한 ─ 초월적인 ─ 특성은 정확히 말해서 존재 및 존재의 역사와의 단절을 노리는 것이다. 선을 존재로 ─ 존재의 계산으로 또 존재의 역사로 ─ 환원하는 것, 그것은 선함을 무효화하는 것이다. 주체성과 존재 사이의 언제나 가능한 균형 ─ 주체성은 단지 이러한 균형의 한 양태일 텐데 ─ 은, 두 언어 사이의 등치는 여기서 멈춰진다. 선함은 주체성에게 환원 불가능한 그것의 의미 작용을 준다.

눈물과 웃음의 경계에서 책임을 요구받는 인간 주체 — [대격의] 나me — 는 자연의 화신도 아니고, 개념의 한 계기도 아니며, "존재가 우리 곁에 현전함"의, 임재parousie의 한 분절도 아니다. 중요한 것은 존재성이 존엄성에 충분한 것인 양 인간의 존재론적 존엄성을 단언하는 것이 아니라, 반대로 존재의 철학적 특권을 문제삼고, 너머au-delà 또는 이–편en-deçà에 대해 질문하는 것이다. 인간을 자기의식으로, 자기의식을 개념으로, 다시 말해 역사로 환원하는 것, 개념에서 또 역사에서 주체성을, 그리고 [주격의] "나"je를 연역하고, 그럼으로써 "이러저러한 것"의 독특성 자체에서의 의미를 개념의 함수로 발견하려 하며, 이 환원에서 환원 불가능한 것으로 남고 이 연역에서 잉여로 남는 것을 우연적인 것으로 무시하는 것 —이것은 "선한 의도"와 "아름다운 영혼"의 비실효성을 조롱한다는 구실로, 또 심리학적 자연주의, 인본주의적 수사학, 실존주의적 비장함의 손쉬움보다 "개념의 노력"을 선호한다는 구실로, 존재보다 나은 것, 다시 말해 선을 망각하는 것이다.

존재 너머 또는 존재의 타자 또는 존재와 달리 — 이 책에서는 통시성 속에 놓이고 무한으로서 언표된 —를 플라톤은 선으로 인식했다. 플라톤이 그것을 이데아로 또 빛의 원천으로 삼았다는 점은 중요치 않다. 언제나 존재 너머는 —말해진 것 속에서 자신을 드러내지만 —수수께끼처럼 드러낸다. 즉 거기서 이미 자신을 배반한다. 존재 너머가 모음, 결합 및 정황, 동시성, 내재성, 현시의 현재 등에 저항하는 사태는 타인에 대한 책임의 통시성을, 모든 자유보다 오래된 옛 심연의 통시성을 의미한다. 이것이 자유를 명령한다. 언표된 현재에서는 공시화가 이루어지지만 말이다. 이 통시성은 그 자체가 수수께끼다. 존재론으로 되돌아가고 또 되돌아가지 않는 존재의 너머다. 언표, 너머, 무한—이것은 존재의 의미가 되며 또 되지 않는다.

10. 여정

초월을 말하려는 시도가 환기하는 여러 개념들은 서로 반향한다. 개념들이 말해지는 주제화의 필요성 때문에 여러 장들이 나뉜다. 그렇다고 해서 이 개념들이 제시되는 주제들이 선형적인 전개에 적합한 것은 아니다. 주제들이 실제로 고립될 수는 없을 것이며, 자신들의 그림자와 반영을 서로에게 던지지 않을 수도 없을 것이다. 그러므로 여기서 전개[노출]exposition의 명증성이 견뎌 내는 것은 아마 전개하는 자의 미숙함만이 아닐 것이다.

　전개는 그 전개로 이끄는 현재의 논제와, 결론으로서 그것을 달리 해명하는 마지막 장 사이에 자리한다. 이 전개는 진리에 대한 반성과 시간에 대한 반성, 그리고 말해진 것이 수반하는 존재와 존재자라는 모호함 속의 존재에 대한 반성에서 출발하여, 주체의 주체성을 도출하는 데 전념한다. 그래서 우리는 우선 주체를 말함 속에서, 책임으로부터 단숨에 생명력을 얻는 감성으로서 제시할 것이다(2장). 이어서, 근접성을 감성의 의미로서 드러내며(3장), 대신함을 존재와 달리로서 근접성의 토대에서 보여 주고(4장), 또 대신함을—무한이 지나가는—주체와 무한 사이의 관계로서 드러낼 것이다(5장). 책임의 말함 속에서 대신함을 도출하는 가운데—대신함의 이 말함으로부터 출발하여—말해진 것의 질서를, 사유를, 정의를, 또 존재를 해명해야 한다. 여러 철학이 그네들의 말해진 것 안에서—존재론 안에서—진리를 의미화할 수 있는 조건들을 이해할 필요가 있다. 이러한 해명은 철학적 사유 속에서 회의주의로 귀착하는, 번갈아 나타나며 잇달아 반박되지만 다시 돌아오는 운명에, 존재와 달리 또는 초월 및 초월의 노출이 모아지는 것을 거부하며 번갈아 나타나는 사태들을 또는 그런 일들의 통-시성을 결부시키면서 이루어진다.

우리가 방금 그 이정표들을 보여 주었던 이 여정은 충분히 확실한가? 이 여정의 시작에 쉽게 접근할 수 있을까? 사람들은 이 길에서 만날 수 있는 위험들을 충분히 경고하지 않았다고, 이 위험들을 피할 수 있는 수단들을 마련하지 못했다고 이러한 진행을 비난하지 않을까? 아마 이러한 진행은 전-철학적인 경험에서 완전히 벗어나지 못할 것이다. 그것의 오솔길이 너무 다져진 것일 수도, 그 누르는 힘들이 경솔한 것일 수 있다. 하지만 그런 아름다운 위험은 철학에서 언제나 무릅써야 하는 것이다. 영혼이 자기 자신과 나누는 고요한 대화의 시작이 그것의 끝에 의해서만 정당화될 수 있다는 생각은, 사유의 원환을 완성할 수 있다고 확신했던 헤겔 같은 천재, 그것도 종합적 천재가 스스로에게 허락할 수 있는 철학적 담론의 여전히 낙관적인 발상이다. 헤겔은 나름의 이유로 아마, 철학적 기획의 초안을 정식화하는 서문이 불필요하고 심지어 사태를 흐리지 않는가를 물을 것이다. 그리고 하이데거는 운동이 인간으로부터 오는 대신 존재에서 시작하며, 인간을 존재 곁으로 이끄는 것이 문제가 아니고, 존재가 인간 곁에 임재하는 일이 일어나는, 그런 서문의 가능성을 부인할 것이다. 그만큼의 신중함으로 철학적 담론의 결론이나 종결의 가능성을 생각해야 하지 않을까? 철학적 담론의 중단, 그것이 유일한 가능적 끝이 아닐까? 더욱 겸손하게 후설은 우리에게 사유의 모든 운동은 순진한 어떤 부분을 가진다고 가르칠 것이다. 이런 부분은 헤겔의 기획에서조차 적어도, 실재를 아우른다는 그 기획의 주장 가운데 남아 있다. 후설은 우리에게 순진함의 환원은 그 즉시 새로운 환원들을 요구한다는 점을, 직관의 은총은 근거 없는 관념들을 포함한다는 점을 가르쳐 줄 것이며, 그래서 만일 철학함이 절대적 기원을 확신하는 데 있다면, 철학자는 자신의 고유한 발걸음의 흔적을 지워야 하며, 또 끝없는 방법론적 제자리걸음 속에서 흔적을 지운 흔적을 끊임없이 지워야 한다는 점을 가르쳐 줄 것이다. 철학자의 순진함이 자기에 대한 반성을 넘어 다른 철학자가 행하는 비판을—이 철학자가 자신의 차례에 범하게 될 경솔함이 무엇이든 간에, 또 그의 고유한 말함의 근거 없음이 어떻든지 간에—야기하지 않는다면 사정이 다르겠지만 말이다. 철학은 이렇게 철학자들 사이의 드라마를 불러일으키며, 과학에서의 동료들의 대화와 닮지 않은 상호주관적 운동을 불러일으킨다. 이 운동은 이 드라마 자체라기보다는 어떤 드라마의 상기인 플라톤적 대화조차 닮지 않는다. 이 드라마는 다른 구조에 따라 그려진다. 경험적으로 그것은 철학사로 정돈된다. 거기에선 다시 말해야 하는 새로운 대화 상대자들이 언제나 등장하지만, 고참들은 그들이 불러일으킨 해석들 속에서 대답하기 위해 다시 발언한다. 그리고 거기선 "진행의 확실성"이 결여되어 있음에도 불구하고 ─ 또는 바로 그것 때문에 ─ 어느 누구도 긴장을 늦출 수 없고 엄격함을 소홀히 할 수 없다.

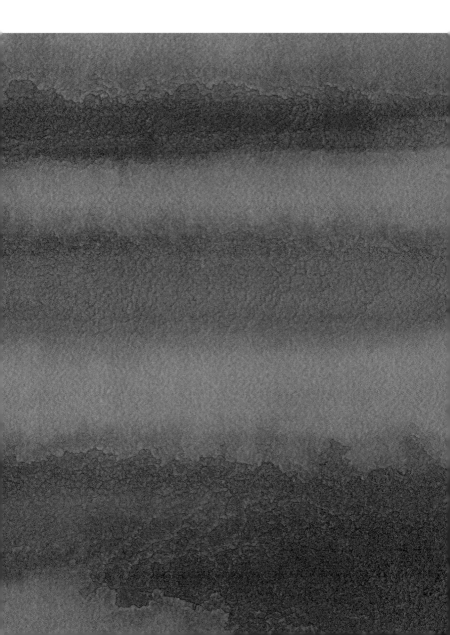

2장. 지향성에서 감각함으로

1. 질문하기와 타인에 대한 충성

철학자는 진리를 추구하고 표현한다. 진리는 언표나 판단을 특징 짓기에 앞서, 존재를 내보이는 데서 성립한다. 하지만 존재라는 이름으로, 진리 안에서 무엇이 드러나는가? 또 누가 보는가?

존재라는 이름으로 드러나는 것은 무엇인가? 이 이름은 애매함이 없지 않다. 그것이 다루는 것은 명사인가 동사인가? 존재라는 낱말은 이념적으로 있거나 실제로 있는 단일체entité를 가리키는가? 아니면 이런 단일체의 존재 과정, 즉 존재성[1]을 가리키는가? 이 낱말은 가리키는가? 의심할 나위 없이, 그것은 가리킨다. 그러나 그것은 단지 가리키는가? 만일 이 낱말이 단지 가리킨다면, 그

---

1) 이 책에서 존재성은 존재자와 차이 나는 존재를 가리킨다. 앞의 「예비 노트」 참조.

것은 동사로서조차 명사인 셈이다. 또 그 과정은 가리킴의 순간에 스스로를 드러낸다. 비록 그것이 운동이라 해도 그렇다. 하지만 그 것은 말해진 것 속에서 움직이지 못하게 되고 고정된다. 존재와 존 재자의 신비 ─ 그것들의 차이 ─ 는 이미 불안정을 일으키는가? 처음부터 존재와 존재자의 구별과 모호함은 중요한 것으로 드러 날 것이며, 존재는 진리에 결정적인 것으로 나타날 것이다. 그러나 이 구별은 또한 모호함이며, 궁극적인 것을 의미하지 못한다. 만일 이 차이가 말해진 것에서 ─ 단어들에서, 이것은 현상-밖의 것이 아닌데 ─ 드러난다면, 이러한 차이가 드러냄 그 자체와 관계하는 것이라면, 이 차이는 존재 ─ 그것의 숨바꼭질 놀이는 물론 존재적 이다 ─ 와 같은 계열에 속한다. 그러나 드러냄이 의미작용의 한 양 태라면, 말해진 것에서 말함으로 거슬러 올라가야 한다. 말해진 것 과 말해지지-않은 것은 말함을 모두 흡수하지 못한다. 말함은 말 해진 것 이편에 머문다 ─ 또는 그 너머로 나아간다.

그러나 지금으로서는 진리의 일반적 의미가 함축하고 있는 것들에 집중하자. "무엇이 드러나는가?"라는 질문은 응시하는 누 구 자신에 의해, 그가 존재와 존재자 사이의 차이를 주제적으로 구 별하기조차 전에 제기된다. 그 질문은 무엇인가? 그것은 무엇인 가? 존재하는 그것은 무엇인가?라고 말한다. 문제는 존재하는 것 에 대하여, 존재하는 그것을 아는 것이다. 이 무엇인가?는 이미 존 재에 완전히 둘러싸여 있으며, 이미 그것이 파묻혀 있는 존재밖에 보지 못한다. 존재하는 그것의 존재에 대하여, 관건은 존재하는 그 것을 아는 것이다. 그 질문 ─ "존재란 무엇인가?"일 텐데 ─ 은 그러므로 존재와 관련하여, 바로 문제가 되고 있는 것과 관련하여 묻는다. 그 답은 애당초 존재의 용어로 요구되는데, 그 답변은 우리가 그것을 존재자 또는 존재자의 존재라고, 존재자 또는 존재의 존재성이라고 이해한다는 것이다. 이렇듯 무엇인가?라는 질문은 그 질문이 찾고자 하는 것과 상관적이며, 그래서 이미 거기에 의거한다. 그 질문의 추구는 전적으로 존재 안에서 ─ 그것이 오로지 탐구하는 바의 품속에서 펼쳐진다. 이런 탐구는 **존재론**인 동시에 그것이 이해하고자 하는 존재 자체의 실행의 한 부분이다. 무엇인가?라는 이 질문이 존재에 들러붙어 있는 채로 모든 사유의 근원에 있다면(사유가 규정된 용어들에 의해 진행되는 한, 달리 있을 수 있을까?), 모든 연구와 모든 철학은 존재론으로, 존재자의 존재에 대한 이해작용intellection 으로, 존재성의 이해작용으로 거슬러 올라간다. 존재가 가장 문제적인 것만은 아닐 것이다 ─ 그것은 가장 이해 가능한intelligible 것일 게다.

그렇지만 이 이해 가능성은 스스로를 질문으로 만든다. 이해 가능성이 스스로를 질문으로 만든다는 것은 놀라운 일이다. 이것은 **누구인가?**와 **무엇인가?**라는 질문에 우선적인 문제다.[2] 왜 드러

---

2) 선결적이거나 우선적인 문제들은 물론 통상 제기되는 제1의 것들이 아니다. 사람들은 원리들에 대해 염려하지 않은 채 행동하고 말하며, 생각하기까지 한다. 그래서 우선적인 것, 전-근원적인 것, 이편의 것, 이런 것들은 시작과 동등한 가치조차 갖지 못하고, 원리의 지위를 갖지 못하며, 오히려 무시원의 차원에서 다가와서, 영원한 것과 구별된다. 제1의 문제들에서부터 담론은 ─ 시종의 경솔함을, 그러나 또한 "천사의 비밀"을 지니고 ─ 형용 불가능한 것을 폭로하고 더럽히며, 언어를 남용한다. 담론은 철학자가 축소하려 시도하는 형용 불가능한 것을 말해진 것에서 사취한다.

넘에는 질문이 있는가?

　　사람들은 당장 이렇게 답할 수 있을 것이다. 질문이 있는 까닭은 탐구가 있기 때문이며, 또 존재의 출현은 존재의 외양의 가능성이기도 하고, 그 외양은 존재의 탈은폐 자체에서 존재를 숨기며, 진리에 대한 탐구는 존재를 현상에서 떼어 내기 때문이라고. 또는 다음과 같이 ─ 하지만 이것은 동일한 것이 아닐까? ─ 답할 수 있을 것이다. 질문이 있는 까닭은 모든 현현이 부분적이며 부분에서 분명해지기 때문이고, 반면에 진리는 손상되지 않고서는 나뉘지 않으며, 따라서 진리는 진행이고 각기 문제적으로 남아 있으면서 여러 시기에 노출되기 때문이라고. 그러나 질문에 대한 질문은 더 근본적이다. 왜 탐구는 스스로를 질문으로 만드는가? 이미 존재에 잠겨 있는 무엇인가?가 존재를 더 열기 위하여 요구가 되고 기도^{prière}가 되는 것은, 주어진 것의 "소통"^{communication}에 끼어드는 특별한 언어가 되고, 구조에 대한 호소, 타인에게 건네지는 도움에 대한 호소가 되는 것은 어떻게 해서인가?

　　변덕스럽거나 호기심 많은 또는 솜씨 좋은 주체가 존재에 다가가며 일으키는 부적절한 논쟁처럼 문제가 야기되는 것은 물론 아니다. 존재는 그 자체로는 비-문제적일 테니 말이다. 그러나 스스로 현현하는 존재가 주체를 호명한다는 메타포를 문자 그대로 취할 필요는 없다. 존재의 현현 ─ 출현 ─ 은 분명 제1의 사건이다. 하지만 이 제1의 우월성은 현재의 현전에 있다. 모든 현재보다 더 오래된 과거 ─ 결코 현재한 적이 없는 과거, 그것의 무-시원적 태고가 은닉과 현현의 "유희에 주어진" 적이 결코 없는 과거 ─ 그것의 다른 의미작용이 서술되어야 할 것으로 남는 과거 — 이런 과거는 존재의 현현 저편에서 의미를 준다signifier. 존재의 현현은 그러므로 의미를 주는signifiant 이 의미작용의 한 계기만을 표현할 것이다. 사람들은 우리가 앞에서 언급한 통–시성에, 현현의 진행성과 관련해, 동일자를 타자와 분리시키는 간격이 있지 않을까, 현현 속에 반영되는 간격이 있지 않을까 의심해 볼 수 있다. 사람들이 정당하게도 열림과 직관의 번뜩이는 순간이라고 여기는 이 현현은 불연속적으로 질문에서 응답으로 이어진다. 그러나 저 간격은 우리로 하여금, 응시하는 누구Qui regarde — 존재의 열림에 놓인다고 자칭하는 동일적 주체 — 가 동일자와 타자 사이의 (규정되어야 할 것으로 남는) 통–시적 얽힘의 매듭임을 문득 알아차리게 해준다. 플라톤이 사유의 특성으로 본 질문과 응답의 조용한 오고 감은 주체성의 매듭이 — 동일자에게 명령하는 타자로부터 — 묶이는 얽힘을 이미 지시한다. 현현하고 있는 존재를 향한 사유가 그 자신을 스스로 인식할 때조차 그렇다. 스스로 요구하고 스스로 묻는 일, 이것은 동일자와 타자의 엮임을 주체성에서 해체하지 않고 오히려 주체성으로 귀착시킨다. 동일자에 대한 타자의 열림으로 돌아오지 않는 동일자에서의 타자의 얽힘. 질문의 요구가 건네지는 타인은 탐험해야 할 이해 가능한 영역에 속하지 않는다. 그는 근접성에 머무른다. 그런 까닭에, 탐구되며 탐구의 방향을 결정짓는 무엇quoi의 존재론적 본질에서 누구의 누구성quis-nité이 제외되는 것이다. 동일자는 어떤 명목으로건 타자가 의식에 나타나기 전에 타인과 관계한다. 주체성은 동일자에서의 타자로 구조화된다. 하지만 이것은 의식의 양태와는 다른 양태를 취한다. 의식은 언제나 주제와 상관적이며, 재현된 현재와 상관적이다. 자아 앞에 자리한 주제와, 현상인 존재와 상관적이다. 주체성이 동일자에서의 타자로 구조화되는 이 양태는 의식의 양태와 다르다. 의식의 양태는 존재의 의식이다. 의식과 의식 앞에 "자리한"placé 의식의 주제 사이의 관계가 아무리 간접적이고 미세하며 비일관적이든, 또 이 관계가 "살과 뼈로 된" 현존의 지각이든, 이미지의 형상화이든, 상징된 것의 상징화이든, 암시 속에서 일어나는 일시적인 것과 불안정한 것의 투명함과 은폐이든, 객관화 불가능하지만 객관화를 열망하는 짐작이든, 그것은 이렇듯 의식인 것이며 이렇듯 존재의 의식인 것이다.

주체성, 그것은 동일자에서의 타자다. 이는 평화 안에 있으면서 더불어 합치를 이루는 대화 속에서 대화 상대자들이 서로 현존하는 방식과는 다른 방식을 따른다. 주체성의 동일자에서의 타자란 타자에 의해 불안정하게 된 동일자의 불안정이다. 이것은 지향성의 상호관계가 아니며, 대화의 상호관계 ─ 존재성을 그것의 존재적 상호성 속에서 입증하는 ─ 도 아니다. 존재의 자기로의 되접힘repliement은 주체성의 매듭으로까지 결코 나가지 못한다. 자기를 그려 내는 이 되접힘에서는 존재의 반향이 존재의 상관적인 것으로 머문다.

주체성에서 묶이는 매듭 ─ 이것은 존재의 의식이 된 주체성에서는 여전히 질문하기 속에서 인증되는데 ─ 은 타자에 대한 동일자의 충성을, 타자의 모든 드러남에 앞서 부과되며 모든 의식에 우선하는 충성을 의미한다. 또는 내가 알지 못하는 타자에 의한 변용affection을 의미한다. 이 타자는 어떤 정체성으로도 입증할 수 없을 것이며, 타자로서 그 무엇과도 동일시될 수 없을 것이다. 이 충성은 타자에 대한 동일자의 책임으로, 모든 질문에 앞선 그의 근접성에 대한 응답으로 그려질 것이다. 하지만 이 충성에서는 의식 그 자체의 잠재적 탄생 ─지각 또는 존재의 청취─과 질문하기로부터 출발하는 대화dialogue가 간취될 것이다.

그러므로 존재는 관념론의 주장과는 반대로, 인식하는 주체의 구성이 아닐 것이다. 사유 및 존재의 진리에 주체는 항거할 수 없이 자신을 연다. 이렇게 열리는 주체는, 주체를 존재론으로 또는 존재의 지성으로 보게 하는 길과 완전히 다른 길에 열린다. 존재는 인식으로부터 오지 않을 것이다. 이 인식-으로부터-오지-않음은 존재론이 전제하는 것과는 완전히 다른 의미를 갖는다. 존재와 인식은 모두 타자의 근접성 속에서 의미를 갖게 될 것이다. 타자에 대한 나의 책임의 특정한 양상 속에서, 모든 질문에 앞서는 이 응답의, 말해진 것에 앞선 이 말함의 특정한 양상 속에서 의미를 갖게 될 것이다.

존재는 타자를-위한-일자로부터, 동일자가 타자를 대신함으로부터 의미를 갖게 되리라. 존재의 봄과 존재는 존재와 인식보다 먼저 일어난, 더 이른 그리고 이편의 주체를, 상기가 선험적으로 회복할 수 없을 기억 불가능한 시간 속의 주체를 지시한다. 인식하는 주체가 머무는 질문하기 속에서 존재의 "탄생"은 이렇듯 질문하기 이전으로, 책임의 무-시원으로 ─모든 탄생의 이편으로 가는 것처럼─ 되돌아가게 되리라. 우리는 말해진 것 없는 말함이라는 개념 속에서 주체적인 것의 그런 양상을, 존재와 달리를 전개하고자 할 것이다. 이 무슨 조건적인 것들인가! 진리에서 기이한 사건성들이라니! 우리는 사람들이 이렇게 아무런 위험이 없는 것으로 간주하는 자유들에 사건적인 것l'Eventuel으로 응답할 필요가 있을 것이다.『정신현상학』의 첫 몇 페이지와 서론의 일러두기를 무시하면서 말이다. 최소한, 이 사건성들은 전조前兆 면에서 이번 장의 방향을 알릴 수 있게 해주며, 결코 완성되지 않는 학문의 상대성에 처한 주체의 유한함에 부딪히는 대신, 처음부터, 근접성의 타자를-위한-일자에서 비롯하는 것으로서의 이 유한함 자체 속에서, 책임 즉 사회성의 탁월함 — 높이와 의미작용 — 을 예감하게 해준다. 사회성은 유한한 진리 — 존재와 의식 — 가 복종하는 질서다.

2. 질문하기와 존재, 시간과 상기

만일 우리가 질문에서, 심지어 스스로 묻는 사유의 표면적 침묵 아래서 울리는 요구를 듣지 못한다면, 질문 속의 모든 것은 진리로 향할 것이고 존재의 존재성에서 비롯하게 될 것이다. 그때부터는 이 존재론의 구도에 머물러야 한다. 비록 잃어버린 목소리의 어조가 그 존재론의 몇몇 함의 가운데서 울려 나온다고 해도 말이다. 존재론에는 — 존재를 그것의 모호함, 즉 존재와 존재자의 모호함 속에서 내보이는 것에는 — 시간과 언어가 속한다. 언어가 지속의 흩어짐을 명사들과 명제들로 모으면서 존재와 존재자를 이해하게 하는 한에서 그렇다. 그렇지만 우리는 이 말해진 것에서 말함—이것의 의미작용은 결코 모아질 수 없는데—의 반향을 간취하게 될 것이다.

우리는 "진리 속에서 드러나는 것은 무엇인가?"라는 질문이 이 존재의 용어 자체로 표시되는 존재를 묻는다는 점을 지적했다. "누가 응시하는가?"라는 질문도 그 나름으로 존재론적이다. 이 누구는 누구인가? 이러한 형식하에서 이 질문은 "응시하는 자"를 이미 알려진 존재들 중의 하나와 동일시할 것을 요구한다. "누가 응시하는가?"라는 질문에 대한 답을 "나"라는 단음절로, 어떤 내용도 없이, 언표하는 게 마땅하다 해도 그렇다. 이 "나"는 순전히 기호들의 발성, 당장은 "~인 나"이지만, 실제로는 "당신에게 알려진 나", "당신들의 기억 속에서 목소리가 알아차려질 나" 또는 "당신의 역사의 체계 속에 자리 잡을 수 있을 나"다. 만일 누구인가?라는 질문이 주체의 상황—한 사람이 어떤 정황, 즉 존재들 및 사물들의 정황에 놓인 자리—을 발견하려는 것이라면, 또는 이 질문이 플라톤이 『파이드로스』에서 (어떤 언표를 듣는 대신에 그것을 언표하는 자에 대해 이미 문헌학자들처럼 묻는 자들을 고발하기 위해서) 표현한 것처럼 "그는 누구인가?", "그는 어느 나라에서 왔는가?"를 묻는 데서 성립한다면, 이 "누구인가?"라는 질문은 존재를 묻는 것이 될 것이다. 그러한 "누구인가?"는 "~은 무엇에 처해 있는가?"$^{qu'en\ est-il\ de}$에서의 "무엇인가?"$^{quoi?}$로 돌아온다. 그 질문은 거기로 돌아오거나 거기로 사라진다. 어휘와 문법에 반영되는 "누구인가?"와 "무엇인가?"의 차이는 문제를 만드는 존재자의 존재의 본성이나 양태에 의해 야기된 본질적^{eidétique}이거나 존재적인 것에 불과할 것이다. 말해진 것 안에서 "무엇인가?"가 갖는 논리적 우위는 이 차이를 없앤다. 말해진 것으로서의 로고스 —존재와 존재자의 모호함 안에서의 존재의 계시 —는 이 "누구인가?"가 "무엇인가?" 속에서 사라지게 한다. 그러한 일은 우리의 물음 "누가 응시하는가?"에서 더욱 분명한 방식으로 이루어진다. 그 물음은 이런 자 또는 저런 자에 대해 묻는 것이 아니라, "응시하는 누구"의 존재성 —그것의 일반성 안에서의 —에 대해 묻는 것이다. 이 물음은 "이 누구는 누구인가?"를 통해 이 누구가 무엇에 처해 있는가를 묻는다. 이 누구에게는 존재에 대한 응시가 주어져 있다. 이렇듯, 모든 면에서 "무엇?"이라는 질문의 특권 또는 문제의 존재론적 특징이 확인될 수 있을 것이다.

어쨌든 이 특권이 의미하는 것은, 우리가 진리와 관련하여 "누가 진리 안에서 현현하는 존재를 응시하는가?"라고 물을 때, 존재의 현현에 대한 맞아들임이 놓이는 곳은 스스로 현현하는 존재의 밖이 아닐 것이라는 점이다. 그러므로 "누가 응시하는가?"라는 질문에 대한 답도 존재성의 노출만을 의미하게 될 것이다. 응시의 주체는 사유하는 존재가 될 것인데, 이 주체는 주체-대상의 통일에 속하는 자신의 대상과 엄격한 상관성을 가질 것이다. 게다가 진리라는 발상에서 출발할 때 존재의 현현에 대한 맞아들임이 어떻게, 스스로 현현하는 존재의 바깥에 놓이겠는가? 응시하는 자가 절대적인 것의 바깥에 놓일 수 있겠으며, 응시가 존재 사건을 —지식이 쌓이고 수집되며 정식화되는 내면의 심층^{repli}을 깊게 파 들어가는 와중에 ―벗어날 수 있겠는가? 만일 그런 경우라면, 존재 바깥에서 어떤 것들이 일어나야 할 테지만, 거기서 사태는 여전히 존재로부터 이뤄지게 될 것이다. 이것은 그 용어상에서 모순을 빚는 것으로 보인다. 우리는 아직 이런 모습을 이해할 수 없으며 그것을 환원할 수도 없다. 우리가 비록 존재의 그-자체로의 되접힘 ―또는 주체성 ―이 생산되는 자리 가운데 이 반성과는 다른 어떤 것이 있지 않을까 의심해 본다 해도 그렇다. 그러므로 존재가 자신을 드러내는 상대는 여전히 존재에 속하기 마련이며 또 응시는 존재로 되돌아오게 마련이다.

그렇지만 존재의 노출이나 현시ostension는 잘못된 것으로 판명날 수 있다. 구경꾼과 사변spéculation은 "사태에 관여치 못할 것이고", 드러나는 것으로부터 배제될 것이며, "이편"에서 감춰질 것이다. 물론 이 "이편"은 내보임으로 환기되는 "누구"가 소멸해 버릴 영역은 아닐 테지만, 그것은 존재의 양태로 머물 것이다. 사라지지 않은 채 벗어나고 제외되고 물러나는 방식으로, 자기-자신의 어둠으로 물러나는 방식으로 남을 것이다. 이 누구 ―구경꾼, 주체성, 영혼―는 내면화의 이 과정에서 고갈되는가? 아니면 내면화가 "드러나지 않음"의 부정성에서 고갈되는가? 분명 여기에 우리의 문제가 있다 ―누구는 무엇을 의미하는가? 그러나 만일 내면성이 절대적인 예외라면, 진리 안에서 발견된[탈은폐된] 존재는 자신의 내면성으로 인해 훼손될 것이다. 그 존재는 진리 안에서 부분적으로 감춰질 것이며, 나타나지만 비-진리일 것이다.

그러므로 진리가 이룩되기 위해서는 이런저런 방식으로 내면성의 이 예-외가 회수되어야 한다. 즉 예-외가 규칙으로 되돌아와야 한다. 노출된 존재 속에서 앎의 주체가 재발견되어야 하며, 영혼의 맥박과 호흡이 존재 전체에 속하게 되거나 존재 전체로 돌아와야 한다. 진리란 존재가 그-자신에 노출될 때에만, 자기의식 속에서만 성립할 수 있다. 주체성의, 영혼의, 누구의 갑작스러운 출현은 존재와 상관적인 것으로 남는다. 즉 존재와 동시적이며 존재와 하나인 것으로 남는다. 내보임이 앎으로 바뀌는 변화는 이 내보임의 특정한 변곡으로 해석될 수 있어야 한다. 영혼은 영혼을 불러일으키거나 부추기는 존재의 탈은폐를 위해서만 살게 될 것이다. 영혼은 정신의, 즉 전체성-존재의 삶의 한 계기일 것이다. 이것은 자기 외부에 아무것도 남겨 두지 않는, 동일자를 재발견하는 동일자다. 그러나 그-자신에 대한 존재의 현현은 존재 안에서의 분리를 함축할 것이다. 이 현현은 존재의 전체성이 존재의 전체성에 스스로를 드러내는 섬광과 같은 것일 수 없다. 왜냐하면 이 "~에 스스로를 드러냄"은 다름 아닌 시간인 어긋남을 가리키기 때문이다. 그-자신에 대한 동일적인 것의 놀라운 간격 말이다!

순간의 어긋남, "전체"에서 떨어져 나오는 "전체"—시간의 시간성—는 그럼에도 불구하고 아무것도 상실되지 않는 회수를 가능케 한다. 자신의 동일성에서 벗어난, 그 자신에게서 벗어난(이것을 여기서 어긋남이라고 부른다) 존재의 발견이자 진리의 회복. 드러나는 것과 그것이 충족시키는 목표의 사이에서 성립하는 드러남. 이러한 목표로서의 동일자와 발-견[탈-은폐]dé-couvert 으로서의 동일자, 그리고 발견된 또 동일하게 되돌아올 뿐인—진리. 새로운—자신의 유에서 유일한—긴장이 수립되기 위해서는 시간이 필요하다. 즉, 부동의 영원성의 사면rémission이, 전체에 대한 전체를 이루는 내재성의 사면이 필요하다. 이 새로운 긴장에 의하여 존재 안에서 지향성 또는 사유가 깨어난다. 진리는 회복, 소환, 상기이고, 지각의 통일 아래의 결합이다. 시간의 사면과 재포착의 긴장, 단절 없는, 연속성의 해소 없는 이완과 긴장. 현재의 순수한 멀어짐이 아니라 다름 아닌 재-현. 다시 말해, 그 속에 진리의 현재가 이미 있거나 아직 있는 그러한 멀어짐. 재-현, 자신의 "첫 번째"에서 두 번째를 위해 있는 현재의 재시작—다시잡음과 미리잡음[예지]protention, 망각과 기다림 사이, 기억과 기투 사이. 상기인 시간과 시간인 상기—의식과 존재성의 통일.

그러나 존재의 전체성의 시간적 어긋남—이것은 진리를 충족시킬 수 있는 유일한 것인데—속에서 전체성은 그 자신으로부터 떨어져서 "전체성의 너머"로 나아갈 것인가? 하지만 전체성은 바깥에 아무것도 남겨 두지 않을 것이다.[3] 그렇게 하여, 진리에서 주제화된 전체성의 초월은 전체성을 부분들로 분할하는 것으로서

---

3) 존재가 그-자신에게 드러나 발견된 것인 진리는 존재에서 아무것도 빼내 가지 않아야 하며, 아무것도 덧붙이지 않아야 한다. 그렇지 않다면 존재가 스스로를 드러내는 것은 발견의 사건에 의해 이미 그 자신이 변경됨을 보여 주는 데 불과하게 될 것이다. 즉, 플라톤의『파르메니데스』에 나오는 첫 번째 가설에서처럼, 진리가 진리를 방해하게 될 것이다. 그러므로 발-견[탈-은폐]은—존재가 자기-자신을 의식하는 순간에, 그리고 자신의 존재에 앎을 덧붙이거나 옛 앎에 새로운 앎을 덧붙이는 순간에—스스로를 드러내는 존재에 대한 어떤 덧붙임이어서는 안 되고, 오히려 그 존재의 완성이어야 한다. 존재의 현시 또는 진리는 시간 존재의 성취된 존재성이고, 동시에, 존재의 자기-자신에 대한 또 자신의 존재성에 대한 내보임이다.

생산된다. 하지만 어떻게 이 부분들이 진리로서의 현시가 함의하는 전체와 동등할 수 있을까? 전체를 반영하면서 말이다. 부분에 반영된 전체는 이미지다. 그러므로 진리는 존재의 이미지들 속에서 등장할 것이다. 그럼에도 불구하고, 시간과 기억, 동일성의 놀라운 효소diastase, 동일성의 회복(이것에 의해 존재성은 존재성의 "시간을 만든다")이 존재성과 진리 너머에 있다는 것은 참이다. 비록 우리가 이런 점을 이해하고 표현할 때 그것들이 존재성 너머에 있다고, 즉 존재성 너머에 **그것들이 존재한다**고 말하긴 하지만. 존재성 너머에서, 존재함과 존재하지 않음으로부터 배제된 삼자tiers exclu인 의미작용이 의미를 주는 것이다.

이미지는 현시 ─ 드러나는 모습, 직접적인 것, 감성적인 것 ─의 항인 동시에, 그 속에서 진리가 끝terme에 이르지 않는 항terme이다. 왜냐하면 존재의 전체는 거기서 스스로를 그-자신대로 드러내지 않고 반영될 뿐이기 때문이다.[4] 이미지 속에서 감성적인 것, 직접적인 것은 의도적으로, 더욱 완전한 현전의 탐구로 향한다. 그러나 만일 현시가 존재의 전체성에 대한 분할을 함축한다면, 그 현시는 소멸되지 않고서는 완성될 수 없다. 진리는 스스로 약속한다. 언제나 진리는 약속되고 미래적이며 사랑받는다. 비록 탈은폐의 시간 속에서 역사의 구조화된 작업을 알아차리고 비-철학의 기

---

4) 이미지가 진리의 항인 동시에 진리의 미완성인 한에서, 직접성 자체인 감성은 이미지를 이룬다. 그리고 이 이미지는 앎으로부터 해석된다. 그러나 감성 ─ 이 자체가 우리의 주제인데 ─은 그 직접성에서 다른 의미작용을 한다(3장을 보라). 감성은 진리의 이미지로 존재한다는 기능에 제한되지 않는다.

늙까지 연속되는 것에서 진보를 알아차리는 일이 금지되지는 않는다 하더라도, 진리는 약속 안에 있으며 지혜의 사랑[5] 안에 있다.

철학은 존재의 발견이며, 존재의 존재성은 진리이고 철학이다. 존재의 존재성은 시간의 시간화다. 즉 동일적인 것의 효소이고 동일적인 것의 재포착 또는 상기이며, 알아차림의 통일성이다. 존재성은 원래 고체의 모서리를 가리키지 않으며 빛이 반짝이는 동작에서 보이는 움직이는 선을 가리키지도 않는다. 존재성은 어떤 변질이나 이행도 없는 "변양"[양태화]modification을 가리킨다. 이 변양은 모든 질적 규정으로부터 독립적이며, 조용한 밤에 가구가 재료의 무게를 못 이겨 삐걱거리는 소리로 그 변화를 드러내는 것과 같은 사물들의 말 없는 마모보다도 더 형식적이다. 이 변양에 의해 동일자는 그-자신에게서 떨어지거나 놓여나고 이러저러한 것으로 해체되며, 더 이상 자신을 복구하지 않고 그렇게 (색채가 윤곽들로부터 삐져나오거나 윤곽에 닿지 않는 라울 뒤피의 그림에서처럼) 스스로를 발견하며, 스스로 현상―모든 존재의 **존재**esse―을 이룬다. 존재의 존재성은 이름 붙일 수 있는 내용이 될 어떤 것도 가리키지 않는다. 즉, 사물이나 사건이나 행동 따위를 가리키지 않는다. 존재의 존재성은 비유동적인 것의 이 유동성을, 동일적인 것의 이 다양성을, 점적인 것의 이 효소를, 이 경과를 일컫는다. 변질도 자리바꿈도 없는 이 변양―존재의 존재성 또는 시간―은 더욱이

---

5) 우리는 언제나 미래의 것인 진리에 대한 사랑인 철학이 어떻게 사랑에 대한 지혜라는 더 넓은 자신의 의미작용 속에서 정당화되는지를 뒤(5장)에서 보게 될 것이다.

"의식의 포착"을 가능하게 할 빛의 비춤을 기다리지 않는다. 이 변양이 바로 동일자에 대한 동일자의 가시성이다. 이 가시성을 우리는 때로 열림^{ouverture}이라고 부른다. 존재의 작업—존재성—시간—시간의 경과는 현시이고 진리이며 철학이다. 존재의 존재성은 불투명함의 흩어짐이다. 존재하는 사물들, 사건들, 행위들에 대해 진리가 형성되기 위해서는 무엇보다 이러한 존재의 "펼침"을 이해해야 하기 때문만은 아니다. 이 펼침이 불투명함의 본래적인 **흩어짐**이기 때문이기도 하다. 존재의 존재성에서 형식들이 밝혀지거나 앎이 깨어난다. 존재의 존재성에서 존재는 밤에서 빠져나오거나 최소한 잠—잠은 밤의 밤인데—을 떠나 의식의 꺼질 수 없는 불면을 지킨다. 그래서 모든 특수한 앎, 지성의 모든 사실적 실행—이데올로기, 신앙, 과학 등—, 모든 지각, 장막을 벗기는 모든 행동—그것이 어떤 행동이든—은 그것들의 빛을 최초의 빛인 존재성에 빚지고 있는 셈이며, 또 철학에 빚지고 있는 셈이다. 그 철학이 여명에 해당하든 석양에 해당하든 그렇다. 동일적인 것이 그-자신에 대해 갖는 간극에 의한 시간성은 존재성이며 본래적인 빛이다. 플라톤은 이것을 가시적인 것의 가시성과 또 눈의 통찰력과 구분했다. 존재성의 시간은 앎의 세 계기들을 결합한다. 보게 하는 존재성의 빛, 그것은 보이는가? 물론 그 빛은 주제가 될 수 있고, 존재성은 드러날 수 있으며, 말해지고 기술될 수 있다. 그러나 그때 빛은 빛 속에서 자신을 제시한다. 이 빛은 주제적인 것이 아니다. 그것은 오히려 울려 퍼지는 것이다. 그 영역의 독특한 울림을, 침묵의 울림을 "듣는 눈"에 대해 울려 퍼지는 것이다. 침묵의 울림을 듣는 눈이라는 식의 표현은 기괴한 것이 아니다. 지금 문제는 진리인 것의 시간성에 접근하는 것이기에 그렇다. 또 그 시간성에서 존재는 자신의 존재성을 펼쳐 놓기에 그렇다.

시간성, 그것은 존재성 너머로 가는가? 다음과 같은 질문이 남는다. 존재가 스스로 현현하기 위해 시간에 의해 "떠나게 될" 이 밤 또는 이 잠은 여전히 존재성으로부터, 빛과 깨어 있음의 단순한 부정들로 존재하는가? 반대로 이 밤과 잠은 어떤 "달리"로 또는 어떤 "이편에"로 "존재하는"가? 그것들은 상기 너머의 시간성에 의해 통시성 속에, 존재성의 너머에 존재하는가? 물론 말해진 것 속에서 드러날 수 있지만 곧 환원되어 버리는, 이편에 또는 너머에로, 존재와 달리로 존재하는가? 주체는 존재론에서 출발하여 과연 끝 간 데까지 이해되는가! 여기에 본 연구의 주요한 문제들 가운데 하나가, 더 정확히 말하면 본 연구가 제기하는 문제가 있다.

3. 시간과 대화

a. 감성적 체험

모든 사물의 발견은 존재성의 시간의 이 빛 ─또는 이 울림─ 속으로 사물들이 끼어드는 데 달려 있다. 사물들은 자신들의 성질 속에서 발견되지만, 이 성질들은 시간적인 체험 속에서 발견된다. 현시 ─존재의 현상성─는 시간과 분리될 수 없다. 그래서 우리는 칸트, 버클리, 데카르트를 거쳐 고대까지 거슬러 올라가는 철학적 전통, 감각에 대해 반성하는 철학적 전통의 정당성을 이해하게 된다. "감각하는 자와 감각된 것의 공통 작용"인 감각은 체험된 것의 시간적 흐름과, 단어들이 가리키는 존재 및 사건들의 동일성이 빚어내는 애매성이다.

　이 애매성은 심리학주의에 반대하는 후설 식의 논쟁에서 확인된 것과 같은 지향성 개념에 의해 사라지지 않았다. 거기서 중요했던 것은 논리학자의 심리적 삶 — 지향적 체험^Erlebnis — 과, 심리적인 것 및 체험된 것을 넘어서는, 주제화한 논리적 구성의 이념성을 근본적으로 구별하는 것이었다. 따라서 감각이 체험된 생성 — 체험함^Erleben — 에 속하게 되는 것은 오직 감각함으로서라는 점을 받아들이는 것은 당연했다. 감각함은 체험된 노에시스의 한 총체에서 성립한다는 점, 감각함의 본성은 감성적이라 불리는 성질을 향해 나아가 그 성질들을 식별하려는 수용의 지향적 기능들에서 소진된다는 점도 당연한 것으로 받아들여졌다. 감성적 성질들은 직접적으로 현전한다는 사실과 내용 면에서 풍부하다는 사실에 의해, 즉 그 풍요로움에 의해, 다른 모든 소여와 뚜렷이 대비되는 것으로 여겨졌다. 변화무쌍한 것들이 변화하는 것은 체험된 것 바깥에서, 감각된 것의 평면 위에서, 감각함의 너머에서라고 생각되었다. 그러므로 체험된 것과 감각된 것, 체험된 것과 감성적 성질들은, 후설의 표현에 따르면, "의미의 벌어진 심연"[6]에 의해 분리된 것으로 간주되었다.

---

6) 『순수현상학과 현상학적 철학의 이념들』(『이념들 1』, 1913), 49절. — 옮긴이

그렇지만 이 구도는 유지되지 않는다. 감성적인 것은 순수한 수용의 한 노에시스가 보이는 번뜩이는 순간이라 할 현시 속에서 드러나지 않는다. 노에시스 그-자체도 시간적 늘임^{étirement}을 가지며 시간 속에서의 구성을 갖는다. 노에시스는 그것의 지향 속에서 질료^{ὕλη}의 물질성을 지시한다. 소리, 색깔, 딱딱함, 물렁물렁함 등의 감성적 성질, 즉 사물의 속성들인 감성적 성질 역시 심리적 삶으로서의 시간 속에서 체험될 것이다. 물리학자의 측정 가능한 시간 속에서 지속되거나 변화하는 것에 그치지 않고, 시간적 국면들의 연속 속에서 풀리고 감기면서 말이다. 후설은 여기에 견해를 같이한다. 후설은 우리 시대의 인물로서 이런 점을 내세우며, 그의 주장의 몇몇 측면에 따르면 그 스스로 반대할 것처럼 보이는 가르침을 재구성해 낸다. 감성적 성질들은 단지 감각된 것만이 아니다. 그 성질들은 감응적^{affectif} 상태로서의 감각함이다. 버클리는 언제나 이 점을 설파했다. 감각함에 객관적인 색깔과 소리를 식별하는 지향성을 빌려준다고 해봐야, 감각함은 이 색깔들과 이 소리들의 응축된 표현인 것이다. 감각함은 감각된 것을 "닮는다". 어떤 사물이란 객관적인 것과 체험된 것에 공통적이다. 마치 감성적인 것 ─감성적인 것의 의미작용은 다양해서 그것의 위상이 의식 속에서 고정되는 것은 인식함으로부터 출발하여 수용성으로 취급되는 경우뿐인데─은 동일성들이 거기로부터 나타나고 또 용해되는 고유한 한 요소, 그러나 그 동일성들의 실체적 불투명성은 지속되는 그런 요소인 듯하다. 하지만 이때 체험의 흐름은 언제나 이상적 동일성들로 응결되려 한다.⁷⁾

후설에서 시간에 대한 내적 의식, 그리고 단적인tout court 의식은 감각의 시간성 속에서 기술된다. "감각함, 그것은 우리가 시간의 원초적 의식으로 취하는 바로 그것이다."[8] 또 "의식은 인상 없이는 아무것도 아니다."[9] 시간, 감성적 인상, 그리고 의식은 하나로 결합한다. 체험의 이 원초적 차원에서는 순수 내재로 환원된 흐름이 객관화의 혐의까지도 배제해야 하는데, 이 차원에서조차 의식은 지향성으로 머문다. 물론 이것은 "특수한 지향성"[10]이지만, 파악된 상관적인 것 없이는 생각할 수 없는 것이다. 이 특수한 지향성은 시간 자체다. 의식이 있는 것은 감성적 인상이 달라지지 않고sans différer 그-자체로부터 차이 지는différer 한에서다. 그것은 달라지지 않고 달라진다. 즉 동일성 속에서 다른 것이 된다. 마치 그 스스로 봉하는 것 같은 인상은 스스로 "봉함을 제거하는" 가운데 밝혀진다. 인상은 자기에 대한 자기의 이 합치를 ─ 이 합치 속에서는 마치 촛불 덮개 아래에서처럼, "동일한" 자가 그 자신 아래서 질식하는 듯한데 ─ 해체한다. 인상은 그 자신과 함께하는 국면

---

7) 어떤 모델에 따라서인가라는 문제가 제기된다. 만일 시간이 존재자의 존재를, 곧 존재성을 이해하는 지평이라면, 그리고 모든 실체성이 지속으로 해소된다면, 존재자의 원리 또는 모태는 어떠한 것인가? 논의의 주제화가 이미 전제하는 칸트의 "초월론적 대상"이라는 형식 논리의 어떤 무엇은 전혀 놀랄 만한 것이 아니지 않는가? 논의는 일자로 귀착하지 않는가? 121쪽 각주 42) 참조.

8) Edmund Husserl, *Leçons pour une phénoménologie de la conscience intime du temps*, trans. H. Dussort, 1964, p.141[『에드문트 후설의 내적 시간의식의 현상학』, 이남인·김태희 옮김, 서광사, 2020, 233쪽].

9) *Ibid.*, p.131[앞의 책, 219쪽].

10) *Ibid.*, p.46[앞의 책, 121쪽].

에 있지 않다. 이제 막 지나갔고, 막 오려 한다. 그러나 동일성 안에서 달라짐, 변하는 순간을 유지함, 그것은 "미리–잡기"pro-tenir 또는 "다시–잡기"re-tenir다! 동일성 속에서 달라짐, 바뀜 없이 변양됨 se modifier ── 의식은 인상이 그 자신과 사이를 벌리는 한, 아직 기대하거나 이미 회복되기 위해 인상 속에서 빛난다. 아직, 이미 ── 이것이 시간이다. 그래서 시간 속에서는 아무것도 상실되지 않는다. 과거 그 자체는 동일성의 바뀜 없이 변양되며, 스스로를 저버리지 않은 채 자신과 사이를 벌린다. 스스로 "더욱 낡아 가면서" 더 깊은 과거 속으로 빠져든다. 다시잡음의 다시잡음에 의해 스스로와 동일하게 되는 것이다. 그렇게 하여 다음이 이어진다. 다시잡음이 보존할 수 없었던 것을 이미지로 회복하는 기억으로까지, 그 이미지를 잃어버린 것을 재구성하는 사료편찬으로까지. 의식을 언급하는 것은 시간을 언급하는 것이다.

어쨌든 이것은 회복 가능한 시간에 대한 발언이다. 시간성은 한 수준 ── 후설에게는 근원적인 ── 에서 의식을 포함한다. 이 의식은 다시잡음[과거지향]이라는 "특수한" 의미로는 지향적이지 않기조차 하다. 원–인상Ur-impression, 근원적 인상, 시원–인상proto-impression은 지각된 것과 지각을 자신 속에 완벽하게 회복함(이것은 틀림없이 더 이상 빛이 통과되지 않게 할 것인데)에도 불구하고, 그것들의 엄격한 동시성(이것은 현재의 현존[11]이다)에도 불구하고, 이 "절대적으로 변양되지–않은 것, 모든 궁극적 존재 및 모든 궁극적

---

11) *Ibid.*, 부록 5의 마지막 부분.

의식의 근원적 원천"[12](내일도 어제도 없는 이 오늘)의 비-변양에도 불구하고 의식이 없이는 인상으로 새겨지지 않는다.[13] "변양되지 않은", 자신과 동일한, 하지만 다시잡음 없는 근원적 인상은 모든 미리-잡음에 앞서며, 따라서 자신의 고유한 **가능성**에 앞서지 않는가? 후설은 근원적 인상을 시간으로 생산되는 모든 변양의 "절대적 시작"이라고 부르면서, "그 자체는 생산된 것이 아닌" 근원적 원천, 즉 **"자연 발생"**genesis spontanea 으로 태어난 근원적 원천이라 부르면서, 이 점을 말하고 있는 것 같다. "그것은 전개되지 않는다"(그것은 배胚를 갖지 않는다). 그것은 "근원적 창조"[14]다. 가능을 앞서고 가능을 불시에 포착하는 "실재"는 현재의 정의定義 자체가 아닐까? "배가 없는 발생!"이라는 이 묘사 속에서 미래-지향에 무차별한 이 현재는 그래도 그것에 대한 의식일 것이다. 분명 이것은 우주를 "구성하는" 이 지향성 철학의 가장 특기할 만한 점이다. 게다가 이 지향성 철학에서는 이론적 객관화의 원형이 모든 양태의 지향적 입장을 명령한다. 그 양태들이 가치론적이거나 실천적인 경우에도 그렇다. 그래서 모든 경우에 이론적doxique, 가치론적, 실천적 테제들 간의 엄격한 수평 상태가 계속해서 확인된다. 그러므로 후설은 심성psychisme을 이론적인 것의 우위에서 해방시키지 못할 것이다. "도구들"의 사용법에서도, 가치론적 감정의 질서에서도!

---

12) *Ibid.*, p.88[앞의 책, 166쪽].
13) *Ibid.*, 부록 9.
14) *Ibid.*, p.131[앞의 책, 219쪽].

존재자의 형이상학과 다른, 존재에 대한 사유 속에서도! 객관화하는 의식, 즉 재-현의 헤게모니는 역설적이게도 현재의 의식 속에서 극복된다.[15] 그리고 이것은 확실히, 그의 연구물들 가운데 "생생한 현재"를 다룬, 아직 거의 탐구되지 않는 초고가 가지는 기초적이고 원칙적인 중요성을 이해할 수 있게 해준다. 비록 그것이 경험주의적 감각론의 "감성적 소여"의 복원일지라도, 시원-인상은 지향성(이것은 후설에게서 절대적인impérieux 것으로 남아 있다)의 맥락에서 ─또는 헤겔의 부정성 이후에 ─ 그 놀래키는 능력을 재발견한다. 의식은 다시잡음과 미리잡음의 시간성 속에서 여전히 작동하는 존재 속의 모든 부정성 바깥에서 생산된다. 생생한 현재는 기원 및 창조라는 발상, 능동성과 수동성이 절대적으로 혼동되는 자생성이라는 발상을 이해할 수 있게 해준다. 생생한 현재 속에서 근원적으로 객관화하지도 않고 객관화되지도 않는 이 의식이 다시잡음 속에서 주제화 가능한 것이자 주제화하는 것이 되면서도 "개체화"[16]를 부여하는 자신의 시간적 위치에서 아무것도 잃어버리지 않는다는 것, 또 그래서 시원-인상의 비-지향성이 질서로 되돌아온다는 것 ─이런 사태는 동일자-의-이-편으로en-deça-du-Même 나아가는 것이 아니며, 근원-의-이-편으로 나아가는 것도 아니다. 동일자 속으로 몰래 들어와서 시간의 흐름과 이 흐름의 형태로 생

---

15) *Ibid.*, p.160[앞의 책, 263쪽]. "이 근원적 의식을 […] 파악의 행위로 잘못 이해해서는 안 된다는 것."

16) Edmund Husserl, *Expérience et jugement*, trans. D. Souche-Dagues, Paris: PUF, 1970, pp.467~468[『경험과 판단』, 이종훈 옮김, 한길사, 2016, 504쪽].

산되는 의식을 방해하는 것은 아무것도 없다. "생생한 현재"가 그 자신과 이루는 동일성의 어긋남, 다시잡음과 미리잡음의 지향성에 의한 국면들phases 그 자체의 어긋남déphasage, 즉 흐름[체험류]은 "생생한 현재"에서 출발하여 분산되는 변양의 다양화와 닮아 있다. 후설에게서 감성의 시간은 회복 가능한 시간이다. 시원-인상의 비지향성이 의식의 상실이 아니라는 점 ― 그 무엇도 비밀스럽게 존재에 이를 수 없다는 점,[17] 그 무엇도 의식의 실을 끊어 버릴 수 없다는 점[18] ― 은 환원 불가능한 통시성을 시간에서 제외시킨다. 지금의 연구는 존재의 드러냄 뒤에서 이 통시성의 의미작용에 가치를 부여하려고 한다.

존재의 동일성 가운데 변화하는 것, 그리고 존재의 차이 가운데 (재포착되고 재기억되며 재구성되어) 동일한 것은, 매우 경탄할 만한 칸트의 현상학적 공식들에 따르면, "직관에서의 각지覺知, aperception의 종합"(다시 말해, 인식을 이루는 감성적인 것 속에서의)에 의해, 또 "상상력에서의 재인再認의 종합"에 의해 축적된다. 인상은 시간화하며 그-자신에게 열린다.

강물의 움직임에서 차용한 비유 이상으로, 흐름은 시간의 시간성 자체이고 또 "과학"science(이 과학에 의해 "의식"con-science이 만

---

17) Husserl, *Leçons pour une phénoménologie de la conscience intime du temps*, 부록 9의 마지막 부분.

18) Edmund Husserl, *Logique formelle et logique transcendantale*, trans. S. Bachelard, Paris: PUF, 1957, p.335[『형식논리학과 선험논리학』, 이종훈 옮김, 한길사, 2019, 368쪽].

들어진다)이 아닐까? 시간에 대해 흐름이라는 식으로 말한다는 것은 시간에 대해 시간의 용어로 말하는 것이지, 시간적 사건에 대해 말하는 것이 아니다.[19] 시간의 시간화는 열림인데, 이 열림에 의해 감각은 자신을 드러내고 느끼며, 자신의 동일성을 변화시키지 않은 채 자신을 변양하고, 순간적인 것의 일종의 효소에 의해 자신을 이중화하면서 스스로 어긋난다. 이 열림은 감각으로서 "감각된" 어떤 인과성을 표현하는 속성이 아니며 술어도 아니다. 시간의 변양은 사건이 아니며 행동도 아니고 어떤 원인의 결과도 아니다. 그것은 존재한다라는 동사다.

b. 언어

사건을 가리키는 명사로 이해된 동사는 시간의 시간화에 적용되어 이 시간화가 사건으로 울리게 할 것이다. 반면 모든 사건은 이미 시간을, 바뀜 없는 시간의 변양을 전제한다. 동일적인 것의 어긋남, 변형들과 오랜 지속 뒤에서의 득실거림, 그리고 이런 지속 자체

---

19) "그러나 흐름이란 '다른 것 다음의 하나'가 아닌가? 그럼에도 그것은 지금 현행의 (actuel) 국면을 가지며, 우리가 다시잡음 속에서 현행적으로 의식하고 있는 과거들의 연속성을 가지지 않는가? 우리로서는 여기에 대해 다음과 같이 말하는 것 외에는 달리 표현할 방도가 없다. 이 흐름은 구성된 바에 따라서 우리가 그렇게 이름 붙인 어떤 것이지만, 그것은 시간적으로 '객관적인' 것이 전혀 아니다. 이 모든 것에서 우리에게는 이름이 결여되어 있다"(Husserl, *Leçons pour une phénoménologie de la conscience intime du temps*, p.99[『에드문트 후설의 내적 시간의식의 현상학』, 184쪽]). 우리가 이름을 결여하고 있는 것인가 아니면 사물이란 이름 붙일 수 있는 것을 지나가는 것인가? 우리는 말해진 것에서 출발하는 환원에 의해서는 주제화할 수 없는 시간의 흐름을 실제로 재발견하지 않는가?

에서의 노화. 그러나 동사가 자신의 동사성에 이르는 것은 활동과 사건을 명명하기를 그치면서다. 명명하기를 그치면서다. 바로 여기에서 낱말은 명명하거나 환기하는 상징화로 환원될 수 없는, 자신의 유에서 고유한 "방식을 갖는다". 존재하다 동사는 시간의 흐름을 말한다. 언어란 애매함 없이는 명명과 등가일 수 없다는 듯이. 존재하다에서 동사는 단지 자신의 동사적 기능과 재결합하는 것이라는 듯이. 이 기능이 득실거림으로, 또 시간이 작동시키는 바뀜 없는 이 변양의 귀먹은 가려움으로 되돌아온다는 듯이. 이것은 물론 다시잡음, 기억, "우화" 그리고 책 속에서 회복 가능한 시간이다. 동사와 존재 ─ 또는 존재의 존재성 ─ 사이의 관계는 유와 종의 관계가 아니다. 존재성 ─ 시간화 ─ 은 동사의 동사성이다. 사람들이 존재자에 대한 차이를 제시하려고 하는 존재, 시간적인 기이한 가려움증, 바뀜 없는 변양(그러나 여기서 사용되는 것은 시간에 차용된 것이 아니라 시간적인 것에 차용된 은유, 과정 또는 존재의 행위나 탈은폐 또는 존재의 실행 또는 존재의 흐름과 같은 은유다), 존재는 동사 자체다. 시간화, 그것은 존재의 동사다. 동사의 동사성에서 비롯한 언어는 존재의 존재성을 들려주는 데서만이 아니라 그것을 진동하게 하는 데서도 성립할 것이다.

이렇듯 언어는 존재들과 관계들을 이중화하는 기호들의 체계로 환원되지 않는다. 그것은 낱말이 이름이었다면 필요했을 발상이다. 언어는 오히려 동사의 돌기(突起)일 것이다. 그리고 언어가 감성적인 삶을 ─ 시간화 및 존재의 존재성을 ─ 담지하는 것은 이미 동사로서다. 체험된 감각 ─ 존재와 시간 ─ 은 이미 동사 속에서 이해된다. 감성에서는 지각된 사물들의 성질이 시간과 의식으로 사라진다. 소리 없는 공간 —여기서 사물들은 무언의 세계에서 펼쳐지는 온갖 외관을 갖는데 —에 독립적으로 말이다. 이런 감성은 이미 말해지지 않았는가? 감성에서 표현된 동사로부터 이 감성의 질적 변이들은 어떻게를 이해하게 하지 않는가? 감각적 성질들이 체험되는 감각들은 부사적으로, 더 정확히 말하면 동사 존재하다의 부사로 울리지 않는가?

그렇게 해서, 만일 감각들이 말해진 것의 이편에서 포착될 수 있다면, 그 감각들은 또 다른 의미작용을 드러내지 않겠는가?

하지만 언어는 또한 명사들의 체계다. 감각의 동사적이고 시간적인 흐름 속에서, 명칭dénomination은 동일성을 지시하거나 구성한다. 시간화가 감성적인 것에서 —감성적인 것을 그것의 과거 자체에 의해 발견하면서 —여는, 그리고 시간화가 다시잡음과 미리잡음에 의해 모으는 —이 모음은 칸트가 의심할 나위 없이 감성적인 것의 모든 이념화에 앞서 상상력의 다양한 종합들 속에서 간취하는 것인데 —낮의 밝음jour을 거쳐, 낱말은 "이것으로서의 이것"을 동일화하고, 다양 속에서 동일한 것의 이념성을 진술한다. 그것은 의미의 할당인 동일화, 즉 "이것으로서의 이것"이다. 그들의 의미 속에서 존재자들은 동일한 통일들로 스스로를 보여 준다. "시간에 대한 의식은 동일성 일반의 통일을 구성하는 근원적 장소다"[20]라고 후설은 쓴다. "동일한 통일들"은 먼저 주어지거나 주제화되

---

20) Husserl, *Expérience et jugement*, p.85[『경험과 판단』, 146쪽].

고 나중에 의미를 얻는 것이 아니다. 그것들은 이 의미에 의해 주어진다. "이것으로서의 이것", 그것은 체험되지 않는다. 그것은 말해진다. 동일화는 신비한 도식론에 기초해서, 이미 말해진 것에 기초해서, 보편적인 것과 개별적인 것의 모든 관계 ─ 이것은 분명 유사함에 근거할 수 없는데 ─ 가 이미 전제하는 이전의 억견에 기초해서 이해된다.

동일화는 선포적이다. 말해진 것은 단순히 한 의미의 기호나 표현이 아니다. 그것은 이것을 저것으로 선언하고 축성한다 consacrer. 반영에 대한 "자발성"[21]의 이 잉여, 스스로를 반성해 볼 때 사유가 포함하는 이 잉여는, 우리가 감성적인 것에 대한 순수한 수용과 습관적으로 대립시키는 행위[acte] 개념에 의해서는 정확하게 제시될 수 없다.[22] 수동성과 능동성 사이에 자리하는 이 잉여는 언

---

21) "우리가 먼저 스스로 어떤 것을 결합하지 않고서는 아무것도 객관에서 결합되어 있는 것으로 표상할 수가 없다"(『순수이성비판』, B130). 자발성에 대한 참조는 대상성의 ─ 종합이나 관계의 ─ 고유한 의미를 통해 이루어진다. 이 종합이나 관계는 여기서 대상의 내용이 아니라 대상의 대상성이다. 그래서 주체에 대한 참조는 심리적인 것이 아니며 단순한 언어적 버릇("대상은 주체를 전제한다")도 아니다. 오히려 그것은 정확히 말해서 초월론적인 것이다. "대상적 관계"와 같은 현상은 초월론적인 자발성 없이는, 정확히 자발성으로 구조화된 주체 없이는 어떠한 의미도 갖지 못한다(예를 들면, 헤겔적 반성에서 제도나 산업 사회가 없이는 생각될 수 없을 자유가 이런 자발성에 해당한다).

22) 후설 그 자신은 전-술어적 판단 영역에서의 대상화를 행함(faire)으로 해석했다. 그 영역에선 제공되는 랑그 및 기호들의 사회적 코드에 앞서, 우리는 스스로가 말해진 것에 앞선다고 여길 것이다. "미리 주어진 기체(基體)에 대한 단순한 지각적 응시는 이미 우리의 작품임이 드러난다. 중요한 것은 행함이지, 단순히 인상 받음이 아니다"(Expérience et jugement, p.69[『경험과 판단』, 127쪽]). 이러한 수준에 대한, 이렇게 말할 수 있다면, 말의 전-언어적 수준에 대한 무지가 전-술어적이고 전-사회적인 판단을 연구하는 후설을 난처하게 한다. 이런 영역에선, 상호주관성이 없는 세계에서 지배적

어 속에 있다. 이 언어는 소문 속으로, 이미 말해진 것 속으로, 억견 속으로 들어간다. 이런 것들이 없다면 동일화하는 언어, 명명하는 언어는 감성적인 것에 다다를 수 없을 것이다. 억견, 이미 말해진 것, 우화, 서사 등에서는 주어진 것이 자신의 주제 속에서 유지된다. 그것의 시간적 축적은 억견적인 것이 아닌가? 왜냐하면 후설 자신에게서 그런 축적은 단적으로 우어-독사Ur-doxa로서의, 즉 근원적 억견으로서의 전-술어적anté-prédicatif 판단에 제공되기 때문이다.[23] 낱말은 명명이며, 또한 명칭이고, "이것을 이것으로" 또는 "이것을 저것으로" 축성하는 것이다. 그것은 말해진 것에 흡수된 이해entendement이며 듣기écoute인 말함이다. 즉, 의지의 품으로의 복종("나는 이것 또는 저것을 말함을 듣는다"), **창조의지**fiat[24]에 기초한 선포다. 모든 수용성에 앞서, 언어구조들langues에 앞선 이미 말해진 것은 경험을 드러낸다. 또는 그 용어의 온전한 의미에서 경험을 의미화하여(제시하고 지시하여), 사람들에 의해 말해진 역사적 언어체계들에 장소를 제공하고, 그것들로 하여금 주제화된 것의 다양을 자기 방식대로 방향 잡고 중심 잡게 한다.

이어야 할 절대적 침묵에도 불구하고, 기체들의 표현 불가능한 이념성에 응답하는 것은 의미작용들이 말해지는 세계의 메아리다. 그래서 "부과되는 이런 의미를 떼어 놓기 위해 언제나 되풀이되는 노력"(*Ibid.*, p.67[앞의 책, 124쪽])이 필요해진다.

23) 예를 들어 *Ibid.*, §12, pp.60~68[앞의 책, 117~125쪽] 참조.

24) 이 단어는 단순히 목표(visée)가 아닌 "의도"(Meinung)를 갖는다. 데리다는 적절하고 대담하게도 이 용어를 "말하고자 함"(vouloir dire)으로 번역했다. 모든 지향이 머무는 하려 함(vouloir)과 언어의 외재성을 참조하는 가운데 의미의 소위 내적 측면을 재결합하면서 말이다. Jacques Derrida, *La voix et le phénomène*, Paris: PUF, 1967[『목소리와 현상』, 김상록 옮김, 인간사랑, 2006, 31쪽 이하] 참조.

체험된 것으로서의 감성적인 것 속에서, 동일성은 드러나고 현상이 된다. 왜냐하면 체험된 것으로서의 감성적인 것 속에서는 존재성이 들리고 또 "울리기" 때문이다. 이 존재성은 시간의 경과이며 그것을 회복하는 기억이고, 의식이다. 의식의 시간은 시간의 울림이며 시간의 이해다. 그러나 감성의 이 애매성과 이 인식형이상학적 기능은, 즉 감성적인 것과 직접성의 의미함을 다 담아내지 못하는 이해와 직관의 이 애매성은, 감성의 논리적이고 존재론적인 작용-jeu, 의식으로서의 작용이다. 이 작용은 변덕스럽게 시작하는 것이 아니라서 우리는 그것의 지평을 보여 줄 필요가 있을 것이다. 이 작용은 그것을 일으키는 반응들responsabilités을 실패케 하지déjouer 않는다. 지속과 동일성의 애매성 ─이것은 이미, 말해진 것 안에서 반짝이는 동사와 명사의 애매성인데 ─속에서 감성적인 것을 분석하는 가운데, 우리는 감성적인 것이 이미 말해진 것임을 발견했다. 언어가 작동했고, 이 말해진 것을 담지했던 ─하지만 더 멀리 나아가는 ─말함은 말해진 것에 흡수되고 소멸되었다 ─그렇게 기입되었다. 또는 이렇게 말해도 좋다면, 우리의 분석이 관계한 것은 사료편찬을 나타내는 시간, 즉 회복 가능한 시간, 되찾을 수 있는 시간, 되찾아지는 상실된 시간이었다. 구연된narré 시간이 이야기 속에서 또 글 속에서 되돌릴 수 있는 시간이 되듯이, 모든 현상은 말해진다. 이것은 주제에서의 연속적인 것의 동시성이다. 시간의 사면 또는 이완 속에서, 변양된 동일자는 소멸되는 지점에 매달리며 기억 속에 기입되고 동일화된다. 즉 말해진다. 체험된 것이자 "의식 상태"인, 명사에 의해 지시된 존재는, 체험된 것의 시간에 의해 삶으로, **존재성**으로, 동사로 이-완된다^{dé-tendu}. 그러나 동일성의 효소가 여는 낮의 밝음을 통해 —시간을 통해— 동일자는 변양된 동일자를 재발견한다. 의식이란 바로 이런 것이다. 이러한 재발견이 동일화다. 이것으로서의 또는 저것으로서의 이것. 의미의 할당인 동일화. 존재자들은 그들의 의미 속에서 동일적인 존재자임이 드러난다. 그들은 먼저 주어지거나 주제화되고 나중에 의미를 받아들이는 것이 아니다. 그들은 그들이 갖는 의미에 의해 주어진다. 그러나 동일화를 통한 이 재발견은 이미 말해진 것 속에서 행해진다. 말해진 것 —낱말—은 단지 한 의미의 기호가 아니며, (『논리 연구 1』에서 행한 후설의 분석과 반대로) 심지어 한 의미의 **표현**도 아니다. 낱말은 이미 말해진 것 속에서 이것의 저것으로의 동일화를 선포하고 동시에 축성한다.

c. 말해진 것과 말함

존재자들의 동일성은, 말해진 것의 선포를 향해 목적론적으로 정향되어 있으며 거기로 흡수되어 망각되기에 이르는 말함을 지시한다. 말해진 것과 **상관적인** 말함 또는 존재자의 동일성을 이상화하는 말함을 말이다. 이 말함은 그렇게 하여 존재자를 구성하며, 비가역적인 것을 회복시키고, 시간의 흐름을 "어떤 것"으로 응고시키며, 주제화하고, 의미를 부여하고, 현재에 고정된 이 "어떤 것"을 옹호하며, 그것을 <u>스스로</u> 재-현하고, 그럼으로써 그것을 시간의 불안정성에서 떼어 낸다. 말해진 것을 향해 당겨지고²⁵⁾ 거기에 흡수된, 말해진 것과 상관적인 이 말함은, 현상을 나타나게 하는 체험된 시간의 빛 또는 울림 속에서 존재자를 명명한다. 다른 말해진 것에서는 그 나름으로 다시 동일화될 수 있는 그런 빛과 울림 속에서 말이다. 지시와 울림은 기호 체계의 사용을 규정하는 관습적 코드의 효과로 외부에서 현상에 덧붙여지지 않는다. 역사적으로 구성된 어휘의 요소인 낱말들이 자신들의 기호 기능과 용법[26]을 발견하고 어휘의 모든 가능성을 확충하게 되는 것은 이미 말해진 것 속에서다.

시간의 빛 속에서 동일한 것으로 나타나는 존재자는 이미 말해진 것 속의 그 자신의 존재성이다. 현상 그 자체가 현상학이다. 어디서 왔는지 모르게 온 어떤 담론이 시간성의 국면들을 "저것으로서의 이것" 속에 자의적으로 배열하는 것은 아니다. 존재의 노출 자체 ─ 존재의 현현 ─ , 존재성으로서의 존재성, 존재자로서의 존재자는 스스로 발언한다se parler. 시간의 통시성 자체가 기억 가능한 시간 속에서 공시화되고 주제가 되는 것은, 오직 말해진 것 속에서, 말함의 서사 속에서다. 서사는 자신이 노출시키는 동일한 단일체들에 덧붙여지는 것이 아니다. 서사는 그것들을, 기억 가능

---

25) 브렌타노와 후설이 다시 취한 지향성이라는 중세 용어는 물론 스콜라적인 것에서 그리고 현상학 안에서 의지에 대해 중립화된 의미를 갖는다. 자발적 언어에 대한 호소 ─ 비록 그것이 중립화를 위한 것이라 해도 ─ 를 정당화하는 것은 주제화를 불러일으키는 목적론적인 운동이다. 사념(Meinen)은 사람들이 그것을 목표를 가지고 번역할 때 동일성을 식별하는 자신의 언표 속에서 희미해져 버린다.

26) 물론, 낱말-기호들(mots-signes)이 식별자적 말함의 말해진 것으로 어떻게 파고들어 가는지는 이해해야 할 것으로 남아 있다. 그러나 이것은 말해진 것의 단순한 상관자를 이루는 말함 배후에 놓인 말함의 극단적 수동성을 입증한다. 고통과 외상[트라우마]에 대한 노출의 수동성, 우리의 현재 작업은 이것을 주제로 삼고자 한다.

한 시간성에 의해 밝혀진 동일성들로서 드러나게 한다. 동일적인 것, 이것과 관련하여 시간성은 의식의 포착을 재발견할 수 있게 하는 간격으로서 분석되기에 이른다(마치 동일적인 것이 시간에서 독립되어 있다가 "나중에" 시간 가운데 흐르게 되는 것처럼 말이다). 이 동일적인 것은 말해진 것의 선포에 의해서만 의미를 가진다.[27] 그곳에서, 빛을 내는 시간성은 "존재하다" 동사 속에서 "그것을 듣는 눈"에 대해 울린다. 인간이 진리의 존재이며 존재의 다른 어떤 유에 속하지 않는 것은 바로 이 때문이다. 그러나 인간에게서 말함의 능력은 ─말해진 것과 엄격하게 상관적인 기능이 무엇이든─ 과연 존재에 봉사하는 것인가? 만일 인간이 로고스와 상관적인 말함일 따름이라면, 주체성은 무차별하게, 기능이라는 가치로 또는 존재의 논거라는 가치로 이해될 수 있을 법하다. 그런데, 말함의 의미작용은 말해진 것 너머로 나아간다. 즉, 말하는 주체를 불러일으키는 것은 존재론이 아니다. 오히려, 말해진 것에 모아진 존재성 너머로 나아가는 말함의 의미함이야말로, 존재의 노출이나 존재론을 정당화해 줄 것이다.[28]

시간의 경과, 그것은 돌이킬 수 없는 것, 현재의 동시성에 저항하는 것, 재현 불가능한 것, 기억될 수 없는 것, 전-역사적인 것에 해당하기 때문이다. 각지와 재인의 종합에 앞서, 노화의 절대적으

---

27) Levinas, *En découvrant l'existence avec Husserl et Heidegger*, 2nd ed., p.217 이후에 나타난 분석을 참조.
28) 5장 339쪽 이하 참조.

로 수동적인 "종합"이 실현된다. 바로 이것에 의해 시간은 스스로 지나간다. 기억될 수 없는 것은 기억의 허약함의 결과가 아니고, 시간의 거대한 간극들을 극복하지 못하는, 매우 심층적인 과거들을 되살리지 못하는 무능력의 결과도 아니다. 그것은 시간의 분산이 현재로 모아지는 일의 불가능성이다. 즉, 시간의 극복 불가능한 통시성, 말해진 것의 너머. 기억될 수 없는 것을 규정하는 것이 통시성이지, 통시성을 구성하는 것이 기억의 허약함은 아니다. 하지만 그래서 생기는 문제가 있다. 통시성은 부정적으로만 특징지어지는가? 통시성은 순수한 상실에 처해 있는가? 통시성은 어떤 의미작용도 하지 않는가? 여기서 초점이 되는 의미작용은 그것의 의미된 바[기의]signifié가 "어떤 것"이 아닌, 그런 의미작용일 것이다. "어떤 것"이란 말해진 것의 주제 속에서 동일화되며, "저것으로서의 이것"이고, 존재성의 기억 가능한 시간 속에서 밝혀지는, 그런 것이기 때문이다. 시간화는 그것의 통시성이 공시화에 노출되는 말해진 것 속에서 들리는 것과는 다른 방식으로 의미를 줄 수 없는가? 말함이 단지 말해진 것의 상관물이 아니라면, 말함의 의미함이 말해진 의미작용으로 흡수되지 않는다면, 존재를 말하는 말함의 이 너머에서 — 또는 이 이편에서 — 통시성의 의미함을 발견할 수 있지 않겠는가? 존재와 존재의 드러남 배후에서, 존재론에서 망각된, 그리고 탐구를 촉구하는, 다른 의미작용들의 울림이 이제부터 들려온다.

하지만 말함에 대한 탐구로 들어가기에 앞서, 동일적 단일체들 즉 존재자들이 드러나는 **말해진 것**의 구조로 되돌아가 보자.[29]

d. 존재와 존재자의 모호함

시간은, 그리고 시간이 언표나 이야기의 주제 속에서 동일화되는 존재자를 드러내는 가운데 펼치는 존재성은, 그 스스로 주제들 자체가 되지 못한 채 침묵처럼 울린다. 물론 그것들은 주제 속에서 명명될 수 있다. 하지만 이러한 명명은 귀먹은 울림과 침묵의 웅웅거림 ─여기서 존재성은 한 존재자로서 동일화되는데─을 규정적 침묵으로 축소하지 못한다. 침묵은 또다시, 먹먹했던 것 부근에서 "듣는 눈"에 대해 울린다. 점점이 이어지는 존재의 침묵, 이것에 의해 존재자들은 그들의 동일성 속에서 빛나고 또 나타난다.

술어적 명제, 즉 진술 속에서는 존재자가 반대로 존재성의 "방식"으로서, 존재적 효력^{fruitio essendi} 자체로서, 이 존재성이나 이 시간화의 어떻게^{comment}로서 ─하나의 양상으로서─ 동사적으로 들릴 수 있다.

동어반복적 술어 문장, 즉 "A는 A다"와 같이 존재자가 주어인 동시에 술어인 문장은 이미, A가 A 그 자신에 내속해 있다는 것만을, 또는 A가 A의 모든 특성들을 소유하고 있다는 사실만을 의미하지 않는다. "A는 A다"는 "소리가 울린다"나 "빨강은 빨간색을 띤다"[30]처럼 들리기도 한다. "A는 A다"는 "A는 A한다"로 들린다. "빨

---

29) 이 부분과 뒤이어 나오는 부분들은 하이데거에 크게 빚지고 있다. 왜곡되었고 오해했다고? 설사 그렇다 해도 최소한 그 왜곡이 빛을 부인하는 방식은 아닐 것이며, 또 이 빛이 망각의 이유가 되지도 않을 것이다.

30) 프랑스어 표현은 rouge rougeoie이다. rougeoie는 '빨간색을 띠다'라는 뜻의 동사 rougeoyer의 삼인칭 현재 형태다. ─옮긴이

강이 **빨간색을 띤다**"에서, "빨간색을 띤다"라는 동사가 의미하는 것은 사건이 아니며, 멈추어 있는 그 자신의 성질과 대립된 빨강의 어떤 역동성이 아니고, 빨강의 어떤 활동성, 이를테면 빨갛지 않은 것이 빨간 것으로 옮겨 감 ─ 빨개짐 ─ 이나, 덜 빨간 것이 더 빨간 것으로 옮겨 감인 달라짐이 아니다. "빨간색을 띤다"라는 동사에서는 활동이나 달라짐에 대한 어떤 은유도 찾아지지 않는다. 특히 동사에 의해 지시될 수 있을, 활동의 역동성의 유비에 기초한 어떤 은유도 찾아지지 않는다.

명사화된 형용사[빨강]가 그 자신과 직접적으로 일치하는 사태가 갑자기 통시화되는 이 동사 "빨간색을 띤다"는 단지 하나의 기호일 뿐인가? 즉 하나의 명사로서 대화 상대자에게 과정을, 연속된 상태를 지시하는, 또 한 언어구조의 기호 체계에 의해 존재자와 사건들의 전체를 이중화하는 기호일 뿐인가? 우리가 동사의 기능을 사건들의 "표현"으로, 즉 행위나 달라짐으로 귀착시킬 때 암묵적으로 동사에 부여하는 것은 아마 기호의 이러한 기능, 즉 (말해친 것 가운데서 단어들이 명백히 수행하는) 지시일 것이다. 존재의 존재성이 존재하다 동사 안에서 철자화되거나 끊어 말해지거나 울려 퍼지거나 시간화되어 담론이 되고 진술이 된다 해도, 이것은 동사가 우선적으로 가리킬 그런 행위나 (질량이 에너지로 변해 가는) 과정과 유사한 것이 아니다. 술어 명제에서 울리는 것은 존재의 동사성이며, 존재자들의 역동성이 동사들에 의해 지시되고 표현되는 것은, 부차적으로, 시간 속에서 특권화된 동사의 확장 때문이다. 동사를 기호 기능의 실행으로 환원시키려는 시도는, 존재자들이 한편으로는 실체로, 다른 한편으로는 사건으로, 즉 정적인 것과 동적인 것으로 분할됨을 순진하게도 본래적인 것이라고 전제한다. 그런데 말해진 것과 존재 사이의 연관은 잔여 없이는 지시로 환원되지 않는다. 이미 명사에서 기호를 넘어서서, 동일화의 정언적 선포가 나타난다.

빨강이 빨간색을 띤다 또는 A는 A다와 같은 진술은 실재를 이중화하지 않는다. 술어 문장에서만 빨강의 존재성, 즉 존재성으로서의 빨간색을 띤다가 이해될 수 있다. 오직 술어 문장에서만 명사화된 형용사가 존재성으로, 또 엄밀한 의미에서의 시간화로 이해된다. 존재성은 말해진 것 속에서 번역되고 "표현"exprimer될 뿐 아니라, 거기서 본래적으로 ─하지만 모호하게 ─존재성으로서 울린다. 말해진 것 배후에는, 로고스 배후에는 존재성도 없고 존재자도 없다. 동사로서의 말해진 것은 존재성의 존재성이다. 존재성, 그것은 주제, 현시, 억견이나 로고스가 있다는, 그래서 진리가 있다는 사태 자체. 존재성은 표출되는se traduire 데 그치지 않는다. 그것은 술어적 언표에서 시간화된다.

존재가 동사임을 긍정하는 것은 그러므로 단순히 또는 단지 다음과 같은 것을 의미하지 않는다. 즉, 문화적 실재의 한 특정한 낱말이, 동사들 가운데서 문법학자에 의해 분류된 소리상의 실재나 그림상의 실재가, 그것들 자체로는 언어를 필요로 하지 않을 근본적 어떤 과정과 행위를 지시하는 기호임을 의미하지 않는다. 더욱이 명칭으로서의 언어가, 지시된 존재자를 이중화함으로써, 이 존재자에 무차별적으로 존재하게 된다는 것을, 그리고 단지 그 존재자가 보이도록 해준다는 것을 의미하지 않는다. 존재가 동사임을 긍정하는 것은 그러므로 또한, 외적 명칭으로서의 언어가 그것이 명명하는 **존재성**에 낯설게 머물며 단지 이 존재성이 보이도록 한다는 것을 의미하지 않는다. 그것이 명명하는 **존재자**를 이중화하는 이름은 그 존재자의 동일성에 필수적이다. 동사도 마찬가지다. 동사는 존재의 이름이 아니라는 데 그치지 않는다. 동사는 술어적 명제에서, 존재로서 이해된 존재의 울림 자체이기도 한 것이다. 시간화는 진술 속에서 **존재성**으로서 울린다.

말해진 것으로서의 언어는 그러므로 단일체들을 동일화하는 이름들의 체계로서 받아들여질 수 있으며, 또 그래서 존재자들을 이중화하는 기호들의 체계로 받아들여질 수 있다. 실체적인 것들이나 실체적인 것으로부터 도출된 담론의 다른 부분들을 통해, 실체, 사건, 관계들을 지시하는, 동일성들을 지시하는, 요컨대 지시적인 기호들의 체계로 말이다. 하지만 언어는 술어 명제에서는 동사로 받아들여진다 —— 그리고 이것은 당연히 그럴 만하다. 술어 명제에서 실체들은 존재의 양태들로, 시간화의 양태들로 해체되지만, 여기서 언어는 존재자들의 존재를 이중화하지 않는다. 여기서 언어는 존재성의 말 없는 울림을 드러낸다.

그러나 동일한 단일체들 —— 사물들 및 사물들의 성질 —— 이 술어 명제 속에서 그것들의 존재성으로 울리게 되는 것은 감각의 실체성과 시간성에 대한 심리적 반성을 좇아서가 아니라, 탁월한 의미의 현시인 예술로부터다. 즉, 순수한 주제로, 외설에 이르기까지 절대적 노출로 환원된, 배타적으로 그것이 받는 모든 시선을 지탱

할 수 있는 말해침으로부터다. 다시 말해, 아름다움으로 환원된 말해침, 서양 존재론의 담지자로부터다. 존재성과 시간성은 거기서 시로 또는 노래로 울린다. 게다가 모든 예술이 먹고사는 새로운 형식들에 대한 탐구는 실체적인 것으로 다시 떨어지려 하는 동사들이 어디서나 깨어 있게 한다. 그림에서 빨강은 빨간색을 띠며 녹색은 녹색을 띤다. 형태들은 윤곽들로서 생산되며, 형태들의 비어 있음에 따라 비워진다. 음악에서는 음들이 울리고, 시에서는 말해진 것의 재료인 어휘들이 이제 더 이상 자신들이 환기하는 것 앞에서 지워지지 않은 채, 그들의 환기하는 힘으로, 또 환기하는 그들의 방식으로, 그들의 어원으로 노래한다.[31] 폴 발레리의 『유팔리노스』에서 이 이름의 건축가는 건축물을 노래한다. 시는 노래의 —동사의 동사성 또는 존재성인 울림과 공명의— 생산자다.

　　작품의 고갈될 수 없는 다양성 속에서, 다시 말해 예술의 존재적 갱신renouvellement essentiel 속에서 색깔, 형태, 소리, 말, 건물 등—이것들은 이미 존재자로 동일화되려 하고, 형용사적인 것들의 실체적 담지자 속에서 자신들의 본성과 성질을 이미 발견하는 데—은 존재함으로 다시 돌아간다. 그것들이 변조하는 존재성은 거기서 시간화된다. 색깔의 팔레트, 소리의 음계, 단어의 체계, 형태의 굴곡은 순수한 어떻게로서 실행된다. 즉 그것은 색깔과 소묘의 자취이고, 낱말의 비밀이며, 소리의 음향이다. 이 모든 양태적

---

31) 그리고 아마 또한 이것이 폴 발레리가 시를 소리와 의미 사이의 망설임이라고 명명했을 때 염두에 두었던 것일 게다.

사념들이 존재성의 울림이다. 현대 예술의 탐구 — 탐구 상태의 예술, 그러나 언제나 시대에 뒤떨어진 탐구 상태의 예술이라고 하는 것이 더 정확할 텐데 — 는 그것의 모든 미적 면에서 예술작품으로서의 존재성의 이 울림 또는 생산을 추구하고 이해하는 것처럼 보인다. 마치 높이의, 말투와 음색의, 색깔과 형태의, 단어와 리듬의 차이들이 시간화이고, 반향이며, 자취에 지나지 않는다는 듯하다. 글에 대한 글이 시 자체일 것이다. 음악은 — 예컨대 크세나키스의 「첼로 독주를 위한 노모스 알파」에서 — 부사들로 방출된 음표들의 성질을, 양상을 이루는 모든 본질quiddité을, 음향으로 나아가는 현들과 몸통을 굴절시킨다. 무슨 일이 일어나는가? 한 영혼이, 부서지는 소리의 밑바닥에서부터 또는 더 이상 선율을 이뤄 나가지 않는 음표들 사이로부터, 신음하거나 기뻐하지 않는가? 그때까지 그 음들은 총체적 조화에 기여하고 그네들의 마찰을 침묵케 하는 그것들의 동일성 속에서 이어진다. 기만적인 신인동형론 또는 애니미즘이다! 첼로는 그 현들과 몸통에서 진동하는 음향 속의 첼로로 존재한다. 비록 그 음향은 이미 음표들로, 즉 음계 속에서 고음에서 저음까지 상이한 높이에 따라 자연스러운 그네들의 자리로 정렬되는 동일성들로 다시 전락하지만 말이다. 존재성의 양상인 첼로의 존재성은 작품 속에서 이렇게 시간화한다.

그러나 그것은 고립 속에서다. 즉, 모든 예술작품은 그래서 이국적이며, 세계 없는, 분산 속에서의 존재성이다. 고유하게 말해진proprement dit (그 상대성이 어떠하든) 말해진 것을 오인함, 모든 예술 — 조형적, 음향적, 시적 — 작품이 일깨우고 해석exégèse으로서 울리게 하는 술어 명제에서의 오인함, 그것은 언어에서 명사만을 듣는 데서 성립하는 귀먹음 못지않게 심각한 귀먹음이다. 말해진 동사적인 것으로 귀착하는 존재적 기능이 강조하는 것, 예술작품의 출현과 소개를 통해, 제거할 수 없는 메타-언어의 자격으로—서문으로서, 선언으로서, 명칭이나 미학적 규준으로서—강조하는 것은 바로 해석에 대한 이 부름이다. 작품 속에서 말해진 존재성의 양상을 고유하게 말해진 존재성—그것이 술어적 언표 속에서 들리는 바대로—의 바탕으로 가져가는 이 부름이야말로 세계 개념이 정당화하는 것이다. 고유하게 말해진 존재성, 그것은 동사이고, 술어 명제의 문장prose 속에서 울리는 로고스다. 해석은 예술작품에서 존재성의 울림에 달라붙지 않는다. 존재성의 울림은 해석의 말해진 것 내부에서 진동한다. 진술의 동사—이것이 본래적 의미의 동사, 즉 존재하다 동사인데—에서 울리고 들리는 것은 존재성이다. "A는 A다, 그러나 또한 A는 B다"가 A의 존재성이 울리거나 진동하는 또는 시간화되는 방식으로서 이해된다. 개체적 존재들의 모든 속성들, 이름 속에서 또는 이름에 의해 고정되는 존재자들의 모든 속성들은 술어들에서 존재의 양태들로서 이해된다. 존재자들이 과시하는 성질들로서, 존재자들이 배열되는 전형적 일반성들로서, 존재자들을 지배하는 법칙들로서, 존재자들을 유지하고 재생하는 논리적 형식들로서 말이다. 개체의 개체성 자체는 한 존재 방식이다. "소크라테스는 소크라테스한다, 또는 소크라테스는 소크라테스다"는 소크라테스가 존재하는 그 방식이다. 술어작용은 존재성의 시간을 들려준다.

그러나 말해진 것에서 존재성이 울리는 것은 막 이름을 이루려 할 때다. 계사繫辭에서 존재하고 반짝이거나 깜박이는 것은 존재성과 명사화된 관계의 애매성이다. 동사로서의 말해진 것은 존재성 또는 시간화다. 더 정확히 말하면, 로고스가 꾸려지는 것은 존재와 존재자가 서로를 들을 수 있고 또 동일화될 수 있는 모호함 속에서다. 명사가 동사로서 울릴 수 있고 또 진술의 동사가 명사화될 수 있는 모호함 속에서다.

불투명함을 흩뜨리는 존재성의 담론은 모든 이미지의 반짝임을 보증하고, 또 결국 직관의 빛 자체를 보증하여,[32] 존재자들의 현시와 존재성 그-자체의 현시를 가능하게 만든다. 시간적 효소의 현시 — 다시 말해 현시의 현시, 현상의 현상성의 현시 — 는 술어 명제에서 언표된 동사다.

그러나 여기서 로고스의 애매성에 의해, 동일시의 공간에서, 울림이 이뤄지고 존재성이 노출되는 탁월한 동사인 존재하다가 명사화되며, 지시적이고 동일성을 축성하는 말이 된다. 시간을 (그리고 부사가 그러하듯, 진술 속에서 시간의 시간화를 변조해 줄 어떤 것을) 정황으로 뭉치게 함으로써 말이다. 존재하다 동사 — 공시화 가능한 통시의, 시간화의 영역, 다시 말해 기억과 사료편찬의 영역 — 는 거의 구조가 되며, 존재자로서 주제화되어 나타난다. 현

---

32) 따라서 직관의 빛의 조건, 이미지들의 반짝임의 조건인 대화의 의미작용은 여기서, 이미지에 또 직관적 충만함에 목마른 기호적 행위의 상관자라는 후설적 의미로 사용되지 않는다.

상성 ─ 존재성 ─ 은 현상이 되고, 고정되며, 우화로 뭉쳐져, 공시화되고, 제시되며, 이름에 자신을 빌려주고, 호칭을 받아들인다. 존재자나 존재자의 형상은 주제화되어 등장하고, 명칭의 동시성 속에서 (또는 우화의 이탈 불가능한 통일성 속에서) 동일시되며, 역사가 되어, 글로, 책으로 전해진다. 책 속에서 이야기의 시간은 뒤집히지 않은 채 다시 시작된다. 이것이 사물들의 상태, 즉 사태 Sachverhalte ─ 여기서 낱말은 최초의 호칭으로 동일화된 동일성들을 지시하는데 ─ 다. 후설이 명명했던 대로의 기체, 사물들의 핵이다. 그러나 여전히 모호함 속에서 그렇다. 동일시는 그 정도가 어떠하든, 체험된 것의 시간화를, 존재성을 함축한다. 사물들, 모든 기체는 이야기로부터 와서 로고스로, 말해진 것으로 보내진다. 그리고 명명된 존재자는 이미, 자신을 비추는 진술 속에서 울리는 존재성의 시간 속에서 용해된다.

로고스는 존재와 존재자의 애매함 ─ 최초의 모호함이다. "시간적 변양"에서 체험된, 모든 "체험된 상태"Erlebnis, 존재성의 연달아 나타남, 이것은 기억 가능하며, 그래서 명명될 수 있고, 동일시되고 출현하며 제시될 수 있다. 명사화에 반항하는 동사는 실제로 존재하지 않는다. (그것의 "자연적 자리"인) 술어작용에서 존재하다 동사는 존재성이 울리게 하지만, 이 울림은 명사에 의해 존재자로 뭉쳐진다. 그러므로 존재는 울리는 대신 지시한다. 그러므로 존재는 존재자의 존재성만을 전적인 본질로 갖는 존재자를, 명명된 다른 모든 존재자의 본질로 동일시된 본질을 지시한다. 말해진 것에서 존재론의 탄생지가 발견된다. 존재론은 존재와 존재자의 모호함 속에서 언표된다. 존재와 존재자의 혼동을 고발하는 기초 존재론 그 자체가 존재를 동일화된 존재자처럼 언급한다. 그리고 변이는 양면적이다. 명명 가능한 모든 동일성은 동사로 변이될 수 있다.

이 변이가 존재와 존재자의 모호함 속에서 로고스의 모호함이라는 점, 이 변이가 말해진 것의 지위에 속한다는 점을 긍정하는 것이 존재와 존재자의 차이를 통사론의 하찮은 놀이로 만들지는 않는다. 그런 긍정은 언어의 선先–존재론적 무게를 측량하지, 언어를 유독 하나의 코드로(그것이 똑같이 존재한다고) 취급하지 않는다. 그러나 그것은 또한, 존재성이 노출하고 노출되는 사태를, 시간화가 언표되고 울리며 말해지는 사태를 해석하면서, 말해진 것에 말함에 대한 우위를 부여하지 않는다. 그것은 무엇보다, 말해진 것에서 말함을 일깨운다. 말해진 것으로 흡수되고 그렇게 흡수되어 말해진 것이 부과하는 역사 속으로 들어가는 말함을 말이다. 말함이 말해진 것의 이 언표 이외의 다른 의미작용을 갖지 않는 한, 말함이 말해진 것의 엄격한 "상관물"인 한, 주체가 존재에 종속된다는 주장은 존재가 주체를 참조한다는 주장만큼이나 정당화될 수 있을 것이다. 이 상호관계의 이편으로 거슬러 올라가야 한다. 말함, 그것은 말해진 것의 능동적인 형식일 따름 아닌가? "스스로 말함"se dire은 "말해짐"être dit으로 귀착하는가? 스스로se라는 재귀대명사와 그것이 의미하는 회귀는 하나의 문제를 제기한다. 그것들은 말해진 것만으로는 포섭될 수 없다. 이 단수 대명사의 본래적 대격은 그것이 동사들과 결합하여 말해진 것 속에서 그것들에게 수동적 형태를 부여하게끔 사용될 때 거의 눈에 띄지 않는다. 존재에서의 능동과 수동을 이해하는 것 너머에서의 또는 그런 이해 이편에서의 그것들의 의미작용으로 거슬러 올라가야 한다. 말해진 것의 너머 또는 이편으로, 로고스 너머와 존재 및 존재자의 모호함 너머 또는 이편으로. "환원"은 이 거슬러 올라가짐에서 행해진다. 환원은 긍정적 국면을, 말해진 것의 주제화 이편에서 말함의 고유한 의미작용을 드러내는 일을 포함한다.

e. 환원

존재하다 동사 또는 [~에] 있다[consister] 동사가 존재의 이편을 명명하는 이 책의 첫 페이지들의 공식들에서부터 활용된다는 점, 존재가 말해진 것에서부터 출현하고 드러난다는 점은 명백하다. 말함이 존재 이편로부터 구술되어 우화로 또 글로 내뱉어지자마자 ―또는 양위되자마자― 그렇게 된다. 존재와 현현이 말해진 것으로 함께 나아가는 경우, 말해진 것 이편의 말함이 ―그것이 드러날 수 있다면― 이미 존재라는 용어로 말해진다는 것은 확실히 자연스러운 일이다. 그러나 이편의 말함이 주제화되는 것, 다시 말해서 현현되는 것, 그 말함이 명제로 또 책으로 진입하는 것은 필요한 일이고 또 가능한 일일까? 필요한 일이다. 타인에 대한 책임, 그것은 바로 모든 말해진 것에 앞선 말함이다. 타인에 대한 책임의 놀라운 말함은 존재의 "풍랑"에 맞서는 일이며, 존재성의 중단이고, 선한 폭력으로부터 부과된 탈이해관심이다. 그러나 그럼에도 불구하고 대신함으로부터 요구된, 대가 없음 ―이것은 빛에 앞선 윤리의 기적인데―, 이 놀라운 말함은 그것을 엄습하는 문제들의 무게 자체에 의해 밝혀질 필요가 있다. 그것은 존재성으로 펼쳐지고 모아져야 하며, 제기되고 실체화되어야 하고, 의식과 지식에서 아이온éon이 되어야 하며, 보여야 하고, 존재의 영향력을 겪어야 한다. 윤리 그 자체가 책임의 말함 속에서 요구하는 영향력을 말이다. 그러나 또한 말함은 만들어진 그 빛이 존재성 속에서 존재성 너머를 굳게 하지 않도록, 그리고 아이온의 실체화가 우상으로 정착되지 않도록, 철학에 호소할 필요가 있다. 철학은 존재의 이 영향력을 풀어 버림으로써, 존재성으로 보이고 이야기된 이 놀라운 모험을 이해 가능하게 만든다. 철학자의 노력, 그리고 자연에 맞서는 그의 입장은, 이-편을 보여 줌으로써, 말해진 것에서 또 드러냄에서 승리를 거두는 아이온을 즉각 환원하는 데 있다. 그리고 이 환원에도 불구하고 애매성의 형태로, 즉 통-시적 표현의 형태로, 말해진 것을 보존하는 데 있다. 말함은 잇달아 이것을 긍정하고 수축한다 ─ 그것은 환원된 말해진 것의 메아리다. 환원은 괄호 치기의 도움으로 이룩되지 않을 것이다. 괄호 치기란 오히려 글쓰기의 작품이다. 환원은 자신의 에너지로 존재성의 윤리적 중단을 양육한다.

존재와 달리의 노출 ─ 이것은 모든 드러냄이 존재성을 노출하는 한에서, 존재론적으로 말해진 것을 여전히 주게 될 것이다. 언표된 명제로 펼쳐지며 계사들과 잠재적 글들 ─ 새롭게 구조들로 결합되는 ─ 을 이용하는 이 말해진 것의 환원은, 그 환원이 작동시켜 놓게 될 탈구조가 존재하게 할 것이다. 그렇게 하여 환원은 존재와 달리가 새롭게 아이온으로 존재하게 할 것이다. 주제로 진입하지 못하는 것의 진리는 불시에à contre-temps 또는 양시간兩時間[순식간]에en deux temps — 그중 어떤 시간으로도 진입하지 않은 채 — 끝없는 비판으로서 또는 회의주의로서 생산된다. 이 비판은 나선형 움직임을 통해, 철학으로 하여금 자신의 말함과 말해진 것이 끊임없이 가담하는 결합을 파괴하는 대담함을 발휘할 수 있게 한다. 말함의 양위에 항의하는 말해진 것은 — 그렇지만 말함은 이 말해진 것 자체 속에서 행해지는데 — 그럼으로써 통시성을 유지한다. 이 통시성에서, 억제된 숨결인 정신은 달리의 메아리를 듣는다. 이편, 전-근원적인 말함이 생동케 하는 우선적인 것은 특히 현재와 현현을 받아들이지 않는다. 달리 말해, 불시에가 아니라면 거기에 자신을 빌려주지 않는다. 말로 다할 수 없는 말함은 말해진 것에 자신을 빌려준다. 말로 다할 수 없는 것을 폭로하고 세속화하는 남용되는 언어의 하녀와도 같은 경솔함에 자신을 빌려주는 것이다. 하지만 그러한 말함은 스스로가 환원되게 한다. 애매함 속에 있는 또는 초월적인 것의 수수께끼 속에 있는 말로 다할 수 없는 것을 지우지 않으면서 말이다. 이 수수께끼 속에서 숨 가쁜 정신은 멀어지는 메아리를 되잡는다.

그러나 우리가 말함의 이 의미작용 — 책임과 대신함 — 으로 거슬러 올라갈 수 있는 것은 오직 말해진 것으로부터, 또 모든 것이 드러나는 말해진 것 내부에서 이미 제기되는 "~은 어떠한가?"라는 질문으로부터다. 우리가 환원에 의해 그곳으로 거슬러 올라갈 수 있는 것은 오직 드러나는 것으로부터, 다시 말해 주제화된 아이온의 존재성으로부터다. 그것은 현현하는 유일한 것이다. 그러나 거기서 성립하는 질문하는 시선은 모을 수 없는 것에 대한 불가능한 공시화에 지나지 않는다. 그것은 메를로-퐁티의 근본적 역사성일 따름이다. 근접성의 통시성은 이미 그러한 역사성에서 벗어나 있다.

환원, 존재의 이편으로, 존재가 드러나는, 아이온이 실체화되는 이편으로 거슬러 올라감, 그것은 어떤 방식으로든 한 존재론을 다른 존재론으로 정정함을 의미하지 않을 것이다. 내가 어떤 것인지 모르는 허울뿐인 세계로부터 보다 실재적인 세계로 이행함을 뜻하지 않을 것이다. 정정함이, 진리와 오류가 의미를 갖는 것은, 또 배반이 충실성에 대한 위반인 것은 오직 존재의 질서에서다. 존재의 이편 또는 너머 — 이것은 존재의 이편의 또는 너머의 존재자가 아니다. 그러나 그것은 존재자들의 존재보다 더 참되거나 더 진정한 존재의 실행 — 존재성 — 을 의미하지도 않는다. 존재자들은 존재하며, 말해진 것 속에서의 그것들의 현현은 그것들의 참된 존재성이다. 환원은 어떤 "초월론적 가상"을 결코 흩뜨리지도 설명하지도 않는다. 환원이 시작되는 구조들은 존재론적이다. 존재와 참으로 참된 존재자들이 말해진 것 속에 존재한다는 것, 또는 그것들이 표현과 글에 동참한다는 것은 그것들의 진리에서 아무것도 빼앗지 못하며, 다만 언어의 수준과 진지함을 그려 줄 따름이다. 존재와 진리로 들어감, 그것은 말해진 것으로 들어감이다. 존재는 그것의 의미로부터 분리될 수 없다! 존재는 말해진다. 그것은 로고스 속에 있다. 그러나 지금의 환원은 말해진 것을 말함으로 환원하는 것이다. 로고스 너머로, 존재 및 비-존재 너머로, 존재성 너머로, 즉 진리인 것과 비-진리인 것 너머로 환원하는 것이다. 의미작용으로, 책임의 (또는 더 정확하게는 대신함의) 타자를-위한-일자로 환원하는 것이다. 이것은 장소이거나 비-장소이며, 장소이자 비-장소이고, 인간적인 것의 유토피아다. 그것은 그 용어의 문자적 의미에서 불안정으로의 또는 그것의 통시성으로의 환원이다. 존재는 그것의 모아진 힘들 전체에도 불구하고, 그것의 결합 속의 동시적 힘들 전체에도 불구하고, 이 통시성을 영속화할 수 없다. 주체적인 것과 그것의 선은 존재론으로부터 이해될 수 없을 것이다. 거꾸로, 말함의 주체성으로부터, 말해진 것의 의미작용이 해석될 수 있을 것이다. 말해진 것과 존재의 문제가 있게 되는 것은 오직 말함 또는 책임이 정의를 요청하기 때문이라는 점을 보여 주는 일이 가능할 것이다. 오직 그럼으로써, 존재에 정의가 주어질 것이다. 오직 그럼으로써, 부정의에 의해 "대지의 모든 기초가 흔들린다"는 단언, 문자 그대로는 기묘한 단언이 이해될 것이다. 오직 그럼으로써 진리와 이데올로기의 분리를 허락하는 탈이해관심의 영역이 진리에 주어질 것이다.

4. 말함과 주체성

a. 말해짐 없는 말함

우리는 말해진 것에서의 존재와 존재자의 모호함으로부터 말함으로 거슬러 올라가야 할 것이다. 존재성에 앞서, 동일화에 앞서 — 이 모호함의 이편에서 — 의미화하면서, 말해진 것을 언급하고 주제화하면서, 그러나 그것을 타자에게 — 이웃에게 — 의미화하면서, 말해진 것에서 낱말들이 지니는 의미작용과 구별해야 할 의미작용으로부터 의미화하면서 그렇게 해야 할 것이다. 근접성 속에서의 타자에 대한 의미작용. 이 근접성은 다른 모든 관계와 뚜렷이 구분되며 타자에 대한 책임으로 생각될 수 있다. 우리는 이 근접성을 인간성이나 주체성 또는 자기라고 부를 수 있을 것이다. 존재와 존재자는 그것들에 밝음을 주는 말함에 의해 무거워진다. 그 무엇도 타자에 대한 책임보다 더 무겁고 더 존엄한 것은 없으며, 말함은 절대 어떤 유희도 없이 무게 면에서 자신의 고유한 존재보다 또는 존재하지 않음보다 더 무겁다.

말해진 것 이전에 이 말함에 이르는 것이, 또는 말해진 것을 말함으로 환원하는 것이 중요하다. 이 이전의 의미를 확고히 하는 것이 중요하다. 말해진 것을 의미하기에 앞서 말함은 무엇을 의미하는가? 우리는 현상학으로, 다시 말해 말해진 것의 주제화로 환원되지 않는, 그리고 말함에 관련되는 바를 위해, 그것의 기능을 서술하는 것으로 환원되지 않는 얽힘의 매듭을 보여 줄 수 있는가? 그런 기능은 말해진 것과의 상관관계에 머물고 말해진 것을 주제화하며 존재를 존재-자체에 여는 데서 성립하며, 나타남apparaître을 불러일으키고 그럼으로써 주제 속에서 명사들과 동사들을 불러일으키고, "함께 놓임"mise ensemble을, 공시화 또는 구조를 작동시킨다. 세계에 놓임을, 역사편찬을 위해 역사 속에 놓임을 작동시킨다. 그런데 말함은 존재성과 존재자들을 제시하는 관리자에서와는 달리

의미화한다. 바로 이것이 이 글의 주장들 가운데 하나다.

　말함의 고유한 얽힘이 말함을 말해진 것으로, 즉 정의와 "나는 생각한다"를 가능케 하는 구조의 함께 놓임으로 확실히 데려간다는 점을 보여 주는 것은 중요하다. 말함에서 말해진 것—나타남—이 일어난다는 점, 그래서 존재성이 자신의 시각과 시간을 갖는다는 점, 명료함이 행해지고 사유가 주제들을 목표로 삼는다는 점을 보여 주는 것은 중요하다. 이 모두는 말함의 우선적이고 고유한 의미작용에 따르는 것이지, 존재론적인 것도 존재적인 것도 아니다. 여기에 대해서는 존재론의 이편에서 그 구성과 의미함을 수립해야 할 과제가 남아 있다.[33] 말해진 것과의 상관관계 속에서—여기서 말함은 말해진 것이 정식화되자마자 흡수되어 버릴 위험에 처하는데—말함 그 자체는 확실히, 나타나는 존재성 가운데서 그것의 **존재론의 이편**에 이르기까지 주제화되고, 노출되며, 존재성의 시간화 속으로 스며든다. 또 확실히, 말함의 이 주제화에 의해 말함에서 의식의 특징들이 드러난다. 즉, 말해진 것은 **말함**과 **말해진 것**의 상관관계 속에서 지향적 행위의 노에마로서 이해되며, 언어는 사유로 축소된다. 발언을 조건 짓는 사유로 말이다. 이 사유는 말해진 것 속에서, "주격으로" 말하기 위해 명제 속에 놓인 **존재자로서의 주체**에 의해 뒷받침된 행위로서 드러나며, 말함과 말해진 것은 그것들의 상관관계 속에서 주체-객체의 구조를 지시한다.

---

33) 5장 339쪽 이하 참조.

그러나 말함이 주제화되는 말해진 것에서 출발하는 말함의 현현은 말함의 고유한 의미함을 여전히 감추지 못하며 돌이킬 수 없이 "왜곡하지"도 못한다. 말해진 것으로 흡수되는 말함의 얽힘은 이 흡수 속에서 고갈되지 않는다. 그것은 주제화 그 자체에 자신의 흔적을 새긴다. 말함의 얽힘은 한편으로 존재자들의 형태화 영역인 구조화──세계 및 사료편찬을 위한 역사──와, 다른 한편으로 명사화되지-않는 진술의 영역인 타자의 영역 사이에서 망설이며 주제화를 겪는다. 타자의 영역에서, 말해진 것은 **명제**로 남는다. 이웃에게 마련된 명제로, 타인에게 "주어진 의미함"으로 말이다. 명제의 동사인 존재함은 분명히 주제다. 그러나 그것은 말함의 메아리를 완전히 사라지게 하지 않은 채 존재성이 울리게 한다. 말함은 존재성을 담지하며 그것에 낮의 밝음을 준다. 울림은 언제나 명사로 굳어질 채비를 갖춘다. 거기서 존재는 계사로 응결될 것이며, 거기서 "사태"^Sachverhalt^는 스스로 "명사화할" 것이다. 진술은 여전히 말함의 양상이다. 술어적 언표──분산된 고유한 잔해들의 이해 가능성과 수학적으로 통합된 명사화의 이해 가능성에 필요한 메타 언어구조──는 말해진 것의 탈주제화의 경계에 처하며, 접근 및 접촉의 양상으로서 이해될 수 있다.[34] 주제화 및 노출되는 내

---

34) 잔 델롬(Jeanne Delhomme)은 『사유와 실재』(*La pensée et le réel*)에서 철학적인 말해진 것은 말함의 양상이지 주제들의 단순한 객관화가 아니라는 점을, 따라서 말함은 존재가 재현되는 방식에 지나지 않는 것이 아니라는 점을 보여 주었다. 이 책에서 제목의 "사유"와 "실재"는 인식의 문제가 아니라 두 "양상"을 언표하는 것인데, 여기서 "사유"는 우리가 이 책에서 "존재와 달리"라고 부르는 것과 닮은 어떤 것을 의미한다. 그러나

용——존재자들, 그리고 주제 속에서 드러나는 존재자들 사이의 관계——저편에서, 진술은 타인의 접근 양상으로서 의미화한다. 진술은 존재와 존재자의 모호함 이편의 말함을, 타인에 대한 **책임**으로서 복구 불가능한——재현 불가능한——과거에 묶인 말함을 지시한다. 분리된 시대들에서의 시간에 의해, 자신의 통시성에 의해 시간화되면서 말이다. 이 책임은, 근접성에서 출발하며 ~에 대한 의식으로 환원될 수 없고 가능할 경우 의식의 지향성의 전복[35]으로서 묘사되는 분석 속에서, 대신함으로서 알려지게 될 것이다.

　말함 속에서 이론의 여지 없이 성취되는 이웃과의 관계가 이이웃에 대한 책임이라고, 말함 그것은 타인을 책임짐이라고 주장하는 것——이것은 바로 그럼으로써 그러한 책임이 더 이상 한계도 척도도 없음을 발견하는 것이다. 이 책임은 결코 "인간의 기억

잔 델롬은 철학적인 말해진 것에만 말함을 변양[양태화]하는 이런 효능을 부여한다.

35) 책임의 근원적인——또는 전-근원적인——말함으로부터 누가?의 문제가 제기될 것이다. 앞서 누가 응시하는가?에서 다룬, 누가 발언하는가?로 마땅히 귀착되어야 할 문제 말이다. 말함의 누구는 단지 (명제에서 모든 동사가 주어를 수반한다는) 문법적인 필요성이 아니며, 누구의 말함도 되지 못하는 언어, 그러니까 발언하는 언어이지만 허공에(en l'air) 퍼지는 언어라는 언어의 역설 앞에서의 후퇴도 아니다. 그것은 나는 생각한다의 나, 곧 사유함의 주체가 아니며, 후설의 순수 차아도 아니다. 즉, 지향성의 내재로 초월하며, (주체-객체의 상관관계를 상정하고 말함과 말해진 것의 상관관계를 지시하는 주체인) 이 차아로부터 발산하는 그런 것이 아니다. 말함의 누구는 얘기함의 고유한 얽힘으로부터 분리되지 않는다. 그렇지만 그것은 관념론의 대자가 아니다. 그런 대자는 자기-자신으로 복귀하는 의식의 운동을 가리키며, 거기서 자기는 결국 앎에 대한 앎이라는 복귀 운동과 같은 것으로 이해된다. 또 말함의 누구는 칸트의 나는 생각한다나 헤겔의 개념적 동일성이 나타나는 순수 형식도 아니다. 거기서는 "자기에 대해서", "그-자신에게로", "자기로부터"와 같은 표현의 자연스러운 외관 아래서, 자기로의 회귀와 끊임없는 회귀의 모든 독특성——주체의 진정한 문제——이 은닉되어 버린다.

에" 의거하지 않는 책임이자, 다른 인간의 ─ 나로서는 제어 불가능한 ─ 자유와 운명에 좌우되는 처지의 책임이다. 이것은 극단적 수동성에 대한 예감, 타인과의 관계에서의, 또 역설적이게도 순수한 말함 그 자체에서의 떠맡음 없는 수동성에 대한 예감이다. "말함의" 행위는 그 출발부터 타인에 대한 노출의 최상의 수동성으로서 여기에 도입되어 있을 것이다. 그것은 정확히 말해 타자의 자유로운 주도권initiative에 대한 책임이다. 그렇게 하여, 지향성의 전도inversion가 이뤄진다. 언제나, 성취된 사태 앞에서 그것을 떠맡기에 충분한 정신의 현전을 보존하는 그런 지향성의 전도 말이다. 그렇게 하여, 주권적이고 능동적인 주체성이 ─ 격변화하지 않은 자기의 의식이, 진술의 주격인 주체로서의 의식이 포기된다. 그렇게 하여, 우리가 묘사하려고 애쓰는 타인과의 주체성의 관계 속에서 설교도 "아름다운 영혼"의 고백도 바라지 않는 성인전聖人傳에 나올 법한quasi-hagiographique 유형이 이뤄진다.

"이것이 말한다"나 "언어구조가 말한다" 따위를 발견함으로써 이 수동성이 권리를 갖는 것은 아니다. 접근으로서의 말함 속에서 주체의 폐–위dé-position 또는 탈–직脫-職, dé-situation을 보여 줄 필요가 있다. 주체는 그럼에도 불구하고 대체 불가능한 단일성으로 머물고, 주체의 주체성으로 남는다. 이것은 철학자들이 보기에 주체의 수동성에 대한 최상의 모델이 거주하는 전적인 수용성보다 더 수동적인 수동성이다.

b. 타자에 대한 노출로서의 말함

말함, 그것은 이웃에 다가감이고, 그에게 "의미함을 줌^{bailler}"이다. 그것은 말해친 것 속에 우화들로서 기입되는 "의미의 할당"으로 고갈되지 않는다. 모든 객관화에 앞서 타자에게 주어진 의미함, 제대로-발언해야-할-말함은 기호들의 배달이 아니다. "기호들의 배달"은 이 기호들의 이전의 재현으로 귀착할 것이다. 마치 발언함이 생각을 단어들로 표현하는 데서 성립한다는 듯이, 발언함이란 결국 자기에 대해 또 자기에게서 실체적 일관성으로서 미리 존재한 적이 있다는 데서 성립한다는 듯이. 그래서 타인에 대한 관계는 지향성으로서, 모든 악을 피할 곳을 향하게 된다. 주체에서 출발하여, 즉 작용할$^{à\ jouer}$ 태세를 갖추고 즉자 대자적으로 정립된 주체를 출발점으로 해서 말이다. 또 그 관계는 사유에 의해 존재 — 이 작용의 장으로서 탈은폐된 — 를 측정하게 된다. 물론 말함은 의사소통이다. 그러나 모든 의사소통의 조건으로서, 노출로서 그렇다. 의사소통은 심리적 요소들의 결합으로 이해된 진리 및 진리 현현의 현상으로 환원되지 않는다. 즉, 차아에서의 사유로 — 다른 차아에게 이 사유가 지나가게 하려는 의지나 의도로 — 이 사유를 지시하는 기호에 의한 메시지로 — 다른 차아에 의한 기호의 지각으로 — 기호의 해독으로 이해된 현상으로 환원되지 않는다. 이 모자이크의 요소들은 이미, 타자에 대한 자아의 앞선 노출에, 타자에 대한 무관심하지-않음에 놓여 있다. 이 무관심하지-않음은 단순히 "메시지를 전달하려는 의도"가 아니다. 신호를 하려는 의도가 — 또 기호의 의미함조차가 — 전제하는, 타인에 대한 그러한 노출의 윤리적 의미가 이제 가시적이 된다. 근접성과 의사소통의 얽힘은 인식의 한 양상이 아니다.[36] 의사소통의 빗장 풀기 ─ 이 빗장 풀기는 그것을 전제하는 정보의 순환으로 환원될 수 없는데 ─ 는 말함에서 성취된다. 그것은 말해진 것에 새겨져서 타자가 해석하고 해독하도록 전해지는 내용들에 속하지 않는다. 그것은 자기의 위험을 감내하는 발견에, 진정성에, 내면성의 단절과 모든 피난처의 포기에, 외상으로의 노출에, 상처받기 쉬움에 있다.

말함은 지향성의 노에마에 구멍을 내면서, "저고리처럼" 의식을 뒤집으면서, 타자에 접근한다. 의식은 그 자체로는, 자신의 지향적 목표에 이르기까지 대자적으로 남아 있을 것이다. 지향성은 채우려는 열망과 충족에 머문다. 자기에 대한 확신 속에서 늙음과 휴식 없이 자기와 합치하고 스스로를 회복하며 스스로를 재발견하는, 스스로를 확증하고 스스로를 이중화하며 공고히 하고 실체로 두껍게 하는 의식의 구심적 운동에 머무는 것이다. 말함에서의 주체는 스스로를 표–현하면서s'ex-primer 이웃에 접근해 간다. 글자 그

---

36) 근접성의 얽힘은 인식의 얽힘의 한 변종이 아니다. 반면에, 앎은 의사소통에 의해 또 책임의 말함에 의해 정당화된다. 나아가 책임의 말함은 과학을 이데올로기로부터 지키는 탈이해관심의 평면을 제공해 준다. 의사소통의 존재성은 현현의 존재성이 나타나는 양상이 아니다. 누구 또는 일자가 놓인 말함의 얽힘은, 말해진 것이 말함에서 붙잡아 두는 흔적 속에서, 자신을 불시에 포착하게 한다. 환원이 가능한 것은 바로 그 때문이다. 말함을 흡수하는 말해진 것은 말함의 주인이 되지 못한다. 비록 언어의 남용 탓에, 말해진 것이 말함을 우리 앞에서 배반하는 가운데 그것을 번역하긴 하지만 말이다. 말함의 얽힘을 풀어내는 일은 말해진 것으로서의 언어에 속하지 않으며, 최후의 말에 속하지도 않는다. 말함은 말해진 것에서 멈추지 않고 의미를 주며, 차이에서 출발하지 않고 의식에서의 탈은폐로 귀착하지도 않는다.

대로의 의미로 모든 자리에서 스스로를 추방하면서, 더 이상 거주하지 않으면서, 어떤 땅도 밟지 않으면서 말이다. 말함은 벌거벗음 너머에서, 벌거벗겨진 피부의 노출 아래 감춰져 있을 수 있는 것을 들춰낸다découvrir. 그것은 모든 의도에 앞선 이 피부의 **호흡**이다. 주체는 스스로를 은폐하기 위해 **즉자** 상태로, 자기 안에 존재하지 않는다. 자신의 상처와 자신의 추방 —이것은 스스로 상처를 입히거나 스스로를 추방하는 행위로 이해되는데 —아래에서까지 스스로를 은폐하기 위해 그렇게 하지 않는다. 주체의 움츠러듦은 뒤집힘mise à l'envers이다. 그의 "타자를 마주함"envers l'autre은 뒤집힘 자체다. 겉 없는 안이다. 말함의 주체는 기호를 주지 않는다. 그것은 스스로 기호가 된다. 스스로 충실함으로 나아간다.

노출은 여기서 주제화와는 근본적으로 다른 의미를 갖는다. 일자는 피부가 자신에 상처를 주는 것에 노출되듯, 뺨을 때리는 자에 노출되는 뺨처럼, 타자에 노출된다. 존재 및 존재자의 애매성 이편에서, **말해진** 것에 앞서서, 말함은 말하는 일자를 들춰낸다. 이론에 탈은폐된 대상으로서가 아니라, 방어를 등한시하면서, 피난처를 떠나면서, 모욕 —공격과 상처 —에 노출되면서 들춰내지듯이 말이다. 그러나 말함은 벌거벗김의 벌거벗김이고, 자신의 의미함 자체로부터 신호를 주는 것이자, 노출의 표현이다. 말함이 없다면 수동성이 비밀스러운 구도로 득실거렸을, 그런 잠자는 물을 교란하는 수동성의 돌출hyperbole이다. 벌거벗김의 벌거벗김, 이 "반사" 또는 이 반복은 나중에 그 벌거벗음에 덧붙여지는 것이 아니다. 나를 유일한 것으로 동일시하는 소환에 응답하는 노출의 수동성. 나를 나-자신으로 데려가는 것이 아니라, 나를 동일한 모든 본질로부터 벗겨 내고 그럼으로써 모든 형식과 모든 서임으로부터, 그 소환에 다시 끼어들 수 있을 모든 것으로부터 벗겨 내는 그런 노출의 수동성. 말함은 이런 수동성을 의미한다. 말함에서 이 수동성은 의미를 준다, 의미함을 이룬다. ~에 응답하는 노출, 옷 없이, 보호를 위한 껍질 없이, 모든 질문에 앞서, 모든 과제에 앞서 문제-에-있음, 공기를 들이마심처럼 핵에 이르기까지 벗겨 냄, 일자에 이르기까지, 체질 없는 일자에 이르기까지 떨쳐-풀림ab-solution. 피부 넘어, 죽어 감의 상처에 이르기까지 벌거벗김, 죽음에 이르기까지 벌거벗김,[37] 상처받기 쉬움으로서의 존재. 자기의 기초에 놓

---

37) 『고르기아스』에 나오는 최후의 심판에 대한 플라톤의 신화(523c~e)를 여기서 상기해 봐야겠다. "최후의 심판"에 의해 요구될 수 있는 타자의 절대적 접근 ─ 플라톤에게 이것은 접근의 기초적 양상인데 ─ 은 죽은 자에 대한 죽은 자의 관계다. 거기서 타인 ─ 뛰어난 인간이건 보잘것없는 인간이건 ─ 은 자격을 부여하는 모든 옷을, "모든 자질을" 벌거벗음에 이르기까지 벗게 된다. 삶에서 죽음으로 옮겨 가는 자, 예견 불가능한 죽음에 급작스레 붙잡힌 자의 경우가 그렇다. 한편, 심판자도 자신의 총체적 신체와 결부된 "눈과 귀를" 벗은 채 죽은 자에게 접근해야 한다. 눈과 귀는 시각과 청각으로 접근을 가능케 해주기는커녕 방해만 할 따름이다. 타자의 재현은 올곧음의 관계가 아닐 것이다. 근접성은 어떠한 이미지에도, 나타나게 될 그 무엇에도 속하지 않는다. 근접성은 현상의 모든 현현 밖에서, 모든 주어짐 바깥에서 영혼으로부터 영혼으로 나아간다. 존재론적 구도 ─ 플라톤에게는 아마 이것이 현실보다 더 실재적일 텐데 ─ 가 중요하겠는가, 아니면 영혼으로부터 영혼으로 어떤 판단이, 다시 말해 어떤 인식 행위가 전달되는 것이 중요하겠는가. 그러나 결국, 우리는 정당하게 다음과 같이 물을 수 있다. 선험적이지 않고 주어짐이 없는 판단, 경험에서 비롯하지 않은 판단이란, 말함의 접촉 자체가 지니는 의미작용들의 다양함 속에서가 아니라면, 말해진 것의 모든 "명제들" 밖에서가 아니라면, 과연 무엇으로 성립하는 것인가(앞의 1장 3절 [두 번째 단락]에 나오는 "서문의 말" 참조). 또한 환기해야 할 것은 근접성이 곧바로 정의의 판단이 아니라, 우선 타인에 대한 책임이라는 점이다. 책임은 제삼자의 진입과 더불어서가 아니라면 판

인 허파에 이르기까지 자신의 점적ponctuel 원자핵의 기초를 열어 젖히는 핵의 분열. 자신의 단단한 껍질로, 형식으로 보호된 한에서는 이 기초를 열지 않는 핵. 또 자신의 점적 궁극성ponctualité으로 환원되어 그 존재성의 시간성에서 동일시되고 그럼으로써 스스로를 회복할 때조차 이 기초를 열지 않는 핵. 벗겨 냄의 한계가—그 점적 궁극성에서—자신을 벗어나게끔 계속되어야 한다. 소환된 일자가 존재esse에 달라붙는 자신의 내재성으로부터 스스로를 분리하기에 이르기까지 개방되어야 한다—탈-이해관심[탈-사이존재]되어야se dés-intéresser 한다. 자신의 동일성 한가운데서 이렇게 자신을 벗어남, 절대적인 이 비-동시성, 순간의 이 통-시는 타자-에 의해-침투된 일자로서 의미화한다. 고통douleur은, 피부의 이 안은 모든 벌거벗김보다 더 벌거벗은 벌거벗음이다. 이것은 부과된 희생—고통의 시련이나 고통스러움dolence38)에 속박되는 까닭에 스스로를 희생함보다 더 희생된—에서 비롯하므로 무조건적인 실존이다. 주체의 주체성, 그것은 상처받기 쉬움이며, 변용에 대한 노출이고, 감수성이며, 모든 수동성보다 더 수동적인 수동성이고, 되찾을 수 없는 시간이며, 인내의 모아질 수 없는 통-시성이고, 늘 노출해야 할 노출, 표현해야 할, 또 그래서 말해야 할, 또 그래서 주어야 할 노출이다.

단으로 바뀌지 않는다(5장 3절 참조). 플라톤에게서와 마찬가지로 언제나, 타자의 접근은 죽음처럼 경험 너머에, 의식 너머에 있다.

38) dolence는 고통을 토로하는 상태나 그렇게 내뱉어지는 고통을 뜻한다. ―옮긴이

가장 수동적인 수동성인 말함은 인내와 또 고통스러움과 분리되지 않는다. 비록 말함이 말해진 것 속으로 도피할 수 있다 해도 그렇다. 거기서 말함은 상처에서 출발해서, 고통이 생겨나는 어루만짐을, 따라서 접촉을 재발견한다. 또 그에 따라, 딱딱함이나 부드러움에 대한, 따뜻함이나 차가움에 대한 앎을 재발견하고, 그럼으로써 주제화를 재발견한다. 본래, 말함은 인내의 또 고통의 의미^sens다. 말함에 의해 고통^souffrance은 줌^donner의 형태로 의미작용을 한다. 이 의미작용의 대가로 주체가 이유^raison 없는 고통을 겪는 위험을 무릅쓴다 해도 말이다. 만일 주체가 이런 위험을 무릅쓰지 않는다면 고통은 고통스러움을 잃게 될 것이다. 타자를–위한–일자로서의 의미작용은 일자에 의해 타자를 떠맡음이 없이 그 **수동성** 속에서, 의미작용에 침입하고 의미작용을 위협하는 순수한 무–의미^non-sens의 가능성을 전제한다. 이성^raison의 경계에 이 같은 광기가 없다면, 일자는 스스로를 되찾게 될 것이며, 자신의 정념 가운데서 존재성을 되풀이하게 될 것이다. 고통의 애매한 시련! 타자를–위함(또는 감각^sens)은 타자에 의함으로까지 나아간다. 살을 태우는 가시로 고통을 겪는, 그러나 아무 대가 없이 고통을 겪는 데까지 나아간다. 오직 이럼으로써만, 타자를 위함 — 모든 수동성보다 더 수동적인 수동성, 감각[의미]의 강조 — 은 자기를–위함으로부터 보호된다.

말로 형용할 수 없는 일자로까지, 유일하고 선출된 순수한 어떤 이^quelqu'un로까지 벌거벗겨짐, 이것은 타자에 대한 노출, 회피 가능하지 않은 노출이고, 말함이다. 자신의 성실성 속에서의, 타인에게 주어진 기호의 성실성 속에서의 말함이다. 이 말함은 자기를 위해 응고될 핏덩이처럼 다시 솟아날 모든 동일성으로부터, 자기와 합치될 모든 동일성으로부터 나를 사면한다. 이것은 존재성을 전복시키는 사면이다. 존재성의 부정이 아니라 **탈-이해관심**[존재사이에서-벗어남]dés-intéressement이다. "타자를 위함"으로 나아가는 "존재와 달리"다. 타자를 위해 타오르고, 거기서 자기를 위한 모든 자리의 토대들을 소진燒盡해 버리는, 또 이 소진에 의해 만들어질 모든 실체화를 소진해 버리고, 재생의 모든 위험이 깃든 이 소진의 재마저 소진해 버리는 "존재와 달리"다. 소환된 자의 전적인 인내 속에서의 동일성. 이 소환된 자는 인내하며 ─자기에 거슬러 ─죽어 가기를 멈추지 않는다. 자신의 순간 속에서 지속하며 "갑옷 아래 하얗게 바래 간다". 자아의 자기로의 되돌아옴 ─자아의 폐-위 또는 탈-직, 이것은 표현에 또 증여에 바쳐진, 그러나 스스로 바치는 것이 아니라 수동적으로 바쳐진 물질적 삶으로서의 탈-이해관심이다. 봉헌과 고통 겪음과 외상의 가능성으로서의 육화 속에서의, 자기에 거스르는 자기다. 그러므로 말함의 타자를 위함에 대해서는, 주제화하는 지향의 ~에 대한 의식이라는 용어를 사용하지 말아야 하며, 개입이라는 용어를 사용하지도 말아야 한다. 말함의 의미함은 개입에 의거하지 않는다. 개입이 말함을 전제하는 것이다.[39] 그렇다면 **자기에 거슬러**malgré soi는 어떻게 이해해야 할까?

---

39) 5장 1절 참조. 주체가 자신이 주시하는 질서에 개입할 때, 그가 읽어 내는 의미작용의 진리는 위태로워진다. 펼쳐지는 광경이 시선 그-자체에 의해 교란되지 않게끔 보장하

c. 자기에 거슬러

자기에 거슬러는 자신의 살아감 자체에서 이 삶을 나타낸다. 삶은 삶에 거스르는 삶이다. 자신의 인내와 자신의 늙음에 의한 삶이다.

거슬러malgré는 여기서 의향gré에, 의지에, 본성에, 주체에서의 존속에 대립하지 않는다. 어떤 낯선 능력이라야 그런 것에 반대될 것이다. "타인을–위함"의 수동성은 이 "타인을 위함"에서 한 의미를 표현하는데, 거기선 선행하는 의지가 긍정적으로건 부정적으로건 전혀 참조되지 않는다. 그리고 그 수동성은 살아 있는 인간의 육체성에 따른다. 고통의 가능성으로서, 본래 아픔을 겪는 감수성인 감성으로서 ―자신의 피부에서 발견된, 스스로를 내맡기고 고통을 당하는 자기로서 ―자신의 피부에 놓이는 것으로서, 자신의 피부에서의 아픔으로서, 자신의 피부를 자기로 갖지 못하면서 ―상처받기 쉬움으로서 말이다. 고통은 상반된 의지의 어떤 징후에 불과한 것이 아니며, 고통의 감각[의미]은 우연적이지 않다. 고통의 고통스러움, 병 또는 악의 해로움, 그리고 순수한 상태로는 육체성의 인내 자체, **노동과 늙음의 벌** ―이것들은 시련 자체이고, 자기에서 자기에 반하는 것이다. 의지의 좋은 의향이나 나쁜 의향은 이미 이 인내와 이 시련과 이 최초의 피로lassitude를 전제한다. 바로 고통의 이 시련의 관점에서 의지에 관해 발언할 필요가 있다.

는 거리가 결여되어 있는 것이다. 말함의 의미작용 속에서는 말함이 광경 속에 연루되어 있다는 사태가 이 "광경"의 의미작용에 속한다. 그러한 연루는 주–객 관계를 위태롭게 할 수 있을 것이지만, 우리는 그 관계에 앞서 있다.

고통의 "자기에 거슬러"를 선-행하는pré-alable 의지로 환원하는 대신에 말이다. 인내의 고유한 수동성 ─ 그래서 자발적인 것과 상관적인 모든 수동성보다 더 수동적인 수동성 ─ 은 그것의 시간성의 "수동적" 종합 속에서 의미화한다.

시간의 시간화는, 말해진 것에서 드러나는 대로, 확실히 능동적 차아에 의해 회복된다. 능동적 차아는 기억으로 회상하거나 지나간 과거를 사료편찬을 통해 재구성한다. 또는 상상에 의해, 그리고 예상에 의해 미래를 예측하며, 글을 통해 기호들을 공시화하면서 타인을 위한 책임의 시간까지도 현존으로 모은다 ─ 즉, 재현한다. 그런데 타인에 대한 책임은 자유로운 개입으로부터, 다시 말해 현재로부터 생겨나지 않을 것이다. 그것은 모든 현행의 또는 재현된 현재를 초과한다. 그것은 그런 식으로, 시작 없는 시간 속에 놓인다. 타인에 대한 책임의 무-시원은 현재에서 이전의 현재로 단순히 되돌아가는 것이라고 이해될 수 없을 것이다. 기억 가능한 시간에 의한 ─ 다시 말해, 재현 가능한 재현의 거둬들임을 통해 모을 수 있는 시간에 의한 ─ 현재들의 외삽外揷, extrapolation 으로 이해될 수 없을 것이다. 이 무-시원, 재현으로 모아짐에 대한 이 거부는 나에 관여하는 고유한 양태를, 즉 경과laps를 갖는다. 그러나 시간의 시간화 속에서 회복 불가능한 시간의 경과는 기억 불가능한 것의 부정성만을 갖는 것은 아니다.

경과로서의 시간화 ─ 시간의 상실 ─ 은 정확히 말해 자아의 선도적 행위initiative도 아니고 행동의 어떤 목적을 향한 운동도 아니다.[40] 시간의 상실은 어떤 주체의 작품이 아니다. 이미 다시잡음과 미리잡음의 종합—여기서 후설의 현상학적 분석은 언어를 남용하면서 경과를 회복하는데—이 자아 없이 진행된다. 시간은 스스로 지나간다. 인내하며 이뤄지는—심오하게 부름받는, 수동적인—이 종합은 늙음이다. 그것은 세월의 무게 아래서 터져 나오며, 되돌릴 수 없게 현재로부터, 즉 재-현으로부터 빠져나온다. 자기의식에 존재하는 것은 이제 더 이상 자기에 대한 자기의 현존이 아니라 노화다. 시간—회귀 없이 상실된 시간—이 통시성인 것은, 그리고 시간이 내게 관여하는 것은, 기억의 회복 저편의 노화로서다.

시간의 이 통시성은 간격의 길이로 말미암은 것이 아니다. 그래서 재현은 이 통시성을 포함할 수 없을 것이다. 이 통시성은 동일성의 해체disjonction다. 여기서는 동일한 것이 동일한 것을 재결합하지 않는다. 즉, 그것은 비-종합이고, 피로다. 동일성의 대자는 이제 더 이상 대자가 아니다. "나"에서의 동일한 것의 동일성은 자기에 거슬러 밖으로부터 그에게 다가온다. 마치 선출처럼 또는 들숨inspiration처럼, 소환된 자의 단일함으로서 다가오는 것이다. 주체는 대타적이다[타자를 위한다]pour l'autre. 그의 존재는 타자를 위함으로 나아간다. 그의 존재는 의미작용으로 사라진다. 늙음에서 주체성은 독특하며, 대체 불가능하다. 그것은 나이지 타자가 아니다. 그

---

40) 경과와 소진으로서의 시간으로부터 『시간과 타자』(*Le temps et l'autre*)의 주제가 재발견된다. 1948년 아르토 철학 학교 총서(Publlications du Collège Philosophique chez Arthaud) 『선택, 세계, 실존』(*Le choix, le monde, l'existence*)에서 이 이름으로 나온 연구를 참조하라.

러나 그것은 반란이 꾸며지는 탈주 없는 복종 속에서 **자신을 거슬**러 있다. 서로를 배제하는 특징들. 이것들은 온갖 개입보다 더 오랜 타인에 대한 책임으로 해소된다. 바로 이런 해소의 형태 아래서 의미를 주는 것은 세계가 아니라 왕국Régne이다. 그러나 그것은 비가시적인 왕의 왕국이다. 선의 왕국—그것의 관념이 이미 아이온인 선의 왕국이다. 선은 군림하며régner, 자신의 선함 속에서, 의식의 현재 속으로 들어갈 수 없다. 비록 그것이 기억된다 해도 말이다. 의식 속에서는 그것은 무정부 상태다. 신의 왕국, 주제화 불가능한 신—비-동시대적 신—의 왕국이라는 성서적 발상은 "존재의 역사"에 대한 특정한 "시대"의 존재적 이미지로, 존재성의 한 양태로 생각되어서는 안 된다. 거꾸로, 존재성이야말로 이미 왕국의 아이온인 것이다. 아이온으로부터 신의 왕국으로 거슬러 올라갈 필요가 있다. 이 신의 왕국은 주체성의 형태로, 삶의 수동적 종합에 소환된 단일성의 형태로 의미화한다. 이웃의 근접성이라는 형태로, 또 갚을 수 없는 빚의 의무라는 형태로, 탈주 없는 복종을 의미화하는 시간성—독특한 자의 늙음과 죽음—이라는 유한한 조건의 형태로 말이다.

자살을 단죄하는 『파이돈』의 구절(61c~62e)이 지닌 의미, 단순한 신심이 아닌 의미에서, 죽음에 대한 존재는 인내다. 예기치-못함이다. 자기에 거스르는 지속이며, 복종의 양상이다. 복종으로서의 시간의 시간성이다. 만일 우리가 이 주체를 이 같은 소환에서 분리한다면, 타자로부터 식별 가능한 일자로서의 주체, 존재자로서의 주체는 순수한 추상이다.

그러나 우리가 여기서 **존재자로서의** 주체를 언급한다면, 그것은 이 분사^{participe}가 스스로 지시함으로써 이르게 될 동사 존재하다에 대한 주의를 환기하기 위해서가 아니다.[41] 이 참여^{participation}에 앞서, 또 이 분사에서 실행되는 동사에 대한 이 참여에 필수적인 요소라는 명목으로, 개체의 명사적 형식이 지닌 순수한 형식적 사건성이 알려진다. 명사적 형식, 항^{terme}으로서의 용어^{terme}의 형식, 이 항에서의 일자라는 형식은 동사적 형식으로 환원될 수 없다. 이 명사적 형식은 존재성의 동사성과 다른 곳에서 온다.[42] 이 형식은 회피할 수 없는 호소나 소환에서 분리될 수 없다. 이 명사적 형식이 동사로 ─ 비록 존재하다 동사라 하더라도 ─ 환원될 수 없다는 점을 생각하는 것이 적절하다. 항으로서의, 명사로서의 주체는 어떤 이다(가리키는 손가락의 방향에서 주제화된 "어떤 것"이나 칸트의 "초월론적 대상"은 이미 자신의 형식적 구조를 아마 여기에 빚지고 있을 것이다). 즉 이 어떤 이는 그가 무엇인지에 대한 규정이 없는 가운데서도 어떤 이로 존재하도록 회피할 수 없이 호출된 이다. 이

---

41) étant(존재자)은 동사 être(존재하다)의 현재분사 형태다. ─ 옮긴이
42) 우리는 이름 ─ 존재자는 존재에 의해 존재하는 것과 마찬가지로 이것에 의해 존재하는데 ─ 이 그 나름으로 존재한다고 말할 수 없다. 그것은 존재에 "참여하는" 존재자에서만 존재한다. 그러한 참여는 늙음의 시간으로서, 인내 ─ 수동성이고, 타자에 대한 노출, 이 노출 자체에 대한 노출에까지 이르는 노출 ─ 다. 타인에 대한 책임에 소환되거나 호출된 명명된 자의 인내이고, 또 자아 개념을 벗어나는 독특하고 유 없는 자아이고 개체성을 회피하는 개체인 자의 인내다. 그러나 존재성 밖의 또는 존재성 너머의 이름은, 개체성 이전의 개체는, 신으로 명명된다. 그것은 모든 신성에, 다시 말해서, 그것의 개념을 통해 스스로를 피난시키는 개체인 거짓된 신들이 요구하는 신의 존재성에 앞선다.

호출 또는 이 선출은 저버릴 수 없는 것인데, 주체는 이로부터 분리되지 못한다. 늙음의 통-시적인 시간성으로서의 이 존재자의 존재라는 형태 아래서, 나를 거슬러, 부름에 대한 응답이 생산된다. 외상을 주는 타격처럼 직접적인 부름에 대한 응답 말이다. 그것은 "내적 필요"로, 자연적 경향으로 전환될 수 없는 응답이다. 그것은 응답하는 응답, 그러나 어떤 에로티즘에서도 비롯하지 않으며, 절대적인 타율의 "부름"에 응답하는 응답이다.

d. 인내, 신체성, 감성

그러므로 주체는 지향성, 재현 활동, 객관화, 자유, 의지 등으로부터 그려지지 않는다. 주체는 시간의 수동성으로부터 그려진다. 시간의 시간화, 회복 불가능한 그리고 모든 의지 밖의 경과는 지향성과 완전히 반대된다. 시간이 재현보다 덜 분명한 지향성인 것은 아니다. "대상"으로, "외재성"으로 나아가는 것보다 덜 규정된 방향으로 "나아가는" 그런 지향성이 아니다. 시간화는 그것이 가진 인내의 수동성으로 인해 지향성과 "반대"된다. 시간화에서 주체는 주제화하는 주체의 반대다. 즉, 차아의 자기 자신과의 동일화가 기대할 수 없을, 늙음의 주체성이다. 그것은 동일성 없는, 그러나 책임의 반박 불가능한 요구 속에서의 독특한 일자다. 자신의 존재 유지 경향conatus existendi으로서 회피 불가능하게 의미화된 요구. 그 노력이 하나의 겪음이고, "이것은 지나간다"cela se passe의 재귀대명사 se에서의 수동적 일자인, 그런 존재 유지 경향. 이것은 노화의 인내에 놓이는데, 여기서 분명해지는 것이 근접성의, 다른 사람에 대한 책임의 회피 불가능함이다. 이 책임은 말하자면, 기억 가능한 시간의 이편에서, 말해진 것과 글 속에서 동일하게 인식되는 "각지의 종합" 뒤에서 "체결된" 것이다. 모든 것이 드러나는 말해진 것이 간직하는 흔적에서 출발하여 이 이편으로 거슬러 올라가는 것이 중요하다. 말함으로 거슬러 올라감, 이것은 서술 불가능한 것이 그려지는 현상학적 환원이다. 주체는 자기로, 단적인 대격l'accusatif으로 (또는 고발accusation당한 채!) 그려진다. 이것은 "동등한 자의 무한한 자유에 의해"에 의해 이미 전제된다(헤겔은 이런 자유로 의식과 시간의 자기 회귀를 특징짓는다). 동등한 자의 무한한 자유는 이미 우화 속에서, 말해진 것 속에서 생산된다. 주체는 벌거벗고 궁핍한 자로 그려질 것이다. 일자로서 또는 어떤 이로서, 존재의 이편으로 추방당한, 상처받기 쉬운, 다름 아닌 감성적인 자로 그려질 것이다. 이러한 주체에게는, 플라톤의 『파르메니데스』에 나오는 일자에게 처럼, 존재가 부여될 수 없을 것이다.

동사 이전의 시간화 ― 또는 주어 없는 동사에서의 시간화 ― 또는 능동적 차아의 "이면"처럼 있는 주체의 인내 속에서의 시간화 ― 늙음의 인내는, 자신의 죽음에 대해 취해진 입장이 아니라, 피로다.[43) 즉, 존재에 대한 수동적 노출이고 떠맡음 없는 노출, 죽음에 대한 노출, 바로 그렇기에 비가시적이며, 너무 이른, 언제나 폭력적인 노출이다. 피로, 이것은 실추함faillir이기도 한 독특한 "존

---

43) Levinas, *De l'existence à l'existant*, p.41[『존재에서 존재자로』, 44쪽] 이하에 실린 피로에 대한 분석 초안 참조.

재 과잉"trop être, 그러나 **코나투스**가 느슨해지지 않은 결핍 속에서의 존재 과잉이다. 이 결핍에서는 자살이 떠남이다. 마치 존재가, 스스로를 소외시킴으로써, "타자를 위한 일자"의 "타인을 위한 존재"가 맡는 봉사의 필연성들이 드러나는 한 양상—왕국의 한 아이온—에 불과하게 되는 것 같다. 존재나 존재하지-않음보다 중대한 근접성으로 봉사하는 필연성들의 한 양상 말이다. 노예적 속박 없는 봉사의 필연성. 이것은 필연성인데, 왜냐하면 이 복종은 그것을 떠맡을 수 있을 모든 자발적 결정에 앞서기 때문이다. 또 이 필연성은 휴식의 동일자를, 삶을 향유하는 삶의 동일자를 넘쳐 나는데, 왜냐하면 이것은 봉사의 필연성이지만, 이 비-휴식 속의, 휴식보다 나은 이 불안정 속의 필연성이기 때문이다. 이것은 선의 증언 자체인 이율배반이다.[44]

자기의 떠맡을 수 없는 수동성. 이런 수동성에서는 어떤 활동도 일자를 이중화하지—개입시키지도 증식하지도—못한다. 말함 속에서의 주체의 수동성은 주체 없이 "말하는 언어"Die sprache spricht[45]의 수동성이 아니다. 그것은 자신을 제공함s'offrir이다. 자신의 관대함으로 떠맡아지는 그런 것조차 아닌 자신을 제공함이다. 자신을 제공함은 고통이고, 자기-자신을 거스르는 선함이다. 이 거스름은 장애물에 의해 방해받은 의지로 분해되지 않는다. 이 거

---

44) 자세한 내용은 5장 307쪽[b. 영감과 증언] 이하 참조.
45) 「언어는 말한다」(Die sprache spricht)는 하이데거의 1951년 강의 제목으로, 그는 여기서 트라클의 시를 분석하고 있다. 이 강의는 1959년에 나온 강연집 『언어로의 도상에서』(Unterwegs zur Sprache)에 수록되어 있다.—옮긴이

스름은 삶이며, 삶의 늙음이고 반박 불가능한 책임, 즉 말함이다. 자기의 예속sujétion의 주체성subjectivité은 고통의 고통이다 ─ 궁극적인 자신을 제공함 또는 이 자신을 제공함 속의 고통이다. 주체성은 상처받기 쉬움이다. 주체성은 감성이다. 감성, 말함의 전적인 수동성은 주체가 그것으로부터 행할 수 있을 경험으로 환원되지 않는다. 감성이 그러한 경험을 가능하게 한다 해도 그렇다. 타자에 대한 노출, 그것은 의미작용이다. 그것은 의미작용 자체이며, 대신함에까지 이르는 타자를-위한-일자다. 그러나 이 대신함은 분리 속에서의 대신함, 즉 책임이다. 우리의 분석은 이 점을 보여 줄 것이며, 상처받기 쉬움이 의미하는 근접성에 집중될 것이다.

주체의 신체성, 그것은 노력의 아픔이고, 운동의 도약에서 또 노동의 에너지에서 움트는 피로fatigue의 근원적 시련이다. 주체의 수동성을 묘사하기 위해, 주체가 물질에 대립하고 있다는 사실에서부터 출발할 필요는 없다. 주체 밖에서 주체에 저항하거나 신체를 통해(주체는 이 신체로부터 이해할 수 없이 해를 입으며, 신체의 조직은 고장 나기도 하는데) 주체에 저항하는 물질 말이다. 또한 주체의 수동성을 묘사하기 위해, "노동의 산물"을 박탈하면서 그에게 노동을 강요하는 사회에 인간이 대립하고 있다는 사실에서부터 시작할 필요도 없다. 이 수동성은 물론 타인에 대한 주체의 노출이다. 하지만 주체의 수동성은 투쟁하지 않을 수 없는 피억압자가 겪는 수동성보다 더 수동적이다. 가장 수동적인 수동성, 떠맡을 수 없음 ─ 주체의 주체성 또는 주체의 예속 자체 ─ 은 나와 다른 피억압자에 대한 책임에 의한 나의 강박obsession에서 기인한다. 그럼으로써 투쟁은 인간적으로 머문다. 또 수동성은 자아에 의한 자기의 재포착 속에서 존재성을 위조하지 않는다. 비록 그 자아가 희생이나 관대함의 의지인 경우라 해도 그렇다. 타인에 대한 노출은 존재-사이에서벗어남désinter-essement이다 — 근접성이고 이웃에 의한 강박이다. 자기를 거스르는 강박, 다시 말해 고통이다. 이 고통을 우리가 겪은 행동, 그러나 떠맡은 행동으로 곧바로 해석해서는 안 된다. 즉 자기를 위해서pour soi 있을 주체에 의한 고통의 경험으로 해석해서는 안 된다. 고통은 순수한 적자이며, 재포착되지 않는 주체, "수지타산이 안 맞는" 주체에서의 빚의 증대다. 주체의 주체성은 바로 이 비-재포착이고, 당위Sollen 너머의 빚의 증대다. 이른바 육체적인 고통에 예민한 신체성으로 모아지는 시련, 모욕과 상처에, 병과 늙음에 노출된 시련, 하지만 신체의 최초 노력들의 피로에서 오는 시련.[46] 주체로서의 나의 수동성, 타자에 대한 나의 노출이 육체적 고통 그 자체이기 때문에 내가 착취될 수 있는 것이지, 내가 착취되는 까닭에 타자에 대한 나의 노출이 절대적으로 수동적인 것 — 다시 말해, 모든 떠맡음을 배제하고 나를 거스르는 것 — 은 아니다. 그 운동이 피로이고 그 지속이 늙음인 신체성의 형태 아래서야말로, 의미작용의 수동성, 타자를-위한-일자의 수동성이 행위가 아니라 인내이게 되는 것이다. 다시 말해, 본래 감성이거나 고통의 임박이게 되는 것이다.

---

46) Levinas, *De l'existence à l'existant*, p.41[『존재에서 존재자로』, 44쪽] 이하에 나오는 무기력과 피로에 대한 현상학적 분석 참조.

어떤 점에서 임박인가?

중립성 속의 순수한 가능성을 가리키는 것이 아닌 임박. 고통으로서의 임박은 행복bien-être과 향유로 체험되는 감성에서 움튼다. 만약 타자를-위함이 자기에-거슬러라면, 이 자기에 거슬러가 순수한 겪음, 결과의 순수하고 단순한 수동성이 아니라면, 어떤 의미에서는 이 자기에 거슬러가 겪음보다 더 겸손한 것이라서, 자신의 단일성 속에서 겪어 내는 주체와 관련된다면, 그것은 향유에서 움터 오는 것으로서일 것이다. 이 향유를 둘러싸고 자아는 자신을 긍정하며 이 향유에서 자신을 만족시키며 자신을 정립한다.

우리가 열거해 온, 타자를 위함, 자기에 거슬러, 자기로부터 출발해서라는 특징들, 또 늙음의 인내 속에서, 자기 입의 빵까지 타자에게 주고 자기 어깨의 망토까지 타자에게 주는 의무 속에서 겪는 노동의 아픔은 신체성에서 통합된다. 예감된 고통의 고통스러움에서의 수동성, 감성은 상처받기 쉬움이다. 고통은 향유를 그것의 고립 자체에서 중단시키러 오며, 그럼으로써 나에게서 나를 떼어 낸다. 준다는 일이 축적된 획득물의 단순한 소비로 머물 수 있다고 생각하는 것은, 타자를 위함의 비-익명성 ―그럼에도 그 어떤 자발성도 포함하지 않는― 을 오인하는 것이 될 것이다. 줌이 근접성 자체라고 할 때, 그것이 자신의 풍부한 의미를 갖게 되는 것은 오직 소유보다 내게 더 고유한 것을 내게서 벗겨 냄으로써다. 고통은 향유 속에서 박동하는 "자기를 위함"의 심장 자체에, 그 자신에 만족하는, 자신의 삶을 사는 삶 속에 스며든다.[47] 줌, 타자를-위한-존재, 자기를 거스름, 그러나 자기를-위함을 중단시키면서 그렇게

함, 그것은 자신의 입에서 빵을 꺼내는 것이며, 나 자신의 굶음으로 타자의 배고픔을 채우는 것이다. 감성의 타자를-위함은 즐김과 맛봄에서부터 출발하여 작용한다고 표현해도 괜찮을 것이다. 감성은 존재성의 놀이jeu를 하는jouer 것이 아니며, 어떤 놀이도 하지 않고, 놀이의 즐거움과 만족을 중단시키는 진지함 자체이기 때문이다. 그리고 바로 이 맛봄과 즐김에서부터 감성에 대한 분석이 출발해야 할 것이다.

e. 일자

타자에 대한 노출은 일자를 내부에서 외부로 옮기기 위해 일자에 덧붙여지는 것이 아니다. 노출, 그것은 책임-에서의-일자이며, 따라서 자신의 단일성에서의 일자다. 자신을 다중화할 모든 보호를 벗겨 낸 단일성 말이다. "존재와 달리"는 놀이가 아니다. 그것은 존재보다 무거운 이완이다.

　말함의 극단적인 수동성, 또 그것의 궁극적 피난처에서까지의 수동성, 타자에 대한 노출, 회피할 수 없이 요구되는 노출. 단일성 ─ 이것은 자기로 다시 돌아오는 확실함에 반하여, 자기와의 불-합치에 의해, 자기에서의 비-휴식에 의해, 불-안정에 의해 의미를 주고 ─ 동일시되지 않으며 앎에 드러나지 않고 ─ 실패 속

---

47) 향유로서의 삶에 대해서는 Emmanuel Levinas, *Totalité et infini*, Den Hagg: Martinus Nijhoff, 1961[『전체성과 무한』, 김도형·문성원·손영창 옮김, 그린비, 2018]의 2부 1장 1절 이하 참조.

에, 고통의 지점에 놓이지만―칸트의 "나는 생각한다"의 통일과 꼭 같이―놀이 없는 이 수동성 속에서 **격변화 없는**indéclinable 것이 된다. 예외적으로, 또 언어의 남용을 통해 우리는 그것을 차아 나 나라고 부를 수 있다. 그러나 여기서의 명칭은 대신-이름함pronomination일 뿐이다. 나je라고 명명되는 것은 **아무것도 없다**. 나는 발언하는 자에 의해 말해진다. 대명사는 발언하는 독특한 자를 이미 숨기며 그를 개념 아래 포섭한다. 하지만 대명사는 독특한 자의 가면이나 인칭만을 가리킬 따름이다. 그 가면을 남기는 것은 개념에서-벗어난 나, 다시 말해, 명사로 절대 변환될 수 없는 일인칭으로 말함의 나다. 왜냐하면 그것은 신호의 이 증여로부터 주어진 신호이고, 타자에 대한 자기의 노출이며, 근접성과 진정성에 처하기 때문이다. 책임의 주체는 초월론적 통각의 통일과 마찬가지로, 말해진 것 속에서, "한때 ~이 있었다"와 같은 우화에서 나타나는 것 같은 독특한 예의 일회적 사실성이 아니다. 여기서 단일성이 의미하는 것은 스스로 회피하고 스스로를 대체시키는 것의 불가능성이다. 이 불가능성에서 나의 회귀 자체가 꾸려진다. 선출자가 아닌 선출된 자의 또는 요구된 자의 단일성, 자발성으로 변환되지 않는 감성. 떠맡아지지 않고 포-섭되지 않은, 외상[트라우마]적 단일성. 박해에서의 선출.

선출을 떠맡지 않은 채 선출됨! 만일 이 수동성이 인과적 관계에서의 결과의 수동성으로 귀착되는 것이 아니라면, 만일 이 수동성이 자유와 비-자유의 이편에서 생각될 수 있다면, 이 수동성은 그 자신을 거스르는 선함, 선택보다 언제나 더 오래된 선함이라는 의미를 가져야 마땅하다. 선택의 가치 ─ 다시 말해서 다름 아닌 탁월함 또는 선함, 선함의 선함 ─ 는 선택의 폭력을 상쇄할 (또, 그 너머로, 더 나을!) 수 있는 유일한 것이다. 선택보다 언제나 더 오래된 선함. 선은 언제나, 독특한 자를 이미 선출했고 요구했다. 그리고 자신의 선출을 선출하지 못한 채 선출된 자로서, 수용된 서임에 참석치 않은 자로서, 일자는 **겪음**의 모든 수동성보다 더 수동적인 수동성이다. 일자의 수동성 ─ 그의 책임 또는 고통 ─ 은 의식에서 시작하지 않는다. 다시 말해, 시작하는 것이 아니다. 의식의 이편에서 그것들은 일자에 대한 선의 전-근원적 지배력에서, 어떤 현재보다 ─ 어떤 시작보다 ─ 언제나 더 오래된 지배력에서 성립한다. 이것은 일자가 자신과 다시 만나는 것을, 자신을 실체로서, 그-자신과 동시적인 실체로서, 초월론적 자아로서 동일화하는 것을 방해하는 통시성이다. 동일성 없는 단일성. 자신 속의 또 자신을 위한 의식 너머의 비동일성 ─ 왜냐하면 이것은 이미 타자를 대신함이기 때문이다.

이 통시성은 일자의 단일성을 지시해 왔다. 존재성의 이편에서 책임에 의해 요구된, 언제나 그 자신을 결여하고 있으며, 언제나 불충분하게 벗겨진, 고통의 지점으로서의 실추 속의 일자를 말이다. 주체의 이 통시성은 은유가 아니다. 가능한 한에서 적절하게 말해진(말함의 바탕은 결코 적절하게 말해지지 않으므로) 주체는 시간 안에 있지 않다. 주체는 오히려 통시성 자체다. 즉, 나의 동일화 속에서의, 우리가 결코 "다시 잡을 수 없을" 자의 늙음이다. 동일화 없는 선출의, 가난해지게 하고 헐벗게 하는 선출의 통시성이다. 이

것은 요구하는 선함이며, 따라서 어떤 속성 ─ 일자를 다중화하게
될 ─이 아닌 선함이다. 만일 선함이 일자를 다중화하게 된다면,
일자가 자신을 지탱하는 선함과 구분될 수 있다면, 일자는 그의 선
함에 관하여 입장을 가질 수 있을 것이고, 스스로를 선하다고 알아
결국 자신의 선함을 상실할 수 있을 것이기 때문이다.

f. 주체성과 인간성

이 개념들은 사유의 논리적 가능성들과 존재의 변증법적 구조들
에 따라 (협정들과도 같은 그것의 전제들이 개념들의 조합을 하나의 놀
이에 연결시키는) 진리 속에서 정돈되고 펼쳐진다. 인간학은 일찍이
인용된 구실, 즉 사유 가능한 것은 모두 인간의 의식을 통과한다는
구실 아래 특권적인 과학이나 철학 영역의 역할을 요구할 수 없다.
오히려 그러한 통과는 인문학에게는 왜곡의 더 큰 위험을 안고 있
는 것으로 나타난다. 의식의 직접적 소여를 불신하는 모든 현대적
형식들을 예견한 격인 헤겔주의 덕택에 우리에게 익숙해진 것은,
진리가 나-자신에 의해 획득된 명증성 속에 있는 것이 아니라는
생각이다. 즉, 진리는 일인칭인 데 힘입어 첫 번째로 취급될 수 있
었던 **코기토**의 예외적 형식에 의해 뒷받침되는 명증성 속에 있지
않다. 헤겔주의의 발상에 따르면, 오히려 진리는 사유된 내용의 지
양 불가능한 충만함에 놓인다. 마치 오늘날 진리가 살아 있는 인간
을 수학 구조들 ─ 인간에 의해 생각되는 것이라기보다 인간에게
서 스스로를 사유하는 구조들 ─ 배후에서 지우는 데서 성립한다
고 여기는 것처럼 말이다.

결국, 이른바 근원적이라는 의식과 자아보다 더 조건 지어진 것은 아무것도 없다는 것이 오늘날의 견해다. 인간의 주체성이 만들어 낼 수 있는 환상은 특히 기만적일 수 있다. 인간에 접근할 때 학자는 그가 학자로서 따르는 모든 금욕적 수행에도 불구하고 인간으로 남는다. 그는 자신도 모르는 사이에 현실에 대해 자신의 욕망을 가지게 되어, 개념들의 유희 가운데 용인할 수 없는 속임수를—자신의 상대나 동료가 행할 수 있는 감시와 비판에도 불구하고—도입하는 이해관심들에 휘둘리고, 그리하여 이데올로기를 학문으로서 노정할 위험이 있다. 칸트가 이론이성 그 자체에서 발견한 이해관심들은 이론이성을 실천이성에 종속시켰고, 실천이성은 단적인 이성이 되었다. 이 이해관심들은 아마 이론이성의 우위에 의해 정의될 수 있을 구조주의에 의해 바로 반박된다. 하지만 탈이해관심은 존재성 너머에 있다.

이 연구 가운데 알게 되겠지만, 다른 것들 가운데 대상으로서 접근되는 인간적인 것(비록 앎이 그것에 스스로 통로를 낸다는 사실을 무시한다 하더라도)이 극단적이고 환원 불가능한 개념적 가능성들로 인도하는 방식으로 서로 얽히고 연루되는 의미작용들을 갖는다는 점이 드러난다. 질서와 존재에 대한 묘사—비록 이것이 변증법적이라 하더라도—가 이뤄지는 한계들을 넘어가면서, 비상한 것으로, 가능한 것 너머로 인도하는 방식 말이다. 이 너머란 이를테면, 타자에 대한 일자의 대신함, 현재를 통과하지 않은 기억 불가능한 과거, 자아의 폐-위로서의 자기의 위상, 단일성으로서 무보다 적은 것, 무관심하지-않음으로서 타자와 관련한 차이와 같은 것이다. 아무도 물질적이거나 형식적인 존재를 다루는 또는 존재의 존재성을 다루는 과학의 진리를 이러한 가능성들에 종속시키고자 하지 않는다. 과학이라 불리는 구조들의 유희, 또 이 유희의 규칙들 자체에 의해 여전히 존재에 묶여 있는 구조들의 유희로부터 인간적 의미작용들의 극단적인 가능성들을 배제하기 위해서는, 수학적이고 변증법적인 관계의 교조주의가 필요했을 것이다(특정한 묵시록적 시에 대한 낯선 감성은 이런 교조주의를 완화해 줄 따름이다). 그 인간적 의미작용의 가능성들은 과–도한데extra-vagant, 왜냐하면 그것들은 탈출구 같은 데로 이끌기 때문이다. 이 의미작용들에서 ― 모든 놀이를 벗어나 그리고 존재 그 자체에서보다 더 엄격하게 ― 유지되는 것은 (성스러움에서든 죄의식에서든) 다른 사람들에 의해 움직여진 사람들이다. 다른 사람에 의해서보다 더 움직여진 일이 없는 사람들이다. 이들은 다른 사람들에게서, 그들의 집단적 현존을 식별할 수 없을 때조차 어떤 정체성identité을 인식하며, 다른 사람들 앞에서 책임 가운데 대체 불가능하며 유일한 자로 스스로를 재발견한다.

물론 사람들은 인간적 실재로부터 형성된 개념들이 인도하는 극단적 상황의 의미함 자체에 반대하여 인간의 조건 지어진 특성을 내세울 수 있다. 정신분석학, 사회학 그리고 정치학이 낳은 의혹들[48]은 인간의 정체성을 짓누른다. 그래서 우리는 인간적 사실

---

48) Paul Ricoeur, *Le conflit des interprétations*, Paris: Le Seuil, 1969, p.101[『해석의 갈등』, 양명수 옮김, 아카넷, 2001, 107쪽 이하] 참조.

에 기초해서 자신의 생각들을 세울 때 우리가 누구에게 발언하는 지를, 우리가 무엇을 다루는지를 전혀 알지 못하게 된다. 그러나 타자가 이웃인 관계 속에선 이런 앎이 필요치 않다. 이 관계 속에 선, 인간 또는 합리적 동물이나 자유의지 혹은 그것이 무엇이든 존재성 유의 개체화에 앞서, 타자는 내가 그의 볼모일 정도까지 책임을 지는 박해받은 자가 된다. 이 관계 속에서 나의 책임은—초월론적 차아라는 나의 "존재성" 속에서 나를 발견하는 대신—다른 사람과 공통적일 수 있는 모든 것으로부터, 따라서 다른 사람이 나를 대체할 수 있게 하는 모든 것으로부터 나를 벗겨 내며, 끊임없이 나를 벗겨 낸다. 그래서 누구도 대신할 수 없는 자로서의 나의 단일성 속에서 나를 호출하도록 한다. 우리는 세계 속의 어떤 것이 이렇듯 인간보다 덜 조건 지어져 있는지를, 어떤 기초가 제공할 수 있을 궁극적 안정성이 그에게 부재할 만큼 이렇게 덜 조건 지어져 있는지를 스스로 물어볼 수 있다. 또 이런 점에서 인간의 조건에 대한 이의제기보다 덜 정당화되지 않는 것이 과연 있는지 자문해 볼 수 있다. 그리고 이렇게 스스로 물어볼 수 있다. 세계 속의 어떤 것이 그의 소외 아래서 그의 비-소외를, 그의 분리를—그의 성스러움을—더 직접적으로 전할 수 있는가? 이 성스러움은 인간학을 그것의 유 저편에서 정의해 줄 것이다. 초월론적이 아니라 순전히 논리적 이유들에서 인간-대상은 모든 앎의 시작에 나타나야 하지 않는가? 영향들, 복잡함들, 그리고 은폐—이것들은 인간적인 것을 다시 덮지만, 이 신성함을 변형시키지 못하며, 오히려 착취당한 인간을 위한 투쟁을 축성한다. 또한 주체성이 절대적인 것으로

부과되는 것은 의지 안에서는 불가능한, 부풀려지고 변질된, 매수되거나 미친 자유로서가 아닌가. 주체성은 그의 타자성 속에서 신성에 바쳐지는데, 이 타자성과 관련하여 나는 반박 불가능한 책임 속에서 나의 주권성에서 폐위된 나를 정립한다. 역설적이게도, 인간이 소외되지 않는 것은 소외된 자alienus —이방인과 타자—로서다.

현재의 연구는 성스러움을 도출하고자 한다. 이는 어떤 구원의 길을 설교하기 위한 것이 아니라(하지만 구원을 찾는 것이 수치스러운 일은 아닐 텐데), 타자의 얼굴이 갖는 최상의 추상과 최상의 구체에서 출발하여, 비극적이거나 견유적인cynique 이 특성들을, 그러나 언제나, 계속해서 인문학들을 간결하게 묘사하는 이 날카로움을 이해하기 위한 것이고, 신의 죽음, 인간의 종말 그리고 세계의 해체(누구도 이 위험들을 축소할 수 없다)에 대한 담론에서 숨겨지지 않는 인간적인 것과 관련된 불가능한 무관심함을 설명하기 위한 것이다. 그 같은 담론의 잔해는 파국 그 자체에 선행하면서 —또는 난파되기 전에 배를 버리는 쥐들처럼— 산포된 언어의 이미 무의미한 기호들 속에서 우리에게 다가온다.

3장. 감성과 근접성

1. 감성과 인식

진리는 존재가 그 자신에게 드러나는 가운데에서만, 자기에 대한 독특한 불일치(그런데 이것은 동등성이기도 하다) 속에서 성립할 수 있다. 부분이 전체에 상응하는 분할. 여기서 부분은 전체의 이미지다. 변형을 겪지 않고 직접적으로 받아들인 이미지, 곧 감성적 이미지다. 그러나 이미지와 전체 사이의 간격은 이미지가 고정되는 것을 막는다. 진리가 부분적이고 편파적인 것이 되지 않으려면, 이미지는 그 자신의 극한에 또는 그 자신 너머에 놓여야 한다. 이미지가 전체를 상징할 필요가 있다. 이미지들은 존재의 반영이지만 또한 상징이다. 진리는 이런 존재를 위하여 새로운 이미지들을 통해 자신을 동일화하는 데서 성립한다. 상징은 식별되거나 창출되며 수동성과 직접성 속에서 또는 감성적 구체성 속에서 자신의 규정을 받아들인다. 그러나 이 직접성은 진리의 앎 속에서는 언제나 움츠러든다. 그러므로 앎은 간접적이고 휘어진 것이다. 앎은 감성적 직관으로부터 만들어지지만, 이 감성적 직관은 이미 **어떤** 것을 향해 있는 감성적인 것이다. 그 어떤 것이란 이미지 가운데서 이미지 너머를 표방하는 어떤 것이며, 이것으로서의 이것 또는 저것으로서의 이것인 어떤 것이다. 감성의 테두리를 벗어 버리는 이것, 그렇지만 반영된 채 이 감성 속에 놓이는 이것. 직관은 이미 자신을 관념으로 만드는 감성, 이것으로서의 또 다른 이것의 감성이다. 다른 관념의 아우라, 열림 속에서의 열림이다. 관념들의 끼워 맞춤. 이것은 한 관념을 다른 관념에서 끄집어내게 해주는 분석적, 종합적, 변증법적 원천에 대해 예단하는 것이 결코 아니며, "실험적" 또는 "이성적" 연구의 힘든 작업에 대해 속단하는 것도 아니다. 이런 작업은 언제나 구체적인 것 속에서 이루어지는 예언과 발명으로서, 이 함의들을 분명하게 해주며 다른 내용에서 한 "내용"을 끌어내고 이것과 저것을 동일시한다. 앎의 주관적 운동은 이렇게 해서 존재의 존재성 자체에 속하게 되며, 존재성이 의미를 가지는 존재의 시간화에 속하게 된다. 여기서 이미지는 이미 관념이고 다른 이미지의 상징이 된다. 주제인 동시에 열림이, 윤곽인 동시에 투명함이 되는 것이다. 그러나 주관적 운동은 노에시스와 사유자에 대한 노에마의 무차별성에 속하게 되고, 노에시스와 사유자는 이 속에 흡수되며 이 속에서 스스로를 잊는다.

앎, 즉 이것을 저것으로 이해하거나 주장하는 동일화인 **지성**은 그러므로 감성적인 것의 순수한 수동성에 놓이지 않는다. 감성적인 것은 한 이미지에 대한 직관으로서 이미 "주장"이다. "지향" 은 이것을 이것으로서 또는 저것으로서 동일화하는 일에 생동케 하는데, 이 같은 지향은 "선언"이고 "공표"이며, 그래서 언어이고, 말해진 것의 언표다. 감성적인 것의 수동성과 최초로 단절하는 것 은 말해진 것과 연관된 말함이다.[1] 이것이 모든 앎이 상징적인 것 인 이유이며, 모든 지식이 언어적 방식에 이르는 이유다.

여기서 우리는 우리의 모든 논의가 그것을 둘러싸고 조직되는 애매한 지점을 건드리고 있다. 말해진 것을 언표하는 말함은 감성 적인 것 속에 있는 최초의 "능동성"으로서, 이 능동성은 이것을 저 것으로서 포착해 낸다. 그러나 이 포착과 판단과 주제화와 이론의 능동성은 그 말함 속에서 순수한 "타인을 위함"으로서, 순수한 기 호의 부여로서, 순수한 "기호-되기"se-faire-signe 로서, 순수한 자기 표-현으로서, 순수한 진정성으로서, 순수한 수동성으로서 출현한 다. 그렇지만 우리는 타인에게 기호를 주는 가운데 자기를 순수하 게 표현하는(말해진 것에 앞선 언어인) 이 말함이 말해진 것을 언표 하는 말함으로 선회하는 것을 볼 수 있을 것이다. 언표가 명사화하 여 타인에게 자신을 제시하지 못하게 되는 것을, 말함이 말해진 것 속으로 흡수되어 "우화" 가운데 일종의 구조를 드러내는 것을 보 게 될 것이다. 이 구조에서는 살아 있는 언어의 단어들이 말을 하 는 자를 위한 공시적 체계 격인 사전들 속에서 분류된 채 자기 자

---

1) Levinas, "Langage et proximité"(「언어와 근접성」), *En découvrant l'existence avec Husserl et Heidegger*, 2nd ed., p.217 참조.

리를 차지하게 된다.

여하튼, 말해진 것은 미리 있던 앎에 덧붙여지는 것이 아니라 앎의 가장 심오한 능동성이고, 앎의 상징성symbolisme 그 자체다. 따라서 이 상징성은 앎 안에 있는 좌절의 사태가 아니며, 결여된 직관의 대체물, 즉 후설의 "채워지지 않은" "기호적 사유"가 아니다. 그것은 이미 직관 안의 감성적인 것 너머이고, 관념 안의 직관 너머다. 앎이 개념적이고 상징적이라 함은 그러므로 "물자체"에 대해 직관적으로 열릴 수 없는 사유의 부득이한 방편이 아니다. 본래 존재에 대한 열림이 상상이고 상징성이다. 탈은폐된 것은 탈은폐된 것인 만큼, 저것에서 이것을 상징하며, 자신을 넘어선다. 탈은폐된 것은 탈은폐된 것인 만큼, 이것 안에서 저것으로 동일시된다. 따라서 탈은폐된 것은 단번에 주장되고 말해진다. 그러므로 앎은 언제나 선험적a priori이다. 즉 앎은 이른바 감성적인 직관이 귀착하는 반영의 놀이를 넘어선다. 이미지는 지성entendement 없이는 마비되어 버리는데, 지성은 최고 심급과 주권적 심급의 권위를 가지고 이것과 저것의 동일성을 선포하고 공포한다. 이 점을 사람들은 철학에서 오래전부터 지성의 자발성이라는 이름으로 인정해 왔다.

모든 열림이 지성을 포함한다면, 감성적 직관 안의 이미지는 이미 감성적인 것의 직접성을 잃어버린 셈이다. 변용에 노출됨 ─상처받기 쉬움─이 존재를 반영하는 의미작용이 아님은 의심할 나위가 없다. 발견과 앎으로서의 감성적 직관은 이미 말해진 것의 질서에 속한다. 즉 그것은 관념성idéalité이다. 관념은 감성적인 것의 단순한 승화가 아니다. 감성적인 것과 관념 사이의 차이는 더 정확하거나 덜 정확한 인식들, 또는 개별자에 대한 인식과 보편자에 대한 인식을 구별하는 차이가 아니다. 인식된 것인 개별자는 이미 탈-감성화되어 직관 안에서 보편자와 관계를 맺고 있다. 감성적인 것에 고유한 의미작용에 관해서는 향유와 상처를 통해 기술해야 한다. 우리가 앞으로 보겠지만, 이것은 근접성의 용어들이다.

감성적인 것의 의미작용에 해당할 근접성은 인식의 운동에 속하지 않는다. 즉 단어를 통해 존재자의 이미지를 대체하는 관념이 어둠을 흡수하면서 나타남의 "지평을 넓혀" 가는 그런 작용에 속하지 않는다. 이때의 어둠이란 [직관에] 주어진 것의 농도가 직관의 투명함 속으로 그 불투명성을 투사하는 탓에 생기는 것으로 여겨진다. 개념에 대립되곤 하는 직관은 개념화한 감성적인 것에 이미 속한다. 시각은 그 거리두기와 시각이 전체화하는 포괄에 의해, 지성intellect의 "공정성"을 모방하거나 미리 보여 준다. 또 시각은 지성을 좇아, 감성적인 것의 직접성이 배치되거나 구성하는 곳에 자리하기를 거부한다. 그러나 이 배치의 고유한 의미는 다른 곳에 있으며, 인식의 운동과 역동성을 가로막는 데서 소진되지 않는다.

형식이 갖춰졌을 때조차 또는 앎에 의해 변형되었을 때도 감성적인 직관은 그것의 고유한 의미작용으로 되돌아갈 수 있다. 이미 "감성적인 직관"으로서 기능하는 감각―간격 속에서 이룩되는, 또 시간성이 기억 가능한 과거 속에서 회복되는 가운데 이룩되는, 감각하는 것과 감각되는 것의 통일성―이것과 저것을, 저것으로서의 이것을 이야기하는 가운데의 동일성, 즉 존재의 자기-자신에서의 현존을 확신하는 동일성―이미 의식의 요소인 감각―이런 것은 관념론의 원천이고, 또 동시에 관념론과 대비되는 것이다. 후설의 현상학이 그 거침없는 입장을 오늘날에까지 연장시키고 있는 버클리의 관념론적 감각론은, 대상의 감각적 성질을 체험된 내용으로 환원하는 데에서 성립한다. 여기서는 감각하는 것이 감각된 것을 적합하게 소유하는 가운데, 의식의 내재적인 존재성이, 존재와 존재 현시의 일치가 재발견된다. 관념론의 존재성이 재발견되는 것이다. 이것은 다른 형태로 우리 시대의 존재론에 분명히 드러나 있다.

하지만 감성적인 "경험"과 직관의 바닥에 있는 감각은 "명료성"이나 명료성에서 끌어낸 "관념"으로 환원되지 않는다. 이해 가능한 것의 빛남에 저항하는, 그러나 여전히 빛과 시각의 용어들로 정의되는 불투명한 요소를 감각이 포함하기 때문에 그런 것이 아니다. 감각은 상처받기 쉬움이다 ― 향유와 고통이다. 그것의 지위는 관망하는 주체 앞에 놓이는 사실로 환원되지 않는다. 탈은폐의 지향성은, 그리고 이 지향성이 노리는 존재의 열림이 포함하는 전체성의 상징작용은, 유일한 것을 구성하지 않으며 감성적인 것의 주요한 의미작용을 구성하지도 않는다. 감성의 주요한 의미작용은 물론 앎의 요소인 감각으로서의 그 부차적 의미작용을 설명할 수 있어야 한다. 우리는 감성이 "감성적 직관"이 될 수 있고 인식의 모험으로 들어설 수 있다는 사실이 우연이 아니라는 것을 이미 말한 바 있다. 이미 상처받기 쉬움 안에서 알아차려진, 그리고 근접성의 책임 안에서, 근접성의 불안정과 불면 안에서 드러나게 될 감성의 주요한 의미작용은 그 인지적 기능의 동기화를 포함한다.

앎, 즉 본래 상징적인 앎에서는, 제한과 특수성인 이미지로부터 전체성으로의 이행이 성취된다. 그리고 그 결과, 존재의 **존재성**과 관련하여, 추상의 내용 전체가 성립하는 것이다. 서구 철학은 의미작용의 인식형이상학적인 구조, 따라서 존재론적인 구조에 대해 결코 의심한 적이 없다. 이러한 구조가 감성에서 부차적이라고 말하는 것은, 그리고 그 반면에 상처받기 쉬움으로서의 감성이 의미를 준다고 말하는 것은, 의미를 존재론과 다른 곳에서 인정하는 것이며, 더욱이 존재론을 존재성 너머의 이러한 의미작용에 종속시키는 것이다. 감성의 피부에 닿는 직접성, 즉 감성의 상처받기 쉬움은 앎의 과정에서는 마비된 상태로 있다. 하지만 이것은 의심의 여지 없이, 억압되거나 중지된 상태다. 이러한 상처받기 쉬움(상처받기 쉬움은 향유를 전제하지만 자신의 반대물로 전제하지는 않는다)에 비하여, 앎 ─ 존재의 그-자신에 대한 탈은폐^{découverte} ─ 은 직접적인 것과의 단절을 나타내며, 어떤 의미에서는 추상을 나타낸다. 감각이 떠맡는 인식형이상학적 역할로 환원되지 않는 감성적인 것의 직접성은, 상처에 대한 그리고 향유에 대한 노출이다. 향유 속에서의 상처에 대한 노출이다. 이것은 상처로 하여금, 자기에게 만족하고 자기를 위해 자신을 정립하는 주체의 주체성에 닿도록 한다. 이러한 직접성은 우선, 마시는 행위보다 더 직접적인 향유함의 안락이다. 즉 요소^{élément}의 깊이 속으로, 충만함과 충족의 그 견줄데 없는 신선함 속으로 가라앉음, 즉 쾌락이다. 말하자면, 자살에서까지도 삶을 사랑하는 삶의 자기만족이다. 주체성의 만족, 그 자신을 위해 맛보는 만족 ─ 이것은 그의 "이기성" 자체고, 그의 실체성이다. 하지만 곧바로 감성의 부딪힘인 불완전한 행복의 "탈핵화" dénucléation가 등장한다. 자아의 그 자신과의 비-일치, 불안정, 불-면, 회복된 현재의 저편 — 즉 고통이 등장하는 것이다. 이 고통은 자아를 당혹하게 하거나 현기증 속에서 심연처럼 자아를 끌어당겨, 자기 안에 그리고 자기를 위해 정립된 자아가 자신에게 상처를 주는 타자를 "떠맡는" 것을 방해한다. 하나의 지향적 운동 속에서, 이 상처받기 쉬움을 통해, 동일자에 영감을 주는 타자의 전도가 생산된다. 고통이 등장한다. 무의미가 의미를 넘쳐흐르고, 그래서 의미는 무의미를 지나간다. 이때의 의미란 곧 타자를-위한-동일자다. 바로 여기까지 상처받기 쉬움의 수동성 또는 인내는 나아가야 한다! 그 안에서 감성은 의미다. 그 의미는 "타자에 의한"이고 "타자를 위한"이다. 즉 "타인을 위한"이다. "아름다운 문자들"에서 고양된 감정 가운데서가 아니라, 빵을 맛보는 입에서 타인에게 주기 위해 빵을 뜯어낼 때처럼, 자아의 핵이 조직되는 향유의 탈핵화가 등장하는 것이다.

2. 감성과 의미작용

열에 대한 감각, 미각이나 후각의 감각은 기본적으로 고통이나 맛, 냄새의 인식이 아니다. 물론 감각은 자신의 고유한 의미를 잃고 ~의 경험과 ~에 대한 의식이 되어 자신의 주제에 노출된 존재 앞에 "놓임"으로써, 탈은폐의 그러한 의미를 가질 수 있다. 이런 담론 속에서 모든 시작이 시작된다. 하지만 그것은 이미, 말해진 것과 상관적이며 말해진 것과 동시적인 말함이다. 명시의 현재 — 근원이라는 사실 자체의 근원 — 가 철학을 위한 근원이다. 그래서 감각이 도달하는 것은 여전히 주제화하는 담론이다.

그러나 감각은 그것의 시작과 도달점 사이에 머무는 것으로 그치는가? 감각은 이 항들 밖에서 의미화하지 않는가? 나타남과 더불어, 주제화와 함께 탄생한 철학은, 현상학이라는 형태를 통해 분명한manifeste 것과 명시manifestation를 전-근원적 의미작용으로, 즉 명시를 의미하지 않는 의미작용으로 환원하고자 한다. 이러한 전근원적 의미작용이 근원과 나타남의 동기들을 포함한다고 생각할 여지는 있다. 하지만 그렇다고 해서 전근원적 의미작용이 현재에 갇히지는 않으며 또 재현에 갇히지도 않는다. 전근원적인 의미작용이 명시의 새벽을 의미하기도 해서 그곳에서 확실히 빛을 내어 스스로를 드러낼 수 있다 해도, 그것의 의미하기signifier는 이 빛의 흘러나옴이나 숨김으로 고갈되지 않는다.

후설은 최상의 것이라 사유된 철학의 이러한 시작과 도달점으로부터 영감을 얻었다. 주관성을 ~에 대한 의식으로 여기는 해석이라든지, 그 질이 무엇이든 모든 지향성을 떠받치는 "억견적 견해"가 우선적이라고 보는 이론 등이 그렇다. 또 이론적인 것과는 다른 모든 지향성을 그 토대가 될 이론적 지향성으로 변형할 수 있다고 생각한 그의 이론도 마찬가지다. 이때의 변형은 비-이론적인 지향성을 대상화하게 될 행위에 대한 반성 없이 이루어진다. 후설의 철학은 비-이론적인 지향성이라는 발상을 통해 나타남의 의미작용과는 다른 의미작용을 발견하는 데 (또 의미작용의 원천이자 의미의 이러한 분출과 연결로 규정되는 주관성을 발견하는 데) 큰 기여를 했다. 그럼에도 불구하고 후설은, 한편으로는 ~에 대한 의식이라는 인지적인 의식과 다른 한편으로는 가치론적이거나 실천적인 지향들 사이의 근본적인 유비관계를 계속 내세웠다. 한편에서는 존재의 경험과 다른 한편에서는 행위와 욕망 사이에 엄격한 평행관계가 유지되는 것이다. 가치론은 가치들이나 마땅히 있어야 할 것의 "인식"이 되고, 실천은 해야 할 것이나 사용 대상의 인식이 된다.『논리 연구』의 "최초 내용"이거나『이념들』의 "질료"인 감각은 지향성에 의해 활력을 얻는 경우에만 유의미한 것에 참여한다. 또는 다시잡음과 미리잡음 속에서, 기억과 기대 속에서 ~에 대한 이론적 의식의 도식에 따라 내적 시간 안에서 구성되는 경우에만 그러한 감각은 유의미한 것에 참여한다. 후각이나 미각의 감각에서는 ~로 열림, ~에 대한 의식이나 ~의 경험이 지배적인 것이 아니라는 점에 대해서는 그 누구도 이의를 달지 않을 줄 안다. 비록 이감각들의 의미작용이 앎 속에서 드러난다 해도, 이러한 감각들인 향유나 고통이 앎처럼 의미화하지 않는다는 점을 부정하지 못할것이다. 재현적인 내용과 감각의 이른바 감응적인 내용을 구별하는 것은 심리학의 가장 진부한 부분에 속한다. 그러나 만일 한 주제 안에서 일어나는 의미작용의 현시와 그것의 빛남이 의미작용의 의미함이나 의미작용의 이해 가능성이 아니라 단지 의미작용의 현현이라면, 그리고 만약 의미작용이 빛으로 나아가는 것이 그것의 의미함의 전부가 아니라면, 의미작용은 어떻게 의미하는 것인가? 이러한 의미함은 이제 서구의 철학적 전통 속에서 현현의 한 양상으로, 이론적인 지향성을 채우는 빛과는 "다른 색깔의" 빛이지만 그래도 어떤 빛으로 간주된다. 지향성의 구조는 여전히 사유나 이해의 구조로 머문다. 감응적인 것은 정보로 남는다. 자기에 관한 정보, (막스 셸러에서처럼) 가치들에 관한 정보, 존재의 존재성 속에서의 배–치dis-position에 관한 정보, 동시에 이러한 배치에 따른 (하이데거의 기분Stimmung에서와 같이) 존재성의 이해에 대한 정보로, 존재–론으로 남는다. 주지주의적 전통이 사유로 이해한 모든 것을 넘쳐흐르지만 그럼에도 불구하고 존재의 로고스 속으로 욱여넣어지는 실존의 양태들과 구조들이 어떠하든 상관없이 말이다. 그런데 지향성에서 인식과 이해가 차지하는 이러한 우선성은 어쩌면 너무 쉽게 주제화와는 다른 의미작용들에 적응하는 것 같다. 그 이유는 단지 후설 자신이 부지불식간에 순수 주제화와 대비되는 요소를, 즉 채워진(다시 말해 만족되거나 충족된) 직관을 지향에 대한 서술에 도입하기 때문이거나, 또는 자신의 대상을 헛되이 겨냥한 목표를 스스로 기만하기 때문인 것으로 보인다. 한 상징이 상징된 것을 예시하는 이미지와 관련하여 가져오는 공허로부터 허기의 공허로 옮겨 가는 것이다. 여기에 ~에 대한 단순한 의식 밖의 욕망 désir이 있다. 물론 욕망은 여전히 지향이지만, 이론적 목표와는 근본적으로 다른 의미에서의 지향이다. 이론이 동반하는 고유한 실천이 어떤 것이든 말이다. 그것은 욕망으로서의 지향이다. 그래서 지향은 기만과 충족Erfüllung 사이에 놓인 채, 허기로부터 "~에 대한 의식"의 특별한 경우를 만들어 내기보다는, "대상화하는 행위"를 경향성Tendance의 특수화로 이미 환원해 버린다.

다른 한편으로 후설에게서 현현과 상관적인 ~에 대한 의식, 모든 지향성의 구조는 드러나는 모든 것의 기초라고 할 수 있다. 또는 드러나는 모든 것의 존재성이라고까지 할 수 있다. 하이데거 자신도 인식의 기초적 우위를 주장하지 않는가. 모든 존재자를 전율하게 하는 존재의 존재성, 그 무엇도 벗어날 수 없는 존재의 존재성, 그 자체에서 포착 불가능한 신비가 바로 자신의 후퇴 그 자체로 빛의 등장을 조건 짓고 존재자의 탈은폐로 그 자신의 신비를 현현한다고 하면서 말이다. 술어적 판단에서 언표되는 인식은 당연히 존재성을 바탕으로 삼는다. 존재의 존재성은 바로 이 존재성으로 진리를 가능케 한다. 또 이제 주체는—사람들이 이 주체를 뭐라고 부르든지 간에 —지향성이 출현하는 앎에서 분리될 수 없다. 그러나 존재성 너머의 의미작용, 인광燐光과 출현을 의미하는 것이 아닌 의미작용이 스스로 드러날 수는 없는가?[2] 그것이 자신의 현현 속에서 스스로를 배반하며 드러날 따름이고, 그렇게 나타남으로 해서 존재성의 겉모습을 띠게 된다고 해도, 그래서 환원이 요청될 수밖에 없다고 해도 말이다. 드러난다는 사실은, 드러냄으로서 의미화하는 것이 아닌 어떤 것의 의미를 모두 다 고갈시키는

---

2) 현현과 존재를 정의(正義)에서부터 이해할 수 있다는 점이 앞으로 밝혀질 것이다. 이때의 정의에서는 말함이 타자에게만 전해지는 것이 아니다. 그것은 제삼자의 현존에 처한 타자에게도 전해진다. 이 정의는 제삼자의 이 현존 자체이자 이 현현이며 또 그것에 대한 모든 비밀, 모든 내밀함은 은폐가 되는 그런 정의다. 이 정의는 절대적인 것에 대한 존재론의 주장 근원에 놓이며, 존재 이해라는 인간 규정의 근원에 놓인다.

가? 그 어떤 것은 물론 드러나긴 하지만, 비-이론적인 것이라서 어떤 "기능을 하지" 않는데도 말이다. 열림에서 드러나는 것도 아니고, 탈은폐 자체도 아닌 이 나머지를—드러나는 것의 열림이나 이념 또는 진리를 어디에 놓아야 하는가? 현현이 현현하는 모든 것을 기초 짓는 것은 틀림이 없는가? 현현 자체가 현현되는 것에 의해 정당화되어야 하는 것은 아닌가?

아무리 덜 지적으로 다루려 한다 해도, ~에 대한 의식으로 감성적 의미작용을 해석해서는 감성적인 것을 해명하지 못한다. 그런 해석은 확실히 감각론적 원자론을 넘어가는 진전을 보여 주기는 한다. 왜냐하면 그 해석은 "의미의 심연" 덕택에 또는 체험을 "지향적 대상"에서 분리하는 초월 덕택에 감성적인 것의 기계화를 피해 가기 때문이다. 실제로 지향성의 초월에서 통시성 곧 심성 자체가 반성되는데, 이 심성에서 타자에 의한 동일자의 영감[불어넣음]inspiration이 근접성 속에서 타인을 위한 책임으로 분명해지는 것이다. 감성은 이렇게 인간적인 예외로 복구된다. 그러나 우리는 이러한 반성으로부터 통시성 그 자체로, 근접성 안에서 타자를-위한-일자가 되는 통시성으로 되돌아가야 한다. 그것은 이러저러한 의미작용이 아니라, 의미작용의 의미함 자체다. 그것은 감성으로서 또는 상처받기 쉬움으로서 타자에 대한 일자인 것이다. 또 그것은 수동성 또는 순수한 감수성이며, 영감이 될 정도까지 수동적인 수동성, 다시 정확히 말하면 동일자-안의-타자성이다. 영혼에 의해 생동하는 몸과 같은 것, 자기 입에서 꺼낸 빵까지 주는 손과 같은 형태의 심성이다. 어머니의 몸과 다름없는 심성이다.

감성이 탈은폐의 열림으로, ~에 대한 의식으로 해석될 때, 감성은 이미 시각으로, 관념과 직관으로 축소되는 셈이다. 주제화한 요소들의 공시성으로, 시선과 그 요소들의 동시성으로 축소되는 셈이다. 하지만 시각 그 자체가 열림과 인식에서 소진되는 것인지 물어볼 여지는 있다. "풍경을 즐긴다"나 "뚫어지게 바라본다" manger des yeux 같은 표현들은 순전히 비유적인 것인가? 비–재현적인 감각들이 의미를 주는 방식을 드러내는 것은 심성을 ~에 대한 의식, 즉 주제화하는 의식과 동일시하기 전에, 그리고 심성 안에서 이 통시성의 반영을 발견하기 전에, 감각들의 심성을 서술하는 것이다. 의식에 속하는 명사라는 특권적 역할 속에서 주제화하는 의식은 의식이 소진해 버리지 못하는 심성, 그래서 적극적으로 서술되어야 하는 심성 안에서 자신의 의미를 가진다. 그렇지 않다면, 존재론은 주제화하는 사유의 시작으로 부과되고 — 이것은 불가피한 일이다 — 글에서 그러한 사유의 용어로 부과될 뿐 아니라, 의미작용 그 자체로 받아들여지게 된다.

그러므로 우리는 여기서 의미작용이 감성임을 보여 주고자 할 것이다. 드러냄에서 의미는 이미 말해진 것, 어떤 것, "주제화된" 것이 되어 버린다. 그러한 드러냄에 앞서서는 누구도 철학을 할 수 없다는 사실은 드러냄이 의미작용에 의해 자신을 정당화하지 않는다는 뜻이 결코 아니다. 의미작용은 드러냄에 동기를 줄 테고, 드러냄 안에서 배반된 무엇으로, 따라서 환원해야 할 무엇으로 현현할 터이다. 다시 말해, 의미작용은 말해진 것 속에서 현현되는 셈이다. 어떤 것의 현현 이전에는 누구도 철학을 할 수 없다는 사실은,

사람들이 하이데거를 좇아 생각할 때 그렇게 여기듯이, 모든 현현에 상관적인 "존재"의 의미작용이 이 현현과 모든 의미작용의 원천이라는 뜻도 아니다. 또 후설이 생각하듯, 드러냄이 현현되는 모든 것의 기초라는 뜻도 아니다. 우리는 존재와 존재의 현현 사이의 서구적 전통 속에서 또는 존재와 존재 현현의 상관관계 안에서 다루어진 심성의 의미 자체에 대해 새롭게 반성할 필요가 있다.

～에 대한 의식이라는 생각을 넓혀 그것을 "존재에 다가감"이라 묘사해도 변하는 건 없다. 그런 식의 발언이 전제하는 외재성은 이미 주제화, ～에 대한 의식, 말함과 말해진 것의 자족적인 상관관계에서 빌려온 것이다. 존재에 다가감은 존재의 현현 또는 존재론만큼이나 동어반복적인 생각을 언표한다. 현현은 주관적인 것의 특권적이고 궁극적인 의미로 남는다. 궁극적인 의미 또는 일차적인 의미라는 관념 자체가, 즉 존재론적인 관념이 남는 것이다. 존재에 다가감, 재현, 말해진 것의 주제화라는 생각은 감성을 전제하고, 따라서 근접성, 상처받기 쉬움, 의미함을 전제한다. 감성적인 것의 고유한 의미작용과, 주제화의 의미작용 및 주제화된 채로의 주제화된 것의 의미작용 사이에는 심연이 놓여 있다. 이 심연은, 후설이 지향성의 모든 "질들" 사이나 "주제들" 사이에 있다고 계속 주장해 온 평행관계에서 추정할 수 있는 것보다 훨씬 거대하다. 그 평행관계는 심성과 지향적인 것의 등가성을 함축할 것이다. 우리의 분석은 심성의 **형상**eidos에 대한 길잡이로서의 지향성이나 감성의 형상을 좌우할 그런 지향성을 포기하고, 감성을 그 전-자연적인 의미작용 속에서 추적해 나갈 것이다. 이 분석은 모성적인 것

Maternel에까지 이를 것인데, 여기서 의미작용은 근접성으로서, 그것이 자연 속에서 존재를 고수하는 데로 위축되기 이전에 의미를 준다.

3. 감성과 심성

지향성의 심성은 ~에 대한 의식이나 주제화하는 의식의 능력 속에 있는 것이 아니다. 또 지향성의 심성은 말해진 것의 이러저러한 다른 의미작용을 통해 의식 속에서 발견되는 "존재의 진리" 속에 있지도 않다. 심성은 동일성의 기이한 어긋남, 즉 풀림이나 느슨해짐의 형식이다. 그 자신과의 일치를 방해받은 동일자, 짝이 없고 자신의 안정을 박탈당한 동일자, 잠과 불면 사이에 머물며 숨 가쁘고 떨리는 동일자. 이것은 소외되고 타자의 노예인, 동일자의 포기가 아니라, 타자에 대한 책임으로 충만한 자기 헌신이다. 이것은 책임으로 자기 고발하여 타자에 대한 봉사에 이르는 동일성이다. 책임의 형태 아래 영혼의 심성은 내 안의 타자다. 그것은 동일성의 병이다. 고발된 자이고 자기다. 타자를 위한 동일자이자 타자에 의한 동일자다.[3] 이것은 비상한 착각qui pro quo — 대신함 — 이다. 이것은 기만도 진리도 아니다. 의미작용의 예비적 이해 가능성이 아

---

3) 영혼은 내 안의 타자다. 심성, 타자를-위한-일자는 홀림이나 정신병일 수 있다. 영혼은 이미 광기의 씨앗이다.

니다. 오히려 그것은 말해진 것 속에서 주제화 가능한 존재 질서의 전복, 말해진 관계들의 동시성과 상호성의 전복이다. 의미작용은 오직 육화로만 가능하다. 생동함, 심성의 호흡pneuma, 동일성 안의 타자성은 타자에 노출된 신체의 동일성인데, 이것이 "타자를 위함"을 이룬다. 즉 줌의 가능성이 된다. 이 전의轉義 요소들의 모을 수 없는 이원성이 타자를-위한-일자의 통-시성이다. 이 이원성은 현전이나 존재성의 동시성에 전혀 빚지지 않는 이해 가능성의 의미함이다. 이 이원성은 바로 그 존재성의 감소에 해당할 것이다. 지향성은 자신이 작동시키는 주제화에 의해 심성이 되는 것이 아니다.[4] 철학의 시작을 위한 현현의 역할이 어떠하든, 또 책임의 의미작용 자체를 위한 빛의 필요성이 어떠하든 그렇다. 말해진 것과 말함의 상호관계를 넘어서 있는 지향성의 심성은 말함과 육화의 의미함에서, 통시성에서 기인한다. 지향성은 —— 체계의 이해 가능성에 따라 나타나면서 자신의 의미를 상실하고 자신을 배반하지 않는 한[5] —— 결코 자신이 노리는 주제와 동시적이 되지 못한다. 감응적인 것, 가치론적인 것, 능동적인 것, 감성적인 것, 배고픔, 목마름, 욕망, 감탄 등을 일으키는 의미작용은 우리가 그 속에서 발견할 수 있는 주제화에 기인하지 않는다. 또 주제화의 변형이나 양태에 기인하지도 않는다. 그것들의 의미함이 구성하는 타자를-위한-일자

---

4) 우리가 지향성의 "초월"을 이해할 수 있는 것은 동일자의 육화인 타자를-위한-일자로부터다. 심성의 타자를-위함은 노출의 노출까지, 표-현이나 말함까지 나아가는 노출의 수동성이다. 이 말함이 주제화하여, 말해진 것이 된다.
5) 앞의 주 참조.

는 존재의 앎이 아니며, 존재성에 대한 다른 어떤 접근도 아니다. 이 의미작용들은 자신의 의미함을, 인식함으로부터도, 또 인식된 것들의 조건으로부터도 끌어내지 않는다. 이 의미작용이 체계, 말해진 것, 언어의 동시성 등에서 지니는 것은 진정한 의미작용인, 선결적인 이 심성에서 빌려온 것이다. 체계 속에서 의미작용은 전체성의 공시성 속에서, 요소들의 목적으로 존재하는 전체 속에서 항들이 서로서로 정의되는 데서 비롯한다. 의미작용은 말해질 찰나에 언어 체계와 관계한다. 이런 상황 아래서 보편적 공시성이 이룩된다. 말해진 것 속에서 어떤 의미작용을 갖는다는 것, 그것은 어떤 요소에게는 다른 요소들을 참조하게 되는 것이며, 거꾸로 다른 요소들에게는 어떤 요소에 의해 환기되는 것이다. 물론 사람들은 심성이 말해진 것, 즉 이야기나 글 속에서 드러나는 언표된 언어의 다른 아무 항과 마찬가지로 하나의 의미를 가질 수 있다고 생각한다. 심적 사태는 다른 심적 사태에 관련되는 것으로서 의미를 가질 수 있다. 그것이 무엇이든, 이른바 외적 경험 세계의 요소로 말이다. 지각은 기억 및 기대와 관련하여 이해된다. 또 거꾸로 지각, 기억, 기대는 그것들의 인지적 존재성과 "냉정함"에 의해 결합되어, 의지, 욕구, 굶주림 등에 대립하는 것으로 이해된다. 그리고 능동적이거나 수동적인 불안정인 이 후자의 것들은—거꾸로—이론적인 것의 평온과 관련하여 이해된다. "모든 의식은 어떤 것에 대한 의식이다", "모든 지각은 지각된 것의 지각이다"라는 공식은 이런 공시적 의미로 받아들여져 가장 단조로운 진부함을 표현할 수 있다. 이때 그것은 자신의 의미작용을 체계에서 빌려 와 다소간의 뉘

앙스가 있는 분절의 함수로 의미화하게 된다. 지각, 굶주림, 감각 등등 개념들로서의 의미작용은, 언어 체계의 동시성 속에 있는 항들의 상호관계에 의해 의미를 준다. 그 의미작용은 "타자를 위한 일자"의 의미작용과는 구분되어야 한다. 즉, 지각, 굶주림 그리고 감각을 생동케 하는 심성의 의미작용과는 구분되어야 한다. 여기서 생동함이란 하나의 메타포가 아니라, 이를테면 이해 가능성의 환원 불가능한 역설을 가리키는 명칭이라 할 수 있다. 그것은 동일자 안의 타자를 가리키며, 자신의 선결적 굴곡 속에 성립하는 "타자를 위함"이라는 전의를 가리킨다. 모든 체계의 외부에 있으며 모든 상호관계에 앞서는, 자신의 의미함 자체 안에서의 의미작용, 모음 생략 없는 모음 충돌을 유지하는 분음^{dièrèse} 속의 모음들처럼 주제화하자마자 회복 불가능한 분열을 가리키는 평면들 사이의 합치 또는 평화, 접촉하기 위해 어떤 공통의 공간도 갖지 않으며 하나의 전체를 형성하기 위해 어떤 논리적 장소도 갖지 않는 데카르트적 두 질서 ─육체와 영혼─사이의 합치 또는 평화. 그것들은 합치하지만 주제화에 앞서 합치하고, 그 합치는 아르페지오와 같은 것에 의해서만 일어날 수 있다. 이것은 이해 가능성을 부인하는 것과는 거리가 먼 것으로서, 의미작용의 합리성 자체다. 이 의미작용에 의해 동어반복적 동일성 ─또는 차아─은 "타자"를 받아들이고 타자에 힘입어 ─타자에게 "주는" 가운데─대체 불가능한 동일성의 의미를 얻는다.

  말해진 것은 심성의 분음을, "무질서"를 보여 주지만 배반한다(그러나 배반하면서 보여 준다!). 이 심성은 ~에 대한 의식을 생동케 하며, 철학적으로 말해진 것 속에서 초월이라 불린다. 그러나 심성이 의미를 주는 것은 말해진 것 속에서가 아니다. 심성이 거기서 자신을 현현한다 해도 그렇다. 의미작용, 즉 그 자신과 일치하지 않는 동일성의 타자를-위한-일자, 이것은 생동케 된 육체, 즉 스스로를 표현하거나 스스로를 표출함으로써 타인에게 제공된 육체의 전적인 무거움에 상응한다! 뒤집힌 코나투스, 존재성의 전도인이 표출은 절대적 차이를 가로지르는 관계다. 이 관계는—"영혼과 육체의 결합"을 이해하는 데 관심을 쏟는 전체화하고 체계화하는 사유가 추구할 법한—어떤 공시적이고 상호적인 관계로도 환원되지 않는다. 이것은 구조도 아니고 어떤 용기 안에 든 내용물의 내면성도 아니다. 인과성도 아니고 심지어 역동성도 아니다. 역동성은 여전히 역사로 모아지는 시간 속에서 펼쳐진다. 메를로-퐁티의 "근본적 역사성"—주체와 그의 세계를 하나의 세계로 모아들임—은 말해진 것 속에서 행해진다.[6] 심성 또는 생동함, 그것은 짝 없는 항들 사이의 관계, 공통의 시간 없는 관계—객관화할 수도 없고 동시적이지도 않은 관계에 이르는—가 오직 무관심하지-않음을 의미할 수 있는 방식이다.[7] 생동케 된 육체 또는 육화된 동일

---

6) 『창조적 진화』(L'évolution créatrice)에서 강조된 것과는 반대로, 모든 무질서가 어떤 다른 질서인 것은 아니다. 통-시적인 것의 무-시원은 질서로 "모이지" 않는다. 말해진 것 속에서가 아니라면 말이다. 언어에 대해 경계심을 가졌던 베르그송이 여기서는 말해진 것의 희생자가 되어 버렸다.

7) 이 문장은 문고본(Livre de Poche, 1994)에는 약간 바뀌어 있다. "심성 또는 생기, 그것은 일자와 타자 사이의 이 같은 차이—그러나 이것은 또한 짝 없는 항들 사이의 관계, 공통의 시간 없는 관계인데—가 무관심하지-않음을 의미하기에 이르는 그러

성은 이 무관심하지-않음의 의미함이다.

거주의 비유, 자신의 배 좌석에 탄 항해사의 비유, 지도적 원리에 즉시 동화되는, 로고스와 명령의 남성성에 곧바로 동화되는 생명원리의 비유로는 생동함을 잘 설명할 수 없다. 타자에 대한 노출로서의 생동함, 감성이 의미하는 모성까지 거슬러 올라가는 상처받기 쉬움 속에 있는 타자를-위함의 수동성[으로서의 생동함]. 수용성에서 출발해서도 감성을 잘 설명할 수 없다. 수용성에서 감성은 이미 재현, 주제화가 되어 버리며, 동일자와 타자를 현재로, 존재성으로 모아들이는 것이 되고 만다. ~에 대한 의식으로부터도 [감성을 잘 설명할 수 없다]. 그런 의식은 지식, 정보, 메시지의 형식으로 이 현재의 여러 측면을 간직하며, 존재에서 무수한 껍질과 같은 이미지들만 벗겨 낼 뿐이다(이것은 존재가 무수한 막으로 증식하도록 한다). 그 껍질들 아래에서 존재의 피부는 — 존재는 "살과 뼈로" 현전하는데 — 접촉 불가능한 것으로 남는다.

감성이 지향성으로 변양되는 동기는 타자를-위함으로서의 감각함의 의미작용에 의해 주어진다. 이런 의미작용 속에서 정의의 잠재적 탄생이 보일 수 있다. 정의는 존재의 공시적 의식이 되어야

한 방식이다"(Le psychisme ou l'animation c'est la façon dont une telle différence entre l'un et l'autre—mais qui est aussi relation entre termes dépareillés, sans temps commun—arrive à signifier la non-différence). 본서의 원문은 다음과 같다. "Le psychisme ou l'animation c'est la façon relation entre termes dépareillés, sans temps commun—arrive à relation—inobjectivable, non contemporaine—peut seulement signifier la non-différence." —옮긴이

하며, 의식 그 자체의 지향성이 드러나는 주제 속에 현전해야 한다. 현현으로서, ~에 대한 의식은 존재의 용어만큼 주체성의 용어로 말해질 수 있다. 그 상호관계는 엄격하다. 심성은 더 이상 타자를-위한-일자를 의미하지 않고 공정과 공평으로 중립화한다. 마치 의식이 말해진 것, 주제, 존재 등의 동시성에 속하듯 말이다. 상징이 겨누는 인식에 상응하는 것은, 그 자신이 아닌 타자로부터 상징적으로—후설적 의미에서 기호적으로signitivement—드러나는 존재다. 또 직관에 상응하는 것은, 현존(지각) 또는 부재(상상과 기억)로서의 그 이미지 속에 있는 존재다. 그래서 심성은 모두 앎으로 해석된다. 가치론적인 것, 실천적인 것, 굶주림과 갈증, 미각과 후각 등등도 가치의 속성을 입은 대상들에게 접근하는 ~에 대한 의식의 양태로 나타난다. 이렇게 하여 지향성의 잠재적 심성이 성립한다. 이것과 상관적인 것이 의식 행위와 말해진 것의 체계 속에서 펼쳐지는 의식의 지향적 상관물 사이의 동시성이다. 굶주림은 음식물에 대한 굶주림이며, 지각은 "4는 2의 배수다"와 같은 지각된 것에 대한 의식이다. 현상학적인—다시 말해서 환원적인—기술記述은 심성적인 것의 이 같은 제시를 믿어서는 안 된다. 여기서 심성적인 것은 어떤 체계를, ~에 대한 의식의 특수한 형태 또는 변이들의 총체를 구성해 내면서, 이 동시성이 야기된 정의를 망각해버리기 때문이다. 정의는 심성을 지시한다. 물론 주제화로서가 아니라, 감성 속에 있는 동일자와 타자의 통시성으로서의 심성을 말이다.

환원되지 않은 경우, 감성은 감각하는 것과 감각되는 것의 이원성이다. 시간 속에서의 분리이자 곧 결합이다. 순간의 어긋남이자 이미 다시잡음, 분리된 국면의 다시잡음이다. 환원된 경우, 감성은 생동하게 된다. 그런 감성은 타자를 위한 일자의 의미작용이고, 영혼과 육체 ─ 생동함에 의해 타자를 위함으로 전도되는 육체 ─ 의 모아질 수 없는 이원성이며, 재현의 통시성과는 다른 통-시성이다.

미각과 후각의 ─ 먹는 것과 향유의 ─ 의미작용은 타자를-위한-일자로부터 출발하는 의미작용의 의미함으로부터 탐구되어야한다. 실제로 우리는 심성의 타자를-위한-일자, 즉 의미작용이 어떤 하찮은 형식적 관계가 아니라 자신의 코나투스로부터 빠져나온 육체의 전적인 무거움임을 보여 주었다. 행위의 반정립인 전적인 수동성보다 더 수동적인 수동성, 모든 "나체화"^{académie}보다 더 벌거벗은 벌거벗음, 표출, 토로, 기도로까지 노출되는 벌거벗음, 타자의 시선에 대한 노출로 환원되지 않는 수동성, 그러나 출혈처럼 다 소진되는 상처받기 쉬움과 고통스러움, 그 벌거벗음이 보이는 모습까지 벌거벗기는, 자신의 노출마저 노출시키는 ─ 표현하면서 ─ 발언하면서 ─, 동일성의 형식 자체가 그에게 부여하는 보호까지 벗겨 내는 상처받기 쉬움과 고통스러움, 내가 먹는 빵까지도 내주는 형태로만 가능한 타자를 위한 존재의 수동성. 그러나 이를 위해서는 우선 자신의 빵을 향유해야 한다. 그것을 준다는 덕을 갖기 위해서가 아니라 거기에 자신의 마음을 주기 위해서, 주는 가운데 자신을 주기 위해서. 향유는 감성의 불가피한 계기다.

4. 향유

"미각"에서 감성의 본분은 허기가 목표로 삼는 것을 이미지나 현존의 모습으로 확인하는 데 있지 않다. 어떤 감성에서건, ~에 대한 의식의 성취나 충족Erfüllung 또는 실망으로서 등장하는 묘사는 일종의 허기를, 즉 감성의 궁극적 의미를 구축하지 못하고 앎이 된 감각을 여전히 방해하는 허기를 함축한다. 미각에서는 목표로 삼은 의미를 "살과 뼈"의 현존으로 그려 냄으로써 되찾는 따위의 일은 일어나지 않는다. 미각에서는, 허기가 충족된다. 채우는 것, 만족시키는 것이야말로 맛의 의미인데, 이것은 바로 이미지, 모습, 반영이나 그림자, 환영, 환상 등 ~에 대한 의식에는 충분할 사물의 껍질들을 뛰어넘는다. 허기의 비어 있음은 모든 호기심보다 더 비어 있는 것이며, 허기가 갈구하는 동전의 소리로는 보상되지 않는다. 이미지를 뛰어넘는 이 도약은 주체와 객체 사이에서 그 거리가 제거되는 것보다 더 과격하게 거리를 삼켜 버린다. 충분히 게걸스러울 수 없는 게걸스러움, 만끽함의 성급함. 이 성급함에 따라 그 도약은 감각하는 것과 감각되는 것의 혼동 속에서 정의되어야 한다. 이 없앰은 먹어 보는 가운데 포착된 내용을 여전히 지니고 있는 형식을 부숴 버리는 데까지 나아간다. 성질이 그 성질의 범주에 속하도록 하는 형식을 부숴 버리는 것이다. 질은 이 형식을 부여받은 덕택에 "반영"될 수 있고, 이미지와 정보 안에서 증식되는 "모습들"을 가질 수 있다. 허기를 채우는 것으로서의 맛, 만끽함으로서의 맛은 현상 형식과의 결별이다. 형식은 "제1질료" 속에서 형태를 잃어버린다. 질료는 자신의 대열을 이끌고 "질료로서 자신의 일을 수행"하며, 공복을 채우는 만끽함 속에서 "물질화한다". 한 형식 아래 놓이기 전에, 그래서 그 스스로를 재화로서 이 물질성의 앎과 그것의 소유에 제공하기 전에 말이다.[8] 맛봄은 우선 만끽함이다. 질료는 만끽함 안에서 "물질화한다". 만끽함은 인식이나 소유의, "손에 넣음"의 모든 지향적 관계를 넘어, "손에 넣음"으로 환원될 수 없는 "~을 물어뜯음"을 의미한다. 그것은 이미, "안"에 의해 두 "내면성"의 애매함으로 흡수함이기 때문이다. 즉, 공간적 형태들을 가진 "용기容器"의 내면성과, 타자를 자신의 동일성 안에서 동화하여 그 자신 위로 감아올리는 자아의 내면성이 이루는 애매함으로 말이다.

미각은 소비의 물리화학적이거나 생물학적 메커니즘을 수반하는 앎이 아니며, 비어 있음을 객체적으로 채우는 것에 대한 의식이나, "맛봄" 속에 "기적적으로" 내면화된 광경이 아니다. 미각은 물리적 사건의 부대 현상적 반향이 아니고, 채움의 공간적 구조에 대한 "반영"도 아니며, "빵을 물어뜯는 이빨"에 해당할 어떤 대상을 감각의 심성 속에서 이상적으로 구성하는 것도 아니다. 빵을 물어뜯음, 그것은 맛봄의 의미작용 자체다. 맛은 감성적 주체가 부피를 갖게 되는 "방식"이다. 달리 말하면, 환원할 수 없는 그 방식

---

8) 여기서 또한 빵은 노에마적인 것의 초월에 그치지 않는다. 이미지의 무한한 껍질들을 보여 주면서 말해진 것 속에서 나타나는 그런 것의 초월에 그치지 않는다. 빵은 육체를 가진 주체를, 제 이마의 땀으로 빵을 얻은 주체를 이미 가리킨다.

에 의해, 물어뜯음의 공간적 현상이 나라고 불리는 동일화를 만들어 내는 사건이 일어난다. "삶의 향유"frueri vivendi 속에서 자신의 삶 자체를 사는 그런 삶을 통해, 물어뜯음은 내가 되는 것이다. 만끽함은 만끽함으로 스스로를 만족시킨다. 삶은 자신의 삶 자체를 즐긴다. 마치 삶이 먹고 사는 것이, 살아가게 해주는 것[식량] 못지않게 삶 자체이기라도 한 듯이. 또는 더 정확히 말해, "먹고 산다"se nourrir는 것이 이와 같은 이중의 지시체를 가지기라도 하는 듯이. 모든 반성에 앞서, 스스로에 대한 모든 회귀에 앞서, 향유는 향유에 대한 향유다. 그것은 언제나 그-자신을 결여하고, 충족이 약속된 이러한 결여를 채우며, 만족의 성급한 이 과정으로 이미 스스로를 만족시키고, 그 자신의 식욕을 즐긴다. 이것은 모든 반성에 앞선 향유의 향유다. 하지만 향유는 시선이 "보이는 것"을 향하듯 향유 속에서 향유로 향하지 않는다. 가시적인 것을 이미지로 증식하는 것을 넘어, 향유는 자기로 스스로를 감아올리는 가운데 자아를 독특하게 만든다. 실타래의 말아 올림 ─ 그것은 이기주의의 운동 자체다. 이기주의는 마치 감성의 형상eidos을 소진하듯 자기에게서 스스로 만족할 수 있어야 한다. 그래야 감성이 그 실타래를 풀어내는 가운데 자신의 수동성 안에서 ─ 인내와 고통 안에서 ─ "타자를 위함"을 의미할 수 있다. 그-자신에게 만족하는 에고이즘 없이는, 고통은 의미가 없을 것이다. 고통이 매 순간 무-의미에 의한 의미의 초과가 아니라면, 그것은 인내의 수동성을 잃어버릴 것이다. 향유 탓에, 그리고 자아 안에서 감성이 독특해지는 탓에, 감성의 최고의 수동성 ─ 감성의 상처받기 쉬움 ─ 타자에 대한 감성의 노출은, 관성적인 것의, 의미를 주지 못하는 수동성의 익명성을, 고통에서 "아무것도 아닌 것을 위해 고통받을" 가능성을 벗어던지게 된다. 향유 그리고 감성의 독특해짐은 그런 가능성에서 수동성이 행위로 돌아서는 것을 방해한다.[9] 타자를-위함은 이렇듯, 주체를 거역함과 동시에 주체의 내밀함에서 주체를 감응시킨다—고통을 통해서. 향유는 그-자신에게 만족할 수 있기에, 변증법적 긴장에서 벗어나, 감성의 타자를-위함의 조건이 되며, 타인에 대한 노출인 감성의 상처받기 쉬움의 조건이 된다.

이 상처받기 쉬움은 타자의 불행과 타자의 결핍에서 비롯하는 "타자의 필요를 살핌"으로서만 의미를 가진다. 다시 말해, 줌으로서만 의미를 가진다. 그러나 줌이 의미를 갖는 것은 오직 자기에 거슬러 자기에게서 빠져나옴으로서지, 단지 자아 없이로서가 아니다. 그리고 자기에 거슬러 자기에게서 빠져나옴이 의미를 갖는 것은 오직 향유의 자기 속에서의 만족으로부터 빠져나옴으로서다. 즉, 스스로의 입에서 빵을 빼냄으로서다. 먹는 주체만이 타자를-위함일 수 있다. 또는 의미를 줄 수 있다. 의미작용—타자에-대한-일자—은 살과 피의 존재들 사이에서만 의미를 가진다.

감성이 상처받기 쉬움이나 타자에 대한 노출 또는 말함이 될 수 있는 것은 오로지 감성이 향유이기 때문이다. 상처의 수동성, 타자를-위함의 "출혈"은, 충만한 향유를 맛보는 입에서 한 입의 빵을

---

9) 이 부분의 동사 형태는 본서의 원문과 문고본이 다른데, 번역은 후자의 수정에 따랐다.—옮긴이

빼내는 것이다. 이것은 확실히 자기를 거스르는 일이다. 하지만 무관심한 겉치레의 감응으로서가 아니다. 이것은 자기만족(이는 만족의 만족이기도 하다)의 풍부함에 대해, 향유에서의 동일성(이는 말해진 것 속에서의 항의 어떤 동일화보다도 더 동일한 것인데)에 대해, 타자를-위함이라는 의미작용을 삼켜 버리는 삶에 대해, 삶을 살아가거나 향유하는 삶에 대해 직접 가해지는 상해다.

감성적인 것의 직접성은 향유와 그 좌절의 직접성이다. 고통스럽게 빼내진 선물^{don}, 그 빼냄에서 직접적으로 이 향유 자체를 "망치는" 선물. 마음의 선물이 아니라, 제 입에서 나온 빵, 한 입 베어 문 빵의 선물. 지갑만이 아니라, 제 집의 문을 여는 것. "굶주린 자와 네 빵을 나누어라", "비참한 자들을 네 집에 맞이하라"(『이사야』, 58장). 감성의 직접성, 그것은 감성의 고유한 물질성이 가진 타자를-위함이고, 타자의 직접성 ─또는 근접성─이다. 타자의 근접성, 그것은 향유의 직접성이 타자에 대해 직접 쏟아지는 것이다. 맛의 직접성이, "물질의 물질화"가, 접촉의 직접성으로 인해 변화한 직접성이 타자를 위해 쏟아지는 것이다.[10]

5. 상처받기 쉬움과 접촉

감성은 타자를 향한 노출이다. 그것은 관성의 수동성이 아니며, 정

---

10) 『전체성과 무한』에서는 감성적인 것이 소비와 향유의 의미 속에서 해석되었다.

지나 운동 같은 한 상태의 지속이 아니다. 또 그 상태로부터 빠져 나가게 해줄 원인을 받아들이는 감수성도 아니다. 감성으로서의 노출은 한층 더 수동적이다. 그것은 있음^{esse}의 코나투스의 전도이 며, 유보-없이-바쳐-졌음^{avoir-été-offert-sans-retenue}이다. 이것은 상태 의 어떤 일관성이나 동일성 안에서 보호를 구하지 않는다. 유보-없이-바쳐-졌음이지, 바침의 관대함이 결코 아니다. 그런 바침은 행위에 해당할 것이고, 이미 감성의 무한정한 겪음^{pâtir}을 전제하는 것이다. 이 유보-없이-바쳐-졌음에서 과거완료는 감성의 현재-아님, 시작-아님, 선도적이-아님^{non-initiative}을 강조한다. 어떠한 현 재보다도 더 오래된 이 선도적이-아님은 동시적인 수동성이 아니 며, 어떤 행위의 반대-편이 아니다. 그것은 오히려 자유와 비-자유 의 이편이다. 이것은 선의 무-시원이다. 유보-없이-바쳐-졌음, 여 기서 감성은 바로 모든 보호와 보호의 모든 부재가 이미 가정하는 것, 곧 상처받기 쉬움 자체인 셈이다.

인식형이상학에서는 감성 안의 모든 것이 직관을, 즉 거리(시 선의 거리)를 둔 이론적 수용성을 의미할 것이다. 이 인식형이상학 이 벌이는 모험의 높이에서 감성이 접촉¹¹⁾으로 다시 떨어지자마자, 감성은 마치 입맞춤의 애매성을 가로지르듯, 붙잡음에서 **붙잡힘**으 로 되돌아간다. 즉 이미지 사냥꾼의 능동성에서 먹이의 수동성으

11) 우리는 만지듯이 보고 들을 수 있다. "숲과 물웅덩이들과 풍요로운 들판은 시선보다 더 나의 눈을 어루만졌다. 나는 세상의 아름다움에 기대어 내 손 안에 계절의 향기를 담았 다"[여기서 레비나스가 인용한 문장은 프랑스 시인이자 소설가인 안나 드 노아이유(Anna de Noailles, 1876~1933)의 시 「자연에 대한 헌사」(L'offrande à la nature, 1901) 중 한 대목이다].

로, 조준에서 상처로, 포착의 지성적 행위에서 드러나지 않는 타자에 의한 강박인 포착으로 되돌아간다. 보호와 차폐물의 부재를 표시하는 영점零點의 이편에서 감성은 비-현상에 의한 변용이다. 원인cause의 개입에 앞서, 타자의 출현에 앞서, 타자의 타자성에 의해 기소됨mise en cause이다. 자기에게서 안식하지-못-하는 전-근원적인 것, 박해받는 자의 불안정. 어디에 있는가? 어떻게 있는가? 이를테면 고통의 강퍅한 차원들 안에서의, 이편의 상상치 못할 차원들 안에서의 비틀림. 자기에게서 뿌리 뽑힘, 아무것도 아닌 것보다 못함, 부정적인 것에서의 거부, 즉 무의 뒤편, 모성, 동일자 안에서 타자를 임신하는 것. 박해받는 자의 불안정은 모성의 한 변양이 아닐까? 즉 잉태하거나 잉태했던 것들로 인해 상처받은 "모태의 신음"이 양태화한 것이 아닐까? 모성 안에서 타자에 대한 책임은 의미화한다. 이 책임은 타자들에 대한 대신함까지, 고통받음까지 나아간다. 박해의 결과로부터 또 박해자가 빠져드는 박해함 자체로부터 고통받음으로까지 나아간다. 더할 나위 없는 담지함porter인 모성은 박해자의 박해함에 대한 책임까지 담지한다.

감성이 거슬러 올라가는 이 상처받기 쉬움, 이 모성, 이 전-탄생 또는 전-자연은 자연이라기보다는plutôt, 자연보다 더 이른plus tôt 직접성이다. 인접성보다 더 좁고, 더 조이는, 지나간 모든 현재보다 더 오래된 근접성. 자아는 이것을 부인한다. 기억할 수 없는 무게의 짐으로 구부러진 채, 불굴의 자아는, 어떠한 긁힘에도 변화하지 않는다는 보장 아래, 자신이 마주하는 타자를 떠받친다. 자아로서는 그 스스로 개입했다고 여길 것이기 때문이다. 또는 어렴풋

한 기억으로, 자신도 모르게 했던 개입을 오래되고 중요한 것으로서 떠맡는다고 생각할 것이기 때문이다. 접촉의 근접성에 똬리를 트는 것은 개입된 모든 자유다. 이것은 선택의 자유—의식은 이 자유의 존재적 양상이다—에 비해 유한하다고 하는 자유다. 그러나 이 자유는 사람들이 모든 개입을 귀착시키려고 애쓰는 그런 자유다. 의식은 대상 세계에 연루된 자신을 발견하고 놀라서—그런데 이것은 의식의 자유로운 명상의 주제다—, 자신의 기억 속에서 그가 부지불식간에 대상과 결합했던 잊어버린 순간을 찾으려할 것이다. 또는 대상과 하나가 된 채 자신을 바라보는 데 만족했던 순간을 찾으려 할 것이다. 그것은 기억에 의해 깨어나 사후事後에 다시 전적인 자유 속에서 체결된 결연結緣의 시점이 되는 순간이다. 그것은 타인에 대한 책임이라는 환원할 수 없는 무시원을 거부하는 환원이다.

모성, 상처받기 쉬움, 책임, 근접성, 접촉, 곧 감성은 만짐으로, 손댐으로, ~에 대한 열림으로, ~에 대한 의식으로, "무구한 존재" être intact에게서 이미지들을 가져오는 순수한 앎으로 미끄러질 수 있다. 사물들의 손댈 수 있는 본질quiddité을 전해 주면서 말이다.[12]

---

12) 무엇보다, 사물들은 우리에게 강박해 오는데, 그것은 문화적 속성을 띠는 것으로서가 아니라, 이웃에 의해 소유된 것으로서, 추억이 담긴 물건으로서다. 사물의 "무기질적" 표면 너머, 접촉은 피부의 흔적에 의한 강박이다. 사물이 수반하는 볼 수 없는 얼굴의 흔적에 의한 강박이다. 오직 재생산만이 이 얼굴의 흔적을 우상으로 고착시킨다. 순수하게 무기질적인 접촉은 박탈적이다. 강박은 소비나 인식의 정확성과는 대조를 이룬다. 그러나 어루만짐[애무]은 모든 접촉 안에 잠자며, 접촉은 모든 감성적 경험 안에 잠잔다(앞의 주 참조). 주제화한 것은 어루만짐 안에서 사라진다. 어루만짐에서 주제화는

접촉에서 잠자는 억견적 주장은 주제화되고 표면에 떠올라, 대상―사물이나 생명체나 인간 신체―의 부드럽거나 꺼칠꺼칠하거나 한 표면에 관한 앎으로 접촉을 요약하며, 말해진 것에서 형상화하는 의미작용의 체계에 접촉을 끼워 넣는다. 하지만 사물의 외부에 관한 이 앎은 근접성 안에 머문다. 이 근접성은 "근접성의 경험"이 아니며, 주체가 대상에 대해 가지는 앎이 아니다. 그것은 공간적인 가까움의 재현도 아니고, 제삼자에 의해 확인할 수 있는, 또는 대상에 손대는 자아가 이 손댐의 사실로부터 연역할 수 있는 공간적 가까움의 "객관적" 사실도 아니다. 주제화되지 않은 근접성은 단순히, 이 경험의 잠재성으로서의 접촉의 "지평"에 속하지 않는다. 감성, 그리고 감성에서 의미화하는 근접성, 직접성, 불안정 등은 의식을 신체와 관계 맺게 하는 어떤 각지로부터 구성되지 않는다. 육화는 자신이 재현하는 세계의 품 안에 자리 잡는 한 주체의 초월론적 작용이 아니다. 신체의 감성적 경험은 이미 육화되어 있다. 감성적인 것은, 즉 모성, 상처받기 쉬움, 포착 등은 자신의 각지보다 훨씬 큰 얽힘 속에서 육화의 매듭을 묶는다. 이 얽힘 속에서 나는 나의 몸에 묶이기 전에 타자에 묶여 있다. 의식의 철학은 **감각함** 속에서 지향성, 곧 노에시스를 구별할 것이고, 이것을 역행적인 운동 속에서, 빌려온 의미의 기원으로서, 즉 감성적 직관으로

근접성이 된다. 거기에는 물론 은유의 부분이 있으며, 사물은 근접되기 이전에는 진리적이고 환영적(幻影的)일 것이다. 하지만 세계의 시(詩)는 사물들의 진리에 앞서지 않으며 또 그것은 더할 나위 없는 근접성으로부터, 이웃의 또는 진정한 이웃의 근접성으로부터 분리될 수 없는 것이 아니다.

서 다시 포착하려 할 것이다. 하지만 이 지향성은 이미 이해와 강박의 양태로, 감각된 것에 의해 포위되어 있다. 이 감각된 것은 그것의 노에마적 출현을 해체하여, 주제화할 수 없는 타자성으로부터 노에시스 자체를—원래 이것이 감각된 것에 의미를 빌려주었다고 해야 할 텐데—명령하기에 이른다. 신체의 고르디아스 매듭—매듭이 시작하고 끝나는 끄트머리들은 풀릴 수 없는 매듭 속에 언제까지나 숨겨진 채, 붙잡을 수 없는 노에시스 안에서 노에시스의 고유한 초월론적 기원을 지배한다. 타인에 의한 강박으로서의 감성적 경험 또는 모성은 이미, 의식의 철학이 자신으로부터 구성해 내려는 신체성이다. 고유한 신체의 신체성은 감성 자체로서, 존재의 매듭이나 매듭 풀기에 의미를 준다. 하지만 그것은 또한 신체의 물리-화학적-생리학적 의미작용으로 나아가는 통로를 포함해야 한다. 거기로 이끄는 것은 물론 근접성으로서의, 의미작용으로서의, 타자를-위한-일자로서의 감성이다. 이 감성은 줌에서 의미화한다. 줌이 제공하는 것이 잉여의 여-분이 아니라 자신의-입-에서-떼어 낸-빵일 때, 의미를 주는 것이다. 이것은 결국 먹이고 입히고 재우는 가운데 의미화하는 의미작용이다. 자신의 물질성 안에서만 드러나는 물질이 모성적 관계 안에서 의미를 주는 의미작용이다.

이른바 육화된 주체는 물질화에서 비롯하지 않는다. 공간 속으로, 그리고 접촉과 돈의 관계 속으로 들어감에서 비롯하지 않는다(돈의 관계를 실행하게 될 것은 의식이다. 다시 말해, 모든 공격에 대비하고 있으며 이미 공간적이 아닌 자기의식이다). 그것은 주체성이 감성이기 때문이다. 즉 타자들에 대한 노출, 타자들의 근접성 안에서의 상처받기 쉬움과 책임, 타자를-위한-일자, 다시 말해 의미작용이기 때문이다. 그리고 물질이란 타자를-위하는 장소 자체이기 때문이다. 의미작용이 공시성의 체계 안에서, 즉 언어적인 체계 안에서 말해진 것으로서 드러나기에 앞서 의미화하는 방식이기 때문이다. 주체는 살과 피로 이루어진, 배고픈 인간이자 먹는 인간이고, 피부 안의 장기이며, 그래서 자신의 입에서 빵을 줄 수 있는 또는 자신의 피부를 줄 수 있는 자이기 때문이다.

의미작용은 이렇듯 감성의 타자를-위한-일자로부터 사유되지, 발언하는 자를 위한 언어구조 안에 동시적으로 존재하는 용어들의 체계로부터 사유되지 않는다. 그런 동시성 자체는 발언하는 자의 상황에 불과하다. 다양성이 자신의 모든 요소들 안에서 함께-현존하고 사용 가능해지는 것은 다른 무엇에서보다도 화자 안에서다. 말해진 것을, 즉 로고스를, 주제화된 의미를, 존재와 존재자라는 모호한 문구 속에서의 용어들의 모아들임을 언표하는 화자 안에서다.

하지만 말해진 것 쪽으로 뻗친 말함은 타자로부터, 타인으로부터 이 긴장을 받아들인다. 타인은 나에게 나타나기도 전에 말을 내게서 탈취해 간다. 말해진 것으로 뻗친 말함은 타자에 의한 강박이다. 즉 빠져나갈 수 없는, 면책으로 빠져나갈 수 없는 소명으로 타자의 부름이 이뤄지는 감성이다. 타자는 상처를 주는 소명에 의해, 돌이킬 수 없는 책임을 향하도록, 그래서 주체의 정체성 자체로 향하도록 요구한다. 이것은 증언이나 순교 같은 의미작용이고, 빛

이전의, 선도적인 것의 현존 이전의 지성이다(이 선도적인 것에 의해 로고스의 의미작용은 그것의 현존 속에서, 곧 자신의 공시태 속에서 존재를 의미하게 된다).

말해진 것의, 그리고 진술로 돌아가는 말함의 의미작용에 머무는 것, 그것들이 의미화하는 타자에 대한 제시와 노출을 망각하는 것 — 이것은 주체-의식에, 다시 말해 결국 자기의식인 주체와 기원에, 즉 서구 철학이 귀착하는 시원arché에 머무는 것이다. 현대인들의 의식과 고대인들의 **영혼**psyché을 분리하는 심연이 무엇이든, 그 둘은 모두 통합된 용어들을 체계로 모으는 데로 거슬러 올라가는 지성의 전통에 속한다. 다시 말해, 체계로 모아지는 구체적 상황인 것, 즉 진술을 언표하는 화자를 위한 전통에 속한다. 여기서 주체는 기원이고 선도적인 것이고 자유이고 현재다. 자기 스스로 움직인다는 것 또는 자기의식을 가진다는 것은 사실, 자기에 의거한다는 것, 근원이 된다는 것이다. 여기서 문제가 제기된다. 근원적 주체가 또한 살과 피로 이루어진 주체라는 것을 어떻게 이해할 것인가? 사람들은 육화를 자기 재현의 변형으로, 이 재현의 결함으로 보는 데서부터 이 점을 이해하려 한다. 육화란 반투명한 자연발생적 의식이 수용성과 유한함 안에서 가려지는 것이라고 여기는 데서부터 말이다. 그래서 시작으로, 또는 의식으로 거슬러 올라갈 필요가 철학의 고유한 임무로 나타난다. 영원한 순간의 동시성 안에 자신을 가두기 위해, 신의 순간적인 정신으로 다가가기 위해 자신의 섬으로 돌아가는 일이 철학의 임무가 되는 것이다.

그러나 지금 문제가 되는 것은 앎의 모험과 무관한 주체성의 개념인데, 여기서 주체의 육체성은 주체의 주체성과 분리되지 않는다. 이런 주체성이 부과되는 것은, 의미작용이 존재의 공시태에 의한 것과는 다른 방식으로 의미를 준다는 조건하에서다. 이해 가능성과 존재가 구별된다는 조건하에서다. 또 존재성 자체가, 타자를-위한-일자로 거슬러 올라가는 의미의 할당으로부터만, 의미작용의 의미함으로부터만, 의미화한다는 조건하에서다. 물질 안의 살과 피의 주체성은 주체에게는 "자기 확신의 양태"가 아니다. 살과 피로 이루어진 존재들의 근접성은 그것들이 "살과 뼈로" 현존함을 뜻하지 않는다. 이 근접성은 그 존재들이 외관을 — 본질들을 — 형태들을 — 제시하고 눈이 흡수하는 이미지들을 제공하면서 시선에 대해 드러난다는 단순한 사실을 뜻하지 않는다(그리고 만지거나 잡는 손은 대수롭지 않게 또는 경솔하게 그것들의 이타성altérité을 중지시켜 버린다. 마치 누구도 이 전유專有에 대해 이의를 제기하지 않는다는 듯이, 단순히 쥠으로써 그 이타성을 폐기해 버린다). 더욱이 물질적 존재들은 그것들이 야기하는 노력에 대립하는 저항으로 축소되지도 않는다. 그 존재들과 입의 관계는 인식의 모험도, 행동의 모험도 아니다. 물질 안의 살과 피의 주체성 — 감성의 의미함, 타자를-위한-일자 그 자체 — 은 모든 의미를 전-근원적으로 증여하는(증여하는 까닭에 증여하는) 의미함이다. 이 주체성이 근원보다 근원적이어서 전-근원적인 것이 아니다. 주체성이 전-근원적인 것은, 스스로를 재현의 현재로 모으지 못하는 감성의 통시성이 되찾을 수 없는 과거를, 모성의 전-존재론적인 과거를 지시하기 때문이다. 또 그러한 통시성이 재현과 앎의 곡절에 종속되지 않는, 이미지에 대한 개방이나 정보의 교환에 종속되지 않는 얽힘이기 때문이다.

데카르트의 견해로는 살과 피를 가진 인간에게서 이해할 수 없는 것처럼 보이는 점이 있다. 신체가 사유에 의해 움직인다는 것, 이것은 체계의 지성에 따르면 난-센스다. 여기서 생동함이란 항들의 결합과 연결로만 이해될 수 있을 뿐이며, 따라서 생동함에는 풀 수 없는 사태를 해결해 주는 기계장치의 신deus ex machina이 요구되기 때문이다. 그러므로 데카르트의 견지에서는 이 생동함이 의미작용 자체를, 즉 타자를-위한-일자를 드러낸다는 점을 이해할 수 없다. 타자를-위한-일자는 주체 안에서 다름 아닌 모아들임이 아니라 (내면성으로 고립된) 자아의 부단한 낯설어짐[양도]aliénation이라는 것을, 이 낯설어짐[양도]이 자아에 기댄 손님에 의해 이루어진다는 것, 즉 환대를 이해할 수 없다. 자아의 타자를-위한-일자가 인과적 사슬의 고리들이 겪는 모든 수동성보다 더 수동적으로 주어진다는 것을 이해할 수 없다. 자신의-입에서-빵을-타자에게-주는-가운데-타자를-위해-자신에게서-떼 내진-존재를, 또는 타자를-위해-자신의-영혼을-줄-수-있음을 이해할 수 없다. 영혼에 의해 신체가 생동한다는 것은 주체성의 타자를-위한-일자를 분명히 하는 것일 따름이다.[13]

---

13) 감성적인 것의 원천인 육체가 관념들의 앎과 어떠한 공통점도 갖지 않는다고 본 데카르트주의의 대담한 지적 행적은 감탄할 만하다. 우리가 비록 감성과 행위 사이에서 데카르트가 확언하는 관계나 그가 감성적인 것에 부여하는 등급을 따르지는 않는다고 할지라도, 영혼과 육체의 결합은 사유가 봉착하게 되는 장애에 그치지 않는다.

의미함—다가감의 타자를 위함—은 분명 존재자로 나타나는 주체의 본성에 새겨진 "능동성"이 아니다. 또 이 존재자의 실체도 아니고, 관계로 해석할 수 있는 "그것의 존재성"도 아니다. [의미함은] 감성, 살과 피의 감성이다. 나는 존재와 존재자의 모호함 이편에 있다. [감성은] 주제화할-수-없는 것, 종합으로 통일할-수-없는 것이다. 주제화되고 공시화될 때, 타자를-위한-일자의 일자는 변절하게 될 것이다. 비록 변절의 흉터들을 드러내며 이제 다시 환원에 자신을 내맡긴다 해도 그렇다. 말해진 주제에서 보이는 것, 그것은 육화의 불가해성이며, 연장延長에서 분리된 "나는 생각한다"이고, 신체에서 분리된 코기토다. 그러나 함께 있음의 이 불가능성은 타자를-위한-일자의 통시성의 흔적이다. 내면성으로서의 분리의 흔적이자 책임으로서의 타자를 위함의 흔적이다. 여기서 정체성은 자기 확증에 의해 이뤄지지 않는다. 오히려 타자를-위한-일자의 의미작용이 자기의 폐위에 의해 이루어진다. 이 폐위는 주체의 육화 또는 의미함을 주는 줌의 가능성 자체다.

헤겔은 『정신현상학』에서 실체를 주체로 사유하고자 했다. 그리고 존재자의 모델 또는 지각된 대상에 빌려준 즉자의 모델을 하나의 운동으로, 즉 직접적인 것을 부정한 후에 매개를 거쳐 그것을 다시 복구하는 운동으로 귀착시키고자 했다. 하지만 그런 식의 자기 회수, 재정복, 대-자pour-soi가 생동시키는 것은 여전히, 실체의 바탕에서 인지된 주체성이다. 즉, 존재성은 자신의 코나투스를 빠져나가지 못한다. 감성의 주체성, 육화인 주체성은 복귀 없는 포기이며, 타자를 위해 고통을 견디는 모성의 몸이다. 수동성과 체념인

몸, 순수한 겪음이다. 물론 여기에는 극복할 수 없는 애매함이 있다. 육화된 자아, 피와 살의 자아는 자신의 코나투스와 즐거움 속에서 자신의 의미작용을 잃어버리고 동물적으로 스스로를 긍정할 수 있다. 율리시스가 자신의 재산을 찾으러 돌아왔을 때, 그를 자기 주인으로 알아본 것은 바로 개였다. 그러나 이 애매성은 상처받기 쉬움 자체의 조건이다. 다시 말해, 의미작용인 감성의 조건이다. 타자를 위한 호-의bien-veillance 속에서 감성이 타자를 위함으로, 자기를 거스름으로, 비-행위로, 자기를 위한 것이 아닌 타자를 위한 의미작용으로 남는 것은, 감성이 자기-자신에 만족해하는 한에서, 즉 "자기 위에서 스스로를 감아올리고" "자아로 있는" 한에서다.

통시성에서의 타자를-위한-일자의 의미작용, 근접성의 의미작용(이것에 대해서는 나중에 다룰 것이다)은 순수하고 단순하게 체계의 의미작용에 이웃하지 않는다. 체계, 의식, 주제화, 그리고 참과 존재의 언표가 이해되는 것은 타자를-위한-일자의 의미작용에서다. 타자를-위한-일자가 존재의 한 계기인 듯이 언표될 수 있을 정도다. 타자를-위한-일자, 말함은 지향적 의식으로, 진리의 형성으로, 방출되고 수용된 메시지로 바뀌려는 참이다. 억견적 주장은 주체성이 함축된 모든 관계에 잠들어 있다. 그것은 존재에 대한 개방을 주체성의 의미로, 앎을 의미를 지닌 것의 원형으로 변형하기에는 충분치 못하다. 모든 봄은 접촉을 시사한다. 시각과 청각은 볼 수 있는 것과 들을 수 있는 것을 어루만진다. 접촉은 존재에 대한 열림이 아니라 존재에 대한 노출이다.[14] 이 어루만짐에서 근접성은 근접성으로서 의미화하는 것이지, 근접성의 경험으로서 의미

화하는 것이 아니다.[15]

반성 철학의 주지주의에 대항한 실존 철학의 열정은 앎으로 환원될 수 없는 심성의 발견과 관련되어 있다. 이 대립에서 주지주의 모델로 회귀하는 데 저항하는 에너지는 충분했는가?

비-억견적인 지향성들은 후설에게서 원형적 억견을 숨기고 있다. 하이데거의 세계에서 존재는 이해다. 즉, 기술적技術的 활동 그-자체는 (비록 존재-망각의 양태에서라 하더라도) 존재의 열림이고, 탈-은폐다. 존재적인 것 ─이것은 적어도 일종의 불투명성을 수반하는데─ 은 도처에서 존재론적인 것에, 해방되어야 할 숨겨진 빛에 길을 양보한다. 실존하는existentiel 것은 존재-론의 한 결절인 실존적인existential 것에서 자신의 의미를 드러낸다. 존재자는 앎으로부터만 다루어진다. 그 출현으로부터만, 현상성으로부터만 다루어진다.

그러나 주제화의 개방 밑에서, **말함과 말해진** 것의 상호관계 밑에서(말해진 것에서 로고스는 감성적인 것의 시간적 격차를 동시화하는데, 이 격차에 의해 자기-자신에 대한 나타남, 즉 존재성 그리고 존재와 존재자의 모호함이 생산된다), 동일화의 극들인 존재자들의 동일성 밑에서, 진술로 주조되는 존재의 동사성 밑에서, 의식에 대한 의식인 의식 밑에서, 감성은 빛과 반영의 이 놀이로 재흡수되지 않으며, 의식의 기억 가능한 시간처럼 흘러가지 않는다. 감성은 타인으

---

14) 앞의 주 참조.
15) 176쪽 [6. 근접성] 이하 참조.

로 포위되고^{cerné} 타인과 관련된^{concerné}, 타인의 출현으로 환원될 수 없는, 상처받기 쉬움이고, 감수성이며, 벌거벗음이다. 자기에 대한 의식은 복귀의 길이다. 그러나 『오디세이아』는 또한 모험이었고 무수한 만남의 이야기였다. 율리시스는 변장한 채 자신의 고향으로 몰래 숨어 돌아온다. 그는 언변을 조리 있게 꾸며 그것과 다른 자신의 정체를 숨긴다. 하지만 그 일관된 언변의 의미함은 동물의 후각을 벗어나고 만다.

6. 근접성

a. 근접성과 공간

근접성은 점점 좁아지는 공간의 두 점이나 두 구역 사이의 간격에 대한 어떤 척도, 인접성 그리고 나아가 일치가 그 한계를 표시하는 어떤 척도일 것인가? 그러나 그렇다면 근접성이라는 용어는 상대적인 뜻을 가질 것이고, 유클리드 기하학이 점유한 공간에서 파생적 의미를 가질 것이다. [반면에] 근접성의 절대적이고 고유한 뜻은 "인간성"을 전제한다. 우리는 이렇게 물어볼 수도 있다. 과연 인접성 그 자체가 근접성 없이, 즉 다가감, 이웃함, 접촉 없이 이해될 수 있는가? 그리고 이 공간의 동질성이 모든 차이에 맞서는 정의正義의 인간적 의미작용 없이, 따라서, 정의가 그것의 항인 근접성의 모든 동기작용 없이 이해될 수 있는가?

　　인간의 현존으로부터, 인간의 욕망과 열정으로부터, 그것들이 의미화하며 말하도록 해줄 문화의 층을 받아들이기 위해서는, 공간과 자연을 최초의 기하학적이고 물리학적인 냉정함 안에 놓아둘 수는 없다. 애초에 있었던 것이 이 기하학과 물리학이었다면, 의미화하는 속성은 인간의 머릿속에, 사람들의 관습과 글 속에 주관적으로 존재할 수밖에 없었을 것이다. 이것은 사물들의 바윗덩이에서 자기들 인간성의 반향과 반영들을 인간에게 귀착시킬 표면만을 발견하는 나르시시즘이다. "심리학적" 의미작용은 결코 무한한 공간들을 그 공간들의 침묵에서 탈취하지 못할 것이다. 이 공간들에서 인간의 현존 자체는 의미화하는 속성들의 원천이라고 내세워지지만, 엄밀한 기하학적 의미나 물리화학적 의미 밖의 이 현존은 자기 자신의 체액으로 불합리하게 조리되는 내적 사실에 불과할 것이다. 사실, 공간의 냉정함은 절대적 공-존을 나타낸다. 즉, 모든 점들의 결합을, 한 언어의 단어들이 열리는 입 앞에서 아무런 특권 없이 모든-점들에서-함께-함을 나타낸다. 이 모아 놓음에서 빌려온 보편적 동질성을, 존재의 비주체적인 존재성을 나타낸다. 그러나 열리는 입 앞의 단어들은, 언어의 이 공시성은, 발언하는 인간으로 귀착하고, 또 그래서 정의로 귀착한다. 최초의 의미작용에서 비롯하는 정의로 귀착하는 것이다. 더 정확히 말하면, 정의는 근접성의 무시원적 의미작용에서 비롯한다. 원리인 정의란 이미 재현이고 존재일 것이기 때문이다. 주체는 공간적 의미로 축소될 수 없는 방식으로 근접성에 연루된다. 근접성이 공간적 의미를 갖게 되는 것은, 제삼자가 "초월론적 의식의 통일성" 안에서 정의를 요구함으로써 근접성을 깨뜨릴 때다. 어떤 정황이 주제 안에서 그려

지고 그래서 그 정황이 이를테면 인접성이라는 의미의 옷을 입게
될 때다.[16]

    그러므로 공간적 인접성의 본래적 특성을 거부한다는 것은,
인접성이 항상 어떤 영혼의 상태와 연관되어 있어서 이 인접성을
반영하는 의식의 상태와 인접성이 분리될 수 없다고 주장하는 것
이 아니다. 또는 최소한, 한 항으로 하여금 인접한 항의 현존을 알
게 해주는 그런 의식 상태와 인접성이 분리될 수 없다고 주장하는
것이 아니다. 모든 정신성이 지향적 주체 안에 있는 재현의 정신성
인 것은 아니다. 그 재현이 이론적이건 자발적이건 또는 감응적이
건 간에 말이다. 재현은 어떤 시발점을 나타내기는커녕, 그 자체가
온통 형이상학적 전통에서 나온 초월론적 통각의 통일성으로 되
돌아간다. 그러나 모든 정신성이 존재 이해와 존재 진리인 것은 아
니며, 한 세계의 열림인 것도 아니다. 다가가는 주체인 나는, 그 다
가감 안에서 지향성에 의해 추동되어 열림의 빛을, 은총을, 또 세계
의 신비를 반영하거나 받아들이는 지각자의 역할을 요청받지 않
는다. 근접성은 하나의 상태나 휴식이 아니다. 오히려 그것은 불안
정이고, 비-장소이며, 휴식처의 바깥이다. 이것은 한 자리에서 휴
식을 취하는 존재의 비-편재非-遍在가 누리는 평온함을 뒤엎는다.
따라서 근접성은 포옹처럼, 언제나 불충분한 근접성이다. "충분히
가깝지 못하므로", 근접성은 구조로 굳어지지 않는다. 그렇지 않
은 경우는 그것이 정의의 요구 속에서 가역적으로 재현되어 단순

---

16) 5장 339쪽[마지막 문단]과 340쪽 이하 참조.

한 관계로 되돌아갈 때뿐이다. 근접성은 "점점 더 가까워지는" 것으로서, 주체를 이룬다. 근접성은 나의 끊임없는 불안정으로서 그것의 최상에 이르고, 유일해지며, 그래서 일자가 되고, 나눔을 기대하지 않는 사랑에서처럼 상호성을 잊는다. 근접성은 다가가서 결국 관계를 이루는 주체다. 그 관계에 나는 항으로 참여하지만, 거기서 나는 하나의 항 이상이거나 이하다. 이 초과 또는 이 부족은 관계의 객관성 밖으로 나를 내던진다. 이 관계는 종교가 되는가? 이 것은 주관적 관점으로의 단순한 이행이 아니다. 우리는 더 이상 그 차아 또는 그 나le Je인 것을 말할 수 없다. 이제 우리는 일인칭으로 발언해야 한다. 나는 관계로 환원할 수 없는 항이다. 그럼에도 불구하고 나는 나에게서 모든 일관성을 없애는 회귀 속에 있다.

이렇게 객관성 바깥으로 내던져짐은 이 상황을 의식이 포착함에서 성립할 수 없다. 그러한 포착은 근접성의 무관심하지-않음이나 우애fraternité를 무화시킬 것이다. 의식하는 주체란 자신이 의식하는 것과 어떠한 결연도 맺지 않은 자가 아닌가? 의식하는 주체는 자신이 의식하는 것과 맺는 모든 친밀성이 자신의 진리를 위태롭게 한다고 느끼지 않는가?

다가감은 바로 다가가는 자가 우애에 연루됨을 뜻한다. 의식적이 되는 것, 즉 주제화되는 것, 무관심하게 다가가는 것은, 자신이 만지고 있음을 문득 깨닫는 애무처럼 또는 스스로를 되잡는 애무처럼 이 친밀함을 파괴한다. 그러므로 다가가는 주체의 주체성은 선행적이고, 무-시원적이며, 의식에 앞선다. 그것은 우애에 대한 연루이고 붙잡힘이다. 근접성인 우애에 이렇게 붙잡힘을 우리는 의미함이라고 부른다. 이 의미함은 자아가 없이는 (또는 더 정확히 말해 자기가 없이는) 불가능하다. 이 자아 또는 자기는 의미작용을 의미작용에서 스스로에 재현하는 것 대신에, 스스로를 의미화하면서 의미를 준다signifier en se signifiant. 의미작용의 재현은 그 자체가 근접성의 의미함 속에서, 제삼자가 이웃과 나란히 있는 한도 내에서 탄생하는 것이다.

b. 근접성과 주체성

그러므로 진정한 의미의 근접성이 가리키는 인간성을 우선 의식으로 이해해서는 안 된다. 다시 말해, 앎이나 (결국 같은 것인데) 능력을 지닌 자아의 동일성으로 이해해서는 안 된다. 근접성은 어떤 존재가 자신과 가깝다고 평가하는 다른 존재에 대해 갖는 의식으로 귀착하지 않는다. 그렇게 평가하는 것은, 이 다른 존재가 자신의 눈이나 손이 미치는 범위 내에 있어서, 그것을 포착할 수 있다고, 즉 그 존재를 붙잡거나 그 존재와 함께할 수 있다고 여기는 탓이다. 악수, 애무, 대립, 협력, 교류, 대화 등의 상호성 속에서 그럴 수 있다고 여기는 탓이다. 의식 ―가능한 것에 대한 의식, 능력, 자유―은 이미 고유한 의미의 근접성을 ―조망하고 주제화함으로써 ― 잃어버린 상태일 것이다. 또 의식은 앎이나 능력보다 더 오래된 주체성을 이미 그 자신 안에 억압해 놓은 상태일 것이다. 근접성은 더 이상 앎 안에 있지 않다. 이웃과 맺는 이 관계들이 앎에서 드러나지만, 거기서 그것은 이미 이야기 안에서, 서사시와 목적론인 말해진 것 안에서 나타난다. "세 가지 통일"은 연극 활동의 전유물이 아니다. 그것은 모든 전시展示를 지배하며, 이웃과 맺는 양 방향의 관계 또는 양 초점의 관계를 역사, 이야기, 우화로 모아들인다. 단어를 이중화하는 상징 문자들은 이 "모아들임"에 한층 더 잘 들어맞아서, 텍스트의 통일성에 따라 동일자와 타자의 차이를 무화시킨다. 동일자로 통합되고 경험으로 모아진 까닭에, 다른 어떤 것이든 다양성의 종합이라면 으레 낳게 되는 결과처럼, 근접성은 이미 자신의 비-상한 애매성을 변질시켜 버렸다. 그 애매성이란 그 항들 사이의 차이에 의해 깨어진 전체ensemble의 애매성이다. 하지만 여기서 차이는 무관심하지-않음이자 단절 ─강박이다.

여기서 강박이라는 발상을 도입한 이유는 근접성을 ─잘 알려진 관례에 따라─ 통일과 차이의 변증법적 통일로 설명하기 위함이 아니다. 이 강박에서 차이는 비-무관심성으로서 떨린다. 강박이란 단지 존재의 이해 가능성의 체계를 형성하는 상호적인 또는 적어도 가역적인 관계들 중의 한 관계를 나타내는 것이 아니다. 그런 이해 가능성의 체계에서 자아는 유일한 자아들로 이루어진 다양성을 포섭하는 보편자로서 자신의 단일성에 이른다. 의식이란 아마 개체화의 사실성이 개체라는 개념으로 복귀하는 장소 자체일 것이다. 또 그래서 의식은 자신의 죽음에 대한 의식이 된다. 거기서 의식의 독특성은 자신의 보편성 속으로 사라져 버리는 까닭이다. 의식 속에선, 그 어떤 보충적인 특별한 차이도, 그 어떤 보편성의 부정도 주체를 보편성에서 떼어 놓을 수 없다. 이런 떼어 놓음을 주장하는 일은 "그 자신이 말하고자 하는 것과 반대되는 것을 말하는 것이다".[17] 하지만 이웃에 의한 강박은 부정성보다 강하다. 이 강박은 자신의 침묵 자체의 무게를 통해 이런 무게를 떠맡는 능력을 마비시킨다. 의식적 담론은, 의식을 찢어 놓는 변용을 치료하지 않고서도, 또 주체성의 떨림인 "망상의 씨앗"—이성의 살에 박힌 가시—을 고백함으로써 뽑아내지 않고서도, 여전히 이런 무능력에 대해 말할 줄 안다. 여기에 대해 발언하는, 또 말해진 주체성이 나타나는 보편성 너머에서 이웃에 강박된 주체성으로 머물러 있는 철학자에게조차 이 점은 마찬가지다. 그것을 발언하는 주체가 타인에게 노출되는 말함은 언표된 주제의 객관화로 환원되지 않는다. 그렇다면 도대체 누가 주체에게 다가와 상처를 주고 그 주체가 자신의 말함에서 스스로의 생각을 노출하거나 자신을 노출하도록 한다는 말인가?! 주체는 타인이 일으키는 변용에 예속된다. 이 변용은 자신의 비가역성 바로 그것 덕택에 보편적 사유로 변하지 않는다. 타자에 의해 변용된 주체는 그 변용이 상호적인 것이라고 생각할 수 없다. 주체가 자신을 강박하는 자에게 강박을 행할 수는 있겠지만, 주체는 바로 그 강박에 여전히 강박되어 있기 때문이다. 되돌아오는 관계로 나아갈 수 없음, 즉 비가역성은 주체의 "주체성", 보편적 주체의 "주체성"이다. 주체가 이 점을 모른다는 사태가 입증하는 것은, 아직 사유할 줄 모르는 채 모든 매개 이전의 원래의 동일성에 아직도 갇혀 있는 인간성의 순진함이 아니다. 또 모든 매개 이전의 원래의 동일성 속에서 개념과 죽음을 회

---

17) Georg Wilhelm Friedrich Hegel, *Phénoménologie de l'Esprit 1*, trans. J. Hyppolite, Paris: Aubier, 1939, p.90[『정신현상학 1』, 144쪽] 참조.

피하는 인간의 일상성도 아니다. 이 무지가 입증하는 것은 오히려 희생의 전-근원적인 이편이다. 이 비-상호성 속에서, "거기서 생각하지 않음"에서, (자연 그 자체가 솟아오르는) "자연 상태"의 이편에서, 타자를-위한-일자가 알려진다. 타자를-위한-일자는 그 어떤 형식으로도 출발점으로 돌아오지 않는 일방향의 관계, 자연의 안정성 속에 있는 직접적인 동일성보다 더 직접적인 타자의 직접성, 근접성의 직접성이다.

비-상호성 자체인 강박, 함께 고통받을 그 어떤 가능성으로도 완화시키지 못하는 강박, 이것은 [기억의 여신] 므네모시네의 손가락 사이로 흐르는 시간의 통시성처럼 비가역적인 일방향의 변용이다. 이 강박은 일인칭으로 말하는 나에게서, 자아 개념을 벗어나는 나에게서 매듭지어진다. 자기성에서, ―자기성 일반이 아니라―나에게서 매듭지어진다. 이 매듭의 주체성은 나로 향한 타자의 움직임에 대해 염려하지 않은 채 타자로 나아가는 데서 성립한다. 더 정확히 말하면, 나와 이웃 사이에서 수립되는 데 부족함이 없는 모든 상호관계의 저편에서, 내가 언제나 그를 향해 한 걸음 더 내딛는(이것은 이 발걸음이 책임일 경우만 가능한 것인데) 그런 방식으로 접근하는 데서 성립한다. 그 방식은 곧, 우리가 서로에 대해 갖는 책임에서, 다름 아닌 내가 언제나 한 번 더 답을 하는 것, 그의 책임 자체에 대해 책임을 지는 답을 하는 것이다.

공시화하는 (또 써진 글로 귀착하는) 일치와 매개를 거부하는 가운데 일어나는 근접성의 터져 열림은 자신이 드러나는 주제보다 더 오래된 것이므로, 이른바 추상적이고 자연적인 직접성이 아니다. 그것은 전체성으로 정렬되는 관계들보다 더 **정해져**plus déterminé 있다. 그것은 의미함이고, 타인을-위한-일자이며, 타자에 대한 노출이고, 어루만짐과 말함의 접촉에서의 직접성이다. 이 말함의 접촉은 피부와 얼굴의 접촉이기도 한데, 여기서 피부는 언제나 얼굴의 변양, 피부로 무거워지는 얼굴의 변양이다.

　존재 속의 정황도 아니고, 이 정황을 초월론적 통각의 통일 속에서 반영하는 것도 아니다—근접성은, 나로부터 타자를 향한 근접성은 두 시간 속에en deux temps 있다. 그런 점에서 이것은 초월이다. 근접성은 시간화한다. 그러나 이것은 통시적 시간성을 통해서이며, 상기에 의해 회복 가능한 시간의 바깥—너머 혹은 저편—에서다. 의식이 머물고 유지되는 시간, 또 존재와 존재자들이 경험 속에서 드러나는 시간 바깥에서다. 사실 주체성은 격변화 없는 초월론적 의식의 역할과 자리를 으뜸가는 소명으로 요구받는 것이 아니다. 그런 초월론적 의식은 자신 앞에서 직접 종합을 행하지만 이 종합에서 스스로를 제외시키고 육화라는 우회를 통해서만 그 종합에 관여한다. 초월론적 의식의 이 육화는 격변화 없는 올곧음droiture만큼이나 이해하기 어려운 것이다. 주체성은 대체 불가능한 자기-자신이다. 그것은 정확히 말해서, 자신의 동일성 속에 주격으로 자리한 것이 아니라, 단번에 ~에 처해진, 대격에 처해진 나moi다. 단번에 책임을 지게 된, 그것도 회피 불가능하게[18] 책

---

18) 죽음을 회피하는 것 자체의 이 불가능성은, 여전히 은폐 가능한 불면 저편에서 주체가 말함인 지점, 타자에게 스스로를 드러내는 지점, 즉 심성이다.

임을 지게 된 나다. 이 주체성에 결국 주제와 대상이 제시되고 주어진다 해도,[19] 이 질서에 대한 주체성의 예외는 주어진 것을 떠맡음으로써 그것을 재현하고 그것에 대한 의식을 가지는 데(그것이 대상이나 자기를 인식하는 것이든, 세계 또는 자기에 능력을 행사하는 것이든 간에) 있지 않다. 주체성의 고유한 의미작용은 근접성이다. 그러나 이 근접성은 의미작용의 의미함 자체이며, 타자를-위한-일자의 수립 자체, 주제가 된 모든 의미작용이 존재 안에서 반영하는 의미의 수립 자체다.

따라서 근접성을, 두 항들 사이의 관계라고 말하는 것은 충분치 않다. 또 관계로서의 근접성을 이 항들의 동시성이 보장한다고 말하는 것은 충분치 않다. 타자에 의해 동일자에게 실행된 강박의 무관심하지-않음에서의 동일자와 타자의 차이를 통해서 이런 공시성의 단절을, 이 전체의 단절을 강조할 필요가 있다. 원리상 순수한 관계들의 체계로 향하는 합리적 질서에 대한 근접성의 예외, 이것은 강박된 주체성 속 관계의, 비-상호적 강박의 실체화다. 이 강박은 이웃 덕택에, 그 "보편적 존재성"으로 헤아려질 이 관계들의 어떤 엮음으로 환원되지 않는다. 주체성은 바로 이 실체화로 헤아려지며, 말해진 것 속에 드러나는데, 물론 명사로는 아니지만 그래도 존재자들처럼 대-명사로 나타난다. 주체성은 관계인 동시에 이 관계의 항이다. 그러나 관계의 항이 이를테면 주체sujet가 된다는

19) 게다가 우리는 주체의 의미함에서 ─ 주체의 "타자를-위한-일자"에서 ─ 이론적인 것의 이 가능성을, 심지어 이론적인 것의 이 필연성을 도출할 수 있다.

것, 이것은 비가역적인 관계에 예속되는^{sujet} 것으로서다.[20] 이 관계는 자기로의 복귀가 아니다. 끊임없는 요구, 끊임없는 수축, 반복적인 회귀인 이 관계는, 그 어떤 것도 다시 만나거나 다시 덮을 수 없을 일자를 항으로서 이끌어 낸다. 주체성은 장차 자신이 개입하게 될 근접성에 선행하지 않는다. 오히려 모든 개입이 엮이는 것은 관계이자 항인 근접성에서다. 그리고 아마 이 근접성에서 출발해서 우리는 육화된 주체성이라는 어려운 문제에 접근해야 할 것이다. 사람들이 고집스레 자유로운 것이기를 바랐던 주체, 하지만 재현 속에서는 (비록 그것이 지향적인 주체라 해도) 비-자아$^{un\ non\text{-}moi}$로 주어지는 주체, 또 역설적으로 자신의 고유한 재현 속에서 포획된 채 발견되는 주체의 문제는 이 근접성에서부터 접근해야 할 것이다. "자유와 비-자유의 이편"의 배제된 삼자를 거부하는 철학자들이 의존하는 유한한 자유라는 모순적 개념은 이 역설을 해명하지 못한다.

---

20) 주체성은 근접성에 연루되고, 이 연루로 인해 근접성은 불가피하게 가까워진다. 의미작용의 통시성을 표현하는 이 연루는 말해진 것 속에서 공시적인 것이 되지 않을 수 없다. 이 자리에서만 해도 그렇다. 말해진 것 속에서의 이런 동시성은 이 말해진 것이 내세우는 통시성보다 더 진실한 것인가, 아니면 덜 진실한 것인가? 이런 물음은 참된 것의 독립성을, 현현의 독립성을, 의미작용과 관련한 열림의 독립성을 전제한다. 이 전제와 더불어, 답변도 의심할 나위 없이 주어진다. 모든 것이 드러나는 말해진 것이 철학의 근원이자 궁극이다. 그러나 이렇게 해서 사람들은 의미작용이 엮이는 곳인 전-근원적인 것을 망각한다. 사람들은 회의적 언표의 비상한 가능성을 망각한다. 이 회의적 언표는 아버지의 집으로부터 그를 내쫓는 온갖 반론을 거쳐 정신의 적자로 되돌아오며, 자칭 참이라는 언표 속에서의 진리 ─하나인 사유, 그러나 동시에 사유가 아닌 것─에 이의를 제기한다.

c. 근접성과 강박

근접성은 주체를 자신의 주체성 자체 안에서 팽팽하게 하는 것으로 그려진다. 이것은 관계이고, 이 관계의 항이다. 이렇게 인도되는 탐구에는 의미의 미끄러짐이 전혀 끼어들지 않는다. 이를테면, 근접성의 의미작용에서부터 (이웃에 다가가는) 자아의 영혼 상태에 대한 이러저러한 반성으로 나아가는, 그런 식의 미끄러짐이 끼어들지 않는다. 의미작용이고 타자를-위한-일자인 근접성은 영혼 속에서 생산되는 어떤 배치가 아니다. 그것은 본성의 추상보다 훨씬 오래된 직접성이지, 어떤 융합이 아니다. 근접성은 타인의 접촉이다. 접촉하고 있음, 이것은 타인의 타자성을 없애려고 타인을 서임하는 것이 아니며, 타자 속에서 나를 지워 버리는 것도 아니다. 접촉 자체에서는 만지는 자와 만져지는 자가 분리된다. 마치 만져지는 것이 멀어지는 것이고 이미 항상 타자여서, 나와 **공통의** 것이라곤 아무것도 갖지 않는 것처럼. 마치 그것의 독특성 ─독특하기에 예측할 수 없고 결국 재현할 수 없는─이 응답하는 것은 가리킴에 대해서뿐인 것처럼.

그렇다면 그것은 토데 티ᵗᵒᵈᵉ ᵗⁱ인가?[21] 그러나 토데 티가 독특한 것은 자신의 유 안에서이며, 설사 외연外延이 없다 해도 그것은 자신의 유에 속한다. 그것은 후설이 "알려지지 않은 것과 알려진

---

21) 토데 티는 아리스토텔레스가 실체를 다루며 쓴 용어로 특수한 어떤 것으로 동일시된 실체를 뜻한다. '이 어떤 것'이라고 옮길 수 있다. ─옮긴이

것의 공허한 지평"[22]이라고 부른 것에서도 나타나는데, 이 선험적 지평은 토데 티를 이미 한 집합에, 어떤 정황이나 상호관계에(최소한 그것을 가리키는 손가락과 함께 토데 티가 형성하는 상호관계에) 되돌려 준다. 타자로서의 이웃은 자신의 그림자를 그리거나 알려 줄 어떤 전조를 앞세우지 않는다. 타자인 이웃은 나타나지 않는다. 그가 어떤 특징적 신호를 내 앞으로 보내 줄 것이란 말인가? 그것은 그에게서 배타적인 타자성을 벗겨 내지 못할 텐데 말이다. 모든 존재성, 모든 유, 모든 유사성에서 면제된 이웃은 **첫 번째로 온 자로서** 나와 첫 번째로 관련을 맺는다(비록 그가 오래전부터 아는 사람이고, 오래된 친구이고, 오래된 연인이어서, 내 사회관계망에 연루된 지 오래라 해도 그렇다). 선험적인 것을 떠난 우연성 속에서 말이다. 이웃은——모든 것을 벗어나——선험적으로[23]——미리 전해진 어떤 특징적 신호를 확증해 주러 오지 않는다. 이웃은 자신의 배타적인 독특성으로, **나타남 없이** 나와 관련을 맺는다. 토데 티로서 관련을 맺는 것도 아니다. 그의 극단적인 독특성, 그것은 바로 그의 소환이다. 그는 내가 그를 토데 티로서 가리키기 전에 나를 소환한다.

　이웃은 모든 떠맡음에 앞서, 승낙되거나 거부된 모든 개입

---

22) Husserl, *Expérience et jugement*, p.45(*Erfahrung und Urteil*, Prag: Academia Verlagsbuchhandl, 1939, p.35)[『경험과 판단』, 100쪽].
23) 이웃은 모든 선험성 밖에서, 그러나 아마 모든 선험성 이전에, 선험적인 것보다 더 일찍 나와 관련을 맺는다. 우리의 모든 탐구가 원하는 바는 이런 생각에 가치를 부여해 절대적 수동성 개념에 이르는 것이다. 주어진 것에 대한 수용성, 의식의 양태인 수용성은 여기에 적합하지 않다. 왜냐하면 수용성에서 배제할 수 없는 바로 이 선험성이 주어진 것의 모든 무게를 받아들이게 하는데, 이 받아들임은 여전히 행위일 것이기 때문이다.

에 앞서 나와 관련을 맺는다. 나는 이웃에 묶여 있다. 그렇지만 그는 아무 특징적 신호도 없이, 짝이 맞지 않게, 모든 계약 관계에 앞서, 제일 처음 온 자다. 그는 알려지기도 전에 나에게 명령한다. 모든 생물학을 벗어난, "모든 논리를 거스르는" 혈연 관계. 이웃이 나와 관련을 맺는 것은, 이웃이 나와 같은 부류에 속하는 자로 확인될 것이기 때문이 아니다. 그는 분명히 타자다. 그와 나의 공동체는 그에 대한 나의 의무에서 시작한다. 이웃은 형제. 폐기할 수 없는 형제애, 기피할 수 없는 소환인 근접성은 콤플렉스의 뒤틀림 없이는, 즉 "소외"나 위반 없이는 멀리할 수 없다.[24] 이것이 불면 또는 심성이다.

이웃은 내가 그를 가리키기 전에 나를 소환한다. 이것은 앎이 아니라 강박의 한 양상이며, 인식에 비하여 전혀 다른 인간적인 것의 떨림frémissement[25]이다. 인식은 언제나 창조와 무화로 전환될 수 있다. 대상이 개념에 맞춰짐으로써 그런 결과를 낳는다. 독특한 것을 억압함에 의해, 일반화에 의해, 인식은 관념론이 된다. 이웃에 가까이 갈 때, 나는 단번에 이웃의 봉사자가 된다. 하지만 그런 나는 이미 늦은, 그래서 죄를 지은 봉사자인 것이다. 나는 밖으로부터

---

24) 환상, 도취, 인공 낙원 등의 기이한 장소가 이해되는 것은 아마 이 돌이킬 수 없음과 관계해서일 것이다. 도취의 이완은 멀어짐이나 책임질 수 없음의 허울이다. 형제애의 억압 또는 형제 살해. 멀어짐의 가능성은 꿈과 깨어 있음 사이의 거리를 잰다. 꿈과 환상, 이것은 강박에서 빠져나온 의식의 놀이, 타자에 의해 소환됨이 없이 타자를 건드리는 의식의 놀이. 의식의 놀이 —허울.
25) 이 말은 플라톤의 『파이드로스』에 나오는 ϕρικη를 옮긴 것이다.

명받은 셈이다. 즉 나는 외상을 입으며 명령받는다. 재현에 의해 또 내게 명령하는 권위 개념에 의해 내면화함이 없이 명받는다. 다음과 같은 질문들을 나 자신에게 던지지 않고 말이다. 그래서 그것은 내게 무엇인가? 명령하는 그의 권리는 어디에서 오는가? 내가 무엇을 했기에 단번에 빚진 자가 되는가?[26] 자신의 상관물들을 무수한 이미지로 증가시킬 줄 알아서 세상을 "풍부하게 하고" 거처로 침투해 들어가는 의식은, 이 상관물들을 손대지 않은 채로, 가까이 하지 않은 채로 놓아둔다. 거기에서 개념들이 만들어진다. 의식은 나와 이웃 사이에 놓이려 하지 않는다. 또는 적어도 이렇게 말할 수 있다. 의식이 솟아오르는 것은 이미, 강박의 우선적인 이 관계를 바탕에 두고서다. 어떤 의식도 이 관계를 없앨 수 없다. 의식 자체가 이 관계의 변양인 것이다.

강박은 의식이 아니다. 강박을 떠맡으려는 의식을 강박이 뒤엎어 버림에도 불구하고, 강박은 의식의 종류도 의식의 양상도 아니다. 강박은 박해처럼, 떠맡을 수 없는 것이다.[27]

---

26) 『햄릿』, 2막 2장 참조. "그에게 헤쿠바가 무엇이기에, 또는 헤쿠바에게 그는 무엇이기에 그렇게 그는 그녀를 위해 우는가?"

27) 강박은 문 또는 창문의 뚫림에 앞선, 모나드들 사이의 관계와 같다. 이 관계는 지향성에 역-류한다. 지향성은 강박의 양상이며, 결코 이 관계의 개화(開花)가 아니다. 각각의 모나드에 의한 타자들 모두의 표현은 대신함으로 귀착한다. 주체성의 정체성은 이 대신함으로 해소된다. 모든 타자들에 의해 강박되어 모든 타자들을 떠받치는 자아는 지향적 엑스터시의 전도다. 자아가 이웃의 박해하는 고발을 당한 자기가 되는 수동성. 랍비의 사유는 책임의 범위에 대해 이렇게 말한다. 책임 있는 이가 자신이 책임지는 자들의 편에서 "[…] 돌팔매 형벌과 모욕을 당하는 그 지점까지"(『민수기』 12장 12절에 대한 라시(Rachi)의 논평 참조. 그는 여기서 시프리(Siphri)의 옛 번역을 따르고 있다).

그러나 이 소환을 의식할 필요가 있지 않은가? 근접성이 재현, 존재론, 로고스 없이 성립하는가? 의식을 가짐, 즉 주어진 것의 수용은, 후설이 주장하듯, 모든 관계의 전조가 아닌가? 그러나 이 소환의 극단적 긴급함은 의식의 균등함이나 평정함을 깨뜨려 버린다. 의식의 균등함은 가시적이거나 이해 가능한 대상과 쌍을 이루는 것이다. 이웃은 대상이 한 면모나 윤곽의 유연성 속에서 유지되거나 여러 면모들의 개방적 계열 속에서 유지되는 것처럼 어떤 형식 속에서 유지되지 않는다. 대상에서 개방적 계열은 여러 면모들 각각을 넘어서지만 의식함의 적합성을 파괴하지는 않는데, 그것은 각각의 현상이 시간적으로, 제시간에 출현하기 때문이며, 또 그 계열이 칸트적 의미에서의 이념에 의해 총괄되기 때문이다. 소환의 극단적 긴급성은, 주어진 것을 수용하는 데 필요한, 또 (노에시스의 노에마와 현상이 출현하는) 다양을 동일화하는 데 필요한 "정신의 현존"을 흔들어 버린다. 극단적 긴급성은 강박의 양상이다(이것은 알려지지만 앎은 아니다). 나는 마주 대할 시간을 갖지 못한다. (극장에서 펼쳐지는 포즈들만큼이나 많은) 관습들 밖에서도 이웃에 대한 나의 기준에 일치하는 맞아들임은 없다. 합치는 불가능하다. 의무는 현재 했거나 할 것이거나 유지할 모든 개입보다도 훨씬 크다. 어떤 의미에서는 이웃보다 더 성가신 것은 없다. 이 욕망은 욕망될 수 없는 것 자체가 아닌가? 나를 무관심하게 둘 줄 모르는 이웃 ─ 욕망된 욕망될 수 없는 자 ─ 은, 모유가 신생아의 본능에 젖을 빠는 운동을 각인해 놓은 것같이 자신에 이르는 길을 욕망에 드러내 보여 주지 않았다. 그러나 맞아들임의 현재를 보류하는 것은 이미 거리를 두는 것이고 이웃을 잃는 것이다. 대상이 감응을 일으키는affecter 의식에서는 그 변용affection이 떠맡음으로 귀착한다. 반면에 여기서는, 변용의 타격이 외상으로 충격을 준다. 내가 기억으로, 역사자료로 몸소 모을 수 있는, 선험적으로 지배할 수 있는 모든 것보다 더 깊은 과거 속에서, 시작에 앞선 시간 속에서 충격을 주는 것이다.[28]

여기서 문제는 어떤 결과가 자신의 원인을 겪는다는 것이 아니다. 주체적인 것은 겪을 뿐 아니라 고통받는다. 고통스러움은 겪음 뒤편의, "음의 크기"를 가진 어떤 거다. 이것은 수동성의 잉여다. 그것은 더 이상, "이것을 저것으로" 동일화하고 "의미를 빌려주는", ~에 대한 의식이 아니다. 이웃은 마치 그가 말하기도 전에 내가 그의 말을 듣기라도 한 듯이, 나를 때리기도 전에 나를 때린다. 이것은 의식을 구획 짓는 시간성과는 다른 시간성을 입증하는 시대착오다. 그것은 재현이 계속되는 역사와 기억의 회복 가능한 시간을 당황케 한다. 만일 실제로 모든 경험에서, 행해진 것의 명세서가 경험의 현재에 선행한다면, 기억이나 역사는, 또는 선험적인 것의 특별한 시간성은 간극을 회복하고 이 과거와 이 현재 사이의 상관관계를 만들어 낼 것이다. 근접성에서 들려오는 명령은 기억할 수 없는 과거에서 오는 듯하다. 이 과거는 결코 현재이지 않았던

---

28) 이 변용의 수동성은 하이데거가 칸트와 관련해 말하는 근본적 수용성보다 더 수동적이다. 그 근본적 수용성에서는 초월론적 상상력이 주관에 "무의 공동(空洞)"을 제공해서 주어지는 것에 앞서게 하며 주어지는 것을 떠맡게 한다.

과거, 그 어떤 자유에서도 시작되지 않은 과거다. 이웃의 이와 같은 방식이 얼굴이다.

이웃의 얼굴이 내게 의미하는 것은, 모든 자유로운 동의와 모든 협약, 모든 계약에 앞서는 부인할 수 없는 책임이다. 얼굴은 재현을 벗어난다. 얼굴은 현상성의 탈퇴 자체다. 나타나기에 너무 거칠어서가 아니라 어떤 의미에서는 너무 연약해서다. 현상보다 "덜"하기에 비-현상인 것이다. 얼굴을 드러냄은 벌거벗음, 즉 형식-없음non-forme이고, 자기의 포기이며, 늙음이고, 죽음이다. 벌거벗음보다 더 벌거벗은 것, 즉 가난이고, 주름진 피부다. 주름진 피부, 즉 자기-자신의 흔적이다. 나의 반응은 현전을 놓친다. 현전은 이미 그-자신의 과거다. 결코 현재에 없고, 되잡힌 국면인 과거. 이 현재의 과거, 모든 되잡음을 벗어나고 타자와 나의 동시성을 변질시키는 늙음의 이미 상실된 경과. 타자는 내가 오기 전에 나를 요청한다. 회복될 수 없는 뒤늦음. "나는 열었으나 […] 그는 사라졌네."²⁹⁾ 나의 현전은 소환의 극단적 긴급함에 응답하지 못한다. 나는 늦었다고 고발된다. 시계가 표시하는 공통의 시간은 이웃이 자신을 드러내고 스스로를 이미지로 내놓는 시간이다. 그러나 이웃이 더 이상 가깝지 않은 것은 바로 이웃의 이미지에서다. 그러한 이웃은 이미 내게 "자기 관여"quant à soi를 허락하고 거리를 허락하며, 내 능력과 내 현재에 따라 같은 척도로 잴 수 있는 것으로 머문다. 여기서 나는 "~할 만한"à même de이 된다. 즉 나의 정체성에 의

---

29) 「아가」, 4장 6절[5장 6절을 잘못 쓴 듯하다].

해 모든 것을 설명할 수 있게 된다. 접촉은 끊어진다. 타인이 그 이미지의 가소성 속에 존재하는 것으로 내게 나타날 때, 나는 다중화 가능한 것과 관계하게 되지만, 이것은 내가 그 이미지를 무한히 재생산함에도 불구하고 손닿지 않은 것으로 남는다. 또 나는 그에 대하여, 말함으로 자신을 토로하지 않은 채 이 이미지들에 맞는 단어를 스스로 부여할 수 있다. 근접성은 만날 약속을 할 수 있게 하는 시계의 공통된 시간 안으로 들어오지 않는다. 근접성은 교란이다.

거리의 제거인 근접성은 ~에 대한 의식의 거리를 제거한다. 이웃은 그를 찾는 사유로부터 스스로를 배제하는데, 이 배제에는 긍정적인 면이 있다. 이웃의 출현에 앞서 내가 이웃에 노출된다는 점, 내가 이웃에 대해 늦는다는 점, 내가 감내한다는 점 등이, 내 안의 동일성으로 있는 것을 탈핵화한다. "~에 대한 의식"이 수반하는 거리의 제거인 근접성은 **공통의 현재 없는 통-시**의 거리를 연다. 여기서 차이는 되찾을 수 없는 과거이고, 상상할 수 없는 미래이며, 이웃의 재현할 수 없음이다. 이 이웃에 대해 나는 늦지만 이 이웃에 의해 강박되어 있다. 그러나 여기서 이 차이는 타차에 대한 나의 무관심하지-않음이다. 근접성은 기억할 수 있는 시간의 교란이다.

우리는 이것을 묵시록적으로 시간의 파열이라고 부를 수도 있을 것이다. 그러나 중요한 것은 비-역사적이고 말해지지-않은 시간의 지워진, 하지만 길들일 수 없는 통-시성이다. 이 통-시성은 기억이나 사료편찬을 통해 현재로 공시화되지 못한다. 거기서 현재는 기억될 수 없는 과거의 흔적에 불과하다. 이웃의 근접성이 야기하는 의무는 이웃이 주는 이미지와 상응하지 않는다. 그것은 앞서 또는 달리 나와 관련을 맺는다. 그러한 것이 얼굴의 비-현상성이 갖는 의미다.

d. 현상과 얼굴

종합과 동시성을 거부하는 이 벌거벗음과 이 빈곤에, 이 후퇴 또는 이 죽음에 강박된 가운데, 근접성은 마치 심연인 것처럼, 존재의 찢어질 수 없는 존재성을 중단시킨다. 다가온 얼굴, 피부의 접촉. 얼굴은 피부로 무거워지고, 피부에서는 달라진[30] 얼굴이 외설에 이르기까지 숨을 들이마신다. 그들은 이미 그들-자신에서 나와 돌이킬 수 없는 지나감으로 과거 속에 빠진다. 어루만져진 피부는 유기체의 보호막, 즉 존재자의 단순한 표면이 아니다. 그것은 가시적인 것과 비가시적인 것 사이의 간극, 거의 투명한 간극이다. 가시적인 것으로 비가시적인 것을 표현한다고 정당화할 수 있을 법한 간극보다 더 얇은 간극이다. 이 얇음은 무한소의 양, 무한소의 두께가 아니다. 그것은 이미 의미의 교체^{alternance}로 귀착한 얇음이고, 현상과 현상의 탈퇴가 이루는 애매성이다.[31] 그것은 무형태 속에서 노

---

30) 이 달라짐(altération)의 의미를 분명히 하는 자리가 있어야 함은 물론이다. 하지만 여기서는 리비도의 가능성을 더 기본적이고 더 "풍부한" 의미작용에서, 근접성의 의미작용에서 강조하는 것이 중요할 것이다. 이 리비도의 가능성은 얼굴과 피부의 통일에 들어 있다. 비록 그것이 얼굴의 극단적인 전환에서 이루어질 뿐이라 해도. 에로틱한 이타성(altérité) 밑에 타자를-위한-일자의 이타성이, 즉 에로스에 앞선 책임이 자리한다.

31) 또한 이중적인 교체의 애매성이기도 하다. 다음 주석을 참조하라.

출된 빈곤이며, 이 절대적 노출로부터 그것의 빈곤에 대한 수치로 물러난 빈곤이다. 근접성의 과도함은 인식과 지향성 속에 주체와 대상이 들어서는 결합과는 다르다. 알려진 것이 탈은폐되고 전시되는 것을 넘어, 놀래고 놀라게 하는, 놀라운 현존과 이 현존의 후퇴가 교대로 이어진다alterner. 이 후퇴는 현존의 부정이 아니며, 기억이나 현실화 속에서 되찾을 수 있는 현존의 순수한 잠복도 아니다. 그것은 이타성이다. 거기에는 (상호적인 것의 공시성 안에 자리 잡은 종합으로 모이는) 현존 또는 과거와 공통적인 어떤 척도도 없다. 근접성의 관계는 바로 이런 괴리 때문에 성립한다.[32] 어루만짐[애무]은 거기 있는 것을 마치 거기에 없는 것인 듯 찾는다. 마치 피부가 그것이 물러난 흔적이라도 되는 것처럼. 거기 있지만 더 이상 잡을 수 없는 어떤 부재를 여전히 갈구하는 무기력. 애무는 접촉의 일치하지 않음이다. 결코 충분히 벗겨지지 않는 벗김이다. 이웃은 다가감을 충족시키지 않는다. 피부의 부드러움은 다가감과 다가옴 사이의 간격 자체이고, 괴리, 비-지향성, 비-목적론이다. 여기

---

32) 이 괴리에는 상호관계로 생각될 수 있는 것이 아무것도 없다. 다시 말해 잃어버려도 되찾을 수 있는 시간적 연속의 공시화처럼 사유될 수 있는 것이 아무것도 없다. 괴리의 이런 애매함은 근접성의 접촉이 일상적 의미를 갖는 데서 오는 애매성 탓에 배가된다. 접촉은 만지고 더듬고 탐색하고 찾고 앎으로 만드는 등등의 행위를 벌거벗음에 대해 행한다. 이때의 벌거벗음은 의사가 검진하거나 건강한 운동선수가 보여 주는 그런 벌거벗음이다. 접촉이 이처럼 의식으로, 언표하는 논리적 담론(여기서는 의사소통되는 주제가 의사소통의 접촉보다 더 중요한데)으로 변환되는 것은, 우연이나 행동의 실수 탓이 아니다. 그것은 이웃이 제삼자와 가지는 관계 탓이다. 이웃은 제삼자에 대해 죄가 있을 수 있다. 그러한 변환은 이웃 앞의 희생 그 자체에서 태어나는 정의에 기인한다.

서 애무의 무–질서[33]가, 통시성이, 현재 없는 쾌락이 나온다. 연민이, 고통스러움이 나온다. 근접성, 직접성, 이것은 향유함이고 타자에 의한 고통받음이다. 하지만 내가 향유하고 타자에 의해 고통받을 수 있는 것은 오직 내가–타자를–위해–있기 때문이다. 내가 의미작용이기 때문이다. 즉 피부의 접촉이 여전히 얼굴의 근접성, 책임, 타자에 의한 강박, 타자를–위한–일자–임이기 때문이다. 이것은 의미작용이 존재 너머에서 탄생하는 사태 자체다. 돌이킬 수 없는 통시성, 타인이 이미지나 초상처럼 조형적으로 나타나는 탈은폐의 지향적 상호작용의 탈퇴. 얼굴에서의 현상성의 탈퇴. 비록 나타남의 늘 애매한 이 탈퇴 가운데 강박 그 자체가 말해진 것에서 드러난다 해도 그렇다.[34] 출현은 얼굴의 젊은jeune 현현顯顯, épiphanie에 의해, 즉 얼굴의 여전히 존재적인 미에 의해, 그러나 또한 이 젊음에서 이미 지나간 것인 이 젊음에 의해 관통된다. 그것은 **주름진 피부**이고, **젊음 자체의 흔적**이다. 최상의 현존이 가지는 애매한[양면인] 형식이다. 즉 그 현존은 자신의 출현에 참석하고 젊음으로 자신의 가소성을 관통하지만, 이미 모든 현존의 쇠퇴여서 하나의

---

33) 애무가 말해진 것의 목적론적 질서로 재진입해서 상징이나 단어가 될 수 있다고 해도 이런 표현은 가능하다.

34) 하지만 강박이 새삼스레 지향성이 되는 것은 아니다. 사태가 아무리 복잡하다 해도 지향성에서처럼 어떤 상호적 항의 목표가 관건이 되지는 않는다. 얼굴에서의 타인에 의한 강박은 이미, 상호적인 것으로 물질화할 수 없는 무한의 얽힘이다. 무한은 지향성의 범위를 초과한다. 장소로서는 여기의 초과, 시간으로서는 지금의 초과, 동시성과 의식의 초과—이것은 흔적을 남긴다. 무는 아니지만 밤과도 같은 공백으로서의 공간 속에서 무한의 이 흔적이 명멸하는 빛처럼 수수께끼같이 드러난다. 거기서 새로운 얽힘은 부정 신학에 머물지 않는다. 그것의 긍정성은 우리를 대신함의 관념으로 이끈다.

현상보다도 못한 현존이다. 그것은 이미 빈곤이다. 자신의 비참함을 감추고 나를 부르며 내게 명하는 빈곤. 그 자신을 버리는 실존의 독특한 의미작용, 끝이 나는 유한함의 끝맺음, 하지만 데스마스크의 절대적 부동성 속에서도 아직 중단되지 않은 삶, 외관이 아닌, "직접적으로 자신의 고유한 무인 존재"라고 헤겔이 지시할 수 있었던 유한함의 끝맺음. 모두로부터 또 그 자체로부터 포기된 이 실존, 나에게 부과된 그 자체의 흔적은 비교할 수 없고 형태들로 전환될 수 없는 소환의 힘으로 내 최후의 은신처에서 나를 소환한다. 만일 형태들로 전환된다면, 그런 형태들은 곧바로 내게 어떤 용모를 주게 될 것이고, 나를 재현의 지연과 조화시켜 이미 소환을 결여한 급박함과 관련지을 것이며, 이웃이 자신의 근접성을 폐기하게끔 하는 이미지들로 나를 끌어낼 것이다. 이 이미지들로 인해 이웃은 자신의 동전 소리로 값을 치르고 낱말들로 지불하게 될 것이며, 그럼으로써 "주체의 능동성"을 수립하고 세계의 지배를 수립하게 될 것이다. 이 세계가 저항한다 하더라도 말이다.

내 책임에 명해졌지만 내가 놓친, 잘못한 그-자신의 흔적, 그의 죽을 수밖에 없음이 내 책임이고 내가 살아남은 것이 내 죄인 듯한 그의 흔적 ―이것이 얼굴이다. 얼굴은 직관적 지향의 올곧음에 주어진 이미지의 직접성보다 더 팽팽한 무시원적 직접성이다. 근접성 속에서 절대적인 타자, 즉 "내가 배지도 낳지도 않은" 이방인인 그를 나는 이미 두 팔로 안은 셈이다. 성서의 표현에 따르면 "유모가 젖먹이를 품듯 내 가슴에"[35] 그를 이미 품는다. 그에게는 다른 장소가 없다. 그는 비토착인이고, 뿌리 뽑힌 자이며, 무국적자이고, 비-거주민이다. 계절의 추위와 더위에 노출되어 있는 자다. 내게 도움을 청하게 되었다는 것은 바로 이웃이 무국적임 또는 이방인임을 뜻한다. 그것은 내게 부과되는 사태다.

그 사태는 이웃을 완전히 내게로 몰아붙인다. 직접성, 그것은 얼굴에 재현이 없음이다. 그 얼굴은 세계에서, 지평에서, 조건에서 뿌리 뽑힌 "구체적 추상"이다.[36] 여기서는 타자를-위한-일자가 맥락 없는 의미작용에 새겨진다. 이 타자를-위한-일자는 공간의 공백에서 온다. 공백을 의미하는 공간에서, 기하학적인 동질성처럼 거주할 수 없는, 사막 같고 고립된 공간에서 온다. 버림받은 공간, 그러나 누구에 의해 또는 무엇에 의해? 그것은 버려져서 텅 빈 또는—오! 탈신비화해야 할 애매함이여!—단순히 연장된, 사람들의 오-고-감에 무관심한, 무처럼 관통할 수 있는, 모든 근접성에 앞서 사유할 수 있는 한가운데인가? 아니면, 탈신비화에도 불구하고, 다시 텅 비어, 광장공포증에서처럼 강박하는, 지나감의 흔적인가? 또는 들어갈 수 없었던 것의, 초-과ex-cession의 흔적인가? 즉, 과도한 것의, 들어 있을contenu 수 없었던 것의, 내용-아닌 것non-contenu의 흔적인가? 모든 척도와 모든 용량에 들어맞지 않는, 이 애

---

35) 「민수기」, 11장 12절.
36) 근접성을 타자를-위한-일자의 성인전처럼 기술하는 것은 사회를 기초하는 것이다. 사회는 세 번째 인간의 등장으로 시작한다. 그리고 사회에서는 모든 문제에 앞서는 나의 응답, 다시 말해 나의 책임이—폭력에 내맡겨지지 않는 한—문제들을 설정한다. 그래서 책임은 비교, 측정, 지식, 법, 제도 등에, 즉 정의에 호소하게 된다. 하지만 정의가 공정함 자체를 이루는 데는 이 정의를 야기했던 의미작용을 포함하는 것이 중요하다.

매함들에 의해 통시적으로 정확하게$^{avec\ exactitude}$ 의미화하는 무한의 흔적인가. 그것은 거기에 모아질 수 없었던 것의 빈 공간, 결코 현재가 되지 않은 지나감의 흔적이다. 무일 수도 있겠지만, 그것은 순수한 무에 대한 그 무의 잉여 ─ 무한소의 차이 ─ 가 이웃에 대한 나의 무관심하지-않음 속에 있는 무다. 이 무관심하지-않음에서 나는 내게 보내진 명령에 복종하듯, 차아의 보편성에 "광기의 씨앗"을 뿌리는 명령에 복종하며, 내가 책임이 있는 바로-여기-있는-자 앞에 응답하는 나^{moi}에게 복종한다. 그러나 여기서 전-근원적인 것이 나타남의 현재에서 근원을 취해야 하는 일은 없다.

강박의 수동성에서 의식은 이웃으로부터 오는 떠맡을 수 없는 소환을 더 이상 숨기지 못한다. 이 수동성은 순진한 의식에 대한, 즉 철학 이전의 직접성에 대한 다른 이름이 아니다. 정반대로 그 수동성은 에고^{Ego}의 순진한 자발성을 문제 삼는다. 그것은 가장 근본적인 문제 삼기다. 순수 비판은 자기에 대한 반성에 의해 작동된 주제화 속에 있는 것이 아니고, 나를 판단하는 타자의 단순한 시선 속에 있는 것도 아니다. 이 주제화에서 대상의 조형성 ─ 형식 ─은 비판에 명백히 노출된 차아를 옷을 입혀 보호한다. 이 차아는 자신을 보편적인 것으로 받아들이면서 이미 책임에서 빠져나간다. 반면에 이 차아와 언제나 대조되는 나^{moi}는 그 책임에 강제된다. 나^{je}는 이 책임을 대신할 사람을 요구할 수 없다. 차아는 그-자신에 대해 반성하는 의식 속에서, 대상으로 변모될 수 있고 그와 동시에 보편적 주체의 찢기지 않는 형식에 의해 보호를 받는다. 차아는 그의 자발성 덕분에 그 자신의 고유한 비판적 눈에서

도망친다. 자아의 자발성은 자아를 판단하는 바로 이 눈 속으로 자아가 피신할 수 있게 해준다. 자아는 자신을 보기 위해 그–자신에서 떨어져 나오지만, 이와 같은 부정성은 어느 모로 보나 결국 자기 회복이다. 타자의 눈 아래서는 내가 존중 속에서 공격할 수 없는 주체로 머문다. 자기에 대한 모든 의식보다 더 일찍 자아를 나의 정체성 이편의 자기로 되돌리고 나를 절대적으로 벌거벗기는 것은 타자에 의한 강박이다. 타자, 곧 나의 이웃은 내가 자유롭게 저지른 것이 아닌 잘못에 대해 나를 고발한다. 존재가 그 흔적을 간직하지 못하는 이 "이편"을, 존재의 코나투스에 묶인 이기주의의 얽힘보다 더 오래된 이 "이편"을 피조성^{被造性}이라고 불러야 할까? 자기로 돌아오는 것, 그것은 (설사 가진 것을 모두 빼앗긴 채라 하더라도) 자기 집에 자리 잡는 것이 아니다. 그것은 이방인처럼 자기 집까지 쫓기는 것이고, 자신의 정체성과 자신의 빈곤에서조차 항의를 받는 것이다. 그 빈곤이란 마치 피부처럼 자기를 여전히 가두어, 이미 자기로 모아지고 이미 실체인 내면성에 자기가 자리 잡도록 할 것이기 때문이다. 자기로 돌아오는 것은 언제나 새로이 자기를 스스로 비우는 것이고, 혈우병의 출혈에서처럼 자기를 용해하는 것이다. 여전히 동일화 가능하고 보호받고 있는 자신의 핵 결합 이편에서, 어떤 이라는 준–형식적^{quasi-formel} 정체성에 이르기까지 자기를 용해하는 것이다. 그러나 이것은 언제나 면전에서^{coram} 이뤄진다. 더 이상 의도를 가지지 않는 지점에 이르기까지 자기가 흐트러지고, 자신을 노출하되 이 노출 자체에 응답하는 노출 행위 너머에서 더 많이 노출하면서 ─ 스스로를 표현하면서 ─ 발언하면서 이뤄진다. 그리고 거기서 격변화하지 않는 일차가, 발언하는 일자가, 즉 자신의 노출 자체를 노출하는 일자가 성립한다. 발언하는 행위는 수동성의 수동성이다. 이 수동성에서 나는 근접성으로 돌아온다. 이 수동성은 정보의 교환, 즉 신호의 해석과 해독이 이미 전제하는 진솔성sincérité 또는 진실성이다.

세계에 대해 열린 의식의 제국주의에 반대되는 방식인 이 수동성, 피할 수 없는indéclinable 책임에 기인하는 이 격변화 없음indéclinabilité, 이 타자를-위함은, 그 말의 경멸적 의미나 비극적 의미에서 유한성이라는 용어로 다루어질 수 없을 것이다. 그런 유한성은 자기에서 분리되어 전적으로 자기에 대해 반성하는, 선천적이고 애처로운 무능력을 뜻하기 때문이다. 근접성이나 형제애는 절대적이고 유일하기를 원하는 주체 속의 어지럽혀진 평온도 아니고, 혼동이 불가능한 데서 비롯하는 부득이한 수단도 아니다. 자신의 불안정과 자신의 비움과 자신의 통시성 속에서 근접성은 모든 정지보다, 멈춰진 순간의 모든 충만보다 더 나은meilleur 것이 아닐까? 모든 것은 연속적이다(진리조차도). 그러나 통시성은 단지 사물들의 흘러감에 대한 비애가 아니다. 더 나은이라는 말─또 그것이 나타내는 선─이 여기 갑자기 끼어드는 바람에 우리의 모든 논의가 "이데올로기"라는 의심을 받을지 모르겠다. 하지만 "실존이 이 실존 자체에 대해 갖는" 관심에서 가장 자유로워진 순간, 우리 시대의 가장 덜 취하고 가장 명징한 인간성은, 타자의 비참함으로부터 그에게 오는 것 이외의 다른 그림자를 자신의 명료함 속에서 가지지 않으며, 타자들의 비참함으로부터 그에게 오는 것 이외의 다른 불안정과 다른 불면을 자신의 휴식 속에서 가지지 않는다. 여기서 불면은 회피하고 기분 전환하는 것이 절대적으로 불가능함을 가리킬 뿐이다.

e. 근접성과 무한

흔적 안에서 사라진 흔적, 과도함의 흔적 안의 무보다 더 못한 흔적, 그러나 항상 애매성(흔적 그 자체의 흔적 ―가면이라 할 만한 것, 그리고 공백 안에 있음― 무 또는 "감성의 순수 형식"이라 할 만한 것)을 가지는 흔적인 이웃의 얼굴은 이 비참함으로 나를 강박한다. "그가 나를 본다." 그의 모든 것이 나를 본다. 아무것도 내게 무관심하지 않다. 아무것도 공간의 공백 안으로의 이 방치보다, 들어갈 수 없는 채 지나가는 무한의 흔적보다 더 명령적impératif이지 않다. 여기서 얼굴은 부재의 흔적으로, 주름진 피부로 깊게 파인다. 아름다움의 이중성 안에 있는, 그림자 그 자체의 그림자인 현존의 기이한 비유, 시대착오적으로 자신의 흔적 안에 똬리 트는 존재의 기이한 비유.

필연성이 아닌 명령적 힘, 그것은 이 수수께끼 자체로부터, 흔적의 이 애매성으로부터 오는가? 수수께끼에서 팽팽해지고 느슨해지는 무한 ― 무한한 만큼 무-근원적이고 무-시원적인 무한―어떠한 현재도 어떠한 역사학도 모을 수 없는 무한, 기억할 수 있는 모든 과거를 앞서는 무한의 과거. 근접성 안에서 입 벌린 심연의 틈, 사변적인 만용을 벗어나며 명멸하는 무한, 이웃이 나의 책임에 관여함으로 해서 순수하고 단순한 무와는 구별되는 무한. 그러나 당위Sollen와도 구별되는 무한. 근접성이란 그 "항"이 단순히 점점 더 가까워지는 접근이 아니기 때문이다. 근접성의 항은 끝이 아니다. 나는 응답하면 할수록 더 책임을 진다. 나는 내가 책임을 지는 이웃에게 다가가면 다가갈수록 더 멀어진다. 증가하는 부채. 무한의 무한함infinition과 같은, 영광과 같은 무한.[37]

다가감은 공시화할 수 없는 통-시성이다. 재현과 주제화는 흔적을 출발의 기호로 변형시키고 그런 다음 얼굴의 애매성을 표정의 놀이나 어떤 기호의 의미 표시로 축소하면서 이 통-시성을 은폐한다. 그러나 그럼으로써 경건한 사유나 질서를 염려하는 사유가 경솔하게 신의 실존을 이끌어 내는 위험한 길이 열린다.

얼굴은 그 자체가 개인적인, 그러나 표정을 통해 은폐되거나 표현되는 어떤 실재의 겉모습이나 기호가 아니다. 또한 얼굴은 보이지 않는 주제로 주어질 법한 어떤 실재의 겉모습이나 기호도 아니다. 여기에서 전개되는 논의의 핵심은, 근접성이 결단코 주제들의 어떠한 결합도 아니고, 주제들의 중첩을 만들 수 있을 구조도 아니라는 점이다. 여기에서 얼굴은 내게 이웃을 부과할 법한 감추어진 신의 기호로 기능하지 않는다. 그-자신의 흔적, 방치의 흔적

---

37) 그래서 헤겔(『엔치클로페디』, §93~94)은 악무한을 이렇게 서술한다. "어떤 것은 다른 것[타자]이 되지만, 그 다른 것은 그 자체가 또 하나의 어떤 것이다. 그러므로 그것은 마찬가지로 다른 것이 되며, 이렇게 무한히 계속된다―이 무한은 그것이 유한의 제거 외에는 아무것도 아니라는 점에서 나쁜 무한이거나 부정적인 무한이다. 그렇지만 그것은 어쨌든 되살아나고, 결과적으로 결코 제거되지 않는다"(*La science de la logique*[『논리학』], trans. B. Bourgeois, Paris: Vrin, 1970, p357). 우리가 서술한 상황에서는 타자는 마찬가지로 또 하나의 타자가 되지 않는다. 끝은 되살아나지 않고, 다가감의 각 새로운 단계에서, 타인의 모든 이타성으로 멀어진다.

안의 흔적, 결코 모호함이 일어나지 않는 흔적. 주체와 상호관계를 맺지 않고 주체를 강박하는, 나를 의식 안에서 동등시하지 않는 흔적. 의무의 영광스러운 증가에 따라, 나타나기 전에 내게 명령하는 흔적. 이런 것들이 바로, 현재들과 현존들로 축소할 수 없는, 현재와는 다른 의미작용의 양상들—**무한의 과도함 자체**를 분명히 하는 양상들이다. 이는 존재론적 해석을 기다리고 있을 무한의 기호들도 아니고, 그것의 "존재성"에 덧붙여질 어떤 앎도 아니다. 다가감(이것은 결국에는 대신함으로 드러날 것이다)은 사변적으로 지양될 수 없다. 그것은 무한함 즉 무한의 영광이다. 흔적으로서의 얼굴—얼굴 그 자체의 흔적, 흔적으로 내쫓긴 흔적—은 결정되지 않은 현상을 의미하지 않는다. 얼굴의 애매성은 노에마의 미결정이 아니라, 다가감으로서의 다가감이 초래하는 아름다운 위험으로의 초대다. 타자에 대한 일자의 노출로의 초대, 이 노출의 노출로의 초대, 노출의 표현으로의 초대, 말함으로의 초대. 얼굴의 다가감 안에서 삶은 동사가 되고, 어루만짐은 말함이 된다. 얼굴의 주제화는 얼굴을 해체하고 다가감을 해체한다. 얼굴이 나의 책임 아래에서 자신의 고유한 부재를 가리키는 양태는 윤리의 언어 속으로만 흘러드는 서술을 요구한다.[38]

---

38) 현상학이 자기에 고유한 중단을 나타내기 위해 의존하는 윤리의 언어는 그 서술 위에 붙어 있는 윤리적 간섭에서 비롯하지 않는다. 윤리의 언어는 앎과 대조되는 다가감의 의미 그 자체다. 윤리적이지 않은 어떠한 언어도 현상학적 서술이 빠지는 역설에 필적할 수 없다. 이웃의 드러남, 이웃의 나타남에서 출발한 언어가 이웃을 그것의 흔적에서 읽어 낸다는 역설 말이다. 그 흔적은 재현 속에서 공시화할 수 없는 통시성에 의해 얼

f. 의미작용과 실존

실존이냐 비-실존이냐 하는 문제가 궁극적인 문제인가? 의미작용의 의미함이나 이웃의 근접성 배후에 신의 실존 문제를 놓는다고 해보자. 이것은 이를테면, 신의 실존에 대해 아무런 의심도 하지 않겠다는 욕망에, "무"와 같은 단어들에 속지 않겠다는 욕망에 상응할 것이다. 그러나 그것은 존재의 철학이 어김없이 되돌아가는 전체성과 유효성의 특권을, 통속적인 확실성이 비롯하는 전체성과 유효성의 특권을 보여 주는 셈이다. 신의 실존 문제를 의미작용에 반하여, 타자를-위한-일자에 반하여 제기한다고 해보자(이 타자를-위한-일자는 세계에 거주하는 인간의 이해관심의 목적성과 어울리지 않는다). 이렇게 신의 실존 문제를 제기하는 것은 존재être의 통일성이나 그것의 존재esse의 일의성에 머무는 것이다. 그 양태의 다양성에도 불구하고, 존재는 유효성 속에서 ─작용 및 작용에 대한 저항 속에서─ 확인될 것이고, "고려 선상"에 들어갈 것이며, 계획을 동반하는 계산 속에 모습을 드러낼 것이다.

그리고 거기서는 존엄성의 차이, 높이의 차이, 거리의 모든 차이들이 마치 환상이나 배부른 의식의 화려한 능란함처럼 무너져 내린다. 거기서는 초월의 모든 심연이, "유비의 통일성"에 금을 긋는 모든 간격들이 채워지고 만다. 이 성공의 철학은 그 스스로 성

굴을 명한다(ordonner). 처음부터 존재와 존재의 너머만을 아는 서술이 윤리의 언어가 된다. 초월이 생겨나는 수수께끼는 환상의 임의성과는 구별된다. 탈은폐와 현현에 저항하는 삼자성의 외재성은 타인의 얼굴에 있어야 하는 의무와도 같다. 그러나 거기에서 알려지는 건 ─언제나 접근적인─ 당위(Sollen)가 아닌 영광이다.

공을 보증한다.

물론 사람들은 신이 가진 최상의 유효성에서 출발하여 인간의 탈이해관심을 보증하고자 할 수 있으며, 정신이라 불리는 존재의 통일성과 전체성의 철학 위에 종교적인 것을 앉히고자 할 수 있다. 또 전체성이 전체주의로 전도되는 일이 일어남에도 불구하고, 세계 속에서 신의 유효성을 보증하는 이런 통일성에 초월을 바치고자 할 수도 있다.

사람들은 이 모든 것을 할 수 있다! 초월의 통시적 애매성은 이 선택에, 존재의 궁극성을 위한 이런 선정에 여지를 준다. 그러나 이 선택이 철학적으로 유일한 것인가? 우리는 존재가 타자를-위한-일자 배후에서 의미화한다는 점에 이의를 제기할 수 있고, 존재 너머의 선이라는 플라톤의 말을 내세울 수도 있다. 이 존재 너머의 선은 선에서 존재를 추방해 버린다. 사실 어떻게 존재의 코나투스를 선의 선함 안에서 이해할 수 있겠는가? 만일 일자가 존재를 고집한다면, 어떻게 플로티노스에서처럼 일자가 충만함으로 넘칠 수 있으며 유출의 원천일 수 있겠는가? 만일 일자가 존재의 이편 또는 저편에서 의미화하지 않는다면, 근접성으로부터 의미화하지 않는다면, 다시 말해, 탈이해관심으로부터, 타자를-위한-일자로부터 의미화하지 않는다면, 어떻게 그럴 수 있겠는가? 전체성의 끈은 그렇게 짧지도 않고 그렇게 낡은 것도 아니지만, 초월의 과-도함을 막지 못한다. 우리는 철학자에게서, 존재와 존재 너머 사이에서, 현현顯現이나 개입의 — 기적적인 — 관계와 다른 관계를 찾을 수 있다. 신비가 아닌 그것의 수수께끼 가운데서 찾을 수 있다. 희망과 믿음을, 수수께끼의 풀이를, 또 그 풀이를 떠올리는 상징적인 방식들을 본래적 의미의 신앙에 남겨 두면서 말이다. 물론 그것은 단순 소박한 자의 신앙이다. 그러나 그런 사람도 이제 다른 확신들을 가지며, 마침내 자신의 고유한 염려를 갖게 된다. 실패의 고배들에 맞서 필요한 것은 극단적인 복잡함의 단순성이고 독특하게 사려 깊은 천진난만함이다. 이것이야말로 신의 죽음의 의미다. 또는 신의 삶의 의미다.

타자를-위한-일자로 구조화된 "의미작용"은 여기서 수학적 기능주의나 존재론적 목적성과 무관하게 드러난다. 수학적 기능주의와 존재론적 목적성은 서양 철학의 거대한 전통 속에서 이해 가능성이나 의미의 전형들을 제공해 왔다.

의미를 가진다는 것, 이것은 목적의 수단이 된다는 것이며, 그리하여 결국, 목적을 목적이게끔 하는 의지와 분리되지 않는다는 것이다. 의지가 목적에 목적성을 부여하든, 또는 이 목적에 의해 의지가 유발되든 말이다. 즉자적인 목적, 즉 신성divinité은 스스로 그 자신을 의욕할 수 있다. 그러나 신학의 즉자적 목적은 여전히 수단을 필요로 하는가?

그래서 목적과 의지의 상관성 너머로 거슬러 올라가야 할 필요가 생긴다. 즉, 목적론적 관계들 그 자체가 한 영역을 이룰 뿐인 관계들의 체계로, 상호적이지는 않다 하더라도 가역적이며 그리하여 가치론적 무관심성 속에서 목적성의 위계를 무화시키는 관계들의 체계로 거슬러 올라갈 필요가 있는 것이다. 목적론 너머에서 의미작용은 존재자들이 형성하는 배치configuration와 관련될 것이다. 서로서로 엮인 관계 속에서 이 존재자들은 자신의 존재를 끈질기게 보존하려는 모든 무게를 다 퍼내고 언어 체계에 속하는 단어들처럼 된다. 이런 언어적 모델로 실재의 전체성을 이해하는 일이 불가능한 것은 아니다. 또 그 연구를 통해 존재들의 실체성에 접근해 나가는 일도 불가능하지 않다. 이때의 존재들은 관계들의 교차 속으로 흡수되며, 각각의 항이 다른 모든 항들을 참조하는 데서 비롯하는 동일성 말고는 그것을 보충하는 다른 어떤 동일성도 갖지 못한다. 여기서 존재는 저것으로서의 이것으로 표명될 것인데, 이는 존재의 표명이 불충분하거나 상징 체계로 환원될 것이기 때문이 아니라, 언어와 언어의 체계가 표명 자체일 것이기 때문이다. 이론 이성의 우위는, 또는 이성 및 의미작용의 이론적 존재성은, 이해 가능성의 이와 같은 형식주의적이거나 수학적인 시각 속에서 확증된다. 이론적 실천 그 자체의 목적성이 ─다른 한편에서 즉각 정직성의 규범으로 수립되어 ─우리를 인식의 목적론으로 데려가는 경우를 제외하면 말이다.

구조주의적 학문의 탄생(데카르트와 라이프니츠 이래로 보편수학 mathesis universalis의 이상은 이것에 대한 철학적 예견을 제시해 왔는데) 이전부터, 후설 철학은 순수 과학의 배후에 그러한 목적론의 불변성이 있다는 점을 매우 엄밀한 방식으로 증명한다. 후설은 인간으로서 세계에 거주한다는 주체의 이데올로기를 가능한 한 초월론적 자아의 명증성으로 환원하고, 또 그럼으로써 서양의 합리주의에 부합하게끔, 그 주체가 발견하는 또 주체가 그 범위와 지평을 확정하는 구조들에서 모든 종류의 초월성을 배제해 버린다. 이렇게 하여 후설은 의미작용의 의미함을 "기호적 지향"intentions signitives 속에 위치시킨다. 대상들은 자신의 "실제 현존"으로 이 기호적 지향을 채운다. 현상학이 지향이란 단어에 부여하는 외연에도 불구하고, 지향성은 의지적인 것의, 목적론적인 것의 흔적을 담고 있다. 의미작용은 어떤 결여로부터, 어떤 특정한 부정성으로부터, 어떤 열망으로부터 의미화한다. 이 열망은 배고픔처럼 헛되이, 그러나 정해진 방식으로, 그것을 채워 줘야 할 현존을 목표로 삼는다. 그 열망이 재현의 기다림이든, 메시지의 들음이든 간에, 직관적 충족은 목적론적 지향의 성취다. 의미 있는 것은 인식하는 주체성에 귀착하며, 내용의 본질적인 것l'eidétique을 이루는 논리적 구조들의 수학적 배치는 지향의 "정신성"으로 귀착한다. 이 지향의 정신성은 어떤 의미를 그 의미를 받아들이면서 열림 속에서 현현되는 것에 제공한다. 서양의 모든 전통에 맞게, 앎은 그 갈증과 해소 속에서 정신적인 것의 규범으로 남으며, 초월은 이해 가능성과 철학으로부터 배제된다.

후설에서 유래한 철학에서 주체는 다음과 같은 지위를 갖는다. 실존, 가치론적 감정, 실천적 지향성, 존재 사유, 기호로서의 인간 또는 존재의 수호자인 인간 등. 이 지위는 해석상의 온갖 변형들을 거치면서 의미작용의 이론적 의미를 보존하는데, 그것은 열림, 현현, 현상성, 출현 등이 고유한 사건인 한에서, 즉 "생기"生起, Ereignis이고, 존재esse의 "전유"인 한에서다.

앞에서 우리가 제시하고자 했던 것은 이와는 다른 의미작용이었다. 거기서는 모든 상관성과 모든 목적성 배후에 타자를-위한-

일자가 성립한다. 이 타자를-위한-일자의 위함은 전적인 무상無償의 위함이고 이해관심을 깨뜨리는 위함이다. 기성의 모든 체계 바깥에 있는 인간적 우애의 위함이다. 정신성이란 곧 의미인데, 이 의미는 존재의 단순한 결핍이 아니다. 정신성은 결코 앎으로부터 이해될 수 없다. 반짝이는 존재의 찬란한 무관심성 속에서 이 존재가 의미로, 근접성으로 전복된다. 이 근접성은 앎으로 사라지지 않는다. 정신성은 모든 앎 밖에 있는 무관심하지-않음non-indifférence인 차이différence로서 의미화한다. 근접성이 의미작용인 것은 그것이 어떤 주제의 목표라서가 아니다. 다른 존재가 노리는 채워진 욕구 또는 막 만족되려는 욕구라서가 아니다. 근접성의 타자를-위한-일자는 만족의 존재론적 결합을 이루지 않는다. 존재의 역량은, 또 그것의 상관물인 의식의 역량은, 타인의 얼굴과 엮이는 얽힘을 담기에 충분치 않다. 타인의 얼굴은 기억할 수 없는 과거의 흔적이다. 그것은 중지된 한 시대에 머무는 것의 이편에서 오고 그것의 너머로[저편으로] 가는 책임을 불러일으킨다. "너머로[저편으로] 감"va au-delà이라는 표현은 이미 존재론적이고 이론적인 언어에 양보하는 것이다. 그 너머가 여전히 어떤 항이나 어떤 존재자나 어떤 존재 양태인 것처럼, 또는 여기 있는 모든 것의 부정적인 반대물인 것처럼 여겨지기 때문이다. 다가감은 존재 너머에 있는 어떤 존재의 재현이 아니다. 아무리 그 지향성이 이론에서 벗어나 있다고 해도 그렇다. 다가감의 통시성은 직관의 불충분함이 아니다. 얼굴에 있는 과거의 흔적은 아직 드러나지-않은 것의 부재가 아니라, 결코 현재하지 않았던 것의, 타자의 얼굴에서 명령하는 무한의 무-시원이

다. 무한은 ── 배제된 삼자로서 ── 목표로 삼아질 수 없다.[39]

---

39) 일자인 신(Dieu-Un)의 신성 문제가 인간의 인간성 문제가 제기되듯 제기될 수 있는가? 일차는 하나의 유인가? 존재가 존재자와 떨어져 사유되듯, 신의 신성은 신과 떨어져 사유될 수 있는가? 이런 문제는 신이 존재로서 사유되는가 아니면 너머로서 사유되는 가를 묻는 데서 생겨난다. 제아무리 언어를 교묘히 사용해 신의 신성을 진술한다 할지라도, 신성이 지시하는 존재에는 **최상으로**(suprêmement)라는 부사를 곧 덧붙여야 할 것이다. 하지만 최상의 최상성은 신으로부터 출발해서만 존재에서 사유된다. 역시 충분히 숙고된 말은 아니지만 말브랑슈에 따르면, "**무한은 그 자체로 자신의 관념**"이다.

4장. 대신함[1]

내가 나일 때 나는 너다.
— 파울 첼란

1. 원리와 무시원

우리는 존재들과의 관계에서 — 이 관계를 사람들은 의식이라 부르는데 — 이 존재들이 나타나는 윤곽들의 분산을 가로질러 이 존재들을 식별한다identifier. 또 우리는 자기에 대한 의식에서 시간적 국면들의 다양성을 가로질러 우리를 동일시한다identifier. 마치 주

---

1) 이 장은 이 책의 배아(胚芽)에 해당한다. 그 주요 부분은 1967년 11월 30일 브뤼셀의 생루이대학(Faculté Universitaire St. Louis)에서 행한 공개 강의에서 발표되었다. 이 강의는 전날 같은 방식으로 행해진 "근접성"이라는 제목의 강연에 뒤이은 것이다. 그 "근접성" 강의는 필자의 책『후설과 하이데거와 함께 존재를 찾아서』 2판에 실린 「언어와 근접성」이라는 이름의 연구를 충실히 따른 것이다. "근접성"과 "대신함"이라는 이 두 강의는 "존재성을 넘어"라는 큰 제목하에 소개되었다.『루뱅 철학』에 게재한 두 번째 강연의 텍스트는 그때의 강연 요지를 정리한 것이다. 몇몇 부분들은 아무래도 강연 때의 청중보다는 더 주의를 기울일 수 있을 독자들을 위해 한층 엄격한 형태로 전개해 놓았다. 각주도 덧붙였다. 이 장은 그 텍스트를 이 책의 틀에 맞게 손본 것이다.

체적 삶이란 의식의 형태 아래서 존재 그 자체를 위해 스스로를 잃고 또 스스로를 되찾는 데 있다는 듯이. 그렇게 하여 자신을 보여주고 주제로서 자신을 제시하며 진리 속에 자신을 노출하는 가운데 자신을 소유하는 데서 주체적 삶이 성립한다는 듯이. 이러한 동일화는 어떤 이미지든 이미지와 짝을 이루는 것이 아니다. 그것은 정신의 요구이고, 선언이며, 말함이고, 선포다. 그러나 그것은 전혀 자의적이지 않다. 그렇기에 그것은 언어에서의 도식圖式의 신비스러운 작동에 근거를 둔다. 이 도식 덕분에, 한 관념성이 여러 모습들과 이미지들의 분산에, 즉 윤곽들과 국면들의 분산에 상응할 수 있다. 그러므로 한 존재를 의식한다는 것은 언제나, 그 존재가 한 관념성을 거쳐서 또 어떤 말해진 것으로부터 파악됨을 뜻한다. 개별적인 경험적 존재에 다다르는 것도 로고스의 관념성을 거쳐서다. 의식으로서의 주체성은 그래서 존재론적 사건의 분절로, 그것의 "존재의 몸짓"이 펼쳐지는 "신비한 길"의 하나로 해석된다. 주제가 된다는 것, 이해 가능하다는 것, 또는 열려 있다는 것, 스스로를 소유한다는 것 —존재에서의 소유의 계기— 등등 이 모든 것이, 존재성의 대열에서 분절적으로 이루어진다. 이것은 존재가 관념적인 한 원리에서, 즉 하나의 아르케ἀρχή에서 출발하여 자신의 주제적 노출 속에서 스스로를 잃고 스스로를 되찾는 것이다. 존재는 이렇게 자신의 존재 대열을 끌고 나간다. 관념성의 우회는 자신과의 합치로 나아간다. 다시 말해, 존재의 모든 정신적 모험을 인도하고 보장하는 확실성으로 나아간다. 이것이야말로 이 모험이 사실은 모험이 아닌 이유다. 이 모험은 전혀 위험하지 않다. 그것은 자기 소유이고, 자기 영토^{principauté}이며, 아르케다. 알려지지 않은 것으로부터 그에게 도달할 수 있는 것도, 미리 베일이 벗겨진, 공개된 명시적인 것이며, 알려진 것 속에서 주조되는 것이다. 그래서 그것은 결코 놀라운 것일 수 없다.

그리고 서양의 철학적 전통에서는 모든 정신성이 의식에, 존재의 노출에, 앎에 자리한다.

앎이 아니라 근접성으로 해석된 감성에서 출발하여, 또 언어로 만들어지는 정보의 순환 배후의 언어에서 접촉과 감성을 찾으려 하면서, 우리는 주체성을 의식과 주제화로 환원할 수 없는 것으로서 기술하고자 노력했다. 근접성은 타인과의 관계로 나타나는데, 이것은 "이미지"로 용해될 수 없고 주제로 노출될 수도 없다. 이것은 주제화의 아르케와 관련하여 척도를 벗어난 것이 아니라 아예 공통의 척도가 없는 것과의 관계이며, 선포적 로고스로부터 자신의 동일성을 취하지 않아서 모든 도식을 실패케 하는 것과의 관계다.

주제 속에 자리할 수 없으며 나타날 수 없음—"접촉"과 강박을 이루는 이 비가시성은, 가까워지는 무엇의 무의미함과 관계하는 것이 아니라, 현시를 시각에 연결 짓는 방식과는 전혀 다른 의미하기의 방식과 관계한다. 여기서는, 즉 가시성 너머에서는 그것의 기호 속에서 여전히 주제화될 어떤 의미작용도 노출되지 않는다. 다름 아닌 이 **초월함**이, 더욱이 이 너머의 **초월함**이 곧 의미작용이다. 의미작용, 다시 말해 **타자를–위한–일자**의 모순적 전의. 직관의 결함이 아니라 책임의 과잉인, 타자를 위한 일자. 타자에 대한 나의 책임이야말로 그 관계에서의 위함에 해당한다. 말해진 것에서 드러나기에 앞서 말함에서 의미하는 의미작용의 의미함 자체에 해당한다. 타자를-위한-일자, 다시 말해, 의미작용의 의미함 자체! 그 까닭은 "너머"가—나타나거나 "부재 속에 현전하는" 또는 "상징에 의해 명시된"—모든 것보다 "더 멀리" 있어서가 아니다. 그런 식의 것은 또다시 원리에 종속될 것이고 의식에 주어질 것이다. 여기서 중요한 바는 어떤 주제에 길들여지거나 예속되길 거부하는 것이다. "너머"로 나아가는 운동은, 로고스가 너머를 호명하여 그것을 서임하고 제시하며 노출하자마자, 그 고유한 의미함을 잃어버리고 내재성을 이루고 만다. 반면에 근접성에 닿은 너머는 절대적인 외재성이다. 그것은 현재와 아무런 공통의 척도를 갖지 않고 현재로 모아지지 않으며 언제나 "이미 과거인" 외재성이다. 현재는 이 과거에 늘 뒤처진다. 이 과거는 외재성이 불안정케 하거나 강박하는 "지금"을 넘어서 있다. 의식의 아르케가 서임하지 못하게 한 채 현재를 불안정하게 하며 지나가는 이와 같은 방식을, 현시 가능한 것의 명료성에 흠집을 새기며 지나가는 이와 같은 방식을, 우리는 흔적이라고 불러 왔다.[2] 무시원적으로 근접성은 독특성과 맺는 관계다. 어떠한 원리나 어떠한 관념성의 매개도 없는 관계다. 구체적으로 보아, 이런 서술에 상응하는 것은 이웃과 나의

---

2) 무시원적인 것이 의식에서 두드러지지 않는다고 해도, 그것은 자신의 방식으로 군림할 것이다. 무시원적인 것이 가능한 것은 담론에 의해 이의제기를 당할 때뿐이다. 이런 담론은 일종의 언어 남용을 통해 무시원적인 것의 무-시원을 배반하지만(trahir) 그것을 폐기하지는 않고 바꾸어 표출한다(traduire).

관계다. 이것은 그 유명한 "의미의 부여"와는 다른 의미함이다. 왜 냐하면 의미작용은 바로 이 이웃과의 관계 자체, 즉 타자를-위한-일자이기 때문이다. 의식과 공통의 척도가 없음, 이것은 어딘지 모르는 곳의 흔적을 이룬다. 하지만 그것은 모든 것이 같아지는 앎의 무해한 관계가 아니며, 공간적 인접성의 무차별함도 아니다. 그것은 타인에 의한 나의 소환이고, 우리가 전혀 알지 못하는 사람들에 대한 책임이다. 근접성의 관계는 거리나 기하학적 연속성의 어떤 양태로 귀착할 수 없으며, 이웃의 단순한 "재현"으로 귀착할 수도 없다. 근접성의 관계는 이미 소환이며, 극단적으로 긴급한 소환이다. 그것은 의무이고, 모든 약속에 시대착오적으로 앞서는 의무다. 선험적인 것보다 "더 오래된" 앞섬. 이 문구는 어떤 식으로든 자발성에 의한 서임함을 허용하지 않는 감응됨의 한 방식을 표현한다. 주체는 감응되지만, 그 변용의 원천은 재-현의 주제를 이루지 않는다. 우리는 의식으로 환원될 수 없는 이 관계를 강박이라고 불렀다. 이것은 외재성과의 관계이며, 그것을 열어젖히는 행위에 "앞서는" 관계다. 정확히 말해, 행위가 아니며 주제화가 아니고 피히테적 의미에서 정립이 아닌 관계다. 피히테에게 근본적인 것으로 보였던 명제와는 반대로, 의식에 있는 모든 것이 의식에 의해 정립되지는 않을 것이다.

강박은 의식으로 환원될 수 없다. 비록 의식이 그것을 뒤엎어 버린다 해도 ─ 그렇게 하여 강박은 배반되고, 그러나 말해진 것 속에서 주제화되어 그 속에서 명시되는데 ─ 그렇다. 강박은 의식을 거꾸로 가로질러 의식 안에 낯선 것으로 새겨진다. 정신이상처럼, 망상처럼, 주제화를 깨뜨리고, 원리에서 벗어난다. 기원에서, 의지에서, 의식의 모든 빛 속에 생산되는 시원에서 벗어난다. 운동은, 그 말의 본래적 의미에서, 무-시원적이다. 어떤 방식으로든, 강박은 의식의 확대hypertrophie로 여겨질 수 없을 것이다.

그러나 무-시원은 질서에 반대되는 무질서의 사태가 아니다. 주제의 결여가 주의를 집중하기 이전의 희미한 "의식의 장"으로 돌아가는 게 아닌 것처럼 말이다. 무질서는 또 다른 질서에 불과하고, 희미한 것은 주제화 가능하다.[3] 무시원은 이러한 대안들 너머에서 존재를 혼란케 한다. 그것은 존재론적 유희를 중지시킨다. 존재론적 유희는, 다름 아닌 유희로서, 의식이다. 이 의식 안에서 존재는 스스로를 잃고 스스로를 되찾으며, 또 그럼으로써 명확해진다. 자아의 형태 아래서, 하지만 자신의 현재에 시대착오적으로 뒤처지고 이 뒤처짐을 만회할 수 없는 자아의 형태 아래서, 다시 말해

---

3) 베르그송의 『창조적 진화』에 나오는 무질서 개념에 대한 부분들을 참조하라. 그 대목들은 엄밀하게 사유되어야 한다. 전복과 혁명은 질서 속에 있다. 의식에게는 "앞선 것의 파괴"인 "새로운 대상"의 경험으로 나타나는 것이 "의식의 배후"를 볼 수 있는 철학자에게는 발생의 결과로, 동일한 변증법적 질서의 내부에서 태어나는 것으로 보인다(Hegel, *Phénoménologie de l'Esprit 1*, pp.75~77[『정신현상학 1』, 128~130쪽] 참조). 국가를 거쳐 절대지에 이르는 생성의 운동. 이 절대지는 의식을 완성한다. 우리가 여기에서 소개하는 것과 같은 무시원의 개념은 사람들이 통속적으로 받아들이는 정치적인 (혹은 반-정치적인) 의미에 앞선다. 그 개념은, 모순을 범하지 않으려면, (무정부주의자들이 이해하는 의미에서의) 원리처럼 제시될 수 없다. 무시원은 시원처럼 지배적일 수 없다. 무시원[무정부]은 국가를 혼란케 할 수 있을 따름이다. 그러나 근본적인 방식으로 그렇게 하며, 이 것은 어떠한 긍정도 없는 부정의 순간들을 가능케 한다. 그래서 국가는 전체로 세워질 수 없다. 반면에, 무시원은 말해질 수 있다. 하지만 무질서는 환원될 수 없는 의미를, 종합의 거부라는 의미를 가진다[3장 155쪽 각주 6) 참조].

자신을 "건드리는" 것을 사유할 수 없는[4] 차아의 형태 아래서, 타차의 영향력은 동일차에게 미쳐서, 자아를 방해하고 아연케 할 지경에까지 이른다. 무-시원은 박해다. 강박은 박해다. 여기서 박해는 광기가 된 의식의 내용을 구성하지 않는다. 박해는 차아가 감응되는 형식, 의식의 결여인 형식을 가리킨다. 의식의 이러한 전도는 분명 수동성이다. 그러나 이것은 모든 수동성 이편의 수동성이고, 지향성의 용어들과 전혀 다른 용어들로 정의되는 수동성이다. 지향성에서는 겪음이 또한 항상 떠맡음이다. 즉 언제나 앞서 동의된 경험으로서, 이미 기원이고 아르케인 것이다. 물론 의식의 지향성이 오로지 자발적인 의도만 가리키는 것은 아니다. 그렇지만 지향성은 그 선도적이고 기동적인 틀을 버리지 않는다. 주어진 것은 사유를 통해 받아들여지는데, 이 사유는 그것에서 자신의 계획을 인식하거나 그것에 계획을 부여하며, 그럼으로써 이 주어진 것을 지배한다. 의식을 감응시키는 것은 우선 거리를 두고 제시되며, 처음부터 선험적으로 현시되고, 재-현된다. 다시 말해, 예고 없이 와서 두드리는 것이 아니라, 공간과 시간의 간격을 거쳐, 수용에 필요한 여유를 마련해 준다. 지향적 의식 안에서 지향적 의식에 의해 성취되는 바는 미리잡음에 제공되며 또 다시잡음을 통해서 자기로부터 멀어지지만, 이것은 그 간격을 가로질러 동일시되고 소유되기

---

4) 그럼에도 이 무능력은 말해진다. 무-시원은 군림하지 않으며, 그래서 모호함 속에, 수수께끼 속에 머물고, 담론이 표현의 고통 속에서 말하고자 하는 흔적을 남긴다. 그러나 오직 흔적만을 남긴다.

위해서다. 존재 안에서 벌어지는 이러한 유희가 바로 의식 자체다. 즉, 그것은 자기의 잃음인 동시에 진리 안에서의 되찾음인 차이를 통해 자기에게 현전함이다. 따라서 의식의 대자란 존재가 그 자신에게 행사하는 권력 자체이고, 존재의 의지이며, 존재의 영토다. 거기서 그것은 자기와 동일하며, 스스로를 소유한다. 지배는 그렇게 의식 안에 있다. 헤겔은 나라는 것이 자기와의 동등성 속에서, 즉 그가 "이 무한한 동등성의 자유"라고 부른 것 속에서 스스로를 지배하는 의식과 다름없다고 생각했다.

우리가 근접성 안에서 받아들였던 강박과 현저히 대조되는 것이 바로 동등성 속에서 스스로를 소유하는 존재의 이러한 형태, 아르케라는 존재인 것이다. 전적인 자유인 의식 또는—의식 안에서는 모든 것이 지향적으로 떠맡겨지는 까닭에—궁극적으로 전적인 자유인 의식 안에서, 전적인 동등성인 의식 안에서, 자기의 자기에 대한 동등성인, 게다가 의식을 통해 책임이 언제나 자유에 의해 엄격하게 재어지는 (그래서 책임이 항상 제한되는) 한에서 동등성이기도 한 의식 안에서, 어떻게 강박의 수동성이 자리를 찾을 수 있겠는가? 어떻게 의식 안에서 고통의 겪음이나 수난Passion이 가능할 것인가? 그것의 능동적 원천은 어떤 방식으로건 의식으로 떨어지지 않는데 말이다. 이 외재성을 강조해야만 한다. 외재성은 객관적이거나 공간적이지 않다. 그것은 내재성 속에서 회복되어 의식의 질서 아래 또 의식의 질서 안에 놓일 수 없다. 외재성은 강박적인 것이다. 그것은 주제화할 수 없으며, 우리가 방금 정의한 의미에서, 무-시원적이다.

변명이 끼어드는 로고스, 의식이 항상 냉정을 되찾고 명령하게 해주는 로고스를 깨뜨리면서, 이러한 무시원의 메타–존재론적이고 메타–논리학적인 얼개가 드러나는 곳은, 바로 이전의 개입에 의해 스스로를 정당화하지 않는 책임 안에서다. 타인을 위한 책임 안에서, 윤리적 상황 안에서다. 수난은 어떠한 선험적인 것도 없이 엄습한다는 점에서 절대적이다. 의식은 타격을 입는다. 결과적으로, 의식에 다가오는 것의 이미지를 만들기도 전에, 그 자신에 거슬러 타격을 입는다. 우리는 이러한 특성 아래서 박해를 인정한다. 박해는 문제제기 이전의 물음에 놓이고, 응답의 로고스 저편의 책임에 놓인다. 마치 타인에 의한 박해가 타인과의 연대의 바탕에 있다는 듯이 말이다. 어떻게 그러한 수난[5]이 의식 안에 장소와 시간을 가질 수 있겠는가?

2. 회귀

그러나 자기에 의한 자기의 앎인 의식은 주체성 개념을 다 규명하지 못한다. 의식은 이미 어떤 "주체적 조건"에, 우리가 "자아" 또는 "나"라고 부르는 동일성에 기초하고 있다. 이 동일성의 의미를

---

5) 자발성에서 나오는 어떠한 선험적인 것도 없는 관계. 설사 그 자발성이 유한한 사유에게 존재론이 요구하는 것이라고 해도 그렇다. 순수한 수용성으로 상정되는 그런 자발성도 존재자를 받아들이기 위해서는 상상적인 것을 형성하는 초월론적인 상상력으로서 기능해야 하는 것이다.

묻는 가운데 우리가 거기서 물화된 실체를 고발하거나 의식의 대자를 되찾는 버릇이 있음은 사실이다. 관념론의 전통적 가르침에서 주체와 의식은 동등한 개념이다. 누구 또는 일자는 관계가 아니라 절대적 항으로서, 의심조차 받지 않는다. 그것이 비가역적으로 할당된 항, 아마 영혼이라는 구시대적 발상 아래 숨겨진 항인 경우에는 다르겠지만 말이다. 관계로 환원할 수 없고 그럼에도 회귀되는 항 ─자기 고유의 메아리 속에서 되울리는 소리와 같은, 자기-자신 속의 차이. 새로이 또 의식이 되는 것이 아닌 파동의 매듭[6] 이 회귀되는 항을 이 책에서는 의식과 의식의 유희 너머에서 ─또는 그것들에 앞서 ─찾아볼 것이다. 의식이 주제화하는 존재의 저편 또는 이편에서, 존재의 바깥에서, 또 그래서, 유배된 자기에게서 찾아볼 것이다. 추방의 효과 아래서(이 추방의 긍정적 의미작용을 분명히 하는 것이 좋다), 존재 밖으로의 그러한 추방의 효과 아래서, 자기에게서, 찾아볼 것이다. 이 추방은 내가 나를 드러내기 전에, 내가 자리 잡기 전에 나를 소환하는 그런 추방이다. 나는 기댈 곳 없이, 조국도 없이 소환된다. 나는 이미 나 자신에게로 되돌려지지만, 거

---

6) 여기서 문제가 되는 것이 무의식으로 내려가는 것은 아니다. 의식과 관련하여 순전히 부정적인 방식으로 정의되는 무의식은, 자기에 대한 앎의 구조(예상치 못한, 그래서 그 구조를 복잡하게 할 갈래들이 무엇이든 간에)를 보존하고 있으며, 비록 그것이 막다른 길로 잘못 들어선 것이라 해도, 자기에 대한 탐색의 구조를 보존하고 있다. 무의식은 의식의 유희로 남는다. 그것에 대한 분석은 결말의 보장을 바란다. 억압된 욕망으로부터 의식에 도래하는 장애들에 반대되는 결말을, 이 유희의 규칙이라는 이름으로 보장하기를 바라는 것이다. 의식의 유희는 특정한 규칙들을 포함한다. 물론 거기서는 유희의 무책임성이 병이라고 선언된다. 이 의식의 유희는 탁월한 유희이고, "초월론적 상상"이지만, 그런 까닭에 환상의 원천이기도 하다.

기에 머물 수도 없다. 나는 시작하기도 전에 강제된다. 여기에는 자기의식과 닮은 것이 아무것도 없다. 개입에 앞서는 책임으로부터, 다시 말해 타인을 위한 책임으로부터 내게 솟아나는 의미만을 갖는 것. 나는 일자이고 대체 불가능하다. 책임 속의 대체 불가능한 일자다. 그것은 의식을 표면으로 삼고 존재 속에 자리를 가진 융단의 이면이다.[7]

자기의식을 닮은 것은 아무것도 없다. 주체성을 의식으로 환원하는 것이 철학적 사유를 지배한다. 헤겔 이래로 철학적 사유는 실체와 주체를 여러 형태로 동일시함으로써 존재와 사유의 이원론을 극복하려 애쓴다. 그러다 보니 자기의식의 관계 속에서 실체의 실체성을 해체하는 데 이르기도 한다. 존재가 존재 그 자체에 연속적으로 또 전진적으로 탈은폐되는 일이 다름 아닌 철학을 통해 일어나는 셈이다. 앎, 곧 탈-은폐는 존재자의 존재에, 즉 존재성에 덧붙여지지 않는다.[8] 존재의 존재성은 자기의 대열을 감시로서 이끌어 간다. 이 감시 자체에 대한 쉼 없는 감시로서, 자기 소유로서 이끌어 가는 것이다. 존재성을 존재-론으로 언표하는 철학은 이 존재성을—명료성의 이 명료성을—이 로고스에 의해 완성한

---

7) "Envers d'une tapisserie laquelle court à l'endroit de la conscience et dans l'être a lieu." 문고본에는 이 문장이 "Envers d'une tapisserie laquelle court à l'endroit dans la responsabilité et dans l'être a lieu"로 되어 있는데, 앞 문장의 성분(dans la responsabilité)을 잘못 옮긴 데서 생긴 실수로 보인다. —옮긴이

8) 우리는 이 존재성이라는 용어를 중요한 것으로 강조하면서 사용해 오고 있다. 이 말은 존재와 존재자의 모호함 속에서 존재자와 구별된 존재를 나타내는 현동적 추상명사다.

다. 의식이 존재자의 존재를 성취한다. 헤겔에서처럼 사르트르에서도 자기-자신은 대자로부터 정립된다. 이렇듯 나의 동일성은 존재성이 그 자신으로 되접히는 것으로 귀착한다. 이 나는, 또는 그것의 주체나 조건으로 보일 자기-자신은, 즉 존재자들 중의 존재자라는 형태를 취하는 자기-자신은, 결국 하나의 추상으로 환원되고 말 것이다. 이런 추상은 자기의식Conscience de Soi의 구체적 과정에서 선취된다. 또는 존재가 역사나 시간의 늘림 속에 "현시"되는 구체적 과정에서 선취된다. 그런 시간 속에서는 존재가 단절과 회복을 거쳐 그 자신에게 스스로를 드러낸다. 시간, 존재성, 시간으로서의 존재성은 자기 귀환Retour à Soi의 절대적인 것 그 자체일 것이다. 독특한 주체들의 다수성, 직접적으로, 경험적으로 맞닥뜨리는 "존재자들"의 다수성은 정신의 이 보편적인 자기의식에서 비롯할 것이다. 정신의 도정 위에 쌓인 먼지들, 또는 정신이 완수하게 될 부정적인 것의 노동으로 인해 그 이마에 맺힌 땀방울들. 이 주체들은 잊힐 수 있는 계기들이다. 그들에게서 중요한 것은 체계 속에서 그들이 차지하는 위치에 따른 동일성뿐이다. 그런데 그것 또한 체계 전체Tout du Système 속으로 흡수되어 버린다.

의식의 자신에 대한 반성, 자기를 지각하는 자아는, 자기-자신의 선-행적 회귀와 닮지 않았다. 어떤 이중성도 없는, 자기-자신의 일자와 닮지 않았다. 그 일자는 처음부터 자기에 꼼짝없이 몰려 궁지에 처한 일자다. 달리 말해 자기의 피부에서조차 자기에 대해 뒤틀려 있어서 자신에게서 불편한mal dans sa peau 일자, 자기 속에서 이미 자기를 벗어나 있는 일자다. 그것의 불안정은 더 이상 다음과 같은 어떤 분산을 나타내지 않는다. 즉, 서로에게는 외적 단계들이 지만 (후설적 의미에서 과거를 다시잡고 미래를 입질하는) 내적 시간의 흐름 속에 있는 단계들로의 분산을 나타내지 않는다. 자기-자신이란, 담론의 신비스러운 도식 덕택에 "심리적 그림자들"의 다양성을 가로질러 동일차라고 선포적으로 선언된 동일화의 이상적 극이 아니다.[9] 자기-자신은 존재자들을 담지하는 방식으로 자신의 동일성을 담지하지 않는다. 존재자들은 번복함 없는 말해진 것으로서 동일한 것이며, 그렇게 하여 주제화되고 의식에 나타난다. 주체에서 자기-자신이 되돌아오는 해지 불가능한 회귀는, 동일화하고 모으는—회상하거나 기대하는—종합적 활동에 주어질 수 있을 법한 계기들 사이의 모든 구분에 앞선다. 자기-자신의 회귀는, 의식이 미리잡음과 다시잡음의 시간적 놀이 속에서 중단되었다가 다시 회복함으로써 스스로를 밝히듯이 그렇게 스스로를 늦췄다 조이면서 자신을 비추지 않는다. 자기-자신은 우리가 현상이라고 부르는 (또는 현상의 출현이 이미 하나의 담론이기 때문에 현상학이라고 부르는) 전시와 은닉의 놀이에 참가하지 않는다. 자기-자신의 독특한 비틀림이나 수축을 와해시키기 위해 사람들은 동사와 소유형용사, 통사론적 형태들을 사용하고자 한다. 자기-자신은 말해진 것 속에서 동일화한 동일성의 형태로 자신을 재구성하기 위해, 그 자신의 고유한 충만함 속으로 피난하거나 추방되어 파열되

---

9) Levinas, *En découvrant l'existence avec Husserl et Heidegger*, 2nd ed., pp.217~223.

거나 균열되기까지 한다. 그런데 이 동사와 소유형용사, 통사론적 형태들은 이미 이 자기-자신의 표식을, 이 비틀림과 이 수축과 이 균열의 표식을 지니고 있다. 라이프니츠의 수수께끼 같은 문구인 "나는 그 자신에 본유해 있다"의 의미도 아마 이런 것이리라. "스스로를 유지한다"se maintenir나 "스스로를 잃는다"se perdre 또는 "스스로를 되찾는다"se retrouver 등에서의 "스스로"는 어떤 결과가 아니라, 이 대명동사가 표현하는 관계들 또는 사건들의 모태matrice다. 그리고 이 비유에서 모성에 대한 환기는 자기-자신의 고유한 의미를 우리에게 시사해 준다. 자기-자신은 스스로를 만들 수 없다. 그 것은 이미 절대적 수동성으로 만들어진다. 이런 의미에서 그것은 모든 떠맡음을 마비시키는 박해의 희생물이다. 즉 자기를 위해 자신을 정립하려고 그 자신에게서 깨어날 수 있을 모든 떠맡음을 마비시켜 버리는 박해의 희생물이다. 그것은 모든 기억과 모든 회상 이편에서, 되돌릴 수 없는 과거로 이미 묶인 달라붙음의 수동성이다. 그것은 회상에서 재현된 현재가 따라갈 수 없는 회복 불가능한 시간에, 자연이나 피조물이 그 흔적을 간직한 창조 또는 탄생의 시간에, 기억으로 전환될 수 없는 시간에 묶인다. 회귀는 기억 가능한 어떤 과거보다도 더 먼 과거, 현재로 전환될 수 있는 어떤 과거보다도 더 먼 과거다. 피조물이긴 하나 태어날 때부터 고아인 피조물이다. 또는 틀림없이 자신의 창조주에 대해 무지한, 무신론적 피조물이다. 만일 이 피조물이 창조주를 안다면 그는 다시 자신의 시작을 떠맡을 것이기 때문이다. 자기-자신의 회귀는 현재의 이편으로 귀착한다. 현재 속에서는 말해진 것에서 동일화된 모든 동일성이 구성된다. 반면에 자기-자신의 회귀는 구성 활동이 오직 기원을 마련하러 올 때면 이미 구성되어 있다. 그러나 [운명의 여신] 파르카이의 실패로부터 색 바랜 실이 풀려나오듯, **존재성**의 늘림 속에서 동일자의 파열이, 되돌아옴에 대한 향수가, 동일자의 추구가, 다시 만남이, 또 의식이 활약하는 명료성이 생산되기 위해서는, 자기의 이 벗어남과 이 되찾음이, 즉 모든 현재가 재-현이 되게 해주는 다시잡음과 미리잡음이 생산되기 위해서는, 이렇게 분절되는 모든 운동의 배후에 **자기-자신**의 회귀가 있어야 한다. 거기에 그 자신에 대한 존재의 탈은폐가 똬리를 튼다. 그런 것이 없다면, 그 자신에게서 풀려나고 내적 시간에서 구성된 **존재성**은 식별 불가능한 점들만을 내놓게 될 것이다.[10] 그 점들은 물론 함께 있을 테지만 어떤 운명도 막거나 성취하지 못한다. 아무것도 스스로를 만들지 못하리라. 존재가 의식이 되고 단절 이후 자신과 같아짐으로써 자기의식이 되는 그런 시간에 의한 "영원한 휴식"의 단절은 자기-자신을 전제한다. **존재성**의 곧은 실로 엮인 자기성의 매듭을 대자의 지향성 모델 위에서 제시하는 것은, 또는 그 매듭을 자기에 대한 반성의 열림으로 제시하는 것은, 사람들이 환원하고자 하는 자

---

10) 주체의 독특성은 단 한 번밖에 공표된 적 없는 어떤 것(un hapax)의 유일성이 아니다. 그것은 지문처럼 어떤 구별되는 질에 기인하지 않는다. 지문과 같은 것은 서로 다른 유일한 경우를 만들 수 있고, 그래서 개별화의 원리로 고유한 이름을 받을 만하며, 또 그런 이유로 담론 속에서 한 자리를 차지한다. 자기-자신의 동일성은 신체나 성격에 속하는 궁극의 특별한 차이에 의해서나 자연적 또는 역사적 정황의 유일성에 의해 개성이 부여된 어떤 본질의 타성이 아니다. 그 동일성은 소환됨의 유일성에 있는 것이다.

기성의 배후에 또 하나의 새로운 자기성을 놓는 것이다.

자기-자신은 스스로의 고유한 주도권에서 비롯하지 않는다. 그러한 주도권이 내세워지는 것은 이념의 통일로 나아가는 의식의 놀이와 형태들에서다. 이념의 통일 속에서의 자기-자신은 그 자신과 합치하고, 외부에 아무것도 남겨놓지 않는 전체성으로서 자유로우며, 또 그래서 전적으로 합리적이다. 그것은 스스로를 관계 속에서 언제나 환위換位 가능한 항으로, 즉 자기의식으로 정립한다. 하지만 정작 자기-자신이 실체화되는s'hypostasier 방식은 다르다. 그것은 타자들에 대한 책임에 풀릴 수 없는 매듭으로 묶인다. 이것은 무-시원적 얽힘이다. 그것은 어떤 자유의 이면이 아니다. 즉 현재나 기억될 수 있는 과거 속에서 포착된 자유로운 어떤 개입의 이면이 아니다. 또 그것은 노예의 소외도 아니다. 타인을 위한 책임이 동일자 속에서 타자를 잉태함을 의미함에도 불구하고 그렇다. 상처와 모욕에 노출되는 가운데, 책임을 느끼는 가운데, 자기-자신은 대체 불가능한 것으로서, 회피할 수 없이 타자들에게 바쳐진 것으로서 부추겨진다. 또 그렇게 하여 "스스로를 제공하기"s'offrir 위해 — 고통받고souffrir 주기 위해 — 육화된 것으로서 부추겨진다. 또 그렇게 하여 자기-자신은, 이런 부추김에 따르지 않게 해줄 그 어떤 것도 마음대로 할 수 없는, 애당초 수동성 속에 놓인 일자이자 유일한 자가 된다. 이 일자는 자기로 환원된 일자이며, 수축된 일자, 존재 밖의 자기로 추방된 일자다. 아무런 조건도 지지물도 없이 자기에게로 추방되거나 피난하는 것. 이것은 말해진 것 속에 전시된 존재성이 풍부하게 제시하는 구실이나 변명들과는 거리가 멀다. 소환되거나 선출된 것으로서의 책임 속에서, 밖으로부터, 대체 불가능한 것으로서 소환된 것으로서의 책임 속에서, 주체는 자신의 피부에서 ─자신에게서 불편한─ 스스로를 고발한다. 모든 관계와 대조된 채, 토데 티로 지칭될 수 있는 존재자와 같은 개체와는 대조된 채, 스스로를 고발한다. 말해진 것이 책임으로 소환된 자기-자신의 단일성으로부터 다양한 것들의 동일화 ─그것에 의해 존재와 존재자의 애매함 속에서 **존재자**가 의미화하는 동일화─ 에 필요한 이상적 통일성을 이끌어 내지 않는 한에서 그러하다. 실체는 대격의 양태로 자기-자신으로서 드러난다. 앎의 말해진 것 속에 나타나기 전에, 이름의 담지자로서 드러난다. 자신의 메아리 속에서만 들을 수 있다는 소리의 메타포가 가까이 가고자 하는 것은, 자신의 수동성을 표면 없는 이면으로 내주는 이 같은 방식이다.

의식의 자기 복귀의 이편에서 이 실체가 스스로를 보여 줄 때 그것은 존재로부터 빌린 가면을 쓰고 나타난다. 실체의 이 통일성 또는 이 단일성이 스스로를 고발하는 사건은 자기를 의식 속에서 파악하는 것이 아니다. 그것은 회피 없이 응답해야 하는 소환, 자기를 자기로 소환하는 소환이다. 존재의 유희 이편에서, 현재의 이편에서, 기억이 다가갈 수 있는 의식의 시간보다 더 오랜, "깊은 옛날, 가없는 옛날"에, 자기-자신은 실체로 드러난다. 이 실체에게 자기-자신이 존재자로 있는 존재는 가면일 뿐이다. 그것은 자신의 이름을, 빌려온 이름으로서, 가짜-이름으로서, 대리-이름[대-명사]으로서 지닌다. 자기에서 자기-자신은 존재로부터 분리된 일자 또는 유일자다.

그러므로 의식의 자기-자신은 다시 의식이 아니라 실체의 한 항이다. 바로 이 실체hypostase에 의해 인격이 실체적으로 substantivement 출현한다. 그 자신에 의해서는 정당화할 수 없는 동일성이며 또 그런 의미에서 경험적 또는 우연적 동일성으로서의 인격이 출현하는 것이다. 그러나 그것은 자신의 자리에서 시간과 역사의 침식에 저항하는 동일성, 다시 말해 언제나 폭력적이며 너무 이른 죽음에 의해 엄습당하는 동일성이다. "대자"에 앞선 동일성, 그것은 자기로부터 자기로의 관계인 인식의 "축약된 모델"이 아니며 그 관계의 배아적 모델도 아니다. 자기가 자기를 봄도 아니고, 자기에게 자기를 명시함도 아니다. 자기-자신은 진리의 동일화와 합치하지 않으며, 의식과 담론과 지향성의 용어로 말해지지도 않는다. 자기성의 정당화 불가능한 동일성은 자아, 나, 자기-자신과 같은 말로 표현된다. 그리고—나는 이 점을 이 책 전체를 통해 보여 주려 하는데—그러한 동일성은 타자들에 대한 책임을 기술하는 영혼, 감성, 상처받기 쉬움, 모성, 물질성 등으로부터 출발하여 표현된다. 존재의 그 자신에 대한 복귀(이것을 우리는 앎 또는 정신이라 부른다)가 생산되는 이 "받침점"이 가리키는 것은 그러므로 진정한 의미의 독특성이다. 물론 이 같은 독특성은 간접적인 언어에 고유명사의 형태로, 일종의 존재자로서 나타날 수 있다. 그럼으로써 모든 말해진 것의 특징인 일반성의 가장자리에 놓일 수 있고 거기서 존재성을 지시할 수 있다. 그러나 먼저 비-본질—인격—인 받침점은 순수하게 빌려 온 존재의 옷을 입고 그 존재에게 일정한 역할을 부여함으로써 이름 없는 자신의 독특성을 숨긴다. 정신의 이 받침점은 인칭대명사다. 만일 인식의 자기 복귀 —존재의 본래적 진리이고 의식인— 가 성취될 수 있다면, 그것은 자기성의 회귀가 이미 생산되었기 때문이다. 이것은 존재성의 과정에서 일어난 전도다. 존재가 의식에서 담당하는 유희 밖으로의 후퇴, 다시 정확히 말하면 자기로의 추방인 **자기로의 후퇴** —다른 어떤 것에도 근거하지 않음— 무-조건이다. 모든 자발성을 거부하는 후퇴, 그리고 결국 언제나 이미 행해진, 이미 과거인 후퇴다. 자기성은 추상적인 한 점, 의식의 이 같은 움직임이 남긴 흔적의 궤도로부터 동일시될 수 있는 회전의 중심이 아니라, 이미 밖으로부터 동일시된 한 점이다. 이것은 현재와 자신을 동일시하지 않으며, 의식의 시간보다 이미 더 오래된 자신의 동일성을 "굴절시키지도" 않는다.

"이미 성취된" 동일성은 자기 자신이 의식과 앎에 가져오는 "사실"fait이다. 달리 말해, "이미 행해진"déjà fait 것이다. 이것은 지속에 앞선 지속으로 신비스럽게 귀착하지 않는다. 즉, 자기에 대한 대자의 굴곡을 허락하기 위해 다시 스스로 이완될 어떤 짜임으로 돌아가지 않는다. 자기-자신은 자기의식의, 동일자의 이완과 되찾음의 박동으로 환원될 수 없는 비틀림이다. 자기-자신은 기억할 수 없을 과거로부터 온다. 그것은 자기-자신이 아주 먼 뒤편에 자리하기 때문이 아니라, 현재에 대한 "사실"이 아니기 때문이다. 자기-자신은 언제나 스스로를 균등화하는 의식과 공통의 척도가 없다. 자기-자신은 자기와의 불균등이며, 존재에서의 결핍이고, 수동성 또는 인내다. 따라서 그것은 자신의 수동성 속에서 기억에 주어지지 않으며, 내성적 성찰을 "감응시키지" 않는다. 자기-자신은 이런 의미에서 굴절이 불가능하다indéclinable. 그러나 이 굴절 불가능성은 순수한 현실성의 굴절 불가능성이 아니다. 그것은 늙음의 침식 속에서만, 자기 상실의 영속성 속에서만 변형되는 독특한 것의 동일성이다. 말로 다할 수 없는, 그리고 바로 그래서 정당화 불가능한 동일성이다. 자기-자신의 주체성이 지닌 부정적인 이 성질들은 내가 알지 못하는 어떤 형용할 수 없는 신비를 인정하는 것이 아니라, 종합-이전의, 논리-이전의, 그리고 어떤 의미에서는 원자적인, 즉 분할-불가능한in-dividuel 자기의 통일성을 긍정한다. 이 자기는 자신이 분열되고 자기로부터 분리되지 않게 방해하여, 스스로를 응시하거나 스스로를 표현할 수 있게 하며, (비록 그것이 희극의 가면 아래서라고 해도) 스스로를 보여 주게 하고, 대리-이름[대-명사]에 의한 것과는 다른 방식으로 스스로를 이름하게 한다. 이런 방해가 일자의 긍정성이다. 그것은 특정한 의미에서 원자적이다. 특정한 의미에서라고 하는 까닭은, 자기 속에는 어떤 휴식도 없기 때문이며, 그것이 "점점 더 일자"가 되어 폭발하고 파열하여 열리는 데까지 이르기 때문이다. 이 통일이 비틀림이고 불안정이라는 것, 이 통일은 의식에 의해 성취된 존재론 속에서 자기-자신이 행하는 기능으로 환원될 수 없다는 것(그런데 의식은 자기-자신에 의해 그 자신으로의 복귀를 작동시킨다) ─이것이 문제인 것이다. 주체의 원자적 통일성은 숨을 들이마시면서 폐의 점막에 이르기까지 자신의 궁극적 실체를 벗어던져 스스로를 밖으로 노출하고, 끊임없이 자신을 갈라지게 하는 셈이다.

　　자기-자신은 자신의 동일성 아래에서 평화롭게 휴식하지 않는다. 그렇지만 이 불-안정은 변증법적 분열이 아니며 차이를 균등화하는 과정도 아니다. 자기-자신의 통일성은 자기성의 이러저러한 내용에 부정관사처럼 단순히 덧붙여지는 것이 아니다. 부정관사는 어떤 내용을 "명사화하고" 주제화하여 동사까지도 실체로 만든다. 하지만 여기서는 통일성이 모든 관사와 모든 과정에 선행한다. 이 통일성은 어떤 방식에선 내용 그 자체이며, 회귀다. 이 회귀는 통일성이 "상승하면서 되풀이되는 것"surenchère일 따름이다. 그 형식에서 또 그 내용에서 통일성인 자기-자신은 독특성이다. 특수와 보편의 구별 이편의 독특성이다. 이것을 관계라고 해도 좋다. 단, 이것은 관련된 항들의 분리가 없는 관계이고, 자기에 대한 지향적 열림으로 환원되지 않는 관계다. 해변에 넘실대는 파도를 바다가 모아들이듯 존재가 스스로를 모아들이는 의식을 오로지 그리고 단순히 반복하는 것이 아닌 관계다. 나는 자기 속에 있지만 물질로 있는 것은 아니다. 물질은 자신의 형식과 전적으로 결합하여 전적으로 그 자신인 바대로 있다. 반면에 나는 내 피부 안에 있듯 그렇게 자기 속에 있다. 다시 말해, 내 피부 안에서 이미 갑갑하게, 불편하게 있는 것이다. 이것은 그 자신에 머무는 물질의 동일성이, 직접적인 합치 이편으로의 후퇴가 가능한 어떤 차원을, 모든 물질보다 더 물질적인 물질성을 숨기고 있는 것과 같은 사태다. 이런 물질성에서는 민감성이나 감수성이, 또는 상처와 모욕에 대한 노출이 결과의 모든 수동성보다 더 수동적인 수동성의 특징을 드러낸다. 이것은 상처받기 쉬움이다. 모성은 자신이 취하는 "타자를 위함"의 완전한 형태를 통해 상처받기 쉬움의 궁극적 의미를 보여 준다. 상처받기 쉬움, 그것은 의미작용의 의미함 자체다. 동일성의 이 이편은 대자로 돌아오지 않는다. 대자에서 존재는 자신의 직접적 동일성 너머에 있는 자신의 차이 가운데서 스스로를 인식한다. 돌이킬 수 없음을 말할 필요가 있다. 자기-자신의 이 즉자의 불안을, 그 용어의 어원적 의미에서 말할 필요가 있다. 불안은 "죽음을-향한-존재"의 실존범주가 아니다. 오히려 그것은 "안으로 들어감"의 수축이다. 또는 모든 확장의 "이편"이다. 공허로 도피함이 아니라, 가득함으로 나아감이고 수축과 파열에 대한 걱정이다.[11] 이렇게 그려진 관계에서 주체는 희생을 당한다. 거기서 벗어날 수도 — 몰아지경에 빠질 수도 — 자기에 대해 거리를 둘 수도 없다.

---

11) 하이데거의 분석은 존재의 제한이 야기하는 불안을 묘사하고 있다. 이런 분석이 단지 심리학적이거나 인간학적으로 읽혀서는 안 된다는 점을 염두에 둘 때, 그것이 우리에게 가르치는 바는, 형식(우리의 전통 철학에 따르면 이것이 존재를 규정하는데)은 언제나 존재에 대해 너무 작다는 것이다. 규정(définition)은 형식, "형식성"(formosité)으로서, 아름다움이고 빛남(éclat)이자 출현이지만, 또한 옥죔(strangulation)이다. 정확히 말해 불안이다. 그러므로 (죽음을-향해-실존하는-존재자로 이해되는) 유한한 존재의 인간학적 형태 아래서, 존재와 존재의 현상성 사이의 불일치가 생산될 수 있다. 존재가 자신의 현현 속에서 갑갑해하는 사태가 생산될 것이다. 결정(détermination)이라는 척도 역시 네소스의 겉옷처럼 해로운 척도일 것이다. 그러나 죽음을-향한-존재로서의 불안은 또한 비-존재의 먼 바다로 나아가고픈 희망이다. 해방의 가능성(그리고 자살의 유혹)은 죽음에 대한 걱정 속에서 움튼다. 무인 죽음은 어떤 열림이다. 거기서 존재의 규정에 대한 불안은 존재와 함께 침몰한다. 반대로, "가득함으로 나아감"의 좁음인 한에서 걱정은 자기-자신의 회귀다. 그러나 회피할 수도 벗어날 수도 없는 회귀다. 다시 말해, 그것은 죽음보다 더 강한 책임, 플라톤이 『파이돈』(62b)에서 자살을 비난하면서 그 나름의 방식으로 주장한 그런 책임이다.

이 관계에서 주체는 자기로 내몰린다. 휴식의 이편에 있는 자기로, 자기와의 일치 이편으로 내몰린다. 우리가 분명 부정성(그러나 변증법적 부정성의 부인할 수 없는 고향인 그런 담론 이전의 부정성)이라고 말할 수 있는 이 회귀, 수축의 이 회귀가 자기다.

 즉자의 부정성, 무에 대한 열림 없이 충만함을 파고드는 즉자 ──an sich[자기에 즉해서]와 in sich[자기에 있어서]의 의미에서의 즉자 ── 의 부정성은 정지와 운동, 자기 집에 머묾과 방황, 같음과 차이의 구분 배후에 있다. 이 부정성은 우리에게 순간과 관련한 『파르메니데스』의 정식들을 상기시킨다. 순간 속에서 "운동 중에 있는" 일자는 "정지해 있으며, 또 정지해 있으면서 운동을 위해 자신의 상태를 바꾼다". 그리고 순간 속에서 "일자는 결코 어떤 시간에도 있어서는" 안 된다(156c). "운동과 정지라는 둘 사이에 놓여 있는" "이상한 부류의 이 본성"(156d)[12]은 현재, 미래, 과거의 수축

---

[12] 이편이라는 생각은 의심할 나위 없이 『파르메니데스』라는 이 텍스트에 의해 정당화된다. 중요한 것은 물러남, 은둔(anachorèse)이다. 이것은 세계 밖으로 나가 그곳에서 자신을 세계에서 해방된 힘으로서, 승리할 수도 패배할 수도 있는 정신적 능력을 부여받은 힘으로서 세우는 일이 아니다. 그렇게 해봐야 그것은 여전히 세계에, 국가나 교회의 역사에 현존하게 될 것이다. 그것은 존재론적 관계의, 논리적이고 아르케적인 관계의 부풀림으로 귀착하고 말 것이다. 비록 존재 너머의 최상의 것으로까지 부풀려진다해도 그것은 결국 질서의 증폭으로 되돌아오고 말 것이다. 승리와 패배, 이것은 개인적 자유를 전제하며, 따라서 주권이나 정치적 지위를 타고난 자아를 전제한다. 이편에서 자아는 자기다. 그것은 더 이상 존재에, 역사에, 정지 중인 결과에, 운동 중인 원인에 속하지 않는다. 이 글이 제시하고자 하는 "자신의 피부 안"으로의 은둔이란 자기에서의 자아의 운동, 질서 밖의 운동이다. 이런 은밀한 곳의 탐사로부터, 충만함 속의 충만함으로부터 나오게 되면, 우리는 존재의 모든 무게가 타자 속에서 자신을 지탱하고 떠받치는 영역으로 나아가게 된다.

을 가능적으로dynamiquement —— 잠재적으로en puissance —— 보존하는
한 점에서 시간을 잘라 낸 한 단면이 아니다. 또 그것은 시간의 분
산을 지배하는 초-시간적인extra-temporelle 이념성도 아니다. 그러한
점이나 이념은 그 나름의 방식으로 존재론적 모험을 함축하고 있
다. 오히려 그 본성은 주제화의 관련에서 완전히 벗어난 이편이다.
심지어, 일종의 "가려움"과 같은, 관련에 대한 관련조차 일어나지
않는 이편이다. 그것은 모든 변증법적 발생과 무관하며, 완전히 불
모이고 순수하며, 모험과 상기로부터 전적으로 단절되어 있다. 그
것은 존재의 이편에, 존재로 주제화 가능한 무의 이편에 있는 비-
장소, 사이-시간 또는 시간을-거스름(또는 불행malheur)[13]이다.

　"자신의 피부 안"이라는 표현은 즉자에서 비롯하는 은유가 아
니다. 거기서 문제가 되는 것은, 들숨과 날숨을 분리시키며 자신의
피부 벽을 은밀히 두드리는 심장의 수축과 이완을 분리시키는 죽
은 시간 또는 사이-시간에서의 회귀다. 신체는 단지 이미지나 형
상이 아니다. 신체는 자기성의 수축의, 또 자기성의 파열의 즉자-
자체다.[14] 수축은 자기에 대한 염려 속에서 자신을 망각할 수 없음

---

13) '불행'이라는 뜻의 malheur를 파자하면 mal heur, 즉 '나쁨의 시간'이라고 새길 수 있
　다. ──옮긴이

14) 신체는 영혼에 대립하는 장애물도 아니고 영혼을 가두는 무덤도 아니다. 오히려 신체
　는 자기로 하여금 감수성 자체가 되게 하는 바로 그것이다. "육화"의 극단적 수동성은,
　즉 병, 고통, 죽음에 노출된다는 것은, 동정[함께 느낌](compassion)에 노출된다는 것이
　다. 그리고 자기로서, 값을 치러야 하는 증여물(don)에 노출된다는 것이다. 비활성과
　무의 영점 이편에서, 자기 안에서 존재의 결핍에 처해 있지 존재 안에 있는 것이 아닌,
　정말 머리를 둘 장소가 없는, 비-장소에서의, 그래서 조건이 없는 자기-자신은 세계를
　짊어지는 자로 자신을 드러낼 것이다. 지탱하는 자, 고통받는 자, 휴식을 취할 수 없는

이, 자기에서 풀려날 수 없음이 아니다. 그것은 타자의 반박 불가능한 요구로부터 출발한, 자기로의 회귀다. 나의 존재를 넘쳐 나는 의무, 평온함 ─ 이것은 그러나 전적으로 상대적인 것으로, 정지 중인 사물들의 비활성과 물질성 속에서 존립하는데 ─ 의 이편에 있는 빚과 극단적 수동성이 되는 의무다. 행동과 열정passion의 이편에서 떠받치는 불안정과 인내. 이것은 소유를 넘어서지만 줌을 가능케 하는 빚이다. 이 회귀는 "육화"다. 거기서 신체는 ─ 이 신체에 의해 줌이 가능한데 ─ 소외시킴 없이 타자가 되게 한다. 왜냐하면 이 타자는 동일자의 심장 ─ 또 선함 ─ 이고, 영혼의 불어넣음[영감] 또는 심성 자체이기 때문이다.

자기성의 회귀 ─ 육화 ─ 는 영혼을 두꺼워지게 하고 부풀게 하는 것과 거리가 멀다. 그것은 오히려 영혼을 억누르고 수축시키며, 벌거벗겨 타자에게 노출시킨다. 그 노출은 주체가 그의 노출 자체를 노출하게끔 하고 ─ 주체의 노출이 그에게 옷이 될 위험이 있을 것이므로 ─ 말함 속에서 자기를 발견하게끔 한다. 육화된 주체는 생물학적 개념이 아니다. 육체성corporéité이 그리는 이 도식은 생물학 그 자체를 더 높은 어떤 구조, 즉 탈-소유에 복종시킨다. 하지만 그것은 결코 무가 아니다. 왜냐하면 그것은 회피 불가능성에 얽매인 부정성, 그 어떤 주도적 영역도 없는 부정성이기 때문이다. 점적인 것의 충만함으로, 일자의 비연장으로 물러나는 있음 직하지

자, 조국을 잃어버린 자, 그리고 박해와 상관적인 자로, 즉 타자를 대신함으로 자신을 드러낼 것이다.

않은 물러남이기 때문이다. 모든 자유로운 개입 이전의 책임인, 존재성에 대한 모든 비유를 넘어선 자기-자신은 타자들의 자유를 위한 책임일 것이다. 이웃에 대한 돌이킬 수 없는 유죄성은 네소스의 겉옷처럼 나의 피부에 스며 있다.

3. 자기

이제 우리 논의의 처음 발전단계로 거슬러 올라가, 자기로의 되접힘이 가능해지는지 물어봐야 한다. 스스로를 되접는 행위라는 특권을 갖지조차 못하는, 하지만 그것 덕택에 그 자신으로 되돌아가는 의식의 행위가 이루어지는 자기로의 되접힘이 가능해지는지 물어봐야 한다. 즉, 이 수동적인 되접힘이 강박의 무-시원적 수동성과 합치하지 않는지 물어봐야 한다. 강박은 바깥과의 관계이고, 그 관계는 바깥을 열어젖히는 행위에 앞선 것이 아닌가? 강박의 전적인 수동성은 사물의 수동성보다 더 수동적이다. 사실 사물은 "최초의 질료"로서 선포적 로고스를 뒷받침하며, 선포적 로고스는 이 질료에서 사물의 특성을 드러낸다accuser. 질료가 의미작용을 취하며 이러저러한 것으로, 즉 사물로 나타나는 것은, 질서를 주는 이 말함 아래로 떨어짐으로써다. 이 같은 추락 — 또는 이 사례 — 은 로고스에 대한 순수한 내맡김이다. 여기서는 로고스가 속하는 이야기를 사물을 통해 만들어 낼 그 어떤 방안도 고려되지 않는다. 이러한 추락이야말로 대격accusatif의 존재성이다. 최초의 질료를 질서로 불러와 그것에 형상을 주는 로고스는 고발accusation 또는 범주다. 그러나 강박은 무시원적이다. 강박은 최초의 질료 이편에서 나를 드러낸다. 범주는 질료를 점령해 버리기 때문이다. 범주는 이 질료에서, 즉 이 "잠재적 상태의 존재"에서 저항과 불가입성不可入性으로―또는 잠재력으로―남아 있는 것 위에서 스스로를 빚어냄으로써 그렇게 한다. 그 잠재적 상태의 존재로 제시된 최초의 질료는 여전히, 형상이 고려하는 잠재성에 속하는 것이다. 플라톤이 질료의 영원성에 대해 가르친 것도, 아리스토텔레스에게서 질료가 원인이었던 것도 우연이 아니다. 그런 것이 사물들의 질서의 진리다. 서양 철학은 이 사물의 질서에 충실한 채로 남아 있다. 아마 서양 철학은―능동과 수동 이편의 절대적 수동성을 무시하는―사물화réification 그 자체일 것이다. 절대적 수동성을 가져오는 것은 창조라는 발상이다.[15] 철학자들은 항상 이 창조를 존재론의 용어로, 다시 말해, 미리 존재하며 파괴 불가능한 질료의 함수로 사유하고자 했다.

강박에서 범주의 고발은 절대적 대격으로 바뀐다. 자유로운 의식의 자아는 이 절대적 대격 아래서 포착된다. 이것은 아무런 기초도 없는 고발로서, 물론, 의지의 모든 운동에 앞서는 고발이며, 강박하고 박해하는 고발이다. 이 고발은 자아에서 오만을 벗겨 내며 나를 지배하는 자아의 제국주의를 벗겨 낸다. 주체는 대격에 처

---

15) 자신이 떠맡는 데 이르지 못하는 책임에 감싸인 이 자유는 피조물의 방식, 자기의 무제약적 수동성의 방식, 자기의 무-조건의 방식이다.

한다. 존재에서 어떠한 방책도 찾지 못하고 존재로부터 추방되어, 『파르메니데스』의 첫 번째 가설에서의 일자인 존재의 바깥에 놓인다. 아무런 기초도 없이, 정확히 말해 "자기로 환원된 상태"에, 따라서 조건 없는 상태에 놓인다. 자신의 피부에 놓이는 것이다. 이것은 어떤 형식 아래서의 휴식함이 아니라, 자신의 피부에서의 불편함이며, 거북해짐이다. 자기에 의해 가로막히고, 자기-자신 아래서 숨이 막히며, 열림은 불충분한 데다가, 스스로에게서 떨어지도록 à se dé-prendre de soi 강요받는 듯한 처지에 놓인다. 더 깊이, 끝닿는 데까지 숨을 들이쉬도록 강요받고, 스스로를 잃어버릴 지경에까지 스스로를 빼앗기도록 à se dé-posser 강요받는다. 이러한 상실은, 주체의 주체성이 아무것도 의미하지 않기라도 하는 것처럼, 공허, 영점, 묘지의 평화 따위를 나타내는가? 아니면, 자기에 의한 거북함과 자기 피부로 수축되는 고통이라는 이 메타포 이상의 표현들은, 존재성의 변질에 대한 정확한 비유에 따르는 것인가? 존재성은 일종의 회귀 속에서 전도되거나 도치된다. 이 회귀에서 일어나는 자기의 자기 밖으로의 추방은 곧 이 자기에 의한 타자의 대신함이다. 이것이야말로 스스로 그 자신을 비우는 자기의 고유한 의미를 이룰 것이다. 이 회귀는 주체의 육화가 지니는 궁극적 비밀에 해당할 것이다. 이 회귀는 모든 반성에 앞서고 모든 "통각"에 앞서며, 모든 위치의 이편에 놓인다. 그것은 모든 차용에 앞선 "채무"이고, 떠맡아지지 않은, 무시원적인 것이며, 바닥없는 수동성의 주체성이고, 그 소리의 울림에 앞선 소리의 메아리와도 같은 소환의 "전적인 페매짐"이다. 이 수동성의 능동적 원천은 결코 주제화할 수 없다. 그것은 외상의 수동성이지만, 이 외상은 자신의 고유한 재현을 방해하며, 귀를 멍하게 하고 의식의 실을(의식은 이 실을 자신의 현재 속에 받아들이지 않을 수 없을 텐데) 끊어 버린다. 그것은 박해의 수동성이다. 그러나 이 수동성은 박해받는 자가 박해하는 자를 책임질 수 있을 때에만 완전하다거나 절대적이라는 수식어를 받을 자격이 있다. 박해를 가하는 증오에 찬 이웃의 얼굴은 바로 이 악의로 말미암아 가여운 것으로 나를 강박할 수 있다. 이것은 모든 준거를 박탈당한 박해받는 자만이(모든 방책과 모든 지원을 박탈당한 자로서 ― 그리고 바로 여기에 박해받는 자의 단일성 또는 그 유일한 정체성이 있다!) 회피함이 없이 떠받칠 수 있는 애매함 또는 수수께끼다. 타인에 의한 이 감내는 이 "타인에 의함"이 이미 "타인을 위함"인 경우에만 절대적 인내가 된다. 이해관심과는 다른, "존재성과는 다른" 이 전이야말로 주체성 자체다. "뺨을 때리는 자에게 뺨을 내미는 것 그리고 치욕을 실컷 당하는 것",[16] 고통을 감내하는 가운데 이 고통을 요구하는 것(다른 뺨을 내미는 식의 행위가 끼어들게 하지 않은 채)은, 고통으로부터 되갚음의 어떤 마술과 같은 덕성을 끌어내는 것이 아니다. 오히려 그것은 박해의 외상 가운데서, 모욕당함으로부터 박해하는 자를 위한 책임으로 옮겨 가는 것이며, 또 이런 의미에서, 고통받음으로부터 타인을 위한 속죄로 옮겨 가는 것이다. 박해는 주체의 주체성과 주체의 상처받기 쉬움에 덧붙여지기 위해 오는 것이 아니다. 박해는 회귀의 운동 자체다. 호흡처럼

---

16) 「예레미야애가」, 3장 30절.

동일한 것 속의 다른 것인 주체성은, "자기를 위한" 모든 긍정에 대한 문제제기이고, 이 회귀 자체에서 다시 태어나는 모든 이기주의에 대한 문제제기다(이 문제제기는 궁지에 몰리는 것이 아니다!). 주체의 주체성은 책임 또는 문제에-놓인-존재[17]다. 그것은 뺨을 때리는 자에게 내미는 뺨처럼 공격에 완전히 노출된 것이다. 대화에 앞선, 질문과 응답의 교환에 앞선, 말해진 것의 주제화에 앞선 책임이다. 이 말해진 것은 근접성 속에서 내가 타자에 의해 문제시됨과 겹쳐서 등장하며, 책임의 말함 속에서 빗나간 여담처럼 생산된다.

자기-자신에서의 박해의 회귀는 따라서 지향성으로 환원될 수 없다. 지향성에서는 그 관조적 운동의 중립성에서조차 의지가 자신을 긍정한다. 거기서는 동일자의 천 조각이 ― 현재 속에서의 자기 소유가 ― 결코 찢어지지 않는다. 지향성에서는 자아가 감응된다 해도 결국 그 자신에 의해서만, 자유롭게 감응될 뿐이다. 지향성으로서의 주체성은 자기-계시로서의 자기-변용에 바탕을 둔다. 이것이 비인칭적 담론의 원천을 이룬다. 타자들을-위한-책임에서의 자기의 회귀는, 즉 박해받는 강박은, 지향성과 반대로 나아간다.

---

17) 푸시킨의 『보리스 고두노프』에 나오는 오트레피예프의 세 번 반복된 꿈에서 가짜 드미트리 왕자는 사람들의 모호한 웃음을 통해 자신이 가지게 될 앞날의 주권의 모습을 예감한다. "[…] 위에서 보니 모스크바는 마치 개미 소굴 같았다. 아래에선 군중이 열광하고 있었다. 그들은 웃으며 나를 가리켰다. 나는 수치와 공포에 사로잡혔고, 결국 스스로 몸을 아래로 던졌다. 머리가 먼저였다. 나는 화들짝 잠에서 깨어났다." 나를 가리키는 몸짓의 근저에 있는 웃음, 자아의 수치와 공포, 모두가 나를 가리키고 나를 소환하는 "대격", "머리가 먼저" 떨어지면서 깨어남―이것이 자신의 주권 뒤에 있는 주체의 무조건이다.

그래서 타자들을 위한 책임은 결코 이타적 의지를 의미할 수 없으며, "타고난 자비심"이나 사랑의 본능을 의미할 수도 없다. 어떤 준거의 체계로도 되돌아가지 않은 채, 또 태만함이 없이는 타자의 소환을 회피할 수 없는 가운데, 한 정체성이 유일한 것으로 개별화하는 것은, 강박의 — 또는 육화된 — 수동성 속에서다. 자기의 재-현은 이 수동성을 이미 자신의 흔적 속에서 포착한다. 일자의 사면 absolution, 그것은 탈출[18]도 아니고 추상도 아니다. 그것은 전체성 속에 있는 단순히 정합적인 것보다 훨씬 구체적인 구체성이다. 왜냐하면, 모두의 고발 아래서 모두를 위한 책임은 대신함까지 나아가기 때문이다. 주체는 볼모다.

책임에 강박된(이 책임은 "자유롭게 숙고하는" 주체가 내리는 결정들에 기원을 두지 않는다), 그래서 결백한 가운데 고발된, 자기 안의 주체성은 자기에 대한 기각이다. 이것이 구체적으로 말하고자 하는 바는, 주체성은 타자들이 행하거나 겪는 것 때문에 고발된다는 것 또는 주체성은 타자가 행하거나 겪는 것에 책임이 있다는 것이다. 자기의 단일성, 그것은 곧 타인의 잘못을 담지한다는 사실 자체다. 타인을 위한 책임에서, 주체성은 고발된 자의 이 무제약적 수동성과 다름없다. 고발됨의 대격은 고발된 자가 주격으로부터 출발해서 겪게 될 법한 어미변화의 결과가 아니다. 이 고발이 자기의 수동성으로 귀착할 수 있는 것은 오직 박해로서다. 더욱이 이 박해

---

18) 탈출(évasion)이라는 모든 발상은, 운명을 내리누르는 저주에 대한 모든 발상이 그렇듯이, 자기에서부터 구성된 차아를, 따라서 자유로운 차아를 이미 전제하고 있다.

는 속죄로 돌아간다. 박해 없이는, 자아가 머리를 쳐들고 자기를 덮어 버린다. 모든 것이 먼저 대격에 놓인다. 이것은 자기의 예외적인 조건 또는 무-조건이며, 대명사 Se의 의미작용이다. 우리의 라틴어 문법 자체는 이 Se의 주격을 "모른다".

내가 대격의 나로 돌아오면 올수록, 내가 박해로 입은 외상의 영향으로 나의 자유를, 즉 구성된 주체로서의, 의지적이고 제국주의적인 주체로서의 나의 자유를 버리면 버릴수록, 나는 더욱더 내가 책임이 있음을 발견한다. 내가 정당하면 할수록, 나는 더욱더 유죄다. 나는 타자들에 의해 "즉자"다. 심성이란 동일자를 소외시키지 않는 동일자 안의 타자다.[19] 꼼짝없이 자기에게 몰린, 무엇에도 의지하지 않으므로 즉자en soi인, 자신의 피부 속에 있듯 자기에 있는en soi, 또 자신의 피부 속에 있으면서 동시에 외부로 노출된(이런 일은 사물들에는 일어나지 않는다), 그리고 이 벌거벗은 노출 안에서 타자들에 의해 강박된 자기 — 이와 같은 자기는, 박해를 받아 스스로를 되접음으로써 자신의 정체성을 향해 가고, 이 정체성을 회피하는 것이 불가능하다는 점 그 자체에 의해 자기를 감당하지 않는가? 어떤 시작이 이 수동성에서 일어나는 것이 아닌가? 대격인

---

19) 즉자 안에서의 자기의 수동성은 태도와 범주 사이를 구별하는 틀 속으로 들어오지 않는다. 이때의 범주란, 에릭 베유(Eric Weil)가 바라는 바대로, 태도에 관한 반성(이것은 태도와 태도가 가지는 특수성에 대한 일종의 해방인데)을 통해서 얻어지는 것이다. 자기의 수동성이나 인내에 비해, 태도는 이미 자유이고 입장이다. 자기의 수동성은 기투를 향해 모험을 하는 의지적 행위에 앞서며, 진리 속에서 자기와 합치하는 확실성에마저 선행한다. 자기-자신은 자기와의 합치 이편에 있다.

나의 격변화할 수 없음은 고발의 면제될 수 없음이다. 이 고발에 대해 거리를 두는 것은 더 이상 가능하지 않다. 즉 이 고발을 회피하는 것은 허용되지 않는다. 거리를 둘 수 없고 선을 회피할 수 없는 이 불가능성은 여전히 변명을 늘어놓기 마련인 의지의 확고함보다 더 확고하고 더 심원한 확고함이다.

격변화할 수 없음은 차용에 선행하는 빚의 시대착오를 가리킨다. 노력 속에서처럼, 자산을 초과하는 지출의 시대착오를 가리킨다. 그것은 자기에 대한 요구일 것이지만, 이 요구에서는 대자의 경우에 그렇듯 가능한 일들이 자기에 대한 반성을 통해 헤아려지지 않는다. 자기에 대한 요구, 그러나 요구에 응답하는 자기가 직접적 대상의 보충물──그런 것은 자기와 자기 사이의 동등성을 전제할 것이다──로 드러나지 않는 요구. 자기에 대한 요구, 하지만 가능한 일들을 고려하지 않는, 다시 말해 모든 공평함을 넘어서는 요구. 이러한 요구는 잘못에 선행하는 고발의 형태로, 자신의 고유한 결백함에도 불구하고 자기에 반하여 행해진 고발의 형태로 생산된다. 숙고의 질서에서 보면, 이것은 상식을 벗어나는 것일 따름이다. 자기의 격변화 가능성을 배제하는 극단적인 고발. 격변화란 자기 안에서 가능한 일들을 헤아려 이 일 저 일에 대해 자책하는 데서나 성립할 것이다. 저질러진 잘못을──그것이 원죄로 저질러진 것이라 할지라도──자책하는 데나 소용될 것이다. 자기로서의 자기를 짓누르는 고발. 자기를 위한 고려가 없는 요구. 자기로 되돌아가는 가운데 자신의 동일성[20]보다 더 멀리 나아가는 책임의 무한한 수난. 존재와 가능한 것의 이편에서 또는 너머[저편]에서, 자기 안의 존재를 결핍으로 여기게 하는, 부정적인 크기로 취급할 수 있게 하는 책임의 무한한 수난.

그러나 어떻게 자기의 수동성이 "자기에 대한 감당"prise sur soi이 되는가? 이는—언어의 유희가 아니라면—강박의 절대적으로 무-시원적인 수동성 배후에 어떤 능동성을, 은밀하고 은닉된 자유를 전제하는 것이 아닌가? 그렇다면 지금까지 이끌고 온 모든 설명이 무슨 소용이 있겠는가? 우리는 대신함이라는 개념을 통해 이러한 물음에 미리 답한 바 있다.

4. 대신함

박해받는 주체성의 즉자를 설명하면서, 우리는 실제로 수동성의 무-시원에 충분히 충실했던가? 자아의 자기로의 회귀를 말하면서, 우리는 존재론적 사유의 전제들로부터 충분히 벗어났던가? 존재론적 사유에서는 자기에 대한 영원한 현존이 탐구로서, 자신의 부재에 이르기까지 기초가 되며, 영원한 존재는—그것의 가능한 형태들은 능력들이기도 해서—자신이 겪는 것을 언제나 떠맡고, 자신이 어떠한 굴종을 당하든 자신에게 도래하는 것의 원리로 항

---

20) 이 동일성은 일반적 영혼의 동일성이 아닌, 나의 동일성이다. 왜냐하면 오직 내게서만 결백함이 부조리 없이 고발될 수 있기 때문이다. 타자의 무고함을 고발하는 것, 타자의 의무 이상을 타자에게 요구하는 것은 범죄다.

상 다시 나타나는데 말이다. 위와 같이 묻는 까닭은, 피조물을 명명하는 사유가 존재론적 사유와 달라지는 것은 아마 거기서, 즉 무-시원적 수동성의 바탕을 이렇게 환기하는 가운데서일 것이기 때문이다. 이 자리에서는 피조물의 신학적 맥락을 정당화하는 것이 문제가 아니다. 왜냐하면 피조물이라는 말은 그 이름을 둘러싼 맥락보다 더 오래된 의미작용을 지시하기 때문이다. 그 맥락 속에서는—이 말해진 것 속에서는—현재와 재현으로의 모음에 반항하는, 창조의 절대적인 통-시성이 이미 사라진다. 반면, 창조에서는, 존재하도록 불러내진 것이 그렇게 불러내진 것에 도달할 수 없었던 부름에 응답하는데, 왜냐하면 무에서 비롯된 그 불러내진 것은 명령을 듣기도 전에 복종했기 때문이다. 이처럼 **무-로부터의**$^{ex-}$ ^{nihilo} 창조에서는—창조가 순전한 무-의미가 아니라면—떠맡음으로 되돌아가지 않는 수동성이 사유되며, 따라서 피조물로서의 자기가, 질료의 수동성보다 "더 수동적인" 수동성에서, 즉 어떤 항이 그 자신과 잠재적으로 합치하는 것 이편에서 사유된다. 자기-자신은 자기가 자기와 실체적으로 합치하는 모든 사태 바깥에서 사유되어야 한다. 주체성과 실체성을 결합하는 서양의 사유가 바라는 바와는 달리, 합치가 자신이 불러일으키는 탐구의 형태 아래 이미 모든 불-합치를 지배하는 규범이 되지 않은 채로 말이다. 그러므로 자기로의 회귀는 자기에게서 멈춰 설 수 없고, 자기의 이편으로 나아갈 수 있다. 자기 회귀 안에서 자기의 이편으로 갈 수 있는 것이다. A가 동일성에서처럼 A로 되돌아오는 것이 아니라, 자신의 출발점 이편으로 물러서는 것이다. 어떤 자유로도 떠맡을 수 없는, 타인을 위한 책임의 의미작용은 이런 비유를 통해 말해지는 것이 아닌가? 의식의 자유는 자신을 잃고 자신을 되찾는다. 즉 의식의 자유는 자유인 한에서 존재의 질서를 느슨하게 하지만, 그렇게 하는 것은 자유로운 책임 속에서 그 질서를 재통합하기 위해서다. 이런 의식의 자유 속에서 자신을 재인식하는 것과는 달리, 타자를 위한 책임, 강박의 책임은 자기의 절대적인 수동성을 내세운다. 이 자기는 이제껏 자기로부터 벗어나서는 안 되었는데, 그것은 곧바로 자신의 한계들로 되돌아가 자기의 과거를 통해 스스로를 재인식함으로써 자신을 동일시하기 위해서였다. 그러나 자기의 회귀는 나의 수축^{contraction}이고, 후회 속에서 동일성 그 자체를 갉아먹으며 —동일성은 스스로를 갉아먹는다— 동일성의 이편으로 나아감이다. 타인을 위한 책임은 주체에게 일어나는 우연한 일이 아니라 주체에게서 존재성에 앞서는 것이다. 타인을 위한 이 책임은 타인을 위한 개입을 행할 자유를 기다리지 않았다. 나는 아무 짓도 하지 않았고, 언제나 소송 중에 있어 왔다. 즉, 박해받아 왔다. 자기성은, 동일성의 시원 없는 그 수동성 속에서, 볼모이다. 나라는 말은 내가 여기 있습니다^{me voici}를 의미한다. 그것은 모든 것과 모든 사람에게 응답한다. 타자들을 위한 책임은 자기로의 복귀가 아니라, 동일성의 한계들이 붙잡을 수 없는, 복구 불가능한 수축^{crispation}이었다. 회귀는 동일성의 한계들을, 내 안의 존재 원리를, 정의^{定義}에 의한 자기 안에서의 참을 수 없는 휴식을 깨뜨리면서 정체성을 마련한다. 자기 —휴식의 이편. 이것은 모든 것에서 되돌아와 "오직 자기만 염려하는" 일의 불가능성이다. 이것은 오히려 스스로를 갉아먹으며 자기를 유지함이다. 강박 안의 책임은 내가 바라지 않았던 것을 위한, 즉 타자들을 위한 나의 책임이다. 자기로의 회귀의 이 무시원, 존재의 동일성이 유지되는─존재하는─행동action과 열정passion의 정상적 유희 너머, 동일성의 한계들 이편, 내 속의 타자성에 의해 근접성에서 겪는 이 수동성, 그렇지만 배반된 동일성의 소외가 아닌 자기로의 회귀의 이 수동성─이것이 내가 타자들을 대신함이 아니라면 다른 무엇일 수 있겠는가? 그렇지만 이것은 소외가 아니다. 왜냐하면 동일자 안의 타자는 책임에 따라 내가 타자들을 대신함이기 때문이다. 그 책임을 위해 대체 불가능한 내가 소환된다. 타자에 의해서 그리고 타자를 위해서, 그러나 소외 없이. 이렇게 나는 불어넣어진다inspiré. 이 불어넣어짐이 심성이다. 그러나 이것은 동일자 안의 이 타자성을 소외 없이, 육화로서, 자신의-피부-안에-있음처럼, 자신의-피부-안에-타자를-가짐처럼 의미화할 수 있는 심성이다.

동일성이 전도되는 이 대신함 속에서, 행위와 결합된 수동성보다 더 수동적인 이 수동성 속에서, 지시된 것의 무력한 수동성 너머에서, 자기는 자기로부터 사면된다. 이것은 자유인가? 그것은 주도권의 자유와는 다른 자유다. 타자들을 대신함에 의해 이 자기-자신은 관계를 벗어난다. 수동성의 끝에서 자기-자신은 관계 속의 항들이 겪는 수동성이나 불가피한 제약을 벗어난다. 즉, 책임의 비할 데 없는 관계 속에서 타자는 더 이상 동일자를 제약하지 않고, 그것이 제약하는 바에 의해 떠받쳐진다. 바로 여기서, 존재론적 범주들을 윤리적 항들로 바꾸는 존재론적 범주들의 중층결정이 드러난다. 이 가장 수동적인 수동성 속에서 자기는 모든 타자와 자기로부터 윤리적으로 자신을 해방시킨다. 이웃의 근접성은 비-자아에 대한 굴복을 의미하지 않는다. 그것은 열림을 의미하는데, 이 열림에서 존재의 존재성은 불어넣어짐inspiration 속에서 지양된다. 타자에 대한 자기의 책임은 일종의 열림이다. 호흡respiration은 그 열림의 한 양태다. 또는 그 열림을 앞서 맛보는 것이다. 아니, 더 정확히 말해 호흡은 그 열림의 뒷맛이다. 어떤 신비주의에도 속하지 않는 이 호흡─타인을 위한 모든 희생의 가능성─속에서 능동성과 수동성이 뒤섞인다.

헤겔이 의거하는 유구한 전통과는 반대로(헤겔에게서 자아란 자기-자신과의 동등함이다. 결국 이 자아는 개념과 죽음의 보편성 속에서 자기로부터 분리되었던 존재가 구체적 보편성인 그-자신으로 복귀하는 것이다), 수동성의 강박에서부터 볼 때, 즉 무시원의 자기로부터 볼 때, 의식의 동등함 배후에서 드러나는 것은 일종의 부등함이다. 이 부등함은 겉보기의 존재가 심오하거나 지고한 존재와 합치하지 않음을 의미하는 것이 아니며, 원초적 결백함으로 거슬러 올라감(나베르[21]가 내세우는 나와 나-자신의 부등함 같은 것. 나베르는 불-일치를 결핍으로 보는 전통에 충실한 듯하다)을 의미하는 것도 아니다. 그것은 대신함에 의한 자기-자신 안에서의 부등함을 의미한다. 그것은 내일도 없이, 그러나 새롭게 그 다음날에 이끌리면서,

---

21) 장 나베르(Jean Nabert, 1881~1960)는 이른바 반성 철학의 대표적인 철학자로, 폴 리쾨르(1913~2005)에게 큰 영향을 미쳤다. ─옮긴이

개념 밖으로 탈출하는 것이다. 그것은 소환 아래서의 책임의 단일성이다. 이렇게 소환되는 탓에 그것은 자기 속에서 어떤 휴식도 찾지 못한다. 그것은 개념 없는 자기다. 이 자기는 동일성 속에서 부등하며, 일인칭 속에서 스스로 의미화한다. 다시 정확히 말하면 이 자기는 말함의 평면을 나타내며, 말함 속에서 스스로를 [대격의] 나 ^moi 또는 [주격의] 나 ^je로 생-산한다[대리하여-가져온다] ^pro-duire. 이것은 다른 어떤 나와는 완전히 다른 나, 죽음에도 불구하고 하나의 의미를 갖는 나다. 그것은 죽음의 존재론을 거슬러 하나의 질서를 여는데, 거기서는 죽음이 인식될 수 없다. 효소 속의 동일성, 그 자신을 저버리기에 이르는 합치, 동일화하는 회귀 속의 자기. 여기서 나는 나의 출발점 이편으로 되던져진 나를 발견한다! 자기에 의해 처지가 바뀐 자기, 자기로부터 잊힌 자기, 자기를 물어뜯는 가운데, 후회로 자신을 갉아먹음으로써 자신에 의거하는 가운데 잊히는 자기. 여기서 거론되는 것은 경험적 차아에 이르는 사건들이 아니다. 경험적 자아는 이미 자리 잡은, 충분히 동일화된 자아다. 자아를 "더 많은 자기의식"으로 끌고 올, 그리고 자아가 더 많이 "타자들의 자리에 자신을 놓을" 수 있게 해줄, 시험을 거친 자아다. 우리가 여기서 "자기-자신"이라고 부르는 것은 이런 경험에 앞선다. 이 자기 자신에서는 "동일자 안의 타자"가, 불어넣어짐이 호흡을 불러일으키며, 심성의 호흡원리 ^pneuma 자체를 불러일으킨다. 경험은 존재의, 우주의, 국가의 영역이며, 이미 하나의 체계 속에 조건 지어져 있다. 반면에, 여기서 우리는 원리의 지위를 갖지 않는 주체의 무조건성을 말하고자 한다. 이것은 존재 그 자체에 의미를 부여하고 존재의 무게를 기꺼이 받아들이는 조건이다. 존재가 우주의 통일성으로 모아지고 존재성이 사건으로 모아지는 것은, 존재 전체를 떠받치는 자기에 기초함으로서다. 자기는 아래로-던져짐Subjectum이다. 자기는 우주의 무게를 짊어진다 — 모든 것에 책임이 있다. 우주의 통일성이란 나의 응시가 통각의 그 통일성 안에서 끌어안는 것이 아니다. 오히려 그것은 모든 면에서 내게 부과되는 것이며, 그 말의 두 가지 의미에서, 즉 나를 고발한다는 의미에서 또 나의 사안이라는 의미에서 나를 응시하는 것이다. 이러한 의미로 보면, 나를 우주공간에서 찾는다는 생각은 공상과학 소설의 이야기가 아니라, 자기에 담긴 내 수동성을 표현하는 것이다.

자기는 존재의 존재성이 펼쳐지는 직선적이며 동요되지 않고 면제 없는 작업을 뒤집어 놓는 어떤 것이다. 자기-안에 있다는 것, 자기로 몰아넣어진다는 것, 그래서 이 비-장소로 당신을 밀어 넣는 모든 것을 대신하는 데까지 이른다는 것, 그것은 바로 이렇게 자기-안에 있다는 것, "존재성 너머에서" 자기 안에 있음으로써 그렇다는 것이다. 자기로의 자아의 은둔, 자신의 동일성 이편의, 타자 속에서의 은둔, 비-자아의 무게를 떠받치는 속죄, 이것은 승리도 실패도 아니다. 실패한다는 것은 이미 정치적인 또는 교회적인 자아의 자유와 제국주의를 전제한다. 즉 구성되고 자유로운 "자아들"의 역사를 전제한다. 속죄로서의 자기는 능동성과 수동성 이편에 있다.

세계의 조건들 가운데 책임 없는 자유, 유희의 자유를 요구하는 오이겐 핑크나 잔 델롬 같은 사상가들의 시각에 반대하여, 우리는 강박 속에서 어떤 자유로운 개입에도 기초하지 않는 책임을 식별해 낸다. 이 책임이 존재 안으로 들어가는 일은 오직 선택 없이 이루어질 수 있다. 자의적인 반성이나 경솔하고 무분별한 반성만이 이 선택 없음을 폭력으로 여길 수 있다. 왜냐하면 그것은 자유와 비-자유라는 쌍에 선행하기 때문이다. 바로 이 선택 없음으로부터, 오직 자기를 위해 있는 자의 제한되고 이기적인 운명 너머로 나아가는 소명이 수립된다. 또 그리하여, 자신의 자유나 자신의 현재에서 시작하지 않는 잘못과 불행에 더럽혀진 손들이 씻어진다. 그것은 자기를 위해가 아니라 모두를 위해 있는 존재의 수립이다. 존재와 탈이해관심의 동시적인 수립인 것이다. 자기를 위해는 자기의식을 의미화한다. 모두를 위해는 타자들에 대한 책임을, 우주의 떠받침을 의미화한다. 앞선 개입 없이 응답하는 이와 같은 방식, 즉 타인에 대한 책임은, 인간의 형제애 그 자체이고, 자유에 선행하는 것이다. 근접성 속의 타자의 얼굴 ─ 이것은 재현 이상의 것인데 ─ 은 재현할 수 없는 흔적, 무한의 방식이다. 그것은 존재들 가운데 자아가 목적을 좇는 한 존재로서, 즉 존재가 의미작용을 장악하여 우주가 된다는 목적을 좇는 한 존재로서 실존하기 때문이 아니다. 그것은 다가감 속에서 무한의 흔적 ─ 어떤 출발의 흔적이지만, 측정됨을-넘어서 있어 현재로 들어가지 못하는 것의 흔적이며 시원을 무시원으로 전도하는 흔적 ─ 이 씌어지거나 새겨지기 때문이다. 그것은 타인의 버려짐이, 타인에 의한 강박이, 책임과 자기가 있기 때문이다.[22] 탁월한 의미에서 교환 불가능한 것, 나^e, 유일한 것이 타자들을 대신한다. 어떤 것도 유희가 아니다. 이렇게 존재는 초월된다.

이것은 단지 자아가 특정한 성질들을 부여받은, 말하자면 도덕적인 성질들을 부여받은 존재라는 얘기가 아니다. 그런 성질이라면 자아는 그것을 실체가 속성들을 지니듯, 또는 실체가 자신의 생성 가운데 우연적인 특성들을 띠듯, 가지게 될 것이다. 이것은 자기가 자신의 수동성 또는 수난 속에서 갖는 예외적인 단일성인데, 이는 모든 것에 예속된다는 끊임없는 이 사건, 대신함의 사건이다. 존재의 편에서는 자신의 존재로부터 스스로를 떼어-내고 스스로를 비우고 스스로를 "뒤집어" 놓는 사태다. 또, "존재와 달리"의 사태라고, 무도 아니고 초월론적 상상력의 산물도 아닌 예속이라고 해도 좋다. 이 모든 분석에서 우리는 자아에 해당할 한 존재자를 이 존재자의 존재에 해당할 행위인 스스로를 대신하는 행위로

---

22) 무-시원의 애매성 또는 무-시원의 수수께끼 자체 ─ 무한으로서의 무한이 다가옴에 앞서 행하는 물러섬, 그리고 타인을 내 책임으로 돌리는 물러섬의 흔적인 얼굴 속에 있는 무한의 삼차성 ─ 를 서술하는 『후설과 하이데거와 함께 존재를 찾아서』 2판 마지막 세 연구들에서의 얼굴에 관한 모든 서술들은, 주제화할 수 없는 것, 무-시원적인 것에 대한 서술로 남아 있고, 따라서 어떤 신-학적 주장으로도 나아가지 않는다. 그렇지만 언어는 남용에 의해서라고 해도 그것에 대해 발언할 수 있으며, 그럼으로써 언어는 무-시원적인 것이 지배적인 것으로 구성될 수 없다는 점을 보여 준다. 이것은 무시원의 무-조건을 함축한다. 그러나 무시원적인 것에 대한 언어의 관여는 지배가 아니다. 그렇지 않다면 무시원은 다시 의식의 시원에 종속되고 말 것이다. 이 관여는 표현의 투쟁이고 표현의 고통이다. 여기에서부터 지배권과 국가의 시원에 대한 담론과 필요성이 나온다. 우리는 뒤(5장)에서 이런 점을 다룰 것이다. 의미함에 대한 우리의 해석 방식에 따를 때, 실천적인 것(그리고 실천적인 것으로부터 분리될 수 없는 종교적인 것)은 무-시원적인 것에 의해 규정된다는 점 또한 분명하다. 신학은 순수하게 종교적인 것에 대한 논쟁으로서만 가능할 것인데, 그 종교적인 것은 다만 그것의 실패나 투쟁에 의해서만 확인되는 것이다.

환원하여 이해하지 않는다. 대신함은 행위가 아니다. 그것은 행위로 전환할 수 없는 수동성이며, 행위-수동성이라는 양자택일의 이편이고, 명사나 동사 같은 문법적 범주에 따를 수 없는 예외다. 그런 범주들을 주제화하는 말해진 것 속에서가 아니라면 말이다. 대신함은 회귀인데, 이 회귀는 즉자로서만 또는 존재의 이면으로서만 또는 존재와 달리로서만 말해질 수 있다.[23] 자기로-있음, 존재와 달리, 스스로 이해관심에서-벗어남, 이것은 타자의 비참과 파탄을 짊어지는 것이며, 또 타자가 나에 대해 가질 수 있는 책임마저 짊어지는 것이다. 자기로 있다는 것 ─이것은 볼모의 조건인데─ 은 언제나 더 많은 책임의 정도를 갖는 것이며, 타자의 책임

---

23) 우리는 대신함을 자아라는 존재자의 존재로 생각할 수도 있을 법하다. 또 우리는 자아가 그로부터 물러선 존재이자 자아가 해체하는 존재를 참조하는 한에서만 자아의 이편에 대해 말할 수 있다는 점도 확실하다. 언어의 말해진 것이 말하는 것은 언제나 존재다. 그러나 수수께끼의 순간에 언어는 또한 회의적인 말함 속에 있는 자신의 조건들을 부숴 버리고 사건에 앞선 의미작용을, 존재-이전을 말한다. 사건들은 그 사건들을 겪거나 야기하는 주체에게 일어난다. 사건을 말할 때 쓰는 동사와 주체를 말할 때 쓰는 명사는 존재하다(être)라는 동사와 존재(être)라는 명사로까지 형식화된다. 여기서 [동사이면서 명사인 être라는] 이 동음이의어는 극단적으로 모호한 어구로서, 그 차이는 공통의 장르가 아니라 독특하게도 단어의 공동성에 기반하고 있다. 그렇게 하여 이 언어는 사유의 안쪽과는 전혀 다른 어떤 것을 드러낸다. 자기-자신과 대신함은 이 틀 속에 들어가지 않는다. 자아 동일성의 결함 또는 그 동일성이 이미 해체된 사태 ─이것은 엄격하게 보아 자기-자신의 사건이라고 말해질 수 있는데─ 는 주체가 겪거나 주체가 초래한 모든 사건에 앞선다. 이편, 그것은 무시원이라는 용어로 정확하게 표현된다. 그것은 타자로 회복됨이 없이 끝까지 해체된 동일성이며, 다른 아바타로 실체를 바꾸는 것의, 또 "타자의 자리에 놓이는" 것의 이편이다. 왜냐하면 그것은 타인에게서 휴식하지 않고, 휴식 없이 자기-자신에게 머무르기 때문이다. 그것은 도저히 회피할 수 없는 요청이다. 이 요청은 대체 불가능한 것으로서, 단일성이다.

을 위한 책임을 갖는 것이다.[24)]

왜 타인이 나와 관련되는가? 내게 헤쿠바는 무엇인가? 내가 내 형제의 파수꾼인가? 이 같은 질문들은 이미 자아는 자기에 대해서만 염려한다는 것을, 자아는 자기에 대한 염려일 뿐이라는 것을 전제할 때만 의미를 지닌다. 이런 가정하에서는 사실 절대적 자아의-외부, 즉 타인이 나와 관련된다는 점은 이해할 수 없는 것으로 남는다. 그렇지만 자기를 위해 정립된 자아의 "선先역사" 속에서 책임이 말을 건넨다. 자기는 머리부터 발끝까지 볼모다. 에고보다 훨씬 오래된, 원리들에 앞선 인질이다. 자기에게, 자신의 존재에서 중요한 것은 존재함이 아니다. 이기주의와 이타주의 너머 — 이 것이 자기의 종교성이다.

---

24) 이것은 회오리다. 타자의 고통, 타자의 고통에 대한 나의 연민, 나의 연민으로 말미암은 타자의 고통스러움, 이 고통스러움으로 말미암은 나의 고통스러움 등등이 내게서 멈춘다. 나야말로 이 모든 반복 속에서 더 많은 운동을 포함하는 것이다. 나의 고통은 모든 고통의 조준점이다. 또 모든 잘못의 조준점이다. 나를 박해하는 자의 잘못까지도. 이것은 궁극적 박해를 겪는 것으로 귀착한다. 절대적 겪음으로 귀착한다. 이것은 마술적인 가치를 가질 법한, 고통을 정화하는 불이 아니다. "순수한 화상(火傷)"의 이 요소는 대가 없이(pour rien) 고통에 처하는데, 이것이 고통의 수동성이다. 이 수동성은, 고통이 "떠맡아진 고통"으로 전환되지 못하도록, 그래서 감성의 "대-타"(pour-l'autre)가, 즉 감성의 감각[의미] 자체가 폐기되지 못하도록 한다. 고통 속의 "대가 없음"이라는 이 계기는 의미에 대한 무-의미의 잉여인데, 이 잉여에 의해 고통의 의미가 가능해진다. 자기의 육화와 보상 없는 고통의 가능성은 자기의 절대적 대격에 따라 이해되어야 한다. 스스로 살이 되는 물질의 바탕에 놓인 모든 수동성 이편의 수동성에 따라 이해되어야 한다. 그러나 고통의 무시원적 특성 속에서, 그리고 모든 반성에 앞서서 간취해야 할 것이 있다. 그것은 고통에 대한 고통, 즉 나의 고통이 가엾게 여겨지는 데서 "말미암은" 고통이다. 이것은 나의 고통으로 고통받는 "신을 위한"(pour Dieu) 고통이다. 이것은 수동성에서의 신의 "무시원적" 흔적이다.

세계 안에 연민, 동정, 용서, 근접성이 있을 수 있는 것은 볼모의 조건에 의해서다. 아주 작은 일조차, 이를테면 "먼저 하세요"라고 말하는 단순한 일조차 그렇다. 볼모의 무조건은 연대의 제한된 경우가 아니라, 모든 연대의 조건이다. 모든 고발과 박해, 또 모든 영광, 보답, 개인 간의 징벌 등은 자아의 주체성을, 대신함을 전제한다. 타자의 자리에 스스로를 놓는 가능성을 전제한다. 이 가능성은 "타자에 의한"에서 "타자를 위한"으로 전환하게 해준다. 박해에서는 타자로 인한 모욕에서 내가 타자의 잘못을 속죄하는 데로 전환하게 해준다. 그러나 자유에 앞선 절대적인 고발이 자유를 구성한다. 이 자유는 선과 결합되어 모든 **존재성** 너머에 또 그 바깥에 놓인다.

이론가들은 원래의 전쟁과 이기주의에서 관대함이 탄생했다고 설명하는데(하지만 전쟁이 "최초에" 있었는지 또 종교적인 것에 앞서 있었는지는 확실치 않다), 그럴 때 내세우는 감정의 모든 전환은 자아가 자아의 존재 전체로 존재하는 경우가 아니라면, 자아 안에 고정되기에 이르지 못할 것이다. 아니 차라리 그런 일이 생겨나는 것은, 자아가 전적인 자신의 탈–이해관심으로 말미암아, 물질처럼 범주에 **따르는** 것이 아니라 박해의 제한 없는 대격에 따르는 경우라고 해야 할 것이다. 이 대격은 이미 타자들을 대신하게 된 자기, 볼모다. "나는 타자다"ᴶᵉ ᵉˢᵗ ᵘⁿ ᵃᵘᵗʳᵉ —— 그러나 랭보 식의 소외 없이, 나는 모든 장소를 벗어나 자기 안에 있다. 자기–변용의 자율성 이편에, 또 그–자신에 근거한 동일성의 이편에 있다. 타자의 무게를 수동적으로 감내하는, 그럼으로써 단일성이 되도록 부름을 받은 이 주체성은, 능동성과 수동성의 양자택일이 그 의미를 유지하는 질서에 더 이상 속하지 않는다. 여기서 우리는 동일성과 타자성을 결합하는 것인 속죄에 대해 얘기할 필요가 있다. 자아는 타자들을 위해 속죄할 "능력이 있는" 한 존재자가 아니다. 자아는 본래의, 비자발적인 이 속죄다. 의지의 선도권에 앞서기(기원에 앞서기) 때문이다. 자아의 통일성과 단일성은 이미 타자의 무게를 자기 위에 놓은 것인 셈이다. 이런 의미에서 자기는 선함이다. 다시 말해, 자기는 모든 소유에 대한 포기의 요구 아래 있다. 자기에 속한 모든 것을, 자기를 위한 모든 것을 포기하라는, 대신함에 이르기까지 포기하라는 요구 아래 있다. 선함은—우리는 이 점을 말한 바 있는데—주체인 일차 안에 다수성을 도입하지 않는 유일한 속성이다. 선함은 일차와 구별되는 까닭이다. 일자에게 드러날 때 선함은 더이상 일자 안의 선함이 아닐 것이다. 선함이 내게 갖춰지는 것은 숨겨진 선에 내가 복종하는 가운데서다.

　　자기 안에, 자신의 피부 속에 존재하는 데서 성립하는, 그러나 자기 안의 존재들인 모든 존재들의 존재하고자 하는 경향conatus essendi을 공유하지 않는, 자아의 개체화 또는 초개체화—내게 있어, 존재하는 모든 것에 관해à l'égard 존재함은 오로지 존재하는 모든 것을 내가 존중par égard하기 때문이라는 데서 성립하는 개체화 또는 초개체화—이것이 존재의 속죄다. 자기, 그것은 자아가 타자들을 떠받치는 떠맡을 수 없는 대격 아래서 스스로를 노출시켜, 자유를 통해 그-자신을 재결합하는 자아의 확실성을 뒤집는 데로 이르는 사태 자체다.

5. 소통

타자와의 관계가 소통과 초월일 수 있는 것은, 또 그것이 확실함을 추구하는 또 다른 방식이나 자기와의 일치^{coïncidence}가 아닐 수 있는 것은, 자기로 이해된 주체성에서 출발해서다. 밖으로 잘라 냄^{excidence}과 탈소유에서, 수축에서 ─자아는 여기서 자신을 나타내는 것이 아니라 스스로를 희생하는데 ─출발해서다. 그러나 사람들은 역설적이게도 자기와의 일치로부터 소통을 도출하고자 한다.[25] 정신성의 비유로 간주되는 내적 대화 ─자기 인식 ─와 관

_____

25) 대신함은 자기의 가장 깊숙한 곳 속에서 작동하며 자기의 내면성을 찢고 자기의 동일성을 변화시키며(déphaser), 자기의 회귀를 실패로 이끈다(그런데 이런 일이 일어나는 것은 내가 대신함을 회피할 수 없다는 사태 속에서다. 대신함은 자기-자신의 이 동일성 ─언제나 실패로 끝나는 이 동일성 ─에 단일성을 부여한다). 대신함은 일자에서 시작해 타자로 이어지는 소통, 그리고 타자에서 시작해 일자로 이어지는 소통이다. 그렇다고 해서 이 두 관계가 같은 의미를 갖는 것은 아니다. 이것은 정보를 교환하기 위해 개방된 양방향 도로의 가역성과 다르다. 그런 가역성에서는 방향이 중요치 않다. 앞서 우리는 근접성을 분석하는 가운데 소통의 이 비대칭성을 드러낸 바 있다. 정의의 필요성 때문에 계산, 주제화, 나타남, 정의를 도입하는 것은 제삼자의 근접성이다(5장을 보라). 존재가 의미를 갖게 되는 것은 자기로부터, 대신함으로부터다. 존재가 무관심하지-않은 것은 존재가 살아 있거나 의인화될 수 있어서가 아니라, 공간이 타자를 위한 나의 책임이라는 의미에 속하기 때문이다. 이것은 동시성 또는 공현존인 정의가 전제하는 것이기도 하다. 도처의 공간은 도처의 얼굴들에서 비롯하는 것이다. 이 얼굴들은 정의에 내맡겨지는 것처럼 보이는 무차별성에도 불구하고 나와 관계하고 또 나를 문제 삼는다. 존재는 우주로서 의미를 가질 것이고, 우주의 통일성은 내게서 존재-에-종속된 것으로서 있게 될 것이다. 여기서 말하고자 하는 바는, 우주의 공간은 스스로를 타자들의 거주지로 나타낼 것이라는 점이다. 공간의 전-기하학적 형상(eidos)은 나를 응시하는 타자들이 머무는 곳으로 그려질 것이다. 나는 우주를 떠받친다. 자기는 단지 인간 사회의 통일성만을, 내 책임 속에 있는 하나의 통일성만을 이루지 않는다. 존재의 통일성이 자기와 관련을 맺는다.

계하여 소통이 재현하는 근본적 전복—인식으로부터 연대로 나아가는—을 진지하게 고려하지 못한 채 말이다. 그런 시도는 소통할 때 발생하는 모든 위험에 대비해 보장을 추구하며, 내적 대화가 소통을 담지하는 연대에 빚지고 있지 않은지를 묻지도 않는다. 타자들을 위한 책임인 속죄에서는 비-자아와 맺는 관계가 그 자신과 맺는 자아의 모든 관계에 앞선다. 타자와의 관계는 확실함—사람들은 항상 소통을 이것으로 귀착시키고자 하는데—의 자기-변용에 앞선다.

소통이 자유로운 주체인 자아에서 시작하는 것이라면 소통은 불가능할 것이다. 이 자아에게, 모든 타자는 제한일 뿐이다. 전쟁, 지배, 주의, 첩보 등으로 이끄는 제한일 뿐이다. 소통한다는 것, 그것은 분명 자신을 여는 것이다. 그러나 이 열림이 인식을 노리는 것이라면, 그것은 온전치 못하다. 열림이 온전한 경우는 그것이 "스펙터클"에, 또는 타자에 대한 인식에 열릴 때가 아니라, 타자에 대한 책임으로 이뤄질 때다. 열림에 대한 강조가 대신함에까지 이르는 타자를 위한 책임이라는 것, 탈은폐의 타자를 위함, 타자에게 드러남이라는 타자를 위함이 책임의 타자를 위함으로 변한다는 것, 이것이 바로 이 책의 주제다. 소통의 열림은 진리를 자기 속에서 유지하는 대신 바깥에 위치시키기 위해 단순히 자리를 바꾸는 것이 아니다. 놀라운 것, 그것은 진리를 바깥에 놓는다는 발상 또는 광기다. 소통은 단순히 덧붙여지는 것인가? 그게 아니라 자아란, 즉 동일한 것의 견고함 안에서의 대신함이란, 타인에게 연대 자체를 증언하는 데서 출발하는 연대이지 않은가? 그래서 그것은 무엇보다도 소통의 소통, 신호를 준다는 신호이지 않은가? 그것은 열림 안에서 그 무엇이든 전달함을 뜻하는 것이 결코 아니다. 이 열림 안에서 드러나는 바가 그것이 스스로를 드러냄과 과연 같은 것인지, 그것의 나타남이 겉모습은 아닌지를 묻는 것은 이 문제를 독특하게 전치시킨다. 소통의 문제가 이 소통의 진리 문제 —그것을 받아들이는 자를 위한— 로 환원될 때, 그 문제는 확실함의 문제, 자기와 자기의 일치 문제가 되고 만다. 이 일치가 소통의 궁극적인 비밀인 것처럼, 또 진리란 탈은폐일 따름인 것처럼 여겨진다. 진리가 무한으로부터 도달한 증언을 의미할 수 있다는 생각[26]은 떠오르지조차 않는다. 확실함의 이 선-우위pré-éminence 속에서 실체의 동일성은 자아로 간주되고 모나드라고 말해지며, 그래서 이러한 동일성은 기적이 아니고선 소통에 이르지 못한다. 그리하여 사람들은 에른스트 카시러에서 루트비히 빈스방거에 이르는 이론을 탐구하기에 이른다. 그 이론에 따르면, 우선하는 대화dialogue가 그것을 언표하는 차아를 장악하는 것이지 차아가 대화conversation를 장악하는 것이 아니다.

대화dialogue와 근원적 우리(차아들의 솟아오름)에 기초를 두고자 하는 모든 이들과는 달리, 또 실제의 소통 배후에 있는 근원적 소통에 의거하고 (그러나 이 근원적 소통에 대화나 상호 간의 표명 —이것은 정초 역할을 하는 우리를 전제하는데 — 이라는 경험적 의미만을 부여하여) 소통의 문제를 소통의 확실함의 문제로 환원해 버

---

26) 자세한 내용은 5장 2절 참조.

리는 모든 이들과는 달리, 우리는 언어의 초월에 경험적 발화가 아닌 하나의 관계를 전제한다. 그것은 책임이며, 달리 말해 (모든 결정에 앞선, 수동성 안에서의) 인종忍從, résignation이다. 불화의 위험을 무릅쓰는(사랑을 사랑하는 것 말고는 사랑받지 못함을 인종해야 하는 사랑에서처럼), 소통의 실수와 소통의 거부라는 위험을 무릅쓰는 인종이다. 주제화하는 자아가 자신을 정초하는 곳도 이 책임과 대신함이다. 분명 우리는 소통과 초월에 대해 그것의 불확실함만을 말할 수 있을 것이다. 주체성의 모험인 소통은 오히려 불확실함을 포함할 것이다. 이때의 주체성은 자신을 재발견하려는 염려에 의해 지배되는 주체성과는 다르며, 의식의 일치의 주체성과도 다르다. 본질적으로eidétiquement, 소통은 희생 속에서만 가능한데, 우리가 책임져야 하는 사람들에 대한 다가감이 바로 희생이다. 타인과의 소통이 초월적일 수 있는 것은 오직 위험한 삶으로서, 무릅써야 할 아름다운 위험으로서다. 이 말들이 강력한 의미를 갖게 되는 것은, 그것들이 단지 확실성의 결여를 가리키는 것이 아니라 희생의 대가 없음을 표현할 때다. 무릅써야 할 아름다운 위험이란 표현에서, 사람들은 "아름답다"는 단어에 대해 결코 충분히 생각하지 않았다. 이 용어들이 자신의 긍정적 의미를 갖는 것은, 또 이 용어들이 단순한 편법이 아닌 것은, 확실함의 반대물, 요컨대 의식의 반대물로서다.

절대적으로 외적인 타인이 강박에까지 이르도록 가까운 것은 바로 이 때문이다. 이것은 근접성이지만, 근접성에 대한 진리는 아니다. 이것은 타인의 현존에 관한 확실함이 아니라 타인을 위한 책임이다. 숙고 없는, 약속engagement들이 태어나는 진리의 강제가 없는, 확실함이 없는 책임이다. 이 책임은 나를 속박한다engager. 모든 진리와 모든 확실함에 앞서 나를 속박한다. 이것은 신뢰와 규범의 문제를 쓸모없게 만든다. 왜냐하면 그 직접성 속에서 의식은 순진함과 의견에 불과하기 때문이다.[27]

우리가 사용해 왔던 윤리적 언어는 지금까지 논의했던 설명과 무관한 특별한 도덕적 경험에서 발생하는 것이 아니다. 책임의 윤리적 상황이 이해되는 것은 윤리학으로부터가 아니다. 책임의 윤리적 상황은 분명 알퐁스 드 발렌스Alphonse de Waelhens가 비-철학적 경험이라고 불렀던 것에서 생겨난다. 그것은 윤리적으로 독립된 것들이다. 의지를 전제하지 않는 강제, 의지가 솟아나는 (또는 의지가 분출하는) 존재의 핵을 전제하지도 않는 강제, 우리가 박해로부터 출발해서 묘사했던 그런 강제는, "달리 있을 수 없는 것"(아리스토텔레스, 『형이상학』, E)의 필연성 — 오늘날 우리가 본질적eidétique 필연성이라 부르는 것 —과, 의지가 놓이는 상황에 의해서나 다른 의지 및 욕망 또는 타자들의 의지와 욕망에 의해 의지에

---

27) 여기서 고발할 필요가 있는 것은 객관주의가 모든 주체성의 철학을 짓누르고 있다는 혐의다. 객관주의는 객관적으로 확인될 수 있는 바를 통해 자아를 측정하고 통제하려는 데서 성립한다. 이런 입장은 가능하지만 자의적이다. 자아가 환상을 만들고 가장(假裝)에 만족하는 반영에 불과하다 할지라도, 자아는 고유한 의미작용을 가질 것이다. 그것은 바로, 객관적이고 보편적인 질서를 벗어나 자기에 따르는 가능성이다. 객관적 질서를 벗어남은 책임 없는 유희의 자유로 향하는 것만큼이나 자유 저편의 책임을 향하는 것일 수 있다. 자아는 갈림길에 놓인다. 그러나 객관적 질서를 벗어나는 것, 자기로 나아가 희생과 죽음의 사적 방식(privatissime)을 향하는 것, 주체적 영토로 들어가는 것, 이런 일은 변덕에 의해서가 아니라 전적인 책임의 무게 아래서만 일어날 수 있다.

부과되는 강제 사이에 자리한다. 윤리적 언어의 비유들은 특정한 서술 구조에, 즉 앎과 뚜렷이 구분되는 다가감의 의미에, 현상과 뚜렷이 구분되는 얼굴의 의미에 잘 들어맞는다.

현상학은 다가감을 기술하는 가운데 주제화를 무-시원으로 뒤집는 길을 따를 수 있다. 윤리적 언어는 현상학이 느닷없이 내던져져 있는 역설을 표현하기에 이른다. 왜냐하면 윤리는 정치적인 것을 넘어서서 이 뒤집음의 수준에 있기 때문이다. 다가감에서부터 기술할 때, 이웃은 얼굴을 명하는 어떤 후퇴의 흔적을 담는다. 행동을 위한 흔적의 의미함, 이 의미함에서 무-시원의 암시를 어떤 지시와 혼동하여 잊는 것은 잘못일 것이다. 무-시원적 암시를 기표 안에서 기의가 드러나는 것과 혼동해서는 안 되며, 신학적이고 감화적인 사유가 너무도 빨리 신앙에서부터 진리를 끌어내는 도정과 혼동해서도 안 된다. 그런 도정 속에서는 강박이 한 주제 속에서 언표되는 원리에 종속되는데, 이것은 그 운동의 무시원 자체를 없애 버린다.[28] 얼굴이 스스로를 명하는 흔적은 기호로 귀착하지 않는다. 기호 및 기의에 대한 기호의 관계는 주제 속에서 공시적이다. 다가감은 어떤 관계의 주제화가 아니라, 무-시원으로서 주제화에 저항하는 이 관계 자체다. 이 관계를 주제화하는 것, 그것은 이미 그 관계를 잃는 것이며, 자기의 절대적 수동성을 벗어나는

---

28) 이렇게 하여 신학적 언어는 초월의 종교적 상황을 파괴한다. 무한은 무-시원적으로 스스로를 "제시한다". 주제화는 무시원을 잃어버리는데, 오직 이 무시원만이 주제화에 신임장을 줄 수 있다. 신에 관한 언어는 거짓으로 울리고 신화가 된다. 즉, 신에 관한 언어는 결코 문자 그대로 취해질 수 없는 것이다.

것이다. 수동성-능동성이라는 양자택일 이편의 수동성. 어떤 비활성보다도 더 수동적인 이 수동성은 고발, 박해, 타자들을 위한 책임 등의 윤리적 용어로 서술된다. 박해받는 자는 자신의 자리에서 추방되어 자기에 즉한 자기만을 가질 뿐, 자신의 머리를 둘 곳을 세상 어디에서도 갖지 못한다. 그는 모든 놀이와 모든 싸움에서 뿌리 뽑힌다. 자기-변용auto-affection 너머에서 ─ 자기-변용은 비록 엄격히 자신의 수동성과 동시적이라 해도 여전히 능동성이기에 ─ 자기는 벌거벗겨진다. 고발과 분리되지 않는 박해 속에서, 피조물의, 대신함의 절대적 수동성 속에서 자기는 벌거벗겨진다. 차아를 그 자신의 제국주의에서 벗겨 내면서 타자-변용hétéro-affection은 새로운 격변화 불가능성을, 즉 절대적 대격에 따르는 자기를 수립한다. 자기가 떠맡을 수 없는 이 대격의 고발이 마치 그 자신에게서 오기라도 한 것처럼 그렇게 자기를 수립하는 것이다. 책임 속에서 자신을 갉아먹는다고 할 때의 자신은 ─ 이것은 육화이기도 한데 ─ 나에 의해 자기를 객관화함이 아니다. 박해받는 자인 자기는 자신의 자유에 앞선 그의 잘못, 따라서 고백 불가능한 무고함의 잘못 너머에서 고발된다. 우리는 이것을 원죄 상태로 생각해서는 안 된다. 반대로 그것은 창조의 본래적 선함이다. 박해받는 자는 언어로 자신을 방어할 수 없는데, 왜냐하면 박해는 변명의 자격을 박탈하는 것이기 때문이다. 박해란 주체가 로고스의 매개 없이 공격당하거나 타격을 입는 바로 그 계기를 뜻한다.[29]

---

29) 우리가 말했던 근접성, 강박, 주체성은 의식의 현상으로 귀착되지 않는다. 그러나 그런

6. "유한한 자유"

그러므로 우리는 다른 모든 낱말을 — "부정성"과 "의식"이라는 말까지도 — 가능하게 하는 "정신"의 첫째가는 낱말이 복종의 무조건적 순진함을 드러내는 "예"Oui라고 주장하는 성급한 견해를 비난할 수가 없다. 이 복종의 "예"는 진리를, 모든 최고의 가치들을 부정하는 것이다! 이 예의 무조건은 어린아이의 자발성에서와 같은 무조건이 아니다. 그것은 비판에 대한 노출 자체이며, 동의에 앞선 노출, 순진한 어떤 자발성보다도 오래된 노출이다. 우리는 내 자유의 이름 아래 마치 내가 세계의 창조에 참석하기라도 한 듯이, 또 내가 보살필 수 있는 것은 오직 나의 자유로운 의지에서 비롯한

것들이 의식이 아니라는 사실은 전(前)의식적 단계를 증명하는 것이거나 그것들을 억누르는 억압을 증언하는 것이 아니라, 그런 것들이 전체성의 예외라는 점, 다시 말해 그런 것들이 명시적으로 드러남을 거부한다는 점을 입증하는 것이다. 존재성이 현시와 분리되지 않는 만큼, 또 그럼으로써 로고스의 관념성과 선포적 원리성에서 분리되지 않는 만큼, 전체성의 이 예외는 비-존재 또는 무시원인 것이다. 이것은 여전히 존재론적인 존재와 무의 양자택일 이편에 놓이며, 존재성의 이편에 놓인다. 비-의식은 분명 기계론적 현상들 또는 심리적 구조의 억압이 보이는 특성이다. 여기에서 비롯하는 것이 기계론이나 심리학주의의 보편성에 대한 주장이다. 그러나 우리는 비-의식적인 것을 그 흔적들에서 출발하여 달리 읽을 수 있고 그렇게 하여 기계론의 범주들을 지울 수 있다. 그런 비-의식적인 것은 박해의 비-의지적인 것으로 이해된다. 그 박해는 박해로서 모든 정당화와 모든 변명과 모든 로고스를 중단시킨다. 이렇게 침묵으로 귀착함은 모든 물질적 수동성 이편의 수동성에 해당한다. 사물들의 중립성 이편에서 이 절대적 수동성은 육화를 이루며, 신체성을 이룬다. 고통스러움과 모욕과 불행에 예민한 신체성을 이룬다. 그 수동성은 자신의 감수성 가운데 사물들의 이-편의 흔적을 책임으로서 지닌다. 이 책임은 박해받는 자가 — 자신의 자기성 속에서 — 전혀 바라지 않았던 것에 대한 책임이다. 즉, 그것은 그가 겪는 박해 자체에 대한 책임인 것이다.

세계라는 듯이 추론하곤 한다. 이것은 철학자들의 오만이고, 관념론자들의 오만이다. 또는 무책임한 자들의 회피다. 성서가 욥을 비난하는 것은 바로 여기에서다. 만일 욥의 불행이 욥 자신의 잘못에서 나올 수 있었다면, 그는 자신의 불행을 설명할 수 있어야 했을 것이다! 그러나 욥은 악을 바랐던 적이 없었다! 욥의 거짓 친구들도 욥과 마찬가지로 생각한다. 이치에 맞는 세계라면 우리가 아무 일도 저지르지 않았는데 응답해야 할 처지에 놓일 수는 없다. 그러므로 욥은 자신의 잘못을 잊었다고 봐야 한다! 그러나 자신의 기획으로부터 비롯하지 않은 세계에 뒤늦게 온 주체의 주체성은 기획함에서 성립하지 않으며, 이 세계를 자신의 기획으로 취급하는 데서 성립하지도 않는다. "늦음"은 무의미한 것이 아니다. 그것이 주체성의 자유에 부과하는 한계들은 순수한 결핍으로 환원되지 않는다. 자신의 자유 너머에서 책임질 수 있음이란 분명히 세계의 한 순수한 결과에 머물지 않는다. 그것은 우주를 떠받침이다. 그것은 짓누르는 짐이지만, 신적인 불편함이다. 공적과 잘못보다 또 선택의 자유에 비례한 상벌보다 더 나은 것이다. 윤리적 용어들이 자유와 비-자유의 용어들에 앞서 우리의 논의에 등장한다면, 그것은 선과 악의 양극이 선택에 주어지기 전에 주체가 떠받침의 수동성 자체 속에서 선과 관련되어 있는 자신을 발견하는 탓이다. 자유와 비-자유의 구별은 인간성과 비인간성 사이의 궁극적 구별이 아닐 것이며, 또 의미와 무-의미의 궁극적 지점도 아닐 것이다. 이해 가능성을 포착함은 시초로 거슬러 올라감에 있지 않다. 현존으로 환원될 수 없는 시간이, 절대적이고 재현 불가능한 과거가 있었던 것이다. 그 선은 볼모의 책임성 가운데 알아볼 수 있는 선출의 주체를 선출하지 않았는가? 주체는 이 책임에 바쳐지며, 스스로를 기만하지 않고는 이 책임을 피할 수 없다. 또 이 책임에 의해 주체는 유일한 것이 된다. 철학자로서 이 선출에 합치시킬 수 있는 것은 타인을 위한 책임으로 한정된 의미작용일 따름이다. 이렇듯 책임이 자유에 대해 앞선다는 사태가 의미하는 것은 선의 선함일 것이다. 그것은 선이 제일 먼저 나를 택한다는 필연성이다. 그 필연성은 내가 그 선을 택할 수 있기 전에, 즉 내가 그 선의 선택을 받아들일 수 있기 전에 이루어진다. 이것은 나의 전-근원적인 감수함이다. 모든 수용성에 앞서는 수동성. 초월적인 수동성. 재현 가능한 모든 선행성에 앞서는 선행성. 기억 불가능한 선행성. 존재 이전의 선. 통시성. 선과 나 사이의 뛰어넘을 수 없는 차이, 공시성 없는 차이, 짝 없는 항들의 차이. 그러나 또한 이 차이 속에서의 무관심하지-않음. 떠맡을-수-없는 감수함에 의해 주체를 타자와 가까워짐으로, 이웃과 가까워짐으로 소환하는 선. 에로틱하지 않은 근접성으로의,[30] 욕망할-수-없는 것에 대한 욕망으로의, 이웃 안의 낯선 자에

30) 만일 강박이 고통이고 "대립"이라면, 그것은 주체성-볼모의 이타주의가 일종의 경향이 아니며, 감정의 도덕 철학이 내세우는 자연적 자비심이 아니기 때문이다. 그것은 자연에 거스르는 것이며, 비-의지적인 것이고, 가능한 박해 —거기에 대한 어떠한 동의도 생각할 수 없는— 로부터 분리할 수 없는 것이다. 그것은 무시원적이다. 박해는 자아를 자기로, 절대적 대격으로 귀착시킨다. 여기서 자아에게는 그가 범하지 않았고 원하지도 않은 잘못이 돌려진다. 자신의 자유 때문에 자아를 당황케 하는 잘못이 자아 탓으로 돌려지는 것이다. 이기주의와 이타주의는 그것들을 가능하게 하는 책임 이후의 것이다. 이기주의는 무차별함 속에서 선택을 하는 자유인 이타주의가 다른 한 항을 이룰 양자택일의 한 항이 아니다. 이 항들은 같은 질서에 속하지 않으나, 오직 윤리적 자

대한 욕망으로의 소환. 이 소환은 육욕 바깥의 것이다. 육욕은 선의 외관으로 끊임없이 유혹하며, 사탄의 방식으로 이 겉모습을 취하여 스스로가 선이라 표방하고 스스로를 그 자신과 같은 것이라고 내세우지만, 일종의 자백인 바로 이 주장에 의해 종속된 것으로 남는다. 반면, 이 욕망할-수-없는 것에 대한 욕망, 이웃을 위한 이 책임 ─볼모의 이 대신함─ 이것이 주체성이며 주체의 단일성이다.

선으로부터 나에게로 ─ 이것은 소환이다. "신의 죽음" 뒤에도 "살아남는" 관계다. 아마 신의 죽음이 의미하는 것은 충동을 불러일으키는 모든 가치를 그 가치를 불러일으키는 충동으로 환원할 가능성에 지나지 않을 것이다. 자신의 선함 안에서 선은 그 자신이 야기하는 욕망을 굴절시켜décliner 그 욕망이 이웃을 위한 책임으로 향하게incliner 한다. 이것은 선의 무관심하지-않음 안에 차이를 보존하는 것이다. 이 선은 내가 받아들이기도 전에 나를 선택한다. 또 이것은 선의 삼자성을 보존하여 이 삼자성이 분석에서 배제되도록 하는 것이다. 단, 삼자성이 말들 속에 남기는 흔적은 예외다. 또는 데카르트의 제3성찰에 나오는 의심할 여지 없는 증거에 따른 사유 속의 "객관적 실재"는 예외다. 타인을 위한 책임 안에서

격부여가 여기서 등가적인 것들을 구분한다. 그러나 가치는 자유에 앞서 가치롭다. 책임이 자유에 선행한다. 박해는 일종의 외상이다. 경고도 없고, 선험도 아닌, 변명도 가능치 않고, 로고스도 없는, 탁월한 의미의 폭력이다. 박해는 동의되지 않은, 따라서 무의식적인 것의 어떤 밤을 가로지르는 인종으로 귀착한다. 이것이 무의식적인 것의 의미다. 즉, 박해의 외상 아래서 내가 자기로 뒤집히는 밤인 것이다. 이것은 동일성 이편의 모든 수동성보다 더 수동적인 수동성이며, 책임이고, 대신함이다.

자아 — 이미 자기이고 이미 이웃에 의해 강박된 — 는 유일하고 대체 불가능하다는 사실, 이것이 자아의 선출을 확증해 준다. 자기의 조건 — 또는 무조건 — 은 주권적 자아의 자기-변용 속에서 시작하지 않기 때문이다. 그러한 자아는 "동정적" 태도를, 사후적으로, 타인에 대해 취한다. 이와 정반대로, 책임 있는 나의 단일성은 타인에 의한 강박 안에서만 가능하다. 모든 자기-동일화의 이편에서 겪은 외상 안에서만, 재현 불가능한 앞섬auparavant 안에서만 가능한 것이다. 이것은 타자에 의해 감응된 일자다. 즉 무-시원적 외상 또는 타자에 의한 일자의 영감[들숨]이지, 자신의 에너지에 종속된 물질에 기계론적 방식으로 힘을 가하는 인과성이 결코 아니다.[31] 이 외상 속에서 선은 "비-자유"의 폭력을 흡수하거나 만회한다. 책임은 가치를 알아차리고 가치에 대해 생각하는 것만을 허용한다.

　유한한 자유라는 개념은 무엇을 뜻하는가? 확실한 것은 자유

---

31) 무시원의 개념은 아마 가치 있음(valoir)의 개념을 설명해 줄 것이다. 이 가치 있음의 차원은 존재자의 존재로부터 구별하기 어렵다. 가치 있음, 그것은 확실히 주체에 "그 무게가 걸린다". 그러나 그 무게는 원인의 무게가 결과에 걸린다거나, 존재가 드러나는 사유에 존재의 무게가 걸린다거나, 목적이 야기하는 의지나 경향에 목적의 무게가 걸리는 방식과는 달리 걸린다. 이 달리가 의미하는 것은 무엇인가? 우리 생각에, 가치 있음에 관해 환기되는 것은 주제화할 수 없는 감수성, 다시 말해 자신이 받아들이는 것을 떠맡을 수 없는 감수성이다. 그러나 이것은 또한 자신이 받아들이는 것에 대해 자신을 거슬러 책임을 지는 감수성이다. 가치는 모든 지향적인 운동에 앞서 그 본래의 광채 속에서 "순수"하거나 "불순"하다. 가치에 관해 취해야 할 어떤 자유로운 태도가 있었던 것이 아니다. 타자의 죽음은 그의 근접성에 의해 나를 불순하게 만든다. 이것은 "나를 만지지 마라"(Noli me tengere)[부활한 예수가 마리아 막달레나에게 한 말]를 해명해 준다. 여기에 신비한 정신성의 현상은 없다. 가치 있음의 개념이 거슬러 올라가는, 지울 수 없는 순간이 있는 것이다.

에 앞선 책임이라는 생각 — 타인을 위한 책임 속에서 드러나는 것과 같은 자유와 타자의 양립 가능성 — 이 유한성 속에서 이렇게 사유된 자유의 존엄성을 훼손하지 않고도 이 개념에 환원 불가능한 의미를 부여할 수 있도록 해준다는 점이다. 유한한 자유가 달리 무엇을 의미할 수 있을까? 어떻게 의욕이 부분적으로 자유로울 수 있는가? 어떻게 피히테 철학의 자유로운 자아가 비-자아로부터 자신에게 올 고통을 견디어 내겠는가? 자유의 유한성은, 의욕의 자의성을 제한하는 주어진 상황 속에서 의욕에 대한 의지가 성립하는 필연성을 의미할 수 있을까? 이런 유한성은 상황이 결정짓는 것 너머에 놓인 자유의 무한을 상하게 하지 않는다. 그러므로 제한이 자유의 의욕에 영향을 미치지 않는 순수 자유의 요소가 유한한 자유 안에서 풀려나온다. 이렇듯 유한한 자유의 개념은 의욕의 자유의 제한이라는 문제를 해결하기보다는 오히려 정립한다.

타인을 위한 책임, 자유와 비-자유의 엄밀한 수지타산으로 더 이상 헤아릴 수 없는 무제한의 책임은 대체 불가능한 볼모로서의 주체성을 요구한다. 책임은 이 주체성을 자아 아래서 자기로 벌거벗긴다. 박해받고 억압받는 수동성을 통해 또 존재성 바깥으로 추방되는 수동성을 통해 그렇게 한다. 이 자기에서, 존재성 바깥에서 — 죽음에 이르는 수동성! 그러나 "무조건적인", "격변화 불가능한", "절대적인"이라는 형용사들이 의미를 얻는 것은 살아서나 죽어서나 타인을 위한 책임 속에서다. 이 형용사들은 자유를 특징짓는 데 유용하지만, "자유로운 행위"가 존재성 속에서 등장하는 장소가 되는 기체를 마멸시켜 버린다. 어떠한 주격의 변양도 아닌 대격에서 나는 이웃에 다다른다. 이 이웃에 대해 나는—그러길 바란 건 아닌데—응답해야만 한다. 대체 불가능한 자가 이 이웃에 대해 고발되는 것이다. 유한한 자유는 첫째가는 것이 아니며 최초의 것도 아니다. 그러나 그것은 무한한 책임 안에 있다. 무한한 책임에서 타자가 타자인 것은 타자가 나의 자유와 충돌하고 나의 자유를 제한하기 때문이 아니다. 무한한 책임에서 타자가 박해에 이를 정도로 나를 고발할 수 있는 것은 절대적으로 다른 타자가 곧 타인이기 때문이다. 이것이야말로 유한한 자유가 단순히 한정된 영역 속에서 작용하는 무한한 자유가 아닌 이유다. 자유가 생기를 불어넣는 의욕은 의욕이 떠맡지 못하는 수동성 안에서 의욕한다. 그리고 외상을 입은 이웃의 근접성은 단지 나와 충돌할 뿐만 아니라, 나를 고취하고 고양하며, 문자 그대로의 의미로 내게 숨을 불어넣는다. 불어넣어짐, 타율성은 심성의 호흡^{pneuma} 그 자체다. 자유가 걸칠 수 없을 책임에 의해 담지된 자유는 자기만족 없는 고양이고 불어넣어짐이다. 주체의 타자를 위함은 (원래의^{initial} 자유를 상정하는) 죄의식의 콤플렉스로도, 자연스러운 자비심이나 신적 "본능"으로도, 무엇인지 모를 사랑이나 무엇인지 모를 희생의 경향으로도 해석될 수 없다. 이는 피히테 철학의 발상과는 정반대다. 피히테 철학에서는 자아에 대한 비-자아의 행동에서 비롯한 모든 고통이 먼저 자아에 의한 정립으로 이해된다. 자아가 비-자아의 이 행동을 정립하는 것으로 여겨지는 것이다.

그러나 대체 불가능하고 유일한 주체, 책임과 대신함으로서 선출된 주체에서는, 존재론적으로는 불가능한 자유의 한 양태가 찢어지지 않는 존재성을 부숴 버린다. 대신함은 주체를 권태로부터, 즉 그 자신에 속박됨으로부터 자유롭게 한다. 그 속박에서 차아는 동일성의 동어반복적인 방식으로 인해 자기 안에서 갑갑해하며, 해지지 않는 실타래 속에서 끊임없이 유희와 수면의 오락거리를 찾아 나선다. 해방은 행위도 아니고, 시작도 아니며, 존재성과 존재론의 어떤 돌발적인 사건도 아니다. 존재론에서는 자기의식의 형태 아래 자기와의 동등성이 수립될 것이다. 무-시원적 해방, 그것은 스스로를 떠맡음 없이, 시작으로 선회함 없이 자기와의 비동등성 안에서 스스로를 고발한다. 스스로를 떠맡음 없이, 다시 말해 겪음의 자기 역량 너머의 감성의 겪음 안에서 스스로를 고발하는 것이다. 이는 감성적인 것의 상처받기 쉬움과 고통을 내 안의 타자로서 기술하는 것이다. 내 안의 타자, 그리고 나의 동일화 그 자체의 한가운데 있는 타자—이것은 자기로 귀환하는 짝이 맞지 않는 자기성이다. 후회의 자기-고발은 열림과 분열에 이르기까지, 의식의 닫히고 단단한 핵을 갉아먹을 것이다(의식에서는 외상과 행위 사이의 동등성과 평형이 언제나 복구된다. 의식에서는 최소한 이 평형이 반성과 그 반성의 형태들을 통해 스스로를 찾아 나선다. 그러나 전체적 반성과 정신의 통일성이 영혼의 다수성 너머에서 이루어질 가능성은 실제로 보장되지 않는다). 그러나 바로 이것이 본래 타자가 동일자 안에 있을 수 있는 방식이 아니겠는가? 동일자를 소외시키지 않고, 또 동일자 그 자신에 대한 동일자의 해방이 어느 누구에 대한 예속으로 변질되지 않으면서 그럴 수 있는 방식이 아니겠는가? 이 방식이 가능한 것은 "태곳적"부터 무-시원적으로 주체성 안에서는

"타자에 의함"이 또한 "타자를 위함"이기도 하기 때문이다. 타자의 잘못에 의한 고통 속에서 타자들의 잘못을 위한 겪음이, 떠받침이 솟아오른다. 타자를 위함은 타자에 의해 부과된 겪음의 모든 인내를 보존한다. 타인을 대신함은 타인을 위한 속죄다. 후회란 감성의 "문학적 의미"를 비유적으로 표현한 것이다. 감성의 수동성 안에서 "고발됨"과 "스스로를 고발함" 사이의 구별은 사라진다.

이렇듯 주체의 회귀는 반성 속에서 자기에 의해 자기를 소유하는 자유가 아니다. 또 그것은 역사의 카니발 가면들 아래에서 아바타들을 가로지르며 자신을 이것이나 저것이라고 여기는 유희의 자유도 아니다. 중요한 것은 내 능력들의 능동적인 것 너머에서 타자로부터 오는 요구다. 이 요구는 제한 없는 "결손"에 열리는데, 여기서 자기는 어떠한 계산도 없이, 자유롭게 소진된다. 존재성의 모든 고통과 가혹함의 무게는 존재성을 떠받치고 속죄하는 지점에 걸린다.

존재성은 존재성 안에서 지속하려는 그것의 진지함 속에서, 그것을 중단시키러 올 무의 모든 간격을 메운다. 존재성은 엄밀한 회계다. 진부한 말이지만 거기서는 그 어떤 것도 사라지지 않고 창조되지도 않는다. 자유는 하나의 질서 속에 있는 계산들의 이런 평형 속에서 위태로워진다. 이 질서에서는 책임이, 획득된 자유에 정확히 상응한다. 여기서는 책임이 자유를 상쇄한다. 여기서 시간은 이완되었다가, 벌어진 간격 속에서 어떤 결정을 내린 후 다시 당겨진다. 반면, 진정한 의미의 자유가 가능하려면 대가 없음을 통해 이런 회계에 이의를 제기해야 한다. 이 대가 없음은 결과가 없는, 흔적이나 기억도 없는 유희의 절대적 방심^{distraction}, 순수한 용서의 방심일 수도 있을 것이다. 또는 반대로, 타인을 위한 책임이자 속죄일 수 있을 것이다.

속죄에서는 존재성의 한 지점을 존재성의 나머지가—존재성을 거기서 몰아내기에 이르기까지—짓누른다. 피조물을 위한 책임. 자기란 이 책임의 강조 자체다. 이것은 주체의 예속, 즉 주체의 주체성이다. 그것은 타자를 위한 책임, 나에게서 시작되지 않는 것에 대한 책임이고, 볼모의 무죄함 속에서의 책임이다. 내가 타인을 대신한다 함은 어떤 의미의 전의인데, 이 의미는 심리적 사건에 대한 경험에 그치지 않는다. 감정이입^{Einfühlung}이나 동정 따위의 경험에 그치지 않는다. 오히려 이 의미에 의해 이런 것들이 의미를 가지게 되는 것이다.

나의 대신함. 이웃을 대신함은 나의 것으로서 생산된다. 정신은 개인들의 다수성이다. 소통이 열리는 것은 내 안에서다. 내 안에서지 타자 안에서가 아니다. 자아 개념의 개체화 안에서가 아니라 내 안에서다. 바로 내가 전적으로 또는 절대적으로 자아다. 절대적인 것은 나의 사안이다. 어느 누구도 나를 대신할 수 없다. 모두를 대신하는 나를 대신할 수 없다. 만일 우리의 이해가 유, 종, 개체 등 형식 논리의 위계에 머문다 해도, 내가 이웃을 위해 있고 그에 응답하도록 소환되는 고양이 일어나는 것은, 자아가 나로 개체화하는 과정 속에서다. 이 관계가 궁극에서 의미하는 것은, 타자에 의해 고발당해 박해에까지 이르며 자신을 박해하는 자마저 책임지는 자아 안에 있는 자기의 아물지 않는 상처다. 이것은 예속이며, 비-자유 위의au-dessus 인내 안에서 고양되는 고양이다. 선에 대한 충성으로서의 예속.

주체의 탈이해관심은 자아가 나로 하강하거나 고양되는 사태다. 이 운동은 일반화나 특수화라는 논리 작용의 형식주의로 환원되지 않는다. 말해진 것에 맡겨지는 철학은 탈이해관심과 그것의 의미작용을 존재성으로 바꿔 버린다. 그리고 철학은 — 분명, 언어를 남용하여 — 어떤 것을 말한다. 철학 자신은 그 어떤 것의 시녀에 불과하지만, 그것을 말함으로써 스스로를 그것의 주인으로 만들고, 게다가 새로운 말해진 것으로 자신의 주장들을 몰아넣는다. 탈정립된 자로 정립된 주체 — [대격의] 나moi — 인 나는 나를 보편화한다. 바로 여기에 또한 나의 진리가, 죽을 수밖에 없는 자인 나의 진리가 있다. 보편화의 부정성은 죽을 수밖에 없는 자가 속하는 발생과 소멸을 전제한다. 그러나 자아의 개념이 내게 부합할 수 있는 것은, 오직 그것이 나를 대체 불가능한 자로 소환하는 책임을 의미할 수 있는 한에서, 다시 말해 개념 밖으로 내가 도피할 때뿐이다. 이러한 도피는 비-사유의 순진함이나 맹목이 아닌데, 왜냐하면 적극적으로는 이것이 내 이웃을 위한 책임이기 때문이다. (어리석음과 도덕 사이의 그릇된 혼동을 거부해야 하는 순간이다.) 이로부터 자아의 개념성과 개념을 거부하는 인내 사이의, 보편성과 개체화 사이의, 죽을 수밖에 없음과 책임 사이의 경쟁적인 다툼이 생겨난다. 진리의 통시성 자체는 이것들이 번갈아 나타나는 가운데 있다. 그것은 일종의 애매성이다. 이 애매성이 개념을 문제 삼는 것은, 그것이 진리-결과라는 발상 자체를, 현재 속에 머무는 진리라는 발상 자체를, 즉 어떤 점에서는 단음절로 이루어진 의미라는 발상 자체를 뒤흔드는 한에서다. 책임의 차아, 그것은 바로 나이지 다른 어떤 이도 아니다. 사람들은 이 나에게 아바타를 짝지어 주려하며 그 아바타의 대신함과 희생을 요구한다. 그렇지만, 타인이 타자들에게 스스로를 희생해야 한다고 말하는 것 ─ 그것은 인간의 희생을 설교하는 것이 될 것이다! 차아, 이것은 각자성Jemeinigkeit의 모방 불가능한 뉘앙스가 아니다. 각자성은 "영혼"이나 "인간" 또는 "개인" 따위의 유에 속하는 존재에 덧붙여지는 것이고, 그래서 다수의 영혼들, 인간들 그리고 개인들에게 공통적인 것이며, 그들 사이에 상호성을 단번에 가능케 할 것이다. 반면에, 근접성 속에서 타자에 의해 압도된 나의 단일성은 동일자 안의 타자, 즉 심성이다. 그러나 타자들의 볼모인 것은 바로 나다. 나이지 타자가 아니다. 대신함 속에서 해체되는 것은 나에게 속한 내 존재이지, 타자에 속한 내 존재가 아니다. 내가 "타자"가 아니라 나인 것은 이 대신함에 의해서다. 존재 안에서의 자기, 그것은 정확히 말해 그 어떤 일반성도 목표하지 않는 소환을 "회피할 수 없음"이다. 나와 타자들에게 공통적인 자기성이란 없다. 나, 그것은 비교가 수립되자마자 비교의 이런 가능성을 배제하는 것이다. 따라서 자기성은 특권이다. 또는 정당화 불가능한 선출이다. 이것은 나를 차아가 아니라 나로서 선출한다. 그것은 유일한 나이고 선출된 나다. 예속을 통한 선출. 개념화에 대한 이 궁극의 거부를 개념화하는 것은 이 거부와 동시적이지 않다. 그것은 이 개념화를 초월한다. 이 초월은 초월을 개념화하는 고려로부터 분리된다. 주체성의 통시성인 이 초월은 내가 이웃의 근접성으로 들어가는 것이다.

볼모로서의 주체성. 이런 생각은 내가 자기에 현존하는 것이 철학의 시작이나 완성이라고 보는 견지를 뒤엎는다.[32] 내가 기원일—또는 기억을 통한 기원의 회복일—동일자 안에서의 이 일치, 이 현존은 처음부터 타자에 의해 해체된다. 자기에 기반한 주체는 말 없는 고발에 의해 당혹해진다. 사실, 담론에서는 고발이 자신의 외상적 폭력을 이미 잃어버리게 될 것이다. 이런 점에서 고발은 박해하는 고발이다. 박해받는 자는 이 고발에 결코 답할 수 없다. 더 정확히 말해 그것은 내가 결코 답할 수 없는 고발이다. 하지만 나는 그 고발에 대한 책임을 거부할 수 없다. 주체의 정립은 이미 탈-정립이다. 그것은 존재하고자 하는 경향이 아니라, 곧바로 박해의 폭력 그 자체를 속죄하는 볼모의 대신함이다. 주체의 탈-실체화, 주체의 탈-사물화, 주체의 탈이해관심, 주체의 예속—주체의 주체성—까지 생각하는 것이 필요하다. 이 주체성은 순수한 자기이며, 대격에서의, 자유에 앞서 책임을 지는 자기다. 사회의 상부구조로 이끄는 길이 무엇이든 상관없이 책임을 지는 자기다. 사회의 상부구조에서는, 즉 정의 속에서는, 타자와 관련해 나를 짝이 맞지 않게 하는 비대칭성이 법, 자율성, 평등을 찾아낼 것이다.

따라서 자아가 대신함이라고 말하는 것은 원리의 보편성이나

---

32) Levinas, "Engime et phénomènes", *En découvrant l'existence avec Husserl et Heidegger*, 2nd ed. 참조[원문에는 이 각주의 위치가 표시되어 있지 않고, 문고본에는 각주 자체가 없다].

자아의 본질quiddité을 언표하는 것이 아니다. 반대로 그것은 영혼에게, 그 어떤 일반화도 용인하지 않는 영혼의 자아성égoïté을 되돌려 주는 것이다. 이런 상황으로부터 로고스가 자아 개념으로 고양되는 길이 있는데, 그 길은 제삼자를 거친다.[33] 자아로서의 주체는 본질적eidétique 구조로서의 자아성을 갖춘 존재자가 아니다. 그런 구조를 갖춘다면 주체에 대한 개념이 형성될 수 있을 것이며 독특한 한 존재자가 그것의 실현이 될 수 있을 것이다.

현대의 반인간주의는 인간의 인격에, 즉 그 자신의 자유로운 목적에 존재의 의미작용에서의 우위가 돌아간다는 생각을 부정한다. 이 반인간주의의 진리는 반인간주의가 스스로 내세우는 이유들을 넘어선다. 반인간주의는 의지에 선행하는 대신함, 희생, 헌신 속에 놓이는 주체성에 자리를 마련해 준다. 그것의 탁월한 직관은 인격이 그 자신의 기원이고 목표라는 생각 ─ 여기서 자아는 여전히 하나의 존재인 까닭에 여전히 하나의 사물인데 ─ 을 포기한 데 있다. 엄밀히 말해 타인이 "목적"이며, 대격인 나는 볼모이고 책임이며 대신함이다. 이 대신함은 격변화 불가능한[거부 불가능한] 고발하는 박해까지 나아가는 소환의 수동성 속에서 세계를 떠받친다. 인간주의가 비난받아야 하는 이유는 오직 그것이 충분히 인간

---

33) 5장 3절 참조. 나는 나를 자기에서 떼어 낼 수 없다. 다시 말해서 나는 어떤 타자가 아니라 나에게 부과되는 책임을 중단시킬 수 없다. 이것은 자유로운 대화의 문답과는 무관한 사태다. 박해는 이 자유로운 대화를 마비시키지만 책임을 무화하지는 않는다. 반면에 나는 자아의 개념 아래 포섭된 것으로서의 그들의 타자성에 처한 타자들을 용서할 수 있다. 여기에 모든 자유(또는 비-자유)에 앞선 차기의 우선성이 있다.

적이지 않기 때문이다.

　사람들은 세계가 그 모든 고통과 잘못으로 자아를 짓누르는 까닭이 이 자아가 자유로운 의식이고 연민과 공감을 할 수 있는 의식이기 때문이라고 말할 것인가? 자유로운 존재만이 그를 짓누르는 세계의 무게에 민감하다고 말할 것인가? 타자들과 연대하겠다고 결심할 수 있는 자유로운 자아를 잠시 동안 받아들여 보자. 우리는 적어도 이 자유가 지체 없이 이 절박한 무게를 떠맡게 되고 그 결과 고통 아래서 억눌려지거나 해체된다는 점을 깨닫게 될 것이다. 이웃의 호소를 회피하고 멀리하는 것은 불가능하다. 타인에게 다가가는 것은 아마도 우연에서일 테지만 타인에게서 멀어지는 것은 자유롭지 않다. 이런 불가능함 속에서, 타인의 고통과 잘못에 대한 떠맡음은 어떤 식으로도 수동성을 넘어서지 못한다. 즉 그것은 수난이다. 따라서 볼모가 되는 이 같은 조건 또는 무조건은 적어도 자유의 본질적 양상이고 첫째가는 것이지, 차아의 그 자체로 오만한 자유의 경험적 사건은 아닐 것이다.

　물론—그러나 이것은 다른 주제인데—모두에 대한 나의 책임은 스스로를 제한하면서도 표명될 수 있고 또 그렇게 표명되어야 한다. 자아는 제한 없는 이 책임의 이름으로 자기에 대해서도 염려하도록 요청받을 수 있다. 나의 이웃인 타자가 역시 나의 이웃인 또 다른 타자와 관련해 제삼자이기도 하다는 사실은 사유의 시작이다. 의식과 정의의, 그리고 철학의 시작이다. 제한 없는 처음의 책임은 정의와 자기 및 철학에 대한 이 염려를 정당화하는 가운데 망각되어 버릴 수 있다. 이 망각 속에서 의식은 순수한 이기주의가 된다. 그러나 이기주의는 최초의 것도 궁극의 것도 아니다. 신으로부터 벗어나는 것은 불가능하다 ── 요나의 모험이 보여 주듯이(나는 신이라는 단어를 이 단어로 나를 이끄는 매개물들을 폐기함 없이 말하고 있다. 이 단어를 담론에 들여보내는 무시원을 폐기함 없이라고 표현해도 좋겠다. 마치 현상학이 개념들로 오르게 하는 발판을 결코 파괴하지 않으면서 그 개념들을 언표하듯이). 이렇게 신으로부터 벗어나는 것이 불가능하다는 점은(적어도 여기서 신은 여러 가치들 가운데 하나의 가치가 아니다) 자기로서의, 절대적 수동성으로서의 나의 바탕에 놓여 있다. 이 수동성은 단지 존재에서의 죽음의 가능성, 즉 불가능성의 가능성이 아니다. 그것은 오히려 이 가능성에 앞서는 불가능성, 회피함의 불가능성이며, 절대적 감수성이고, 어떤 경박함도 갖지 않는 무게다. 그것은 존재의 둔감함 속에서의 의미의 탄생, 희생으로 "죽을 수 있음"의 탄생이다.

자아의 제국주의인 존재를 고집하는 이기주의를 다가감 가운데 폐기하는 한에서, 자기는 존재 속으로 의미를 도입한다. 존재를 이겨 낼 수 없는 존재에는 어떤 의미도 있을 수 없다. 죽을 수밖에 없음은 자아가 그 자신의 실존과 운명에 대해 취하고자 할 법한 모든 염려를 무의미하게 만들어 버린다. 그것은 한낱 출구 없는 세계로의, 그래서 늘 우스꽝스러운 세계로의 도피일 뿐이다. 25년 동안 신을 장화를 주문한 바로 그날 저녁에 죽게 될 사람을 그린 톨스토이의 이야기에서처럼, 그 파멸을 모면할 수 없는 실존에 대해 한 존재가 취하는 염려보다 더 희극적인 것은 없다. 그것은 실로 항소의 여지가 없는 별들의 판결에 행동의 전망을 묻는 것만큼이나 부조리하다. 그러나 우리는 이 이미지를 통해, 희극적인 것이 또한 비극적임을, 더욱이 동일한 사람에게 비극적 인물과 희극적 인물이 속하게 됨을 본다.

다가감은 그것이 희생인 만큼 죽음에 의미를 부여한다. 책임을 지는 자의 절대적 독특성은 다가감 속에서 죽음의 일반성 또는 일반화를 포괄한다. 다가감 속에서, 삶은 더 이상 존재로 잴 수 없으며, 죽음은 더 이상 부조리를 삶에 도입할 수 없다. 쾌락 속에서는 잠시 동안 희-비극이 망각되며 그래서 쾌락은 이 망각으로 정의될 수 있을 것이지만, 죽음은 이 쾌락이 거짓임을 드러낸다. 그러나 이 모든 역경에도 불구하고 죽음은 다가감의 타자를 위함과 합치한다. 죽음으로부터 그것의 독침을 제거했다고 주장할 만큼 위선적인 사람은 누구도 없다. 여러 종교에서 이것저것을 약속하는 자들조차 그러하다. 하지만 우리는 책임과 애정을 가질 수 있으며 이를 통해 죽음은 의미를 갖는다. 왜냐하면 처음부터 타인은 우리를 거슬러 우리를 감응시키기 때문이다.

만일 우리가 어떤 철학 체계로부터 그 건축의 모든 세부를 무시하는 가운데 하나의 특징을 도출할 권리를 갖는다면(발레리의 심오한 표현에 따르면, 건축물에 세부란 없는 것이겠지만. 오직 세부에 의해서만 돌출의 불안정을 막아 내는 철학적 구성에 대해 발레리의 이 말은 탁월한 가치가 있다), 우리는 여기서 칸트주의를 떠올릴 수 있다. 칸트주의는 존재론으로 인간적인 것을 측정하지 않은 채, 또 "그것은 무엇에서 비롯하는가?"라는 미리 묻고 싶을 법한 질문 바깥에서, 즉 여러 존재론이 부딪히는 불멸성과 죽음의 바깥에서, 인간적인 것에 대한 하나의 의미를 찾아낸다. 불멸성과 신학이 정언명령을 규정할 수 없다는 사실은 코페르니쿠스적 혁명의 새로움을 나타낸다. 즉 그것은 의미가 존재나 비-존재에 의해 측정되지 않는다는 것, 거꾸로 존재가 이 의미로부터 규정된다는 것을 뜻한다.

5장. 주체성과 무한

1. 의미작용과 객관적 관계

a. 존재에 의해 흡수된 주체

의미작용에서 주체가 갖는 함의, 근접성으로부터 드러난 함의는 객관적 측면의 의미작용이 보여 주는 변화와 같지 않다. 즉 그 의미작용의 항들이 존재 속에 출현함에 의해 또 존재의 출현 그 자체에 의해 그 항들이 공통된 바탕 위에서 펼쳐지는 것과 같지 않다. 또한 사람들이 주관적 체험이라고 부르는 것으로 의미작용이 환원되는 것과도 같지 않다. 그렇지만 우리는 먼저 존재가 객관적 측면에서 자신의 대열을 끌어가는 방식을 떠올려 보는 것이 좋겠다. 존재가 객체에 상응하는 주체를 흡수하면서, 또 존재의 "몸짓"이 드러내는 진리 속에서 주체의 우위와 주-객의 상호관계를 극복하면서, 대열을 끌어가는 방식을 떠올려 보는 것이 좋겠다.

우리가 존재를 사유할 수 있다는 것은 확실히 존재의 **출현**이 존재가 끌고 가는 존재의 대열 자체에 속한다는 것을 뜻한다. 존재의 현상성이 존재적이라는 것과 존재는 그 현현이 이뤄지는 의식 없이 진행될 수 없다는 것을 뜻한다. 그러나 그렇기에, 진리에서 현현되는 존재의 **존재성**과 진리로운 것의 진리성 자체는, 즉 **존재성**의 출현은 탈은폐된 항들의 어떤 특성으로서 새겨지거나 이 항들의 본질 속에 새겨지지 않는다. 또 이 항들을 모으는 체계의 특수성 속에 새겨지지도 않는다. 진리로운 것의 진리성이나 이 진리의 발견됨 또는 이 발견된 것의 벌거벗음은 다른 한편으로, 거짓되거나 참된 어떤 "겉모습"도 받아들이지 않는다. 발견된 또는 탈은폐된 존재의 제시를 맞아들이는 의식에서 올 법한 어떤 상상적 "특징"도 받아들이지 않는다. 그리고 만일 현현이 존재가 존재로서 끌고 가는 대열 ─또는 유희─에 속하지 않는다면, 그 현현 자체는 우리가 방금 말했듯이 겉보기의 거짓이 되어 버릴 것이다. 더욱이, 객관성 즉 진리 속에 계시된 존재의 존재성은, **존재성**의 과정이나 행렬을 교란하게 될 주관적 환상을 투사하는 데 맞서, 어떤 방식으로든 존재의 전개를 보호한다. 객관성[객체성]은 그 객관성을 담지하는 존재자의 존재에 관계한다. 다시 말해, 객관성은 출현하는 어떤 것이 자신의 고유한 출현에 대하여 갖는 무관심을 의미한다. 존재성의 현상성과 진리로운 항들의 현상성은 동시에 이 현상성의 부대 현상처럼 있는 것이기도 하다. 체계가 체계 밖에서 일어나는 것에 대해 갖는 ─순전히 부정적인 지시인─ 무관심. 정확히 말해 체계의 밖에서 앎이라는 비-상한 사건이 일어나는데, 이 앎의 사건은 그것이 주제로 삼는 체계에 영향을 주지 못한다는 얘기다. 앎으로서의 주체성은 그러므로 객체성의 의미에 종속된다.

존재의 존재성이 진리 속에서 전시되는 것인 현상성은 서양의 철학적 전통이 지닌 영원한 전제다. 존재의 존재^{esse} ─ 존재자는 이것에 의해 존재자가 되는데 ─ 는 사유의 사안이고, 사유할 것을 주며, 단번에 스스로를 열린 것 속에 잡아 둔다. 이로부터 확실히 나름의 빈곤이 성립한다. 자신과 다른 타자로 강제된 존재에게, 현현을 받아들이도록 요청받은 주체에게 말이다. 이것은 삶이라는 존재의 대열에 불가피한 수용성에 대한 호소라고 표현해도 좋을 것이다. 존재성의 유한성.[1] 여기에서 또한 다음과 같은 사태가 생겨 난다. 주체성이 존재의 탈은폐에서 담당하는 역할을 벗어나 의식이 자기 나름의 계산으로 행하는 모든 놀이는 존재의 존재성을 은폐하거나 흐리게 하는 데 지나지 않을 것이다. 이런 거짓이나 이데올로기의 위상은 애매함 없이 확립되기 어렵다. 이 거짓 또는 이데올로기는 존재의 유한함이 빚어내는 순수한 효과로 해석되기도 하고 간계의 효과로 해석되기도 한다. 플라톤의 『소 히피아스』에서 율리시스는 진리로운 것 앞에서 지워지는 주체의 "공허" 가운데 태어나, 진리로운 것으로 간계를 부린다. 그는 주체의 현명함보다 더 현명해져서는 악의와 술책의 현명함에 이른다.

---

1) 이것은 여전히 앎에서부터 출발해 더욱 근본적으로 사유 가능한 유한성이고, 보편성의 출현으로서의 유한성이다. 이 출현은 주제화나 객관성으로서만 가능하다. 이때의 보편성 ─ 개념 ─ 은 개체를 부정적으로 추상하는 데서 출발하는 경우에만 성립할 수 있는데, 개체가 이 부정에 자신을 맡기는 것은 오직, 부패하기 쉬운 또는 유한한 것으로서다.

b. 체계에 봉사하는 주체

그러나 진리의 탈은폐는 시각의 단순한 현상이 아니다. 만일 스스로 드러나는 존재들의 본질 속에 그 존재들의 가시성과 그것들의 존재가 속성으로서 새겨지지 않는다면, 초점이 되는 것은 존재들의 집단화이고 공-현존이다. 다시 말해 ─이것은 새로운 것이다! ─타자에 관한 일자의 처지가 문제다. 존재들이 서로 타자의 신호가 되는 상대성이, 타자에 대한 일자의 상호적 의미함이 관건인 것이다. 이것은 질들로 규정된 본질들 그 자체가 빛에 다가오는 것과 마찬가지의 사태다. 이 모든 의미작용들 또는 구조들을 체계로 다시 집단화하는 것 ─이해 가능성 ─이 탈은폐 그 자체다. 이 이해 가능성 또는 전체성의 체계적 구조는 전체성이 나타나게 할 것이며, 시선으로부터 전체성에 올 수 있는 온갖 변경에 맞서 전체성을 보호할 것이다. 그런데 주관적 시선에 관한 이 무관심은 같은 명목으로 항들에, 구조들에, 또 체계에 확보되는 것이 아니다. 사실, 어떤 그림자가 항들이 내포된 관계 밖에서 포착된 항들을 덮어 버리며, 또 체계의 밖에서 포착되거나 기습적으로 붙잡힌 관계들과 구조들을 덮어 버린다. 체계는 이 관계들과 구조들이 아직 고립되거나 이미 추상화되어, 결합적 상황 속에서 자신들의 자리를 찾거나 재결합해야 하는 그 순간에, 구조들이 다시 체계로 묶여야 하는 그 순간에, 이 관계들과 구조들을 고정시켜 준다. 구조들의 항들 또는 한 체계의 요소들이 추상의 명목으로 유지되고 있는 현현된 질서란 여전히 어둡고, 그 질서가 이룬 주제화에도 불구하고 빛에 저항하는 면모를 지닌다. 다시 말해 그 질서는 충분히 객관적이지 않다. 구조란 바로 이해 가능성이거나 합리성 또는 의미작용이지만, 그것의 항들은 그것들 자체로는 의미작용을 하지 못한다(이 의미작용이 언어의 이미 선포적인 이상성에 의한 것이 아니라면 말이다). 항들은 관계 속에서 일종의 무중력을 ─은총을─시선에 대한 투명함으로서 받아들인다. 여기에서 분리되자마자 항들은 무거워지고 가리어진다. 그러므로 만일 현상이 선포적 로고스 없이 ─현상학 없이─가능하다면, 확실히 우리는 분리되고 단순히 주제화된 이해 가능한 것들과 체계의 이해 가능성이 갖는 상태 사이의 간격을 파악할 수 있을 것이다. 우리는 한 주제의 단순한 노출로부터 출발해서 그것의 이해 가능성으로 옮겨 가는 이행을 운위할 수 있다. 우리는 하나에서 다른 것으로 나아가는 운동 속에서 일종의 망설임을 ─시간을─, 노력의 필연성을, 좋거나 나쁜 기회를, 쌓아 올릴 구조들을 위해 식별할 수 있다. 바로 이러한 사건에 의해서, 즉 이해 가능성 자체 속으로 이렇게 열리게 됨으로써, 우리는 주체성을 이해할 수 있다. 주체성은 여기서 다시 존재의 이해 가능성에서 출발하여 온전히 사유될 것이다. 존재의 이해 가능성은 언제나 그림자 한 점 없는 대낮에 놓인다. 여기서 주체는 그 자신의 두께로 인한 그림자조차 던지지 않은 채 구조들의 이 이해 가능성으로 녹아들어 가서, 존재의 출현 자체와 마찬가지인 이 이해 가능성에 쉼 없이 봉사하는 자신을 감지한다. 이것은 자신의 순수함 가운데 있는 합리적인 이론적 의식이다. 여기서는 진리 속에 출현하는 명석함이 이해 가능성과 등가의 것이 된다. 데카르트의 훌륭한 전통에서 명석판명한 관념이 플라톤의 가지적可知的 태양의 빛을 다시 받아들이는 셈이다. 그러나 여기서 명석함은 존재자들이나 계기들과 이 존재자들의 **존재 자체**esse ipsum를 모아서 체계 속에서 그것들에 질서를 주는 특정한 배치의 함수다. 존재의 출현은 요소들을 구조로 묶는 결합적 상황과 분리되지 않으며, 존재가 자신의 대열을 이끄는 이 구조들의 쌓아 올림과 분리되지 않는다. 또 그 구조들의 동시성과, 다시 말해 그것들의 공-현존과 분리되지 않는다. 진리와 존재의 ─진리 속 존재의─특권적 시간인 현재는 동시대성 그 자체이며, 존재의 현현은 재-현이다. 그래서 주체는 그 말의 준능동적 의미에서 재-현의 능력이 된다. 즉, 주체는 시간적 격차를 현재로, 동시성으로 다시 세운다. 존재를 위하여 주체는 다시잡음과 미리잡음에 의해 시간적 국면들을 현재로 재결합한다. 그렇게 하여 주체는 분산하는 시간 가운데서 활동한다. 기억을 지닌 주체로서, 역사가로서, 과거의 상실된 요소들이나 여전히 희망과 두려움의 대상인 요소들을 한 권의 동시성 안에 담아내는 책들의 저자로서 활동한다. 고립된 요소나 고립된 구조는 그것의 무의미함으로 인해 흐릿해지지 않고서는 그 모습을 드러낼 수 없다.

무의미한 요소들을 구조로 모으고 구조들을 체계나 전체성 속에서 정돈하는 일은 갑작스러움이나 뒤처짐을, 또 행운이나 불운과 같은 것을 포함한다. 존재의 유한성은 운명과 관계할 뿐만 아니라 돌발적인 일들 및 우연과 관계한다. 이 운명이 존재가 현현시키는 대열을 규정하며, 이 돌발과 우연이 존재의 현현된 측면들을 쌓아 올린다. 그렇기 때문에, 주체성은 다시잡음을 통해, 기억과 역사를 통해 개입하여, 모음을 앞당기고 쌓아 올림에 더 많은 기회를 부여하며, 요소들을 현재로 통합하고 그것들을 재-현하는 것이다. 칸트는 『순수이성비판』(B102~103)에서 주체의 이러한 자발성을 서술하고 있다. 이 자발성을 초래하는 것은 직관 안에서의 존재의 순수한 전시, 즉 덧붙임Hinzuthun과 모음Sammeln이다. 이것들 덕택에 개념화Begreifen가 획득되고, 이 개념화 때문에 직관은 맹목이기를 그친다.

이해 가능성을 이룩하는 이런 정돈을 모색하게끔 부름받은 사유하는 주체는, 그 모색의 능동성과 자발성에도 불구하고, 존재의 존재성이 스스로를 정돈하고 또 그럼으로써 진리롭게 나타나기 위해, 즉 진리 속에서 나타나기 위해 빌려오는 우회로로 해석된다. 이해 가능성, 다시 말해 의미함은 존재의 실행 자체의, 존재 그 자체ipsum esse의 일부를 이루게 되는 것이다. 이렇게 모든 것은 동일한 측면에서 ─존재의 측면에서─ 존재한다. 존재성을 부여받은 주체를 흡수할 이런 가능성이 존재성의 고유함이다. 모든 것은 이 속에 갇힌다. 주체의 주체성은 언제나, 존재 앞에서 지워지는 데서 성립할 것이다. 그것은 구조들을 의미작용으로, 말해진 것 속의 총괄적 명제로, 존재가 스스로를 환히 밝히는 개관의 위대한 현재로 모으는 가운데, 존재를 존재하게 하는 데서 성립할 것이다.

물론 주체는 존재의 현현에서 맡은 역할로 인해, 존재가 끌고 가는 대열의 일부를 이룬다. 그렇게 해서 존재의 사건에 참여하는 한, 주체는 또한 자신을 현현한다. 존재를 탈은폐하는 작용은 이제 그 자신을 탈은폐한다. 그래서 의식의 자기의식이 있게 되는 것이다. 존재의 계기로서 주체성은 자기 자신에게 스스로를 드러내며,

스스로를 인간 과학의 대상으로 제공한다. 죽을 수밖에 없는 자인 차아는 자신을 개념화한다. 그러나 진리로운 존재와 다르다는 점에서, 자신을 드러내는 존재와 구분된다는 점에서, 주체성은 아무것도 아니다. 존재는──자신의 유한성에도 불구하고 또는 이 유한성 때문에 ── 포괄하고 흡수하며 유폐하는 존재성을 가진다. 주체의 진실성이 행하는 의미작용은 현존 앞에서의 이러한 지워짐, 이러한 재현 이외의 것이 아니다.

c. 말해진 것에 흡수되는 발언하는 자로서의 주체

만일 우리가 타인에게 표명된 존재성의 소통을 고집한다면, 만일 우리가 말함을 말해진 것의 순수한 소통으로 간주한다면, 주체의 진실성은 더 이상 다른 의미작용을 하지 못할 것이다. 타인에게 표명함은, 그리고 스스로를 현현하는 존재에 대한 인간 상호 간의, 주체 상호 간의 이해는, 그 나름으로 이 표명과 이 존재 안에서 자신의 역할을 수행할 수 있다. 주체의 진실성은 말함의 덕목이 될 텐데, 이 경우 그 고유한 형태로는 무의미한 기호들의 방출이 기의에, 말해진 것에 종속될 것이다. 말해진 것은 또 그 나름으로, 자신을 드러내는 존재에 순응할 것이다. 주체는 어떤 의미작용의 원천도 되지 못하고, 자신이 봉사하는 존재성의 진리와 무관해질 것이다. 거짓은 주체의 유한함이 존재에 치르는 비용일 것이다. 하나의 과학이 존재를 분절하는 존재론적 구조들을 고정시키면서 존재를 그 존재^{esse}의 모든 수준에서 전체화할 수 있을 것이다. 주체성, 자아, 그리고 타자들이 그런 구조에 해당할 것이며, 이들은 존재의 주체적 재현이 작동되는 이른바 기표들과 기의들로 취급될 것이다.

물론 우리는 말해진 것을 소통에, 존재의 상호주관적인 재현에 앞서는 것으로 이해할 수 있다. 그때 존재는 의미작용을 할 것이다. 다시 말해, 스스로를 현현할 것이다. 이미, 침묵의 언어이자 인간적이지 않은 언어 속에서 침묵의 목소리에 의해 환기된 것으로서 ──침묵의 소리Geläut der Stille 속에서 말이다. 그것은 인간들에 앞서 발언하며 존재 자체를 숨기는 언어이고, 시가 인간의 발언 속에 놓는 언어다. 현상 그 자체는 이런 새삼스러운 의미에서 현상학[현상들의 로고스]이 될 것이다. 그러나 참을 말한다든가 거짓말을 한다든가 하는 것은 이 같은 가정 속에서도 여전히, 말해진 것 속에서 읽힐 것이다. 언어에 대한 전통 철학의 관점에서 발언이 주체의 내적 경험을 표현한다고 할 때처럼 말이다. 시를 가능케 하는 존재의 환기가 시 속에서 울리게 하는 것, 그것은 말해진 것을 울리게 하는 것이다. 의미작용, 이해 가능성, 정신 등은 현현과 동시성에, 현전에서의 개관에, 현상인 존재성에 머물 것이다. 다시 말해, 그것의 과정 자체가 주제화와 가시성과 말해진 것을 포함하는 의미작용에 머물 것이다. 모든 근본적인 통─시성, 즉 함께 모을 수 없는 통시성은 의미에서 배제된다.

이렇게 하여 주체의 심성은 재현에서, 공시화와 시작始作이라는 주체의 선물에서, 즉 자유에서 성립할 것이다. 하지만 이 자유는 말해진 것으로 흡수되는 자유이고, 맞서는 것이 아무것도 없는 자유다. 심성은 모든 외상을 배제하는 의식이 될 것이다. 그런 존재는 정확히 말해, 충격을 가하기에 앞서 자신을 드러내고 자신의 폭력을 앎으로 완화시키는 어떤 것이기 때문이다.

d. 존재 속으로 흡수되지 않는 책임지는 주체

인간이 다른 인간을 책임지는 상황 ─사람들이 파생적인 질서나 다른 근거 위에 선 질서에 속하는 것으로 여겨 왔던 윤리적 관계─은 이 책의 전 작업 속에서 환원 불가능한 것으로, 타자를-위한-일자라는 구조를 지닌 것으로 다뤄졌다. 이것은 모든 목적성과 모든 체계 밖에서 의미를 준다(체계에서 목적성은 가능한 체계화의 원리들 중 하나일 따름이다). 이런 책임은 시작 없는 얽힘, 즉 무-시원적 얽힘으로 나타난다. 어떤 자유도, 현재 ─어떤 무차별한 현재, 따라서 회복 가능한 현재─에 이루어지는 어떤 개입도, 이런 책임을 내면으로 삼는 표면이 아니다. 그러나 어떤 노예 상태도 "타자를 위함"인 동일자의 소외에 포함되지 않는다. 책임 속에서 동일자와 차아는 나다. 대체 불가능한 것으로 소환되고 환기되는 나, 그럼으로써 최상의 수동성 속에서 유일한 자로 고발된 나. 그 수동성은 책임을 회피하지 않고서는 벗어날 수 없다.[2] 존재의 모델들 그리고 주체-대상 상관관계의 모델들 ─정당화 가능하지만,

---

2) 순수하게 "윤리적인" 불가능성은 "책임을 회피하지 않고서는 불가능한", "잘못 없는", "죄 없는"과 같은 표현들 속에서 표현된다. 만일 문제의 초점이 실제의 불가능성이라면 책임은 존재론적 필요에 지나지 않게 될 것이다. 그러나 "순수하게 윤리적인" 불가능성은 존재론적 불가능성의 단순한 이완이 아니다. 책임 회피, 잘못, 죄, 이런 것들을 오늘날 더 잘 이해되는 방식으로 말하자면 "콤플렉스"라 할 수 있을 것이다. 그러나 이것은 "아버지를 향하는 아들"에 대한 실재성이 아니다.

파생적인—은 이런 의미작용을 다 담아내지 못한다. 타자를-위한-일자는 물론 말해진 것 속에 자신을 드러내지만, 즉각 배반된 상태로만 드러내며, 존재의 말해진 것에 낯선 자이기에, 모순으로서 스스로를 드러낸다. 이것은 플라톤의 부친 살해를 생각나게 한다. A가 B일 수 있다는 것을 이해하려면 무가 존재의 한 종류라야 한다. 주제화 가능한 모든 관계의 모태인 타자를-위한-일자, 즉 의미작용은—또는 의미나 이해 가능성은—존재에서 휴식하지 않는다. 그것의 불-안정은 휴식의 용어로 번역될 수 없다. 불안정은 담론을 존재 너머로 인도한다. 타자를-위한-일자 안의 일자의 연루에 의해서, 타자에 대한 일자의 대신함에 의해, 존재의 기초들은 흔들리기도 하고 안정을 찾기도 한다. 그러나 이런 흔들림, 이런 안정은 그 어떤 이름으로도 존재의 몸짓에 속하지 않는다. 이것은 신화와 다르다. 신화에서 사물들과 존재들의 기원은 이미 역사의 결과다. 이때의 역사는 신이라 불리기도 하고 웅대한 형태를 띠기도 하는 사물이나 존재들에 다다른다. 의미작용의 의미함은 재현의 양태로 실행되지 않으며, 부재의 상징적 환기로, 즉 현존의 불가피한 대체 수단이나 결여로 실행되지도 않는다. 또 그것은 관념론이 주체성을 사유하는 현존의 고조로 작용하지도 않는다(이 주체성에서 현존은 재결합되고 공고해져서 일치를 이뤄 낸다). 물론 의미작용에는 고조가 있다. 책임의 타자를-위한-일자 속의 일자의 연루는 동일적인 것의 재현 가능한 통일성 위로 고조된다. 그렇다고 해서 이 고조가 현존의 잉여나 결여에 의한 것은 아니다. 오히려 그것은 자아의 단일성에 의한 것이다. 즉, 그것은 보증인[응답자]répondant인

나의 단일성, 연극에서 행해지는 역할로 책임을 바꾸지 않는 한 누구도 대신할 수 없는 볼모로서의 나의 단일성에 의한 것이다. 존재와 무의 유희가 무-의미로 환원시키지 못하는 의미작용. 볼모의 조건, 그것은 선택이 불가능하다는 것이다. 만약 선택이 가능하다면, 주체는 자기 관여를 지키고 내적 삶의 활로를 지키게 되었을 것이다. 그러나 주체의 주체성, 주체의 심성 자체는 타자를 위함이다. 주체의 독립 지점 자체는 타자를 떠받치는 데서, 즉 타자를 위해 속죄하는 데서 성립한다.

그러므로 일자가 타자를-위한-일자 속에 연루된 이런 사태는 자신의 방식을 취하는 가운데, 한 항이 하나의 관계 속에, 한 요소가 하나의 구조에, 한 구조가 하나의 체계에 함축되는 그런 사태로 환원되지 않는다. 서양의 사유는 온갖 형태들을 통해 이 체계를 영혼이 들어가야 할 확실한 피난처로 또는 은신처로 추구해 왔다.

e. 타자를-위한-일자는 개입[참여]이 아니다

그러나 타자를-위한-일자는 "개입한[참여한]engagé 주체성"으로 사람들이 이해하는 그런 것이 아니다. 타자를-위한-일자는 관계를 가능하게 하는 이론의 기초이고, 존재 바깥의 지점이며, 탈이해관심의 지점이기 때문이다. 탈이해관심은 순전한 이데올로기이기를 원하지 않는 진리에 필수적이다. 개입은 앞서 또는 사-후에 떠맡는 능력인 이론적 의식을 이미 전제한다. 그 떠맡음은 수동성의 감수함을 넘쳐 난다. 이 떠맡음이 없다면 개입은 마치 기계 톱니바퀴에 손가락이 끼일 수 있듯이 기계적이거나 논리적인 결정론에 한 요소가 순수하고 단순하게 끼어드는 것으로 귀착하지 않는가? 그러나 자유롭게 취하거나 동의한 결정의 결과인 개입, 감수함을 기투로 전환한 결과인 참여가 가리키는 것이 무엇인지를 새삼 되풀이해 말할 필요가 있을까? 그것은 지향적 사유이고, 떠맡음이며, 현재로 열린 주체이고, 재현이고, 로고스다. 개입한[참여한] 의식은, 그 의식이 스스로가 던져진 일련의 간섭 속에서 사라지지 않는다고 할 때, **상황**에 놓인다(그 의식에 부과된 것은 이미 측정되어 있다. 그것은 조건과 장소를 형성한다. 그곳에서는 거주에 의해, 의식의 구체화에 대한 장애와 의식의 무게가 자유와 기원으로 "전도"된다). 개입한 의식은 과거에 놓이는 것이다. 상황에 처한 의식은 자신의 선택에서 벗어난 모든 것으로 하나의 정황을 형성한다. 그 정황을 이루는 항들은 공시적이거나 공시화할 수 있는 것들이며, 기억과 예지에 의해 과거와 미래의 지평으로 취합된다. 거기에서 너머는 그것의 무-의미로 인해 단지 부정적으로만 의미를 가진다.

일자가 타자를-위한-일자에 연루되는 것은 개입과 아주 다른 방식이다. 이때 문제가 되는 것은 세계 속에 내던져짐이 아니다. 그것은 어떤 상황의 문제 ─이 상황은 단번에 스스로 역전되어, 그속에서 나는 나를 세우고 집을 지으며 자리를 마련할 수 있게 되어버리는데 ─가 아닌 것이다. 그런 식의 상황은 스스로를 생산하고 스스로를 뒤집어, 결합된 국면 속에 놓인 어떤 다양을 재-현하게 된다. 문제의 초점은 의미작용이다. 물론 정착과 재현도 여기서 자신들의 의미를 정당화한다. 그러나 이 의미작용은 **모든** 세계의 이편에서 동일자와 타자의 근접성을 의미화하는 의미작용이다. 또 이 의미작용에서는 일자가 타자에 연루됨이 타자에 의한 일자의 소환을 의미화한다. 이 소환이 바로 의미작용의 의미함 자체다. 달리 말해, 동일자의 심성이다. 이 심성에 따르면 근접성이란 내가 타자에게 다가감이다. 즉, 이 다가감은 동일자와 타자의 근접성이 결코 충분히 가깝지 않다는 사실을 나타낸다. 소환된 것은 자아 또는 나다. 나는 나의 동일성에 의해, 존재의 마당을 내가 차지함으로써 이웃을 밀어내고 멀리한다. 따라서 나는 항상 평화를 재건해야 한다. 우리는 이 의미하기 속의, 이 타자를-위한-일자 속의 어떤 것을 의심의 여지 없이 보여 줄 필요가 있다. 그 어떤 것은 우리를 질문에 대한 앎으로, "~하는 것은 무엇인지"로, 존재와 함께하는 친숙성의 명시적 정식화로 이끌 수 있고 또 그렇게 이끌어야 마땅하다. 그 친숙성이 앞서 마련되어 있었고 함축되어 있었다는 듯이 말이다. 그 어떤 것은 이 의미하기에서 우리를 존재론으로 데려오고, 그럼으로써 현존으로, 그림자 한 점 없는 대낮과 같은 진리의 현현으로, 예측으로, 사유로, 정착으로, 제도로 데려온다. 그러나 이 친숙성이나 존재론적 발걸음은 다가감을 정초하지 못한다. 존재와 함께하는 선행적인 친숙성은 다가감에 선행하지 못한다. 다가감의 의미는 선함이다. 앎 없는, 맹목도 아닌, 존재성 너머의 선함이다. 물론 선함은 존재론 속에서 존재성으로 변형되어 드러날 것이다(그래서 환원해야 할 것이다). 그러나 존재성은 선함을 포함할 수 없다.

지금까지 수행된 모든 분석들을 통해 우리는 근접성을, 주제화하는 지향성이나 개방성, 존재론 등의 돌발형태로 여기는 것을 거부하고 그러한 거부를 정당화했다. 즉 우리의 분석은 근접성을, 그 속에서 확실히 모든 것이 스스로를 드러내는—비록 그 모든 것이 현현에 의해 배반당한다 하더라도—사건의 돌발형태로 보는 것을 거부한다. 서양 철학의 거대한 전통은 유독 이런 사건을 의미의 분절로, 다시 말해 정신의 모험으로 받아들였다. 그러나 근접성이 의식의 이 유심론과 별개의 것으로 사유되고 의미작용 또는 선함으로 받아들여질 때, 우리는 선함을 달리 이해할 수 있다. 즉 선함은 만족시켜야 할 어떤 이타적 성향과 다르다. 의미작용, 곧 타자를-위한-일자는 결코 충분할 수 없으며, 또 의미작용의 운동은 되돌아오지 않기 때문이다. 또 선함은 의지의 결정과 다르며, 의식에 기원을 두는 어떤 선택의 현재에서 또는 거주에 의해 조건 지어진(이것이야말로 모든 기원의 맥락이다!) 선택의 현재에서 시작하는 의식의 행위와 다르다. 선함은 주체에 있으며, 무-시원 그 자체다. 선함은 타자의 자유를 위한 책임으로서, 내 안의 모든 자유에 앞설 뿐 아니라, 자유의 반대물이라 할 내 안의 폭력에도 선행한다. 아무도 의지적으로 선하지 않다면, 누구도 선의 노예가 아니다. 선함과 선의 얽힘은 의식의 바깥, 존재성의 바깥에 놓이는데, 이 얽힘은 대신함의 예외적 얽힘이다. 말해진 것은 자신의 감춰진 진리들 속에서 이 얽힘을 배반하지만 우리 앞에 표출한다. 책임에서 출발하여 다다른 나le je는 타자를-위함이며, 벌거벗음이다. 변용에 대한 노출이고, 순수한 감수함이다. 이 나는 스스로를 정립하지 않으며, 스스로를 소유하지도 인식하지도 않는다. 그것은 스스로를 소진하고 스스로를 내주며 스스로를 탈-직시키고 자신의 자리를 상실한다. 그것은 스스로를 추방하고 스스로를 자기에게로 쫓아낸다. 그러나 피부가 상처와 폭행에 노출되면서도 여전히 존재 안에서 스스로를 보호하는 방법인 것처럼, 그것은 비-장소에서 스스로를 비워 내어 타자를 대신하는 데까지 이르고, 자신의 추방의 흔적 속에서만 자기 안에 스스로를 유지한다. 스스로를 내주고, 스스로를 소진하며, 스스로를 추방한다 등과 같은 [재귀대명사(se, 스스로)를 수반하는] 동사들이 시사하는 것 모두는, 자기에 대한 반성이나 자기 염려의 행위가 아니다. 그것은 결코 행위가 아니라, 대신함에 의해 모든 수동성을 넘어서는 수동성의 양상이다. 이것은 자신의 추방의 흔적 속으로서의 자기에, 다시 말해, 자기로부터 순수하게 떼어 냄으로서의 자기에 놓임이다.[3] 여기서 내면성이 성립한다. 이 내면성은 이러저러한 사적인 일들을 처리하는 방식과 닮은 데가 전혀 없다. 그것은 비밀을 갖지 않는 내면성이며, 내게 이미 명령하는 과도함이자 자신의 입에 든 빵을 떼어 내고 자신의 피부로 선물을 만들어 타자에게 주는 것인 과도함에 대한 순수한 증언이다.

개입[참여]이 의미작용을 서술하는 게 아니라, 모든 개입을 정당화하는 것이 의미작용 ─ 근접성의 타자를-위한-일자 ─ 이다.

이웃에 대한 무관심하지-않음 속에서 근접성은 결코 충분히 가깝지 않다. 이 무관심하지-않음 가운데서는 나와 타자 사이의 차이가 지워지지 않으며, 주체의 격변화 불가능성도 지워지지 않

---

3) 시몬 베유는 이렇게 썼다. "아버지께서는 내게서 이 몸과 이 영혼을 떼어 내어 너의 것으로 만드시고, 이 떼어 냄 자체만이 나로부터 영원히 존속하게 하신다."

는다. 일자와 타자의 관계를 상호성 속에서 이해하는 상황 속에서는 이것들이 지워진다. 타자가 타인이고 이웃인 한에서 내가 타자를 마주 대하고 있는 무관심하지-않음은 모든 개입의 너머에 있다. 그 말의 자발적 의미 면에서 그렇다. 무관심하지-않음은 존재자라는 내 처지 자체에서 대신함에 이르기까지 확장되기 때문이다. 또 동시에, 무관심하지-않음은 개입의 이-편에 있다. 왜냐하면 무관심하지-않음이 이 극단적인 수동성 속에서 격변화 불가능하며 유일한 주체를 해방시켜, 책임이, 무관심하지-않음의 의미작용이 유일한 방향으로, 즉 나에게서 타자로 나아가게 되기 때문이다. 누구도 나를 대체할 수 없는 의무에 대한 노출인 책임의 말함 속에서 나는 유일하다. 타자와의 평화가 모든 것에 앞선 나의 일이다. 무관심하지-않음, 말함, 책임, 다가감은 책임질 수 있는 유일한 자인 나의 해방이다. 내가 출현하는 방식은 출두다. 나는 격변화할 수 없는 소환의 수동성 속에 ―대격으로― 나를 위치시킨다. 이것이 자기다. 보편적인 것의 특수한 경우, 즉 자아 개념에 속하는 내가 아니라, 일인칭으로 말해진 대격의 나로서의 나, 나의 유 가운데 유일한 나. 물론 이 나는 노출된 현재에서는 이미 보편적인 것이 된다. 그러나 이 보편적인 것에 대해 나는 단절을 사유할 수 있다. 게다가 언제나 반성에 앞서가는 유일한 나^{je}의 출현을 사유할 수 있다. 반성은 (회의론의 논박과 부활을 통해 목도하게 되는 교체에 의해) 새롭게 다가와 나를 개념 속에 가두고, 나는 다시 이 개념에서 도망치거나 빠져나간다. 이 [대격인] 나의, 이 나의 단일성은 그것의 본성이나 성격이 지닌 독특한 특성에 기인하는 것이 아니다. 책임의 나가 아니라면 그 어떤 것도 유일하지 않다. 다시 말해, 책임의 나 말고는 개념에 순종하지 않는 것은 없다. 의미작용 속에서 나는 유일한 것으로서 해방된다. 책임의 말함은, 자기 속으로 스스로를 감추지 않고 자신의 동일성의 이편에서 타자를 대신하면서 회귀 속에서 자신을 벌거벗기는 일자가, 이 관계 속에서 스스로를 다수화하지 않으면서 자신의 통일성을 드러내는 하나뿐인 방식이다. 근접성의 "결코 충분치 않음"—이 평화의 불안정—은 주체성의 예리한 단일성이다. 이것은 무조건의 수동성 속에서, 자기 집 밖으로의 추방 속에서 솟아오르는 주체의 격변화 불가능성이다. 이 격변화 불가능성은 초월론적 주체성의 격변화 불가능성이 아니다. 그것은 지향성이 아니며 또 세계로의 열림도 아니다. 비록 그 세계가 나를 넘쳐 나는 세계여서 그곳에서는 이른바 도취한 주체성이 스스로를 숨길 따름이라고 해도 그렇다.

근접성, 무관심하지-않음인 차이, 질문 없는 응답인 책임, 내게 부과되는 평화의 직접성, 신호의 의미작용, (초월론적! 주체성으로부터 이해하는 것과는 달리 이해된) 인간의 인간성, 노출의 수동성, 노출된 수동성 그 자체, 말함—이런 것은 의식에 있지 않으며, 의식이나 기억의 용어로 이해된 개입[참여]에 있지도 않는다. 또 그것은 정황과 공시성을 이루지 않는다. 근접성은 존재성에 앞선 그리고 죽음에 앞선 형제애다. 근접성은 존재와 무에 거슬러, 개념에 거슬러 의미를 갖는다.

근접성으로서의 의미작용은 그러므로 주체의 잠재적 탄생이다. 그것이 잠재적 탄생인 까닭은 기원의 이편에, 주도권의 이편에 놓이기 때문이다. 가리킬 수 있고—비록 기억에 의해서라고 해도—떠맡을 수 있는 현재의 이편에 놓이기 때문이다. 즉 시대착오적인 탄생이고, 자신의 고유한 현재에 앞선 탄생이며, 비-시작이고, 무시원이기 때문이다. 잠재적 탄생은 결코 현존이 아니다. 그것은 자기와 합치하는 현재를 배제한다. 감성 속에서, 상처받기 쉬움 속에서, 타자의 모욕에 노출됨 속에서, 접촉하고 있기 때문이다. 근접성이 좁혀지는 데 따라 주체와 타자 사이의 거리가 커지듯, 더 많이 응답할수록 더 많이 책임지는 주체. 계약에 따른 개입 없이 의무 속에서 이뤄지는 주체의 잠재적 탄생. 그 무엇을 위한 것도 아닌, 그러나 긴밀해지는 만큼 요구가 많아지는, 목적성도 끝도 없는 형제애 또는 동조complicité. 무시원의 시작-없음 또 의무의 끝없음 속에서 이뤄지는, 그것의 탄생에서 무한이 지나가듯 영광스럽게 커져 가는 주체의 탄생. 주체의 절대적인 소환 속에서 수수께끼처럼 무한의 소리가, 즉 이편과 너머의 소리가 들린다. 이렇게 무한이 들려오는 목소리의 폭과 억양을 분명히 할 필요가 있을 것이다.

　　우리는 하나의 길이 타자의 근접성으로부터 존재의 출현으로 나아간다는 점을 여러 번 반복해서 지적했다. 그리고 우리는 거기로 되돌아갈 것이다. 그런데 우리는 주체성을 타자를 대신함으로, 존재-사이에서-벗어남이나 존재성의 단절로 묘사했다. 이것은 존재론적 문제의 궁극성 또는 우선성을 내세우는 주장에 이의를 제기하도록 이끈다.[4] 이러한 주체성은 존재성을 내쫓지 않는가? (그

---

4) Emmanuel Levinas, "L'ontologie est-Elle fondamentale?"(「존재론은 근본적인가?」),

렇지만 이 존재성은 그 주체성이 불러온 것이 아닌가?) 비인격적 음모이고 끊임없는 찰랑거림이며 들리지 않는 웅성거림이자 그저 있음인 존재성은 자신에게 빛을 주는 의미작용을 삼켜 버리지 않는가? 이 비인격적인 소음에 대한 고집은 우리 시대에 감지되는 세계 종말의 위협이 아닌가? 사람들은 타자를-위한-일자의 의미작용을 제한된 현상이나 특수한 현상으로, 그와 같은 "존재의 윤리적" 측면으로 취급할 위험이 있다. 또는 그렇게 취급하려 고집을 부린다. 그러므로 우리는 이 의미작용에서, 최소한 존재론이 놓인 지평만큼의 광대한 지평에서 오는 목소리가 들리지 않는지 꼭 자문해 볼 필요가 있다.

2. 무한의 영광

a. 영감[불어넣음]

존재를 현재로 모으는 것, 다시잡음에 의해, 기억과 역사에 의해, 상기에 의해 존재를 공시화하는 것, 즉 재현은 분리된 존재자에 대한 책임을 통합하지 못한다. 재현은 인류의 형제애에 새겨진 타자에 대한 책임을 통합하지 못한다. 이 책임은 어떤 개입이나 원리로도, 다시 말해 기억해 낼 수 있는 어떤 현재로도 거슬러 올라가지 않는다. 나를 타인에게로 명하는 명령은 그것의 은둔의 흔적에

Revue de Métaphysique et de Morale , no.56, 1951, pp.88~98 참조.

의해서가 아니라면, 또 후퇴의 흔적에 의해서가 아니라면 이웃의 얼굴로서 내게 드러나지 않는다. 이 후퇴의 흔적에 앞서는 현실성 actualité은 없으며, 이 후퇴의 흔적은 이미 복종하는 나의 고유한 목소리 속에서만 현재가 된다. 그것은 봉헌과 선물의 엄격한 현재다. 이 무-시원 앞에서, 이 시작-없음 앞에서, 존재의 모음은 좌초한다. 존재의 존재성은 의미작용으로, 존재 너머의 말함으로 해체되며, 존재의 시간은 초월의 통-시성으로 해체된다. 내재성으로 전환될 수 없는 초월, 즉 간격의 밤에 의해 모든 현재로부터 분리된 상기의 너머는, 초월론적 통각의 통일로 들어가지 않는 시간이다.

이 책은 다른 사람들에 대한 내 책임의 비-상한 일상 속에서 주체성이 행하는 의미작용을 드러내었다. 죽음에 대한 비-상한 망각 속에서 또는 죽음에 대한 "고려 없이", 나의 자유를 벗어나는 것에 대한 내 책임의 의미작용을 보여 주었다. 초월론적 통각의 통일이, 모든 행위의 본래적 현실성이 ─주체의 자발성의 원천 또는 자발성으로서의 주체의 원천이 ─빚는 실패 또는 결함을 보여 주었다. 이 책은 나의 수동성을, 타자를-위한-일자로서의 수동성을 드러내었다. 그렇게 하여, 능력과 행위로서 이해된 존재성을 초월하는 수동성을 보여 주었으며, 또 그럼으로써 다름 아닌, 의미작용으로서의 나의 수동성을 보여 주었다. 타자-의-볼모인-일자에까지 이르는 타자를-위한-일자. 부름받은 자신의 대체 불가능한 정체성 속에서 이 일자는 자기로 복귀하지 않는다. 자기-자신의 처지에서는 타인을 위한 속죄이고, 자신의 "존재성"에서는 그 존재성에 대한 예-외, 즉 대신함이다. 타자를-위한-일자, 타자로 실체-

전환된 일자가 아니라 타자를-위한 일자. 이 타자를-위함은 아직 주제 속에 자리 잡지 않은 의미작용의 불연속성 또는 통시성에 의해 이룩된다. 주제 속에서는 물론 의미작용이 말해진 것의 형태로 현현되지만, 이것은 곧바로 주제의 올가미에 걸려, 공시성과 존재성처럼 되어 버린다. 의미작용은 주제에 적합하지 않다. 그렇지만 스스로를 드러내기 위해 주제 속에서 자신을 펼친다. 그렇다고 해서 의미작용을 "체험된 의미작용"으로 취급할 필요는 없다. 타인을 위한 책임의 "비-상함"에는 존재론의 물 위로 떠다니는 일이 금지되어 있지 않다. 온갖 대가를 치르면서 통각의 초월론적 통일 속에서, 종합의 현실적 통일 속에서, 따라서 종합의 능동적 통일 속에서 책임의 비상함에 어떤 지위를 찾아 줘야 할 필요는 없다. 일자와 타자는 차이의 간격에 의해 ― 또는 책임의 무관심하지-않음이 없애지 않는 사이시간entretemps에 의해 ― 분리되는데, 이들이 어떤 구조의 공시성 속에서 재결합해야 하는 것은 아니며, 또 어떤 "영혼의 상태" 속으로 압착되어야 하는 것도 아니다.

타인을 위한 책임은, 지향성과는 반대로 또 지향성이 결국 감추지 못하는 의지와는 반대로, 어떤 주어진 것을 탈은폐하는 것을 의미하지 않는다. 또 그것을 수용하거나 지각하는 것을 의미하지 않는다. 타인을 위한 책임은 오히려 모든 결정에 앞서 나를 타인에게 노출하는 것을 의미한다. 이것은 나 자신의 심장에서 타자가 동일자에 대해 내세우는 청구이고, 타인이 내게서 나에 대하여 행사하는 명령의 극단적인 긴장이며, 타자를 기다릴 시간을 동일자에게 주지 않을 정도로 긴박한, 동일자에 대한 타자의 외상적 영향력이다. 이러한 변화에 의해 영혼âme은 주체에게 생명을 불어넣는 다animer. 그것은 영혼psyché의 호흡 자체다. 심성psychisme은 타자에 의한 일자의 청구를, 달리 말해 영감[불어넣음]을 의미한다. 이 청구 또는 영감은 같은[동일한] 것과 다른 것의 논리 너머에, 그것들의 극복할 수 없는 반대성 너머에 놓인다. 이것은 동일자에서 형성되는 자아의 실체적 핵을 탈핵화하는 것이며, 주체의 "내면성"이 갖는 "신비스러운" 핵을, 응답하도록 소환함으로써 분열시키는 것이다. 이 소환은 피난할 어떤 장소도 도피할 어떤 기회도 허락하지 않는다. 이렇게 하여 심성은 자아에 거슬러, 또는 더 정확히 말하면 나에 거슬러malgré moi, 무-의미의 전적인 반대물이 된다. 소외 없는 변화, 즉 선출이 된다. 책임 속의 주체는 자신의 정체성identité의 가장 깊은 곳에서, 그 정체성으로부터 동일자를 비워 내지 못하는 소외로부터 멀어지며, 오히려 자신의 정체성을 책임에 강제한다. 부정할 수 없는 소환으로 말미암아, 누구도 그 자리를 대체할 수 없을 인격으로서 자신을 책임에 강제한다. 개념 밖의 단일성, 광기의 씨앗으로서의 심성, 이미 정신병인 심성, 하나의 자아가 아니라 소환받은 나인 심성. 태만하지 않고서는 스스로를 대체하는 것이 불가능한 가운데 책임의 응답을 위해 이뤄지는 정체성으로의 소환. 느슨함 없이 팽팽한 이 명령에 대해서는 "내가 여기 있습니다"라는 응답만이 가능하다. 여기서 "나"라는 대명사는 대격이 된다. 이 대격은 모든 어미변화에 앞서 변화한, 타자에 의해 소유된, 병이 든,[5] 동일적인identique 것이다. 내가 여기 있습니다—이것은 아름다운 발언의 선물이나 노래의 선물이 아닌 영감의 말함이다. 그것은 줌으로, 충만한 손으로, 결국 신체성으로 내모는 강제다.

데카르트에게서 영혼과 신체의 결합은 기적과 같은 간섭을 전제했다. 데카르트는 그 결합을 재현의 합리성에 따라 탐구하여 그것을 확연히 구별되는 항들의 모음이자 동시성으로 취급했기 때문이다. 이때 영혼은 주제화하는 사유로 이해되었다. 반면에, 다른 사람에 대한 책임에서 출발하여 다다른 주체의 심성, 즉 타자를-위한-일자는 의미작용이나 이해 가능성 또는 의미함 그 자체가 될 것이다. 살과 피를 지닌 인간의 주체성은 타자에게 자신을 넘겨줌 extradition에 있어, 인과 사슬에서 결과가 갖는 수동성보다 더 수동적이다. 그 주체성은 나는 생각한다라는 통각의 통일인 현실성 너머에서 성립하는, 자신의-입의-빵을-타자에게-줌 속에서 타자를-위해-자기에게서-빠져나옴이기 때문이다. 그것은 형식적 관계의 가벼움이 아니라, 줌의 가능성 속에서 자신의 자기보존 경향으로부터 빼내진 신체의 전적인 무게다. 여기서 주체의 정체성은 자기에 머무는 휴식에 의해서가 아니라 나의 실체성의 핵 밖으로 나를 몰아내는 불안정에 의해 드러난다.

b. 영감과 증언

그러나 이 노출, 이 추방, 자기 안에 머무는 것에 대한 이 금지는 정립으로 되돌아가는 것이 아닌가? 또 고통 자체 속에서 실체와 오만으로 부풀려진 자기만족으로 되돌아가는 것이 아닌가? 이런 되

---

5) "나는 사랑으로 병이 들었나이다." 「아가」, 5장 8절.

돌아감은 주체의 수동성으로 흡수될 수 없는 능동성의 잔여를 의미한다. 주체의 수동성은 감성의 상처받기 쉬움에까지 이르는 차아의 궁극적 실체성을 의미하며, 동시에 —또는 차례로—, 애매성 속에서 다가감으로부터 오는 무한한 도정을 의미한다. 이 도정은 단순히 이웃에 점점 가까이 가는 것으로 머물지 않는다. 그것은 당위Sollen의 악무한을 넘어 무한히 커져 간다. 살아 있는 무한. 줌이 인색함으로 보이고, 노출이 유보로, 성스러움이 죄스러움으로 보일 지경으로, 복종하면 할수록 더욱더 엄격해지는 의무, 그리고 다가가면 갈수록 좁힐 수 없는 주파해야 할 거리. 죽음 없는 삶, 무한의 삶 또는 무한의 영광. 그러나 존재성과 무 바깥의 삶.

그러므로 주체성이 유보 없이 의미화하기 위해서는, 주체성이 타인에게 노출될 때의 수동성이 곧바로 능동성으로 전도되는 것이 아니라, 그 수동성 자체가 제 차례에 노출될 필요가 있을 것이다. 즉, 수동성의 수동성이 있어야 하며, 무한의 영광 아래 잿더미가 있어야 한다. 이 재에서는 행위가 되살아나지 않을 것이다. 이 수동성의 수동성과 타자에 대한 이 헌신이, 이 진솔성이 곧 말함이다. 그것은 말함을 곧바로 다시 덮어 버리고 소멸시키거나 흡수해 버릴 말해진 것의 소통이 아니다. 그것은 어떠한 변명도 회피도 알리바이도 없이 자신의 열림을 열어 놓는 말함이고, 말해진 것에 대해 아무것도 말함이 없이 스스로를 내주는 말함이다. 말함 자체를 주제화하지 않는, 그러나 그것을 여전히 노출하면서 말하는 말함. 그래서 이 말함은 노출의 이 의미함 자체의 신호를 준다. 말함은 그곳에 머무는 대신, 즉 노출의 행위 안에 머무는 대신, 노출

을 노출시킨다. 말함은 스스로를 소진하여 스스로를 노출한다. 그
것은 스스로를 신호로 만들면서 신호를 하지만, 이 신호의 형태 자
체 속에서 휴식하지 않는다. 포위되어 넘겨주는 수동성 —여기서
는 이 넘겨줌 자체가 그것이 미처 성립되기도 전에 타자에게 내주
어진다. 이 말함 자체의 말함 속에서의 전前반성적인 반복. "내가
여기 있습니다"라는 언표. 이것은 언표되고 내주어지는 목소리 자
체, 의미화하는 목소리 자체 외의 그 어떤 것과도 동일시되지 않는
다. 그러나 이렇게 스스로를 신호로 만드는 지점에 이르기까지 신
호를 한다는 것 —이것은 말을 못하는 자의 표현이나 자신의 모국
어밖에 모르는 외국인의 말처럼 더듬거리는 언어가 아니다. 그것
은 언어의 극단적 긴장이고, 근접성의 타자를-위함이다. 이 근접
성은 모든 부분에서 나를 에워싸며, 나의 정체성에 이르기까지 나
와 관련을 맺는다. 이 근접성에 대하여 로고스는 —그것이 독백의
로고스건 대화의 로고스건 간에 —잠재적인 것의 긴장을 이미 이
완시켜 놓게 될 것이다. 로고스는 존재의 가능성들로 분산되며, 의
식적-무의식적, 명시적-함축적 쌍들 사이에서 작용하기 때문이
다.[6] 타인에게 주어진 신호, 또 이미 이 신호 주기에 대한 신호인 순

---

6) 주제화하는 로고스는, 즉 (그것이 담지하는 문화적이고 역사적인 모든 책무와 더불어) 독백과
   대화와 정보 교환의 역할을 하는 말해진 것을 말하는 말함은, 전-근원적인 이 말함에서
   비롯한다. 이 말함이 전-근원적인 까닭은 그것이 모든 문명에, 또 의미작용을 하는 발화
   된 언어에서의 모든 시작에 앞서기 때문이다. 진솔성의 빗장을 푸는 것은 모든 소통과
   모든 주제화가 흘러가게 될 차원을 가능하게 한다. 신호 줌의 의미함과 근접성의 의미함
   의 흔적은 그렇다고 해서 지워지지 않는다. 그것은 모든 발언의 사용에 자취를 남긴다.

수한 의미작용, 이 근접성은 타인과의 혼동이 아니다. 그런 혼동은 아바타에 머무는 방식에 불과할 것이다. 도리어 근접성은 끊임없는 의미작용이다. 그것은 타자를 위한 불-안정이다. 즉, 어떠한 "태도의 장악"도 없는, 타자를 위해 취해진 응답이고, "세포의 과민성"과 같은 책임이며, 침묵함의 불가능성이고, 진솔성의 스캔들이다.[7]

진솔성은 말함의 한 속성이 아니다. 줌과 분리될 수 없는 진솔성을 성취하는 것이 바로 말함이다. 진솔성이 줌과 분리될 수 없는 까닭은, 그것이 곳간을 열어젖히는 진솔성이기 때문이다.[8] 거기서 증여하는 손은 아무것도 숨길 수 없이 퍼내 준다. 이 진솔성은 말함이 말해진 것 속에서 겪는 소외를 해체한다. 말해진 것에서는 낱말들의 덮개 아래 언어의 무차별함 속에서 정보들이 교환되고 경건한 맹세들이 전파되지만 책임은 서로 멀어진다. 어떠한 말해진 것도 말함의 진솔성과 같지 않으며, 참인 것le Vrai에 앞선 진실함veracité에 적합하지 않다. 현전 너머의, 접근의 진실함에, 근접성의 진실함에 적합하지 않다. 그렇다면 진솔성은 말해진 것 없는 말함이 될 것이다. 언뜻 보기에 "아무것도 말하지 않기 위한 발언"이

---

7) 그러나 다른 한편, "신호를 함"은 언어가 객관적으로 말해지는 세계에서, 이미 제삼자와 더불어 있는 세계에서 이뤄지기에, 문명의 이편으로 돌아오기 위해, 말해진 의미의 벽을 뚫지 않을 수 없다. 그래서 신호의 벌거벗음을 변경하려는 모든 것을 취소해야 할 필요성과, 말해진 모든 것을 근접성의 순수한 말함에서 떼어 놓아야 할 필요성이 생겨난다. 깜깜한 밤에는 애매함 없이 신호를 할 수 없다. "그것에 관한 무엇"을, 어떤 것을 말할 필요가 있다. 오직 말함만을 말하기 전, 신호를 하기 전, 스스로 신호가 되기 전에 말이다.

8) 말함 또는 진솔성은 어떤 과장된 줌—그것이 없다면 그것이 증언하는 무한이 외삽에 의해서만 획득될 수 있을 법한—이 아니다. 외삽은 다른 방식으로 무한을 전제한다.

될 것이다. 내가 이렇게 신호를 준다고 타인에게 신호를 하는 신호가 될 것이다. "안녕하세요처럼 단순한" 것이 될 것이다. 그러나 그것은 사실 그 자체로, 고백의 순수한 투명함이 되고 빛의 인정이 될 것이다. 빛의 고백인 말함은 말함의 다른 모든 방식에 선행할 것인가? 신호의 증여 ― 이 증여 자체를 의미화하는 ― 인 인사를 건넴은 이 빛의 인정이 아니겠는가? 진솔성에서는 의미작용이 의미를 주며, 일자가 타자에 매이지 않은 채 노출되고, 일자가 타자에 접근한다. 이 진솔성은 기원祈願, invocation 으로, 아무런 비용도 들지 않는 인사로, 순수한 호격인 인사로 다 소진되지 않는다. 호격은 어떤 의미를 지시하지만, 근접성의 의미를 충족시키지 못하며, 근접성에서 의미를 주는 진솔성의 의미도 충족시키지 못한다. 차아의 궁극적 실체성의 분열fission인 진솔성은 존재적인 어떤 것으로도, 존재론적인 어떤 것으로도 환원되지 않는다. 그것은 모든 실정적인 것과 모든 정립의 너머 또는 이편으로서 나아간다. 진솔성은 행위가 아니고, 운동이 아니며, 자기의 절대적 통로를 다른 곳에 이미 전제하는 어떤 문화적 몸짓도 아니다.[9]

---

9) 우리는 진솔성으로서의 말함을 어떤 언어가 귀착하는 기호들의 체계로부터 출발해서 해석할 수는 없을 것이다. 우리가 기호 체계로서의 언어(langue)로 들어가는 것은 이미 발화된 언어에서 출발해서일 뿐이다. 이 언어가 그 나름으로 다시 기호 체계로 구성될 수는 없다. 의미작용들이 주제화되는 체계는 이미 의미작용에서 비롯한다. 타자를-위한-일자로서의, 다가감과 진솔성의 의미작용에서 비롯한다.

c. 진솔성과 무한의 영광

진솔성의 의미는 말함을 요청하듯 진솔성을 요청하는 무한의 영광으로 귀착하지 않는가? 이 영광은 나타날 수 없을 것이다. 왜냐하면 출현과 현존은 무한의 영광을 주제로 한정하여, 또 재현의 현재 속에서 그것에 시작을 할당하여, 그 영광을 저버릴 것이기 때문이다. 반면, 무한의 무한함은 기억이 미치는 범위에서 현재와 줄이 닿는 과거보다 훨씬 더 먼 과거로부터 온다. 무한의 무한함은 결코 재현된 적이 없으며 결코 현존하지 않았던 과거, 그래서 시작을 싹트게 한 적이 없는 과거로부터 온다. 영광은 이 영광이 나타나게 될 주체와 결합되지 않고서는, 유한함과 내재에 갇히지 않고서는, 현상이 될 수 없을 것이다. 그러나 원리가 없고 시작이 없는 영광, 즉 무시원인 영광은 주체를 파열시킨다. 영광이 로고스의 이편에서 적극적으로 의미하는 것은 주체의 넘겨줌이다. 자기에 기초를 둔 주체를 그 주체가 결코 떠맡은 적이 없는 것에게 넘겨주는 것이다. 떠맡은 적이 없다고 하는 이유는, 재현할 수 없는 과거에서부터 주체는, 결코 현전한 적은 없지만 외상으로 충격을 준 도발을 감지할 수 있었기 때문이다. 영광은 주체의 수동성이 지닌 다른 면모일 따름이다. 이 수동성 속에서 타자를 대신함으로써, 최초로 온 자에게로 책임을 명받고 이웃을 위해 책임을 지며 타자에 의해 영감을 받은 동일자인 나는, 내 안에 있는 나의 시작에서, 나에 대한 나의 동등성에서 빠져나온다. 무한의 영광은 이 책임 안에서 영광스러워진다. 그것은 주체에게 어떤 피난처도 허락하지 않는다. 타자에 의한 강박에 대항하여 자신을 보호해 주고 도피를 덮어 줄 주체의 비밀 속으로 피난할 수 없게 한다. 영광은 주체가 "자기 관여"의 어두운 구석에서 벗어남에 의해 영광스러워진다. "자기 관여"는 소환——이 소환은 시작점에 놓이는 자아의 위치를 흔들고 기원의 가능성 자체를 흔들어 버리는데——으로부터 빠져나갈 탈출구를 제공해 준다. 그것은 마치 날이 밝아 오는 쪽으로부터 동산을 가로질러 들려오는 영원한-신의 목소리를 듣고 아담이 몸을 숨기는 파라다이스의 덤불과 같은 것이다. 무한의 영광, 그것은 도망칠 곳 없이 수풀에서 내몰린 주체의 무-시원적 동일성이다. 그것은 진솔성으로 인도된 나, 타자에게 신호하는 나다. 이 타자에 대해 나는 책임이 있고, 이 타자 앞에 나는 책임이 있다. 나는 이 신호를 줌 자체의 신호를, 다시 말해 이 책임의 신호를 준다. "내가 여기 있습니다"라고. 모든 말해진 것 이전의 말함, 이것이 영광을 증언한다. 참된 증언이지만, 탈은폐의 진리로 환원될 수 없는 진리의 증언이며, 자신을 보여 주는 것은 아무것도 이야기하지 않는 증언. 노에마적 상호관계가 없는 말함이자, 명령하는 영광에 대한 순수한 복종 속에서의 말함. 대화 없는 말함이고, "내가 여기 있습니다"에 단번에 종속되는 수동성 속에서의 말함. 근접성이 좁혀짐에 따라 넓혀지는 거리인 무한의 영광은 동일자와 타자 사이의 비동등성이고, 타자를 위한 동일자의 무관심하지-않음이기도 한 차이이며, 대신함이다. 이 대신함은 다시 자기와의 불-균등이고, 자기에 의해 자기가 회복되지-못함이며, 자기의 박탈이고, 자기 동일화의 은밀함으로부터 자기가 벗어남이다. 또 그것은 이미 타자에게 보낸 신호, 이렇게 신호를 준다는 신호, 즉 무-관심하지-않음의 신호이고, 이렇듯 회피하거나 대체할 수 없음의 신호이며, 이와 같은 동일성^{identité}의, 이와 같은 단일성의 신호, 즉 "내가 여기 있습니다"라는 신호다.[10] 이렇듯 동일시의 뒤에서 야기된 동일성은 순수한 선출의 동일성 이다. 선출은, 타인의 과도함^{démesure}에 의해 나를 나로 소환하기 위해 자아의 개념을 가로지르며, 내가 끊임없이 피난해 가는 개념 으로부터 나를 떼어 낸다. 그곳에서 나는 선출에서는 정의되지 않 는 의무의 척도^{mesure}를 발견하기 때문이다. 의무는 보편적 사유에 는 새겨지지-않은 유일한 응답을, 선출된 자의 예상할 수 없는 응 답을 요청한다.

전-근원적이고 무시원적이며 모든 시작보다 더 오래된 동일 성. 이것은 현재 속에서 도달되는 자기의식이 아니다. 오히려 그것 은 타인에 의한 소환에 극단적으로 노출되는 것이다. 이 소환은 의 식과 자유의 배후에서 이미 성취된다. 그것은 무단 침입에 의해 내 게 파고든 소환이다. 다시 말해, 그것은 "그곳에 나타나지" 않은 채, 소환된 자의 말함 가운데서 발언한다. 숨을 그늘 한 점 없이 쨍 쨍 내리쬐는 태양 아래에서처럼, 나는 오래전부터 책임의 소환에 노출되어 있다. 여기서는 신비의 모든 잔재가 사라지며, 그곳에서 회피가 가능해질 법한 속셈의 모든 잔재가 사라진다. 외상이 생산 되는 바로 그 지점에 아무런 유보 없이 노출되는 것, 이미 후려치는 타격에 내민 뺨, 무한의 영광을 증언하는, 말함으로서의 진솔성. 이것은 보이지 않은 채 보는 주체인 기게스의 비밀을 깨뜨린다. 노출되지 않은 채 보는, 내적 주체의 비밀을 깨뜨린다.

d. 증언과 언어

주체성은 곧바로 대신함이다. 타자의 자리에 제공되는 대신함이다(그렇지만 자신을 그 스스로 타자의 자리에 제공하는 희생물은 아니다. 그렇게 보는 것은 대신함의 주체성 배후에 주체적 의지의 유보된 영역이 있다고 가정하는 것이 될 것이다). 주체성은 자유와 비자유의 구분에 앞서는 대신함이다. 그것은 비–장소다. 여기서 타자에 의한 영감은 타자를 위한 속죄이기도 하다. 그것은 의식 그 자체가 의미하기에 이르도록 해주는 심성이다. 이 심성은 실체에 접목되려 하지 않고, 오히려 이 실체가 모든 사물을 지탱하는 것으로 여겨지는 한에서 그러한 실체의 실체성을 변화시킨다. 심성은 동일성이 스스로를 고발하는 변화를 통해서 실체를 변화시킨다. 이러한 대신함은 동정이나 일반적인 감정이입 따위의 심리적 사건이 아니다. 이 대신함은 타자의–자리에–자기를–두는 역설적인 심리적 가능성을 가능케 한다. 모두에–예속–됨être-sujet-à-tout인 주체sujet의 주체성은, 모든 자유에 앞선, 또 모든 현재 밖의, 전–근원적 감수성이다. 그것은 대격의 불편함 또는 무조건에서, 타인에게 나를 명하는 무한의 영광에 대한 복종인 "내가 여기 있습니다"에서 드러난다.[11] "우리들 각자는 모든 사람 앞에서 모두에 대해 죄인이다. 그리고 다른 사람들보다 내가 더 죄인이다"라고 도스토옙스키는 『카라마조프가의 형제들』에서 쓰고 있다.[12] 박해와 순교인 주체의 주체성. "자기의식"이 아닌 회귀. 자기의식에서 주체는 무관심하지-않음 속의 그-자신으로부터 여전히 거리를 두고 스스로를 유지할 것이며, 어떤 명목으로든 여전히 자기로 남아 자신의 면모를 가릴 것이다. 자기와의 일치가 아닌, 휴식이나 잠 또는 물질성이 아닌 회귀. 자기-자신 이편의, 자기에 대한 무관심 이편의 회귀. 다름 아닌 타인을 대신함, 간격 속에서의 대신함, 속성이 없는 일자, 일자를 존재적 속성으로서 이중화하려는 "일자의 통일성"조차 없는 일자. 모든 관계, 모든 놀이로부터 사면된 일자, 문자 그대로 자리 없는 sans situation, 거주할 곳 없는, 모든 곳으로부터 또 자기-자신으로부터 추방되어, 일자로서 타자에게 "나예요"라고 또는 "내가 여기 있습니다"라고 말하는 일자.[13] 박해의 외상에 의해 그 공격적이고 제국주의적인 주체성으로부터 벌거벗겨진 나. 이 나는 불투명함 없는, 즉 도피에 유리한 은밀한 지대가 없는 투명함 속에서 "내가 여기 있습니다"로 되돌아온 나다. "내가 여기 있습니다"는 무한의 증언이지만, 그것이 증언하는 것을 주제화하지 않는 증언이다. 이 증언의 진리는 재현의 진리가 아니며 명증도 아니다. 증언은, 즉 재현

---

11) "내가 여기 있습니다. 나를 보내소서"(「이사야」, 6장 8절). "내가 여기 있습니다"는 "나를 보내세요"를 의미한다.
12) 6편 IIa.
13) 이렇듯 주체성은 사물화 이편에 놓인다. 우리가 처분하는 사물들은 그 자신에 무관심한[무차별한] 실체들에 담겨 휴식하고 있다. 이 무관심에 앞선 주체성은 박해의 수동성이다.

으로 환원할 수 없으며 존재의 규칙에 대한 예외인 독특한 구조는, 무한에 대해서만 있다. 무한은 그것을 증언하는 자에게 나타나지 않는다. 거꾸로, 무한의 영광에 속하는 것이 증언이다. 무한의 영광이 영광스러워지는 것은 증언의 목소리에 의해서다.

무한에 대해서는 어떠한 주제도 어떠한 현재도 가능하지 않다. 그러므로 무한에 대해 주체는 증언한다. 이 주체에서는 타자가 동일자 안에 있다. 동일자가 타자를 위해 있는 한에서 그렇다. 여기서 근접성의 차이는 근접성이 더욱 가까워짐에 따라 흡수되지만, 바로 이 "흡수" 자체에 의해 그 차이는 영광스럽게 자신을 고발하며 또 언제나 한층 더 나를 고발한다. 이 주체에서 동일자는 동일한 자신의 처지 속에서 점점 더 타자 쪽으로 당겨져, 볼모이자 속죄로서의 대신함에까지 이른다. 이 속죄는 결국, 영감과 심성 안에서, 동일자가 타자로 전복되는 비–상하고 통–시적인 사태와 합치한다.

데카르트에서 자신을 포함할 수 없는 사유 속에 거주하는 무한의 관념은 영광과 현재가 빚는 불균형을 표현한다. 이 불균형이 영감 그 자체다. 나의 역량을 넘어서는 무게 아래, 행위와 상관적인 모든 수동성보다 더 수동적인 수동성인 나의 수동성은 말함에서 터져 나온다. 무한의 외재성extériorité은 어떤 방식으로는 증언의 진솔성 속에서 내면성intériorité이 된다. 영광은 재현으로서 나를 감응시키지 않으며, 그것 앞에 또는 그 앞에 내가 놓이는 대화 상대자로서 나를 감응시키지도 않는다. 영광이 영광스러워지는 것은 나의 말함 속에서다. 영광은 내 입으로 내게 명령한다. 내면성은 내

속의 어떤 부분인 비밀스러운 장소가 아니다. 내면성은 일종의 뒤집힘인데, 여기서는 탁월하게 외적인 것이 바로 이 탁월한 외재성 덕택에, "포함"될 수 없고 결국 주제로 편입될 수 없는 덕택에, 무한을 이룬다. 존재성에 대한 예외를 이룬다. 그것은 나와 관계하며 concerner 나를 에워싸고 cerner 다름 아닌 나의 목소리로 내게 명한다. 명령은 명령받는 자의 입을 통해 언표된다. 무한히 외적인 것은 "내적" 목소리가 된다. 그러나 그것은 내적 비밀의 분열을 증언하는 목소리, 타인에게 신호를 보내는 목소리다. 그 신호는 바로 이렇게 신호를 준다는 신호다. 꼬불꼬불한 길. 폴 클로델은 『비단 구두』Le soulier de satin 의 제사에 "신은 꼬불꼬불한 선으로 직선을 그린다"라는 포르투갈 속담을 적어 놓았다. 우리는 이 속담을 방금 설명한 의미로 이해할 수 있다.

증언이란 명령이 복종하는 자의 입에 담기는 방식이다. 모든 나타남에 앞서, "주체 앞의 현시"에 앞서 스스로 "계시하는" 방식이다. 이 증언은 "심리적 경이"가 아니다. 그것은 무-시원적 무한이 자신의 시작을 통과하는 양상이다. 자신을 계시하기 위해 인간이라는 중개자를 교묘하게 활용하는 것이 아니다. 또 영광스러워지기 위해 시편詩篇을 교묘히 이용하는 것도 아니다. 증언은 무한이 자신의 영광 속에서 유한을 지나가는 방식, 또는 무한이 스스로 지나가는 방식이다. 그렇다고 해서 타자를-위한-일자의 의미작용을 통해 주제의 존재로 들어가는 것은 아니다. 하지만 무한은 의미를 주며, 그럼으로써 무에서 배제된다. 증언의 말해진 것 없는 말함이 의미하는 것은 주제 속에서 펼쳐지는 얽힘과는 다른 얽힘이다. 노에시스를 노에마에, 원인을 결과에, 기억 가능한 과거를 현재에 묶어 놓는 얽힘과는 다른 얽힘이다. 절대적으로 *스스로*를 풀어내는 것에, 절대^Absolu ── 무한을 주제화하려는 사유에 대한, 무한을 말해진 것 속에서 유지하려는 언어에 대한 무한의 풀어냄 ── 에 묶여 있는 얽힘. 우리는 이것을 **삼자성**이라 불렀다. 사람들은 이 얽힘을 종교적이라 부르고 싶어 한다. 이 얽힘은 확실함이나 불확실함의 용어로 말해지지 않으며, 그 어떤 실정 신학에도 의존하지 않는다.

무한이 말함 속에서 *스스로* 지나간다는 것, 우리는 이것을 통해 말함이 행위나 심리적 태도로 또는 영혼의 상태나 다른 여러 사유 중의 한 사유로, 또는 왜 그런지는 모르지만 인간이 자신의 존재성을 이중화하는 존재의 존재성의 어떤 한 계기로 환원될 수 없다는 점을 이해할 수 있다. 본래 말함은 증언이다. 그 궁극적 운명이 말해진 것을 거쳐 단어들의 체계로 들어가는 것이라 해도 그렇다. 그 체계는 말함에서 유래한다. 말함은 이 체계 및 이 체계가 기능하는 정보 유통의 유아기적 더듬거림이 아니다. 실제로, 우리는 이런 새로운 운명이 어떻게 증언 속에 기입되는지를 보여 줄 수 있다.[14] 말해진 것 없는 말함은 타인에게 주는 신호이며, 주체가 자신의 내밀함 밖으로 나오게 되는 증언이다. 이 증언을 통해 무한은 스스로 지나간다. 그러나 이 증언은 정보나 표현으로서 또는 반향이나 징후로서 무한에 대한 경험이나 무한의 영광에 대한 경험 ── 나는 무엇이 그런 것인지 알지 못하는데 ── 에 덧붙여지는

───────────────

14) 자세한 내용은 339쪽 이하 참조.

것이 아니다. 마치 무한에 대한 경험이 있을 수 있다는 듯이, 또 영광스러워짐, 다시 말해 이웃을 위한 책임과는 다른 무엇이 있을 수 있다는 듯이 그렇게 덧붙여지는 것이 아니다. 이 말함은 곧바로 주체-대상, 기표-기의, 말함-말해진 것 등의 상관관계 구조에 고착되지 않는다. 타자에게 주어진 신호는 진솔성 또는 진실성이다. 이것을 통해 영광은 영광스러워진다. 그러므로 무한은 주체성을 통해서만, 타자에게 다가가는 인간의 모험을 통해서만, 타자를 대신함을 통해서만, 타자를 위한 속죄를 통해서만 영광을 지닌다. 주체는 무한에 의해 영감을 받는다. 무한은 삼자성이기에, 나타나지 않으며 현재하지 않는다. 그것은 언제나 이미 지나간 것이며, 주제도, 목적도, 대화 상대자도 아니다. 무한은 주체를 현현시키는 영광 속에서 영광스러워진다. 그래서 무한은 주체에 의해 무한의 영광이 영광스러워지는 가운데 이미 영광스러워진다. 이것은 상호관계의 모든 구조를 실패케 한다. 영광스러워짐은 말함, 즉 타자에게 주어진 신호 ─ 타자에게 언표된 평화 ─ 다. 이것은 대신함에까지 이르는, 타자를 위한 책임이다.[15]

무한이 유한을 지나가는 방식, 무한이 스스로 지나가는 방식은 윤리적 의미를 갖는다. 그러나 이것은 "윤리적 경험"의 "초월론적 정초"를 구축하려는 기획에서 유래하지 않는다. 윤리는 무한의 역설이 그려 내는 장이다. 무한은 유한과 관계하되 이 관계 속에서

---

15) 「이사야」, 57장 19절. "말을, 입술의 열매를 창조한 자인" "그가 말하노라. 먼 데 있는 자에게든 가장 가까운 데 있는 자에게든, 평화가 있을지어다, 평화가 있을지어다."

스스로를 부인하지 않는다. 윤리, 그것은 초월론적 통각의 근원적 통일이 파열되는 것이다. 즉, 그것은 경험의 너머다. 타인에게 보낸 신호 속에서 증언되는―그리고 주제화되지 않은―무한이 의미화하는 것은 타인을 위한 책임으로부터, 타자를 위한 일자로부터다. 모두를 떠받치는―모두에 예속되는―주체, 즉 모두를 위해 고통받지만 모든 짐을 진 주체로부터다. 이 주체는 부과됨에 따라 영광스럽게 커져 가는 짐을 이렇게 지겠다고 결정을 내린 적이 없다. 이것은 모든 명령commandement 들음에 앞서는 복종이다. 시대착오적으로 복종 자체 속에서 명령ordre을 발견할 가능성, 자기-자신으로부터 명령을 받아들일 가능성 ―타율성에서 자율성으로의 이 전환은 무한이 스스로 지나가는 방식이다. 법이 양심에 새겨져 있다는 은유는 자율성과 타율성을 화해시키면서 이 점을 뛰어난 방식으로 잘 표현하고 있다(이 화해는 양면적이다. 그것의 통시성은 의미작용 자체다. 그러나 현재에서 이 양면성은 애매성이다). 명령이 복종의 타자를-위함 속에 새겨지는 것, 이것은 양심의 팽팽한 선들을 통해 "마치 도둑처럼" 내 안으로 미끄러져 들어오는 무시원적 변용이고, 나를 절대적으로 엄습한 외상이며, 결코 재현된 적이 없는 명령이다. 왜냐하면 그것은 결코―기억에서 유래하는 과거에서조차―현전한 적이 없기 때문이다. 나는 이 전대미문의 의무를―사후에―말할 수 있을 뿐이다. 이것은 주체의 예외이자 주체의 주체성인 양면성이다. 이 양면성은 주체의 심성 자체이며, 영감의 가능성이다. 영감이란 나도 모르는 사이에 나에게 불어넣어진 것의 지은이가 됨을, 즉 내가 지은이인 바인 것을 어디서 오는

지 알지 못하는 채로 받아들였음을 뜻한다. 타자를 위한 책임 속에서, 우리는 이제 영감의 이 애매성 한가운데 놓이게 된다. 전대미문의 말함은 무-시원적 응답 속에, 타자를 위한 나의 책임 속에 수수께끼처럼 있다. 무한의 흔적은 주체 안의 이 애매성이고, 번갈아 등장하는 시작이자 중개자이며, 윤리가 가능케 하는 통시적 양면성이다.

e. 증언과 예언

명령을 지각하는 것이 그 명령의 의미작용과 일치하는 이 전환을 우리는 예언이라 부를 수 있다. 이때의 의미작용은 그 명령에 복종하는 자에 의해 이뤄진다. 또, 그럼으로 해서 예언은 영혼의 심성 자체일 것이다. 즉 동일자 안의 타자일 것이다. 그래서 인간의 모든 정신성이 예언적이 될 것이다. 무한은 주제로서의 증언 속에서는 알려지지 않는다. 타자에게 주어진 신호 속에서(여기서 나는 기게스의 내밀함에서 벗어난다), "머리채를 잡혀",[16] 진솔성의 말해진 것 없는 말함 안의 내 애매함의 심연으로부터, 내가 말하는 "내가 여기 있습니다" 속에서, 단번에 대격으로 현전하여, 나는 무한을 증언한다. 무한은 자신의 증인 앞에 있지 않고, 현전의 바깥 또는 "이면"에 있듯이 있다. 이미 지나간 것으로서, 붙잡힘의 바깥에 있다. 맨 앞 열로 내밀어지기에는 너무나 높은 사유-배후에 있다. "내가 여기 있습니다. 신의 이름으로." 나는 직접 신의 현존을 가리

---

16) 「에스겔」, 8장 3절.

키지 않는다. 단적으로 "내가 여기 있습니다"! 신이 처음으로 단어들에 섞여들어 오는 어구에 신이라는 단어는 아직 부재한다. 그 어구는 결코 "나는 신을 믿습니다"라는 식으로 언표되지 않는다. 신을 증언함, 그것은 분명, 마치 영광이 어떤 주제에 거주하고 테제로 자리 잡을 수 있다는 듯이, 또는 존재의 존재성을 이룰 수 있다는 듯이, 이 비상한 단어를 언표하는 것이 아니다. 이 의미작용 자체에서 타자에게 주어진 신호인 "내가 여기 있습니다"는 신의 이름으로 나를 의미화한다. 나를 바라보는 사람들을 섬기도록 의미화한다.[17] 내 목소리나 내 몸짓 형태, 즉 말함 자체 이외에는 나를 동일화할 어떤 것도 없다. 이 회귀는 자기로의 복귀와는, 자기의식과는 완전히 반대다. 그것은 진솔함이고, 자기의 표출이며, 이웃에게 자기를 "넘겨줌"이다. 증언은 겸손이고 고백이다. 그것은 모든 신학 이전에 이루어질 것이다. 그것은 선포이고 기도다. 영광스러워짐이고 인정이다. 그러나 이렇게 펼쳐지는 모든 관계에 고유한 것 —— 이것은 존재를 주제화하는 진리의 친구들에게는 또 존재 앞에서 자신을 지우는 주체의 친구들에게는 얼마나 실망스러운 것이겠는가! —— 은, 나아감 중에 되돌아옴이 거기서 그려진다는 사실, 호소가 응답 속에서 들려온다는 사실이다. 신으로부터 오는 "도발"provocation이 나의 기원invocation 속에 있다는 사실, 감사는 이미 이 감사의 상태에 대한 감사이고 이것은 동시에 또는 차례로 선

---

17) 「사무엘상」, 17장 45절("나는 영원의 이름으로 오는도다"); 「이사야」, 6장 8절("내가 여기 있습니다. 나를 보내소서") 참조.

5장. 주체성과 무한 323

물이며 감사라는 사실이다. 계시의 초월은 "현현"épiphanie이 그것을 받아들이는 자의 말함을 통해 온다는 사실에 있다. 내게 명하는 명령은 내게 탈 없이 사태를 뒤집을 어떤 가능성도 남겨 놓지 않는다. 어떤 주제에 직면하여 기표로부터 기의로 거슬러 올라갈 때처럼, 또는 대화dialogue를 통해 "너"에게서 한 존재를 발견할 때처럼, 무한의 외재성으로 거슬러 올라갈 어떤 가능성도 남겨 놓지 않는다. 무한이 주제화와 대화의 객관화를 벗어나 삼자성으로서, 삼인칭으로 의미화하는 것은 예언을 통해서다. 그러나 이때의 "셋째임"tertialité은 세 번째 인간의 셋째임과는 다르다. 다른 사람을 받아들이는 대면을 중단시키는, 근접성이나 이웃의 접근을 방해하는 제삼자의 그것과, 정의가 시작되게끔 하는 세 번째 인간의 그것과 다르다.[18]

무한은 자신을 내게 노출하지 않으면서 얼굴로서의 이웃을 내게 명한다. 게다가 근접성이 좁혀질수록 더욱 긴급하게 내게 명한다. 내 응답의 원인이 아니었던 명령, 또 대화 속에서 내 응답에 선행했을 질문도 아닌 명령. 이 명령은 나의 응답 자체 속에서 내가 발견하는 명령이다. 나의 응답은, 이웃에 행해진 신호로서, "내가 여기 있습니다"로서, 나를 불가시성에서 벗어나게 해주었다. 내 책임이 회피될 수도 있었을 어둠에서 벗어나게 해주었다. 이 말함은 그것이 증언하는 영광 자체에 속한다. "어딘지 모를 곳에서" 오는 명령의 이 방식을, 기억souvenir이 아닌 이 도래venir(이것은 과거로 변

---

18) 339쪽 이하 참조.

형되거나 과거로 늙어 버린 현재의 복귀가 아니다)를, 나도 모르게 "도둑처럼 내게 미끄러져 들어와"[19] 재현 너머에서 나를 감응시키는 명령의 이 비-현상성을 우리는 **삼자성**이라 불렀다.[20] 그것은 명령으로부터 온다. 내가 듣기 이전에 복종하게 되는, 또는 나 자신의 말함에서 내가 듣는 명령으로부터 온다. 그것은 **엄숙한**auguste 명령이다. 그러나 그것은 강요하거나 지배하지 않으며 자신의 근원과의 모든 상관관계 바깥에 나를 남겨 둔다. 어떤 "구조"도 내게 오는 말함이 나의 고유한 발언이 되는 바로 그 지점에 이르도록 이러저러한 상관관계에 따라 구축되지 못한다. 권위는 시선이 우상처럼 찾아다닐 수 있을 어떤 부분이 아니며 또 로고스로 여길 수 있을 어떤 부분도 아니다.[21] 그것은 모든 직관을 벗어나 있을 뿐만 아니라, 상징에 의한 것이라 할지라도 모든 주제화를 벗어나 있다. 그것은 내게 새겨진 "방황하는 원인"[22]의 순수한 흔적이다.

명령을 듣기에 앞서 복종을 한다든가, 영감 또는 예언이 시간

---

19) 「욥기」, 4장 12절.

20) Levinas, *En découvrant l'existence avec Husserl et Heidegger*, 2nd ed., p.201.

21) 기억할 수 없는 과거는 사유에게 참을 수 없는 것이다. 여기에 정지의 요구가 있다. 아낭케 스테나이(ananké stenai)[멈춰야 한다는 뜻의 그리스어로, 아리스토텔레스의 『형이상학』에 나오는 말로 유명하다]. 존재 너머의 운동은 존재론과 신학이 된다. 거기서 미에 대한 우상숭배가 나온다. 예술작품은 그것의 조심성 없는 노출 속에서, 조상(彫像)의 정지 속에서, 가소성 속에서 신을 대신한다(『현대』[*Temps moderne*]지 1948년 11월 호에 실린 「실재와 그 그림자」[La réalité et son ombre]를 참조). 비교할 수 없는 것, 통-시적인 것, 비-동시적인 것이 저항할 수 없는 부정한 특권에 의해, 기만적이고 기발한 도식의 효과에 의해, 도상(圖像)인 예술로 "모방된다". 존재 너머의 운동은 미에 고정된다. 신학과 예술은 기억할 수 없는 과거를 "다시 붙잡는다".

22) 플라톤의 『티마이오스』에 나오는 우주 형성의 무질서한 힘. ―옮긴이

의 질서에 어긋난다는 사태는, 상기想起의 회복 가능한 시간이라는 견지에서 볼 때, 신탁으로 미래를 예측한다는 것보다 한층 더 역설적이다. "그들이 부르기 전에 내가 응답하리라"[23] ─이것은 글자 그대로 이해해야 할 문구다. 타인에게 다가감에 있어 나는 언제나 "만남"rendez-vous의 시간에 늦는다. 그러나 명령을 이해함 없이 명령에 스스로를 돌려주는rendre 이 독특한 복종, 재현에 선행하는 이 복종, 모든 서약 이전의 이 충성, 개입[참여]에 앞서는 이 책임은 바로 동일자─속의─타자이고, 영감과 예언이며, 무한의 스스로 지나감이다.

무한의 영광은 진술성인 타자를─위한─일자의 의미작용에 의해서만 영광스러워진다. 나의 진술성 속에서 무한은 유한을 지나간다. 무한이 거기로 지나간다는 것 ─이것이 윤리와 언어의 본원적 얽힘을 만든다. 이것은 행위들 가운데의 한 행위로 환원할 수 없는 것이다. 한 언어 체계를 통해 정보의 교환으로 삶에 활용되기에 앞서, 말함은 증언이다. 말해진 것 없는 말함, 타인에게 주어진 신호다. 무엇의 신호인가? 공모의 신호인가? 그것은 무엇을 위한 공모도 아닌, 형제애의, 근접성의 신호다. 이 근접성은 자기의 열림으로서만, 타자에 대한 거리낌 없는 노출로서만 가능하다. 그것은 유보 없는, 대신함에 이르는 수동성이며, 결국 노출의 노출이고, 바로 말함이다. 단어를 말하지 않고 의미화하는 말함, 책임으로서 의미작용 자체인 말함이다. 그것은 타자를─위한─일자이고, 스스로

---

23) 「이사야」, 65장 24절.

신호가 되는 주체의 주체성이다. 그러나 이것을 어떤 단어를 떠듬거리며 말하는 언표로 간주한다면 잘못일 것이다. 왜냐하면 그 말함은 무한의 영광을 증언하기 때문이다.

이 증언은 지표를 지시된 것으로 이끄는 관계로 환원되지 않는다. 그 경우에 증언은 탈은폐나 주제화가 되고 말 것이다. 증언은 책임의 바닥없는 수동성이며, 따라서 진솔성이다. 그것은 단어들로 흩어지기 이전의, 또 단어와 마찬가지인 주제들로 흩어지기 이전의 언어가 가지는 의미다. 주제들은 피 흘리는 상처처럼 드러난 말함의 열림을 말해진 것 속에서 은폐해 버린다. 그러나 증언의 흔적, 진솔성 또는 영광의 흔적은 말함의 말해진 것 속에서도 지워지지 않는다.

물론 나는 증언된 의미를 말해진 것으로서 언표할 수 있다. 그러나 그것은 비-상한 단어다. 그것은 자신의 말함을 소멸시키지도 흡수하지도 않으면서 단순한 단어로 남을 수 없는 유일한 것이다. 삼자성의 전복을 억제하는 신이라는 단어의 놀라운 의미론적 사건. 이 무한의 영광은 한 단어에 자신을 가두고 거기서 자신이 존재케 하지만, 이미 스스로의 머무름을 지우며 스스로의 말을 취소한다. 그러면서도 무 속으로 사라지지 않는다. 이 무한의 영광은 존재가 속성을 받아들이는(이 받아들임은 이 의미론적 모험이 여기서 주제화되는 바로 이 순간에 이뤄지는데) 계사 속에 존재를 서임한다. 이것은 그 영역에서 유일한 말해진 것이다. 이 말해진 것은 단어로서 (고유명사로도 보통명사로도) 문법적 범주들과 밀접히 결합하지도 않으며, (존재와 무 외의 삼자를 배제하는 [배중률의]) 의미로서 논리적 규칙을 엄격히 따르지도 않는다. 이 말해진 것은 자신의 의미를 증언에서 취하는데, 주제화는 이 의미를 배반한다. 그 배반은 분명 신학에 의해 그 의미를 언어 체계 속에, 말해진 것의 질서 속에 끌어들임으로써 이루어진다. 그러나 이것을 남용하는 언표는 곧 금지된다. 무한이 배반당하는 현재의 한계들이 ─ 무한은 초월론적 통각의 통일이라는 범위를 넘어서며 현재로 취합될 수 없고 거둬들임을 거부하기에 ─ 터져 나온다. 이것은 현재를 또 재현을 부정하는 것이다. 이 부정은 근접성의, 책임성의, 대신함의 "긍정성" 속에서 부정신학의 명제들과 다른 차이를 발견한다. 현존에 대한 이와 같은 거부는 현재의 내 현존으로 전환된다. 다시 말해, 타자에게 선물로 부여된 인질인 나의 현존으로 전환된다. 근접성 속에서, 의미작용 속에서, 나의 신호 증여 속에서, 이미 무한은 내가 무한에 대해 내놓는 증언에 의해 발언한다. 즉 나의 진솔성 속에서, 말해진 것 없는 나의 말함 속에서, 증언을 받아들이는 자 자신의 입에서 말해진 전근원적인 말함 속에서, 무한은 발언한다. 무한의 의미작용은 로고스 안에서 배반당하게 놓이지만, 그것은 오직 우리 앞에 스스로를 표출하기 위해서다. 그것은 기도 속에서 또는 신성모독의 말 속에서 이미 **선포**로서 언표되는 단어다. 그럼으로써 그것은 자신의 언표 안에 초월의 초과가, 너머의 초과가 남긴 흔적을 간직한다.

그러므로 이것은 의미작용 그 자체가 드러나려면 불가피한 주제화다. 그러나 이것은 철학이 시작되는 궤변이고, 철학자가 환원하도록 요구받는 배반이다. 배반을 환원하려는 시도는 진솔성의 흔적으로 말미암아 늘 행해지지 않을 수 없다. 이 진술성의 흔적은 단어들 자체에 담겨 있으며, 증언으로서의 말함으로부터 얻어진다. 말함과 말해진 것 사이에 이룩되는 상관성 속에서 말해진 것이 말함을 은폐할 때조차 그렇다. 말함이 취소하려고 항상 시도하는 이 은폐는 말함의 진실성 그 자체다. 언어의 문화적 자판을 작동시키는 놀이에서, 진술성 또는 증언은 모든 말해진 것의 애매성 자체에 의해 의미작용을 한다. 이 애매성 속에서 타인에게 건네지는 정보 가운데서 신호도 의미작용을 한다. 신호는 이렇게 신호를 줌으로 해서 만들어진다. 그것은 "신의 이름으로" 행해지는 모든 언어의 울림이자, 모든 언어의 영감 또는 예언이다.

이런 애매성들에 의해, 예언이 절뚝거리는 계시의 임시방편이 되는 것은 아니다. 그 애매성들은 무한의 영광에 속한다. 예언은 다른 정보들 가운데서 순환하는 정보의 외관을 띨 수 있는데, 이런 모습은 주체에서 또는 주체가 겪은 영향들 ─ 주체의 생리나 상처 또는 승리 등으로부터 주체에게 다가올 수 있을 영향들을 위시해서 ─ 에서 비롯한다. 바로 이것이 수수께끼이고 애매성이다. 그러나 그것은 또한 무한의 초월 체제다. 무한은 유한이 자신의 초월에 관해 주고자 하는 증거 속에서 스스로를 부인할 수 있을 것이며, 무한의 초월이 나타나게 할 주체와 결합할 수 있을 것이다. 거기서 무한은 자신의 영광을 잃게 될 것이다. 초월은 자신의 고유한 증명을 스스로 중단시켜야 한다. 누군가가 초월의 메시지를 듣자마자 초월의 목소리는 잠잠해져야 한다. 초월의 지망¹⁶¹은 조롱과 반박에 노출될 수 있어야 할 것이다. 그리하여 초월을 입증하는 "내가 여기 있습니다" 속에서 병든 주체성의 외침이나 실수를 의심하도록 하는 데까지 이르러야 할 것이다. 그러나 그것은 타자를 책임지는 주체성의 외침이다! 거기에는 수수께끼 같은 양면성이 있으며, 그래서 그 안에는 의미의 교체가 있다. 그것의 말함 속에는 언표된 말해진 것과 존재만이 아니라 증언이 있다. 타자에 의한 동일자의 영감이, 존재성 너머가, 레토릭에 의한 말해진 것 자체의 범람이 있다(이때의 레토릭은 언어학적 신기루에 불과한 것이 아닌, 의식만으로는 감당할 수 없을 의미의 과잉이다). 여기에는 이데올로기의 가능성과 동시에 성스러운 열광[광란]délire의 가능성이 있다. 그것은 언어학, 사회학, 심리학에 의해 농락당해야 할 이데올로기이고, 철학에 의해 환원되어야 할 열광이다. 이 열광은 의미작용으로, 타자를 위한 일자로, 무한의 영광 속에서 타인을 향하는 소명으로 귀착되어야 한다. 초월에는, 세계-내-존재이기도 한 존재성 너머에는, 애매성이 있어야 한다. 의미의 깜박임이 있어야 한다. 그것은 우발적인 확실성일 뿐 아니라, 지울 수 없는 경계선이자 이상적인 선線의 흔적보다 더 섬세한 경계선이기도 하다. 거기에는 초월론적 통각의 통일을 깨뜨리는 통시성이 있어야 한다. 초월론적 통각의 통일은 근대적 인류의 시간을 취합하는 데 이르지 못한다. 예언으로부터 문헌학으로 이행하는가 하면 문헌학을 초월하여 ─ 인간의 형제애를 부인할 수 없기에 ─ 예언적 의미작용으로 나아가는, 근대적 인류의 시간을 말이다.

3. 말함으로부터 말해진 것으로, 또는 욕망의 지혜

현재에 포함될 수 없고 주제화와 재현에 저항하는 이웃의 타자성은 대체할 수 없는 독특성을 요구한다. 이 독특성은 내 안에 있고, 이 나를 고발하며, 이 나를 대격 속에서 자기로 데려온다. 그러나 이 자기는 어떤 상태에 있지 않고, 어떤 위치에 있지도 않으며, 조건으로서의 자기에 확신을 가진 채 자기에게서 휴식하지도 않는다. 고발하고 박해하는 타자의 강박 아래서 자기의 단일성은, 동일자 속에서 자신을 동일시하는 동일성의 결함이기도 하다. 자기와 합치함 속에서 이 동일성은 여전히 자신을 보호할 것이고, 충분히 자신을 노출하지 않을 것이며, "충분히 수동적"이지 않을 것이다. 동일성의 결함, 그것은 "타자를 위함"이다. 동일성의 품속에서조차 그것은 존재에서 신호로의 전도이고, 존재 이전에 의미화하도록 놓이는, 존재성의 전복이다. 즉 존재성의 탈이해관심이다. 신호는 그-자신을 위해 정립되지 않는다. 어떤 주제에서 드러난 자기의 고유한 형태에서조차 그렇다. 모두에게 예속된 주체성에서, 신호는 자신의 가소성과 신호 기능을 타자에게 전한다. 언제나 새롭게 노출을 반복하면서, 그 노출이 존재성으로서 그려 낼 수 있는 것에 관한 노출을 반복하면서 말이다. 이 노출의 반복이 표현이고, 진솔성이며, 말함이다. 의미로 재흡수되지 않기 위해, 수동성의 인내는 언제나 끝까지 가야 하고, 의미가 매겨지지 않는 고통에 의해, "아무 대가 없이", 순수한 불행의 고통에 의해 한계를 넘어서야 한다. 말함은 그 겉보기의 능동성에도 불구하고 이 극도의 수동성을 연장시킨다.

　그것은 정녕 겉보기의 능동성인가? 말함은 정복하는 자발적인 자아에서 시작하는 행위와 어떻게 다른가? 그 자아의 의미하기와, 자신을 존재로 전환하는 행위와, 동일성에 발을 딛는 자아의 "타자를 위함"[타자를 대함]과 어떻게 다른가? 타인을 위한 책임의 타자를 위함은 어떤 자유로운 개입에서도 발생하지 않는다. 그것의 기원이 싹을 틔울 어떤 현재로부터도, 스스로를 동일시하는 동일성이 숨을 쉴 어떤 현재로부터도 발생하지 않는다. 그것은 확실하다. 그러나 여기서 새로운 딜레마가 등장한다. 앞선 개입이 없는, 현재 없는, 기원이 없는, 무-시원적인 책임, 그래서 무한한 책임, 내게 내맡겨진 타자를 위한 일자의 책임, 타자의 곁에 책임질 나의 자리를 차지할 그 누구도 없는 책임, 이것은 선출된 유일한 자의 새로운 동일성을 나에게 부여하는가? 아니면 이 배타적 선출은 무한의 의미작용으로서, 나를 무한의 신적 경제 속에서 분절된 자리로 데려가는가? 우리는 "자기 자신을 떠받치는" 실체성이 "타자를 떠받침"으로, "타자를 대신함"으로 탈-실체화되는, 존재에서의 극단적 가능성인 인간성으로 데려가지는가? 아니면 대체 불가능한 인질로 귀착된 이 자기성에 의해, 자기란 무한의 놀이 또는 무한의 구도들 속으로 주체가 들어감을 뜻하게 될 것인가?

　하지만 이 딜레마는 차라리 하나의 양면성이 아닌가? 그리고 양자택일은 오히려 수수께끼가 아닌가? 인간 속에서 발언하는 신의 수수께끼이자 어떤 신도 믿지 않는 인간의 수수께끼가 아닌가? 만일 우리가 현상들과 말해진 것에 매달려, 그곳에서 연속적으로,

멈출 줄 모르고, 무한을 긍정하는 것에서 내 안의 무한을 부정하는 것으로 옮겨 간다면, 그것은 딜레마이고 양자택일이 될 것이다. 그러나 이 말해진 것 속에서의 물음의 지점은 ─ 이것은 신학자들의 일의적 로고스와 달리 교체되는 것인데 ─ 계시의, 그것의 깜박이는 빛의 중심축 자체다. 이 계시가 확인되는 것은 바로, 그것의 고유한 항의를 끊임없이 따라가며 또 가로지르는 사태에 의해서다. 이것은 말해진 것에서는 딜레마다. 그러나 이것은 말함의 의미작용에서는, 주체성에서는, 존재 밖의 자기로 추방된 존재자에서는 양면성이다. 초월 또는 무한을, 존재와 달리를, 그리고 존재성essence의 존재사이에서벗어남désintéressement을 수수께끼처럼 또 통시적으로 의미하는 말함에서는 양면성이다.

무한의 수수께끼는 내 안에서 말하는데, 그 말함은 곧 책임이다. 그 속에서는 아무도 나를 돕지 못하는 책임이다. 이 말함은 무한의 항의를 이루지만, 그것은 모든 것이 내게 부과되게끔 하는 항의이고, 결국 내가 무한의 구도들 속에 들어가게끔 하는 항의다. 이 수수께끼는 무한을 모든 현상성에서, 출현함에서, 주제화에서, 존재성에서 분리시킨다. 재-현 속에서라면 무한은 어떠한 애매성도 없이 자신을 기만할 것이다. 마치 무한이 그것을 결여하고 있는 주체성이 이르고자 하는 "무한한" 어떤 대상이기라도 한 것처럼. 무한의 얽힘은 존재와 의식의 시나리오로 짜이지 않는다. 비-상한 삼자성은 ─ 현재가 감당할 수 없는 그것의 통시성 속에서 ─ 유한의 외-삽이 아니며, 가시적인 것 뒤에서 예측된 비가시적인 것이 아니다. 무한이 기억의 모아들임에 맞서 이를 거부한다고 해서 그러한 거부가 장막과 같은 것으로 여겨질 수는 없다. 또 그러한 거부의 의미는 명석과 애매, 판명과 모호, 인식된 것과 인식되지 않은 것 따위의 의식 용어들로 다 채워지지 않는다. 인식되지 못했다거나 인식될 수 없음이란 여전히 현재를 가리킬 것이며, 현재에서의 구조를 형성할 것이고, 결국 어떤 질서에 속하게 될 것이다. 통시성은 인식된 것과 인식되지 않은 것, 은폐된 것과 인식 가능한 것 사이의 관계로 소진되는 차이가 아니다. 그런 것들은 존재성의 주제화 가능한 평면에 이미 참여하고 있다. 무한의 초월은 현재에 대한 불가역적 간극이다. 그것은 결코 현재였던 적이 없는 과거의 간극과도 같다. 회복 불가능한 것의 차이, 이것은 주어진 것보다 "더 먼" 어떤 것이 아니다. 그런 것은 여전히 주어진 것의 질서에 속한다. 얼굴은 그의 뒷전에서 말해질 어떤 "말해지지-않은 것"을 언표하는 현존이 아니다. 대신함─기억 가능한 개입 없는, 시작 없는 책임─타인의 근접성으로의 무한한 접근─이것은 한 존재에 대해, 타인의 얼굴 속의 가까운 한 존재에 대해 취하는 어떤 "태도"가 아니다.

그런데 그럼에도 불구하고, 비참함인, 그 자신의 흔적 또는 그림자인, 또 고발인 얼굴은 出現하며 현현한다. 그 얼굴은 마치 인식된 것의 평면이 정말 궁극적인 것이고 총괄적인 인식이기라도 하다는 듯이 인식에 스스로를 드러낸다. 그렇다면 얼굴은 동시에 재현과 근접성 속에 자리 잡는다는 것인가? 얼굴은 공통성이자 차이일 수 있는가? 차이 속의 공통성은 차이를 환원함이 없이 대체 어떤 의미를 띨 수 있는가? 우리가 근접성을 묘사하면서 지식과 책임 사이의 망설임을, 존재와 ~을 대신함 사이의 망설임을, 존재성의 긍정적 면모가 비자발적인 빚으로 바뀌고 의무 너머의 파산으로 바뀌는 지점을 수수께끼라고 불렀을 때, 우리는 우리 자신을 출현의 용어로 표현하지 않았는가? 마치 앎이 자신에게서 떨어져 나온 모든 것을 회복시켜 줄 것처럼 말이다. 우리는 의미작용에서 현존의 결여와 결함에 대한 생각을 지워 버리지 않았는가? 우리는 무한이 스스로 지나가는 수수께끼라는 생각 자체로부터, 불확실성이라는 생각으로부터 떨어져 나오지 않았는가? 결국 우리는 이론적인 평면의 우선성으로, 존재성과 말해진 것의 우선성으로 올라서지 않았는가?

만일 진리 속에 나타나는 주제와 존재성을 담지하는 말해진 것이 자신이 담지하는 존재성 배후에서 펼쳐지지 않는다면, 그렇다고 해야 할 것이다. 또 말해진 것에서 생산되는 모아들임이 존재의 기반 없이sine fundamento in re 남아 있지 않는 한, 그렇다고 해야 할 것이다. 그것이 모을 수 없는 것을 모은 것이 아닌 한, 그렇다고 해야 할 것이다. 형식적인 것보다 더 형식적인 진술apophansis인 말해진 것이 존재에 관하여 더 이상 아무것도 언표하지 않는 한, "형식존재론"의 존재론적 언표조차 언급하지 않는 한, 그렇다고 해야 할 것이다. 그것이 존재성으로 환원될 수 없는 것인 한, 그러나 또한, 현시에 의해, 즉 자신이 가능하게 하는 경솔함에 의해 존재성과 닮는 말해진 것이 이미 "아이온"의 실체가 되며, 그래서 존재를 (또는 세계를) 신으로 이끄는 환상의 원천이 되기보다는, 사유된 것을 존재성과 기억에 (다시 말해 공시적 시간과 재현에) 제한하는 부당한 특권의 원천이 되는 한, 말해진 것이 전체성에 의해 실행되는 전제專制의 원천이 되는 한, 그렇다고 해야 할 것이다. 하지만 말해진 것의 공시성 속에서 주제적으로 드러나는 그 어떤 것은 결국, 모을 수 없는 것의 차이로서 자신을 취소하게 하며, 타자를-위한-일자로서, 내게서 타자로 향하면서 차이의 현시 그 자체에 의미를 준다. 말해진 것에서 말해진 것의 취소로 — 통시적으로 — 나아가는 차이의 현시에 의미를 준다. 우리가 이 순간 의미작용에 대하여, 통-시성에 대하여, 또 존재 너머로 다가감의 초월성에 대하여 말하고 있는 이 논의도 — 철학이고자 하는 이 논의도 — 주제화이고, 용어들의 공시화이며, 체계적 언어에 의뢰하는 것이고, 존재하다 동사를 지속적으로 사용하는 것이어서, 자칭 존재 너머에서 사유된 것이라는 모든 의미작용을 존재의 품 안으로 데려가는 것이다. 그러나 우리는 이 부당한 특권에 속고 마는가? 반론하기란 쉽다. 철학의 탄생 이래 회의주의를 눌러 온 반론들이 그랬듯이 말이다. 우리의 논제에 대해서는 뭐라고 반론할 것인가? 우리는 무한이 스스로 지나간다는 무시원과 주체의 비-목적성에 대해, 그러한 것들이 마치 주제로 고정된 것인 양 이야기하고, 그럼으로써 결국 그것들이 책임으로부터가 아니라 이론적 명제들로서 응답하게 하지 않는가? 그것도 이웃의 근접성에 대해서가 아니라 "그것은 어떠한 것인가?"에 대해서 응답하게 하지 않는가? 그러므로 이것은 존재론적인 것에 머무는 논의다. 존재에 대한 이해가 모든 사유 및 사유 그 자체를 명한다는 듯이 행세하는 논의다. 언표된 것들을 형식화하는 사태 자체에 의해서, 주제화된 것의 — 다시 말해 존재의 ─ 보편성은 이 보편성을 감히 문제 삼으려는 지금 이 논의의 기획에 의해 확증된 것으로 드러나지 않는가? 그렇다면 이 논의는 과연 정합적인 것이며 또 철학적인 것인가? 자, 이런 것이 잘 알려진 반론들이다!

그러나 이 논의에 결핍되어 있다고 하는 정합성은 진리의 순간이 움직일 수 없는 것이라 보는 데서, 진리가 공시적일 수 있다고 보는 데서 성립하지 않는가? 그렇다면 그 반론은 문젯거리인 바를 오히려 전제하고 있는 셈이다. 즉 모든 의미작용의 **존재성**을 전거로 삼고 있는 것이다. 그런데 우리의 모든 논제는, 주체성은 말해진 것에 대해 낯선 것임에도 불구하고 그 주체성이 언어의 남용에 의해 언표되는 것이 아닌지를, 그 남용 덕택에 **말해진** 것의 경솔함 속에서 모든 것이 드러나지 않는지를 묻는 데서 성립한다. 이 남용 때문에 모든 것은 자신의 의미를 배반하면서 드러나지만, 철학은 이 배반을 환원하도록 요청받는다. 그 남용을 정당화해 주는 것은, 그 속에서 무한이 스스로 지나가는 근접성 그 자체다. 그러나 이 점은 보여 줘야 할 것으로 남아 있다.

말해진 것의 존재론적 형식이 이 말해진 것을 통해 드러나는 존재 너머의 의미작용을 변질시킬 수 없다는 사실 ─ 이것은 이 의미작용에 대한 항의 자체로부터 도출된다. 존재 너머를 지망하는 것에 대한 항의는, 만일 이 지망이 이해되지 않는다면, 어떻게 의미를 가질 수 있겠는가? 자신이 부정하는 의미가 그 속에서 보존되지 않는 그런 부정이 존재하는가? 존재 너머(이것이 존재하지 않음은 분명하다)의 의미작용이 중재해야 할 모순은 두 번째 시간이 없이는, 이 의미작용을 언표하는 언표의 조건에 대한 반성이 없이는 작동하지 않는다. 이 반성 안에서, 다시 말해 사후에만 그 모순은 등장한다. 그 모순은 동시적인 두 언표 사이에서가 아니라 언표와 그것의 조건들 사이에서 마치 그것들이 동시에 존재하는 것처럼 터져 나온다. 존재 너머의 언표, 즉 신의 이름에 대한 언표는 그 언표함의 조건들 속에 유폐되지 않는다. 그 언표는 애매성 또는 수수 께끼의 혜택을 본다. 이 애매성이나 수수께끼는 사유의 부주의나 해이함의 사태가 아니다. 그것은 오히려, 그 속에서 무한이 스스로 지나가는, 이웃의 극단적 근접성의 사태다. 무한은 존재로서 어떤 주제에 들어와 거기에 자신을 주지 않으며 그렇게 하여 스스로의 너머를 저버리지 않는다. 무한의 초월 ─존재의 모든 외재성보다 더욱 외재적이고 더욱 다른 외재성─ 이 스스로 지나가는 것은 그 초월을 자백하거나 그 초월에 항의하는 주체를 통해서일 뿐이다. 이것은 질서의 전도다. 계시는 그것을 받아들이는 자에 의해, 영감 을 받은 주체에 의해 이루어진다. 동일자에서의 타자성인 이 영감 은 그 주체의 주체성이고 심성이다. 존재 너머의 계시는 물론, 아 마 말 이외의 것으로 있을 수 없을 것이다. 그러나 이 "아마"peut-être 는 무한의 무시원이 본래적인 것 또는 원리의 일의성에 저항하는 그런 애매성에 속한다. 이 애매성 또는 양면성에, 그리고 다름 아닌 신이라는 낱말 ─단 하나뿐인 어휘─ 속에서 언표되는 전도에 속 하는 것이다. 이 어휘는 내 속의 나보다 "더욱 강한" 것이자 "무보 다도 못한" 것에 대한 고백이고, 남용된 낱말 이외의 아무것도 아 닌 것에 대한 시인이다. 그것은 아직 사유하지 못하는 사유 또는 자신이 사유하는 것보다 더 많이 사유하는 사유 속에 깃든 주제의 너머다.

그러나 이제 우리는 순수한 진술로서의 이런 종합이, 즉 존재론에 궁극적 물음의 장소를 제공하는 부당한 특권의 원천이자 형식적인 것보다 더 형식적인 이 종합이, 존재 너머를 사유하는 사유 속에서 차지하는 위치를 보여 줘야 한다. 진리와 존재성의 질서—여기서 그 자신에 노출된 현재는 자신을 유지하고자 하는데—가 서양 철학의 제일 앞 열에 있는 것은 우연이 아니다. 그것은 어리석음도, 찬탈도 아니다. 근접성, 말함의 순수한 의미작용, 존재 너머의 무-시원적인 타자를-위한-일자는 무슨 이유로 존재로 되돌아가는 것인가? 또는 무슨 이유로 존재로, 존재자들의 결합으로, 말해진 것 속에서 자신을 드러내는 존재성으로 떨어지고 마는가? 무엇 때문에 우리는 존재성을 그것의 최고천最高天, Empyrée에서 찾으려 했던 것인가? 왜 앎이 문제인가? 왜 문제가 문제인가? 왜 철학이 문제인가?

그러므로 우리는 의미작용 속에서, 근접성 속에서, 말함 속에서 인식의, 존재성의, 말해진 것의 잠재적 탄생을 추적해야 한다. 책임 속에서 물음의 잠재적 탄생을 추적해야 하는 것이다. 근접성이 앎이 될 때 그것은 수수께끼처럼, 빛의 여명처럼 의미를 줄 것이다. 근접성은 그런 빛으로 바뀌어 간다. 그렇다고 타자, 즉 이웃이 자신을 드러내는 주제로 흡수되지는 않는다. 근접성 속에서 앎의 잠재적 탄생을 추적해야 한다. 근접성은 앎 자체의 의미작용으로 남을 수 있다. 앎 속에서 근접성은 자신을 드러낸다.

만약 근접성이 나에게 단 한 명의 타인만 명한다면, "아무 문제도 없을 것이다". 문제라는 말의 어떤 의미로도, 그 말의 가장 일반적인 의미에서조차 그러할 것이다. 물음은 생겨나지 않을 것이며, 의식도, 자기의식도 태어나지 않을 것이다. 타자를 위한 책임은 물음에 앞선 직접성이다. 정확히 말해 근접성이다. 타자를 위한 책임은 제삼자의 등장으로 인해 어려움을 겪고 문제가 된다.

제삼자는 이웃과는 다르다. 그러나 또 다른 이웃이기도 하다. 그는 타자의 이웃이지만 단순히 타자와 비슷한 자는 아니다. 그렇다면 타자와 삼자는 서로에 대해 무엇인가? 그들은 서로에게 무엇을 했는가? 타자 앞에 무엇이 지나가는가? 타자는 삼자와 맺는 관계 속에 있다. 이 삼자에게 나는 전부 응답할 수 없다. 내가 모든 문제에 앞서 혼자인 내 이웃에 응답한다고 해도 그렇다. 타자와 삼자, 나의 이웃들이며 서로 동시대인들인 이들이 나를 타자로부터, 삼자로부터 멀어지게 한다. "가까운 데 있는 자에게든 먼 데 있는 자에게든 평화가 있을지어다, 평화가 있을지어다"(「이사야」, 57장 19절). 우리는 이제 이 외관상의 레토릭이 지니는 날카로움을 이해하게 된다. 제삼자는, 그때까지 타자 앞에서 유일한 한 방향sens으로 의미작용을 해왔던 말함에 모순을 도입한다. 이것이 본래 책임의 한계이고 문제의 탄생이다. 나는 정의를 가지고 무엇을 해야 하는가? 이것은 의식의 문제다. 정의가, 다시 말해, 비교가, 공동실존이, 동시성이, 모음이, 질서가, 주제화가, 얼굴들의 가시성이 필요해진다. 또 그럼으로써 지향성과 지성이, 그리고 지향성과 지성 속에서 이뤄지는 체계의 이해 가능성이 필요해진다. 또 그럼으로써 법정 앞에서처럼 동등성에 기초한 공동현존이 요구된다. 이것은 존재성이다. 공시성으로서의 존재성, 즉 한–장소–안에–함께함ensemble-dans-un-lieu이다. 근접성은 인접성의 공간 속에서 새로운 의미를 갖는다. 그러나 순수한 인접성은 "단순한 자연"이 아니다. 그것은 이미 주제적인 사유와 장소를 전제하며, 또 공간의 연속성이 불연속적 항들로 절단되는 것을 전제한다. 그리고 전체를, 정의에서 출발하는 전체를 전제한다.

이렇게 하여 우리는 근접성 속에, 문제가 없는 말함 속에, 책임 속에, 체계를 이해할 수 있는 이성을 포함시키게 된다. 제삼자의 등장, 그것은 의식이라는 사태 자체이며, 존재 안으로 모아들임이라는 사태 자체. 동시에 그것은 존재 속에서, 가능성에 존재를 잡아 두는 시간이며, 개념의 추상화로 접근할 수 있고 부재를 현존에 모아 두는 기억으로 접근할 수 있는 존재성의 유한함이고, 존재를 가능적인 것으로 환원하는 것이며, 가능적인 것들을 예측하는 것이다. 이것은 비교할 수 없는 것들을 비교하는 것이며, 타자와의 관계에서 출발하여, 즉 문제들에 앞선 말함의 근접성과 직접성에서 출발하여 동일자를 주제화하는 것이다. 반면, 인식함의 동일시는 그 자체로 모든 타자를 흡수한다.

이것은 제삼자의 등장이 경험적 사실이라는 뜻이 아니다. 타자에 대한 나의 책임이 계산에 내맡겨지는 "사물들의 힘"에 있다는 뜻도 아니다. 타자의 근접성 속에서 타자와 다른 모든 타자들은 나를 강박하며, 그래서 이 강박이 이미 정의를 외치고 계산과 앎을 요청한다. 이 강박은 의식이다. 얼굴은 강박하고 스스로를 보여 준다. 초월과 가시성/비가시성 사이에서 말이다. 의미작용이 의미를 주는 것은 정의 안에서다. 그러나 또한 정의 그 자체보다 더 오래된, 정의가 함축하는 동등성보다 더 오래된 정의는, 타자를 위한 나의 책임 속에서, 나를 볼모로 삼는 자에 대한 나의 비동등성 속에서 정의를 지나간다. 타인은 곧 다른 모든 인간들의 형제다.[24] 나를 강박하는 이웃은 이미 얼굴이며, 비교할 수 있는 것인 동시에 비교할 수 없는 것이다. 그는 유일한 얼굴이자 다른 얼굴들과 관계하는 얼굴, 정확히는 정의에 대한 염려 속에서 가시적인 얼굴인 것이다.

근접성 속에서 타자가 나를 강박하는 것은 의미작용의, 타자를 위한 일자의 절대적 비대칭성에 의해서다. 나는 타자를 나로 대신한다. 반면에 어느 누구도 나를 대체할 수 없다. 일자가 타자를 대신함은 타자가 일자를 대신함을 의미하지 않는다. 제삼자와 관계하는 것은 근접성의 비대칭성을 끊임없이 교정하는 것이다. 여기서 얼굴은 스스로를 얼굴에서-벗어나게 한다*se dé-visager*. 이제 무게 달기가, 사유가, 객관화가 있게 된다. 또 그럼으로써 어떤 정지가 있게 되는데, 거기서 배반당하는 것이 나와 삼자성의 무-시원적 관계다.[25] 하지만 거기서 그 관계는 우리 앞에 번역된다[바꾸어 표출된다]. 이것은 나와 **삼자성**이 맺는 무시원적 관계의 배반이지만, 삼자성과 맺는 새로운 관계이기도 하다. 타인과 비교 불가능한 주체인 내가 다른 타자들처럼 타자로 접근될 수 있는 것은, 다

---

24) Levinas, *Totalité et infini*[『전체성과 무한』, 315쪽 이하] 참조.
25) 자세한 내용은 325쪽 "아낭케 스테나이"에 대한 각주 21) 참조.

시 말해 "나를 위해" 접근될 수 있는 것은 오직 신 덕택이다. "신 덕택에" 나는 타자들에게 타인이다. 신은 이른바 대화 상대자로 "사태에 관계하는"en cause 것이 아니다. 상호적 상관관계는 초월의 흔적 속에서, 삼자성 속에서 나를 다른 인간에게 연결시킨다. 신의 "지나감"passage, 여기에 대해 나는 이 도움이나 이 덕택을 가리키는 것 말고는 달리 발언할 길이 없다. 이 신의 지나감은 비교 불가능한 주체가 사회의 구성원으로 전환됨을 뜻하는 것이다.

비교할 수 없는 것을 비교하는 가운데 재현, 로고스, 의식, 노동, 중립적 개념인 존재가 잠재적으로 탄생하게 될 것이다. 모든 것이 함께 있다. 우리는 일자로부터 타자로, 또 타자로부터 일자로 나갈 수 있다. 관계 맺을 수 있고, 판단할 수 있으며, ~이 어떤 것인지를 알거나 물을 수 있고, 물질을 변형시킬 수 있다. 타자에 대한 나의 대신함을 조절하거나 측정하는 정의, 자기를 계산으로 재구축하는 이 정의의 질서가 생산되는 것은 재현으로부터다. 정의는 재현의 동시성을 요구한다. 이 때문에 이웃은 가시적인 것이 되며, 얼굴에서–벗어나게 된다. 이웃은 자신을 제시한다. 그래서 나를 위한 정의도 있게 된다. 말함은 말해진 것 속에 고정된다. 그것은 글로 명확하게 써져서, 책이 되고 법이 되며 학문이 된다.

타인 안에서 나를 강박하는 모든 타자들이, 본성의 유사성이나 공통성에 의해 내 이웃과 결합된 동일한 종류의 "표본들"로서 나를 감응시키는 것은 아니다. 그런 것들은 인류를 개별화한 것들이거나 동일한 덩어리의 파편들일 뿐이다. 이것은 마치 데우칼리온이 그의 등 뒤로 던져 사람으로 변신케 한 돌들과도 같다(이들은 서로 모여 돌로 된 심장으로 도시를 이루어야 했다). 타자들은 **단번에** 나와 관련을 맺는다. 여기서는 형제애가 유의 공통성에 앞선다. 내가 이웃으로서의 타인과 맺는 관계는 내가 모든 타자들과 맺는 관계에 의미를 부여한다. 인간적인 것으로서의 모든 인간적 관계는 탈이해관심에서 유래한다. 근접성의 타자를-위한-일자는 왜곡된 추상화가 아니다. 이 근접성 속에서 정의가 단번에 스스로를 드러낸다. 정의는 그렇게 의미작용의 의미함으로부터, 타자를-위한-일자로부터, 의미작용으로부터 태어난다. 이것이 구체적으로나 경험적으로 뜻하는 바는 정의란 인간 대중을 규제하는 합법성이 아니라는 것이다. 그런 합법성에서 끄집어내지는 것은 적대적인 힘들을 조화시키는 "사회적 평형"의 기술이다. 이런 것은 자신의 고유한 필요에 내맡겨진 국가를 정당화하는 것이 될 것이다. 정의란, 정의를 가능케 하는 자가 그 스스로 근접성 속에 놓이지 않고서는 불가능하다. 정의의 기능은 "판단 기능"으로 제한되지 않는다. 즉 특수한 경우들을 일반적 규칙 아래 포섭하는 것으로 제한되지 않는다. 재판관은 갈등의 외부에 있지 않다. 오히려 법은 근접성의 품 안에 있다. 정의, 사회, 국가 그리고 국가의 제도들—근접성으로부터 이해되는 교환과 노동—, 이것들이 의미하는 것은 그 무엇도 타자를 위한 일자의 책임의 통제에서 벗어날 수 없다는 것이다. 중요한 것은 이 모든 형태들을 근접성으로부터 다시 발견하는 일이다. 존재, 전체성, 정치, 기술, 노동은 근접성 속에서도 매 순간 그네들의 무게중심을 그들 자신 속에서 가지려 하며 자신들의 셈으로 무게를 가늠하려 한다.

어떤 방식으로든 정의는 강박의 약화가 아니며, 타자를 위함의 퇴화가 아니다. 무시원적 책임의 삭감이나 제한이 아니고, 무한의 영광의 "중립화"가 아니며, 경험적 이유로 처음의 둘이 셋이 됨에 따라 일어나는 퇴화가 아니다. 그러나 다수의 동시성은 둘의 통-시성 주위에서 엮인다. 정의는 가까이 있는 이들과 멀리 떨어져 있는 이들 사이의 구별이 없는 사회 속에서만 정의로 남는다. 그러나 여기서는 가장 가까운 이를 지나치는 것이 역시 불가능한 일로 남아 있다. 이런 사회에서 모두의 평등은 나의 불평등에 의해, 내 권리를 넘어선 내 의무의 잉여에 의해 지탱된다. 자기의 망각이 정의를 움직인다. 그러므로 인간이 스스로를 실현하는 평등하고 공정한 국가(게다가 중요한 것은 이런 국가를 설립하는 일이며, 무엇보다 그것을 유지하는 일인데)가 만인에 대한 만인의 투쟁으로부터 발생하는지, 아니면 모두를 위한 일자의 환원할 수 없는 책임으로부터 발생하는지 아는 것이 중요하다. 또 그러한 국가가 우정과 얼굴 없이 성립할 수 있는지 아는 것이 중요하다. 좋은 의식[양심]^{bonne} ^{conscience}을 가지고서 전쟁이 전쟁을 불포화 상태로 만들지 못한다는 점을 아는 것이 중요하다. 또 이것은 철학과 관련되는 문제인데, 정합적인 논의를 통해 과학으로 변환되는 합리적 필연성, 그리고 철학이 그 원리를 포착하려 하는 합리적 필연성이, 그렇게 해서 과연 근원의 지위를 가지는지 아는 것이 중요하다. 다시 말해, 자기의 근원이라는 지위를, 현재라는 지위나 연속적인 것의 동시대성(논리적 연역의 작품)이라는 지위를, 즉 존재의 현현이라는 지위를 가지는지 아는 것이 중요하다. 아니면, 이 합리적 필연성이 이—

편을, 전-근원적인 것을, 재현-불가능한 것을, 비-가시적인 것을 전제하는지 아는 것이 중요하다. 이 경우 결국 이-편은, 어떤 원리가 그것과 공시적인 결과에 의해서 전제되는 사태에서와는 달리 전제되는 것이다. 타자들을 위한 책임 속에서 ─물론 수수께끼처럼─증언된 무-시원적 이-편. 타자들을 위한 책임 또는 소통은 과학과 철학의 모든 논의를 담지하는 모험이다. 이로써 이 책임은 참으로 이성의 합리성일 수 있다. 또는 이성의 보편성, 평화의 합리성일 수 있다.

의식은 제삼자의 현전으로서 탄생한다. 의식이 또한 탈이해관심인 것은 의식이 그렇게 유래하는 데 따라서다. 의식은 대-면의 친밀함 속으로 제삼자가 진입하는 것이다. 이것은 영속적인 진입이다. 정의에 대한 염려, 말해진 것에 대하여 주제화하는 선포적인 담론에 대한 염려는 ─이런 염려는 말해진 것 없는 말함의 바탕으로부터, 말함의-접촉dire-contact으로부터 비롯하는 것인데─사회 속의 정신이다. 존재의 질서와 근접성의 질서 사이의 연결이 부인될 수 없는 것은, 제삼자가 경험적으로 근접성에 문제를 일으키기 위해 오기 때문이 아니라, 얼굴이 이웃임과 동시에 얼굴들의 얼굴이기 때문이다. 얼굴이면서 가시적이기 때문이다. 질서, 출현함, 현상성, 존재 등은 의미작용 속에서 생산된다. 근접성 속에서 제삼자로부터 생산되는 것이다. 제삼자의 출현은 출현함의 기원 자체다. 다시 말해, 기원의 기원 자체다.

의식의 토대는 정의다. 정의는 미리 존재하는 성찰이 끼어들게 하는 것이 아니다. 정의는 일종의 사건이다. 공시화, 비교, 주제화 등에 해당하는 성찰은 이 사건에서 정의의 작품이 된다. 그것은 근접성의 통시성이, 말함의 의미함이 말해진 것의 공시성 속으로 진입하는 것이다. 이것은 메를로-퐁티가 말한 의미대로 "근본적 역사성"이다. 스스로를 구조에, 공통성과 전체성에 고정시키는 무한의 불가피한 중단이다.[26] 공시화는 의식의 행위다. 의식은 재현과 말해진 것에 의해, "신의 도움으로" 정의의 근원적 자리를 마련한다. 이것은 나와 타자들에 공통된 영역으로, 여기서 나는 타자들 가운데서 헤아려진다. 다시 말해, 여기서 주체성은 온갖 의무와 권리를 지니는 시민인 것이다. 측정되는 것이고 측정될 수 있는 것인

---

26) 『고르기아스』(523c~d)의 신화에 따르면, 타인에 대한 절대적 심판에서(타인과의 직접적 관계 ─ 심판은 바로 이 관계다 ─ 에서), 심판하는 이는 "모든 옷을 벗게" 된다. 즉 명제 속의, 말해진 것 안의 속성으로 표현될 수 있는 모든 성질이 벗겨진다. 또 심판자와 심판받는 자 사이에 "공통성"을 세우는 옷과 같은 모든 것이 벗겨진다. 이 심판에서 심판자는 "눈과 귀, 그리고 그의 신체 전체로 만들어진" 영사막을(즉 주제화의 통로들 자체를) 떨쳐 낸다. 거기서는 결국 다른 한편으로 심판자와 심판받는 자 사이에서 ─ 나와 타자 사이에서 ─ 근접성을 흡수하는 공통성이나 상호관계를 만들어 내는 모든 것이 떨어져 나간다. 이런 심판의 관계를 플라톤은 죽은 자가 죽은 자를 심판하는 것으로서 부정적으로 그려 내고 있다. 이 관계는 **심판으로 머문다**. 앎의 모든 조건을 이렇게 억압하는 가운데, 피부의 매개 없는 이 "접촉" 가운데 의미함이 머문다. 우리가 타자를-위험의 무한이라고 또는 말함이라고 부르는 것은 말해진 것보다 더 "빈곤한" 것이 아니다. 그러나 만일 심판자와 심판받는 자 사이의 모든 "공통성"의 부재가 아시아인도 유럽인도 아닌 미노스에게서 유지되고, 또 정의에서 필요한 심판자와 심판받는 자 사이의 "몇몇 공통성"의 불가피함에 해당하는 중재의 지배자가 유럽인인 아이아코스와 아시아인인 라다만토스에게서 표현되어, 아이아코스는 유럽인을, 라다만토스는 아시아인들을 심판한다면, 그것은 아주 특기할 만할 일일 것이다[그리스 신화에 따르면 미노스, 아이아코스, 라다만토스는 제우스와 에우로페 또는 아이기나 사이의 아들들로 죽어서 저승의 심판관 노릇을 했다고 하는데, 아이아코스는 유럽인을, 라다만토스는 아시아인들을 심판하고 미노스는 캐스팅보트를 가지고 있었다고 한다].

이 의무와 권리를, 의무의 경합과 권리의 경쟁에 의해 균등화되거나 스스로를 균등화하는 자아가 포함하게 된다. 그러나 정의가 성립할 수 있는 것은 오직, 나^{je}인 나^{Moi}가 항상 자아$^{le\ Moi}$의 개념에서 벗어나서, 항상 존재로부터 탈직되고 면직되어, 항상 타자와 상호적일-수-없는 관계에 있고, 항상 타인을-위하면서, 나를 타자들처럼 타자로 만들 수 있는 경우뿐이다. 타자로부터 수수께끼같이 내게 명령하는—명령하면서 명령하지 않는—무한은 또한 나를 "타자들처럼"으로 전환시키지 않는가? 여기서는 스스로를 염려하고 마음을 쓰는 일이 중요하다. 나의 몫은 중요하다. 그러나 나의 안녕이 의미를 가지는 것은 여전히 나의 책임으로부터 출발해서다. 나의 안녕이 이 책임에 직면케 하는 위험에도 불구하고, 즉 나의 안녕이 책임을 포위하고 삼켜 버릴 위험이 있음에도 불구하고 그렇다. 이런 위험은 이웃의 근접성에서 비롯한 국가가 나와 나의 이웃을 응결시켜 버리는 우리로 언제나 통합되려 하는 것과 마찬가지의 위험이다. 의식의 행위는 이런 점에서 정치적 동시성에 해당할 것이다. 그러나 그것은 또한 신을—언제나 배반할 수 있는, 그리고 모든 이기주의의 보호자로 바뀔 영속적인 위험 속에 있는 신을—지시하는 것이기도 하다.

　　전-근원적, 무시원적 말함은 근접성이고 접촉이며 끝없는 의무다. 말해진 것에 대해 여전히 무차별한 말함이자 줌 속에서 그 스스로 말해지는 말함이고, 타자를 위한 일자, 즉 대신함이다. 이러한 말함은 주제화 가능한 것의 의미작용을 요구하고, 관념화된 말해진 것을 언표하며, 정의 속에서 무게를 달고 판단[심판]한다. 판단과 주장은 함께 놓음이며 모아들임이고 존재자의 존재인 정의에서 태어난다. 여기서 문제와 더불어 진리에 대한 염려가, 존재의 탈은폐에 대한 염려가 시작된다. 그러나 모든 것이 자신을 드러내는 것은 정의를 위해서다. 그리하여 대신함의 부조리함에 겹쳐지는 것은 합리적인 질서다. 대신함인 책임 그 자체의 요구들에 의해, 하녀와 같은 또는 천사와 같은 정의의 질서가 겹쳐진다. 또 그럼으로써 본다는 사태 자체가, 모든 곳을 명료하게 보며 모든 것을 상세히 기술한다는 사태가 겹쳐지는 것이다.

책임에서 문제로 ― 길은 이렇게 이어진다. 문제는 근접성 그 자체에 의해 상정된다. 그러나 다른 한편, 직접적인 것 자체로서의 근접성은 문제들을 갖고 있지 않다. 타인이 제삼자와 관련해 개입하는 비-상한 사태는 조정을, 정의의 추구를, 사회와 국가를, 비교와 소유를, 사유와 과학을, 교류와 철학을 요구하며, 무시원의 바깥에서 원리를 탐구하도록 요구한다. 철학이란 근접성의 타자를-위한-존재의 무한에 보내진 이러한 측정이며, 또 사랑의 지혜와 같은 것이다.

그러나 의미작용으로부터 나온 근접성의 양태인 정의와 사회, 그리고 이것이 요청하는 진리 자체가 비인격적인 전체성을 지배하는 "인간적 힘들"의 익명적 법칙으로 간주되어서는 안 된다.

무한 또는 초월적인 것이 모아지지 않는 것은 늘 수수께끼로 남는 그것의 양면성에 의해서다. 모든 기억할 수 있는 현재로부터 벗어남으로써, 즉 결코 현재였던 적이 없는 과거로서, 무한은 자신의 불가능한 육화의 흔적과 자신의 과도함의 흔적을 이웃과 함께

하는 나의 근접성 속에 남긴다. 여기서 나는 의식의 목소리의 자율성 속에서 책임을 언표한다. 그런데 이 책임은 내 안에서, 자유를 위하여 시작될 수 있었던 것이 아니다. 그것은 내 것이 아니다. 자신을 지우면서 다시 나타나는 그 도망치는 흔적은 애매함의 깜빡임 앞에 자리한 물음표와 같다. 타자를 위한 일자의 무한한 책임, 또는 책임 속에서의 무한의 의미작용. 이것은 나를 이웃에게로 명하는 명령이, 또 무한한 삼자성이 이루는 애매함이다. 나는 나를 강박하는 이웃을 위해, 그리고 그 이웃 앞에서, 나의 나$^{mon\ moi}$에 의해 응답한다. 이 속에서 존재는 대신함으로, 선물의 가능성 자체로 전도된다. 무한한 삼자성은 근접성에 매인 인간적 얽힘에서, 바로 여기서 영광스럽다. 이것은 존재성이 대신함으로 전복되는 것이다. 여기서 나는 제때에 도착하도록 충분히 일찍 일어날 수 없을 것이며, 주파해야 할 비–상한 거리가 그것을 여정 안에 모아들이려는 모든 노력 앞에서 늘어나는 사태 없이는 다가갈 수도 없을 것이다. 삼자성은 인식을 또 수수께끼를 넘쳐 난다. 이 수수께끼를 통해 무한은 인식에 흔적을 남긴다. 주제로부터의 무한의 벗어남, 무한의 은둔, 무한의 성스러움은 무한이 "자신의 존재를 실행하는" 방식이 아니다(무한의 과거는 무시간적이고 무시원적이어서 이러저러한 어떤 현존의 흔적이 아닌 흔적을 남긴다). 무한의 영광은 존재나 지식과는 완전히 다른 것이다. 그것은 신이라는 단어를 발음하게 하지만 그렇다고 "신성"이 말하게 하지는 않는다. 신성이 말하게 한다는 것은 마치 신이 **존재성**이라는 것처럼(다시 말해, 신이 존재와 존재자의 모호함을 받아들인다는 것처럼) 터무니없는 일이 될 것이다. 또는 신이 어떤 과정이라거나 신이 어떤 유의 통일성 속에서 다원성을 받아들인다는 것처럼 터무니없는 일이 될 것이다. 고유한 이름이자 유일한 이름인 신은 어떤 문법적 범주에도 들어가지 않는다. 이 신이 아무런 어려움 없이 호격 속에 들어가겠는가? 이렇듯, 신은 주제화할 수 없는 것이다. 바로 이 자리에서조차 신이 주제가 되는 것은 오직, 말해진 것 속에서 모든 것이, 말로 표현할 수 없는 것까지도, 우리 앞에 번역되는 까닭에서다. 그것도 배반당한다는 대가를 치르고서다. 철학은 이 배반을 환원하도록 부름받는다. 철학은 양면성을 사유하도록, 그것에 대해 여러 번 사유하도록 부름받는다. 철학이 정의에 의한 사유로 부름을 받아, 일자와 타자의 차이가 빚어내는 통-시성을 말해진 것 속에서 또다시 공시화한다 해도 그렇다. 이때에도 철학은 말함의 봉사자로 남는다. 말함은 일자와 타자의 차이가 타자를 위한 일자로서, 타자를 위한 무관심하지-않음으로서 의미를 가지게 한다. 철학, 그것은 사랑에 봉사하는 사랑의 지혜다.

4. 의미와 그저 있음

의미작용으로부터 정의와 의식이 나온다. 타자를-위한-일자의 항들이 주제 속에서, 말해진 것 속에서 나타나고, 존재성의 중립성 속에서 비교되고 판단된다. 존재로서의 존재는 정의에 따른다. 대신함은 거기서 공존과 상관성으로 드러나며, 근접성은 역사 세계로,

다시 말해 책 속의 동시적인 세계로 드러난다. 통시성은, 순간의 분해나 이탈을 거쳐 또 다시잡음에 의한 간극의 회복을 거쳐, 연속된 시간으로 또 기억과 역사 속에 한정되지 않은 시간으로, 즉 현재로 모아질 수 있는 시간으로 스스로를 드러낸다. 그래서 주체성은 자아로 스스로를 드러낸다. 이 자아는 현재일 수 있고 시작일 수 있는 자아다. 원리와 시작으로 되돌아가는 지성과 자유의 행위인 자아, 대상에 대립한 주체인 자아다. 피히테 같은 이에게는 그 자신의 근원인 그런 자아다. 그것은 말함의 망각 속에서, 나타남 속에서, 즉 주제 및 말해진 것의 취합할 수 있는 질서 속에서 사유될 수 있는 절대로서의 그런 절대다.

그러나 이 모든 것이 스스로를 드러내는 것은 정의를 위해서다. 존재의 존재성은, 그리고 의식은 존재하기 이전에 또 존재하고 난 이후에 의미화한다. 쌍둥이인 실재론과 관념론 모두 장자의 권리를 갖지 못한다. 현상성을 요구하는 것은, 다시 말해 존재에 이르는 의식과 의식에 열려 있는 존재 사이의 등가성 또는 동시성을 요구하는 것은, 의미작용에 의해, "타자를-위한-일자"에 의해 의미화된 정의다.

모든 것은 정의를 위해 존재 속에서 스스로를 드러내고 말해지며, 주제화된 것과 말해진 것의 구조들을 받아들인다. 이것이 바로 의미작용이자 정의다. 존재성의 한정되지 않은 시간에, 그 시간의 역사적 흐름의 중립성에 자신을 맡기는 것은 타자를-위한-일자의 통-시성 그 자체다. 통시성이 이 시간 속에 자신을 드러낸다. 그러나 동요하지 않으며 모든 책임 —이제 그 자신이 아우르는―에 대해 동등하고 무차별한 존재성은, 불면 속에서, 이 중립성과 동등성에서 단조로움으로, 익명성으로, 무의미로 변한다. 더 이상 무엇으로도 멈출 수 없는 웅성거림으로, 이 북적거림이 그 양상의 하나인 의미작용에 이르기까지 모든 의미작용을 흡수해 버리는 끊임없는 웅성거림으로 변해 버린다. 그것은 무한정하게 뻗어 나가는, 되잡히지 않고 가능한 멈춤도 없이 뻗어 나가는 존재성이다. 전적인 공평성 안에서 어떤 멈춤의 순간도 정당화하지 않는 존재성의 동등성이다. 쉼도 없고 가능한 중단도 없는 존재성이다. 그것은 주제화하는 자아의 고유한 모든 목적성 배후에 놓인 공포스러운 그저 있음이다. 이 자아는 자신이 주제화하는 존재성 속으로 빠져들 수 없다. 일자가 자아로 정립되는 것은, 즉 현재로서나 시작함으로서 또는 자유로서, 요컨대 대상을 마주하는 주체로서 정립되는 것은, 타자를 위한 일자의 의미작용이 주제화되고 취합되는 한에서고, 존재성의 동시성에 의해서다. 그러나 그것은 또한 이 의미작용이, 취합되어 아무것도 밖에 놓아둘 수 없는 존재성에, 밖을 갖지 않으며 망가질 수도 없는 존재성에 귀속되는 한에서다. 하지만 주체가 존재성 속에서 스스로를 다시 발견하게 되는 이 방식은―여기서의 존재성 그 자체는 취합된 것으로서, 그럼에도 불구하고 현재와 자유를 가능하게 할 수 있어야 했을 텐데―조화롭고 비공격적인 참여가 아니다. 그것은 각각의 침묵을 채우는 끊임없는 웅성거림일 따름이다. 이 침묵 속에서 주체는 스스로를 존재성에서 분리시켜 자신의 대상성을 마주한 주체로 스스로를 정립한다. 스스로를 주체로서 해방시키는 주체에게는 참을 수 없는 웅성거림. 이 주체는 자기와 마주한 존재성을 대상으로서 취합하지만, 그러나 이때의 떼어 냄은 절대적 공평함의 동일한 올로 짜인 직물 안에서 정당화될 수 없다. 그저 있음의 웅성거림 ─ 이것은 존재성이 그곳으로 선회하는 무-의미이며, 따라서 의미작용으로부터 나오는 정의가 그곳으로 선회하는 무-의미다. 존재 속의 의미와 무-의미의 애매성. 여기서 의미는 무-의미로 바뀐다. 우리는 이 애매성을 가볍게 다룰 수는 없을 것이다. 대체 무슨 권리로 관념론자는 차아를 존재에서 떼어 내어 그것에 초월론적 지위를 부여하려 하는가? 주체는 그 지위가 안정되었을 때 존재로 되돌아가지 않는가? 그러나 애매성에 대한 망각 역시 철학적이지 않을 것이다. 주체가 존재 밖에서 사유하게 되는 것은 주체의 책임지는 예-외ex-ception와 축-출ex-pulsion 속에서다. 의미작용 속에서, 즉 타자를-위한-일자 속에서 자기는 자신이 구성하는 존재 안의 한 자리를 기대하는, 임시적으로 초월론적인 존재가 아니다. 또 그 자기는 절대적 존재도 아니다. 그것에 대해 현상이 표현할 수 있는 것이라곤 정합적인 꿈에 불과한 그런 절대적 존재가 아니다. 타자를-위한-일자에서 일자는 존재 밖의 존재가 아니라, 의미작용이며, 타자를 위해 존재의 존재성을 비움이다. 자기이고, 타자를 대신함이며, 모든 것에 예속되는 것으로서의, 전적인 떠받침tout supporter이자 모두를 떠받침supporter le tout으로서의 주체성이다. 그저 있음의 끊임없는 웅성거림은, 시작하는 자이자 현재인 능동적이고 초월론적인 자아와 부조리하게 부딪힌다.

그러나 그저 있음의 부조리는 타자를-위한-일자의 양상으로서, 떠받쳐진 것으로서, 의미를 준다. 그저 있음이 객관적으로 되풀이되는 무의미함은 모든 부정 뒤에서 다시 시작되며, 내가 예속된 모든 타자에 대한 예속의 운명으로서 나를 짓누른다. 그것은 의미에 대한 무–의미의 잉여다. 차기를 위한 그 잉여에 의해 속죄가 가능해진다. 자기-자신이 의미화하는 그런 속죄가 가능해지는 것이다. 그저 있음 ─ 이것은 타자성이 지닌 모든 무게다. 이 타자성은 그것을 근거 짓지 못하는 주체성에 의해 떠받쳐진다. 그러나 그저 있음이 "주관적 인상"의 결과라고 말해서는 안 된다. 이렇게 무–의미가 의미를 넘쳐 나는 가운데, 차기인 감성은 자신의 바닥없는 수동성 속에서, 감성적 순수 지점으로서, 이해관심을–벗어남으로서 또는 존재성의 전복으로서, 스스로를 고발할 따름이다. 그저 있음의 익명적 소음 뒤에서 주체성은 떠맡음 없는 수동성에 도달한다. 떠맡음은 존재와 달리의 이 수동성을, "능동적인" 것과 수동적인 것, 주관적인 것과 객관적인 것, 존재와 생성의 대립 이편에 놓인 이 대신함을, 이미 행위와의 상호관계 속에 놓게 될 것이다. 차기의 주체성 속에서, 대신함은 수동성의 궁극적 움츠림^{rétraction}이다. 이것은 떠맡음의 반대다. 떠맡음에서는 초월론적인 나는 생각한다의 유한성이 그려 내는 수용성이 완성된다 ─ 또는 그러한 수용성이 떠맡음을 전제한다. 선출된 자의, 다시 말해 소환된 자의 정체성은 존재 이전에 의미를 준다. 그러나 이 정체성은 부정성 그 자체가 결정하는 존재성에서 발판을 얻을 수 있을 것이며 긍정될 수 있을 것이다. 아무런 보상 없는 떠받침을 위해서는, 그저 있음의 초과 또는 심정에–어긋나는[역겨운]^{é-cœurant} 북적거림과 막힘이 필요하다. 타자를-위함인 의미작용은 자유로운 떠맡음의 행위가 아닐 것이고, 자기 자신의 인종을 부인하는 자기를-위함이 아닐 것이다. 또 그것은 타자성의 무게가 연기로 사라져 버리는 유희적 무상함도 아닐 것이다. "모두의 무"가 모두와 무의 등가성에서 그러하듯, (스스로 숨는 것 외의 어떠한 일도 하지 않는 자의) 쾌활함과 황홀함 속에서 사라져 버리는 그런 유희적 무상함이 아닐 것이다. 의미작용은 타자를 대신함에 의해 자기를 윤리적으로 해방하는 것이다. 그것은 타자를 위한 속죄로서 완수된다. 모든 주도권과 모든 시작 이전의 자기, 모든 현재 이전에 무시원적으로 의미화하는 자기. 자신의 제국주의적 꿈으로부터, 자신의 초월론적 제국주의로부터 깨어난, 자기로 깨어난 자아의 자기로의 해방. 모두에 대한 예속으로서의 인내. 무한이 스스로 지나가는 정신성. 상기의 시간보다 더 오랜 정신성. 기억 없는, 그리하여 때가 맞지 않는 통시성. 타자를 위한 속죄. 이것은 물론 주제 속에서만 또 존재 양태로서만 스스로를 드러낸다. 그러나 이것은 철학적 환원에 스스로를 회부한다. 현시의 비-동시성, 즉 주체성의 애매성으로, 의미와 존재의 수수께끼로 스스로를 드러내는 것의 통시성. 철학은 차이를 주제화하고 주제화된 것을 차이로 환원하며 정의를 뒷받침한다. 철학은 공정성을 타자를 위한 일자의 희생으로 가져오며, 정의를 책임으로 가져온다. 자신의 통시성 자체 속에서, 철학은 의식의 파열에 대한 의식이다. 회의주의로부터 그것을 잿더미로 만들어 버리는 논박으로 이끌어 가고 또 그 잿더미에서 회의주의의 재생으로 나아가는 운동에서처럼, 철학은 교대되는 운동을 통해 존재와 도시의 법을 정당화하고 비판하여, 거기에서 —절대적인 타자를-위한-일자에서 일자와 타자를 떼어 내는 데서 성립하는— 의미작용을 되찾는다.

5. 회의주의와 이성

이성은 항들 사이의 관계에서, 즉 어떤 주제에서 드러나는 일자와 타자 사이의 관계에서 추구된다. 이성은 이 항들의 공-존을, 일자와 타자의 정합성을, 그것들의 차이에도 불구하고 한 주제의 통일성 속에서 보장해 주는 데서 성립한다. 그것은 주제가 자리한 현재를 깨뜨리지 않고, 차이 나는 것들의 합치를 보장하는 데서 성립한다. 주제의 통일성 안에서 다른 항들이 이루는 이 공존 또는 합치는 체계라 불린다. 여기서 타자와 함께하는 일자는 타자를 의미하는 일자로, 타자에 대한 기호인 일자로, "타자를 향해 죽기"trépasser à l'autre 위해 자신의 "형태"를 포기하는 일자로 제시된다. 이 타자를-위한-일자가 의미작용 또는 이해 가능성을 구성한다. 그러나 일자와 타자가 의미작용으로 들어가거나 의미작용들이 되는 주제의 현재는, 의식인 주체와 상관적인 것이다. 그 주체의 주체성은 현재를 만드는 데서 성립한다. 다시 말해, 그 주체성은 충격을 주는 것의 현현에 예비하지 못한 채 충격을 받지 않는 데서, 가시적인 것 또는 주제화할 수 있는 것 너머에 대해 불안해하지 않는 데서 성립한다. 시간의 흐름은 이 현존과 이 현시를 부수지 못한다. 다시잡음과 기억 또는 역사적 재건에 의해 —상기에 의해— 의식은 능동적인 의미로 이해되는 재-현이 된다. 즉 의식은 새로운 현재를 만들고 분산을 하나의 현존으로 모으는 행위로서, 그리고 이러한 의미에서 언제나 시작에 있거나 자유롭게 존재하는 행위로서 이해되는 것이다. 이성에서는, 차이 나는 항들이 현재하고 있다. 다시말해, 체계 속에 동시적으로 있다. 이것은 의식이 재현이고 시작이며 자유인 한에서 그 항들이 의식에 현재하고 있다는 사태이기도하다.

그러나 문제는 시작이 과연 시작에 있는지를 묻는 데 있다. 의식의 행위로서의 시작은 공시화되지 않는 것에 의해, 즉 현재일 수없는 것에 의해, 요컨대 재현 불가능한 것에 의해 이미 앞질러진것은 아닌가? 무시원이 시작과 자유보다 더 오래된 것은 아닌가?

주제화된 관계의 의미작용 ─ 의미함의 타자를-위한-일자─은 그렇지만 플라톤에게는 이해 가능하지 않은 것이었고, 그래서 그것 때문에 플라톤은 자신의 아버지 격인 파르메니데스에대한 존속살해를 범하지 않을 수 없었다. 그 의미작용은 인간의 형제애에, 즉 자신의-형제를-지키는-자에, 타자를-책임지는-자에기재된 타자를-위한-일자의 구조에 의해 인도되지 않는가? 이런형제애야말로 탁월한 의미에서의 타자를-위한-일자일 것이다. 우리는 이것을 유토피아적이라고 말할 수 있다. 그렇지만 이는 인간들의, 적어도 우리 시대 인간들의 정확한 상황이다. 우리 시대에 지식인들은 스스로를 자신들의 불행을 의식하지 못하는 불행한 대중의 인질이라고 느낀다. 바로 자신의-형제를-지키는-자의 철학, 타자를-위한-일자의 철학에 대하여 불신하는 지식인들이 그렇다는 얘기다. 이들은 이 철학이 인간주의 철학이며 성인전 같은 철학이라고 경멸하듯 말할 것이다. 이 철학은 자신의-형제를-지키는-자, 타자를-위한-일자를 의미작용들로, 그것도 뛰어난 의미작용들로 취급한다. 이 의미작용에서는 사람들이 여타의 이해 가능성 ─ 현재 및 현존에 모아진 항들 사이의 관계로서 주체에 제공되는 이해 가능성, 즉 이 관계와 그 관계에 현전하는 주체 사이의 상호관계에 대한 이해 가능성 ─ 을 기술해 왔던 모든 맥락이 전복되어 버린다.

타인으로서의 타인, 이웃으로서의 타인은 그의 근접성에서 현전함에 있어 결코 똑같지 않다. 나에 대한 그의 현전은 근접성 속에서 이미 ─ 결코 충분히 *끈기* 있게 떠받쳐지지 않은 채 ─ **떠받쳐지지 않았는가?** 나인 일자와 내가 책임을 지는 타자 사이에, 차이가 공통성의 기반 없이 입을 벌린다. 인간 유의 통일성은 정확히 말해 형제애 다음에 있다. 근접성은 차이다. 비-합치이고, 시간에서의 부정맥이며, 주제화에 반발하는 ─ 과거의 국면들을 공시화하는 상기에 반발하는 통시성이다. 이야기할 수 없는 것! 이야기 속에서 이웃인 자신의 얼굴을 잃어버리는 타인. 문자 그대로의 의미에서 묘사 불가능한 관계, 역사로 전환시킬 수 없는, 글의 동시성 simultanéité으로, 결과물을 기록하거나 제시하는 글의 영원한 현재로 환원될 수 없는 관계.

일자와 타자 사이의 ─ 나와 이웃 사이의 ─ 근접성에서의 이 차이는 무관심하지-않음으로, 다름 아닌 나의 책임으로 변한다. 무관심하지-않음, 인간성, 타자를-위한-일자 ─ 의미작용의 의미함 자체, 이해 가능한 것의 이해 가능성, 또 그렇기에 여기서 다시 성립하는 이성. 이웃을 대신함에까지 이르는 책임의 무관심하지-않음—모든 동정의 원천!—타자로서 나를 배제하는 타자가 내게 가하는 모욕 자체에 대한 책임, 모든 의도에 앞서 타자가 나를 박해하는 그 박해에 대한 책임. 그러므로 근접성은 사유하는 주체에 의한 의미작용의 주제화에 앞선 이성을 의미화한다. 어떤 현재로 항들을 모으기에 앞선 이성을, 주체의 어떠한 주도권에서도 비롯하지 않는 전-근원적인 이성을, 무-시원적 이성을 말이다. 이것은 시작에 앞선, 모든 현재에 앞선 이성이다. 왜냐하면 타자에 대한 나의 책임은 모든 결정에 앞서, 모든 숙고에 앞서 내게 명령하기 때문이다. 근접성, 소통과 합의 또는 이해력. 또는 근접성에서 내게 부과되는 평화, 또 이웃이 내게 그것의 부담을 덜어 줄 수 없는 평화, 따라서 내 책임하의 평화, 내가 그것의 볼모인 평화, 내가 온전히 홀로 행해야 할 평화, 아름다운 위험을 위험하게 무릅쓰는 평화. 앎에게는 불확실함으로 나타날 위험. 하지만 그것은 초월 자체여서, 앎에서 생겨날 따름인 확실함과 불확실함에 앞선다. 소통이 이해된 존재의 확실성을 가져야 한다고 요구하는 것은, 소통과 앎을 혼동하는 것이고, 차이를 지우는 것이며, 내게서 이뤄지는 타자를-위한-일자의 의미함을 오인하는 것이다. 그런 의미함은 자아의 개념에서 탈취된 자아에게서, 존재와 죽음에 의해 재어지지 않는, 다시 말해 전체성과 구조에서 빠져나가는 자아에게서 이뤄진다. 이것은 메를로-퐁티가 말하는 근본적 역사성 밖의, 책임 속의 자기로 환원된 자아다. 타자를-위한-일자로서의 이성! 사람들은 곧장 이러한 의미작용을 체험된 것이라고 부르는 경향이 있다. 체험된 것과 주제화된 것의 양극이 ─후설의 현상학 덕택에 우리는 이것에 익숙한데─ 모든 의미를 존재와 의식의 함수로 해석하는 특정한 방식을 이미 표현해 주었음에도 마치 그렇지 않았다는 듯이. 마치 타자를-위한-일자의 책임이 숙려 없는 그러나 주체화로 약속된 체험의 순진함만을 표현할 수 있다는 듯이. 마치 존재론의 "물 위로 떠다님"이 책임의 타자를-위한-일자에는 ─형제애의 의미작용에는─ 그것의 환원 불가능한 통시성을 통해 금지되어 있다는 듯이. 일자를 타자로부터 분리시키는 간격이나 차이, 타자를-위한-일자의 무관심하지-않음이 없애지 못하는 간격이나 차이가 마치 주제에서 모아질 수 있을 따름이라는 듯이. 또는 마치 그것이 영혼의 한 상태로 압축될 수 있을 따름이라는 듯이. 근접성으로서의 이해 가능성은 비인격적 로고스로서의 이해 가능성에 대립된다. 그러나 정의의, 국가의, 주제화의, 공시화의, 로고스 및 존재의 재-현의 이성은 그 이성이 펼쳐지는 근접성의 이해 가능성을 자신의 정합성으로 흡수하는 데 이르지 않는가? 이 순간 우리가 취하는 담론 자체는 그것의 말해진 것에 의해서 헤아려지지 않는가? 또 우리는 주제화하면서, 항들을 공시화하고, 항들 사이의 체계를 형성하며, 동사 존재하다를 사용하고, 모든 의미작용을 ─그것이 존재 너머에서 의미화하기를 바라면서도─ 존재에 놓지 않는가? 그러므로 우리는 근접성의 이해 가능성을 이성에 종속시킬 필요가 있지 않을까? 아니면 교체와 통시성을 철학의 시간으로서 다시 불러내야 할까?

만일 차이의 전-근원적 ─ 그리고 무관심하지-않음의, 책임의 ─ 이성, 말하자면 아름다운 위험이 자신의 의미작용을 보존한다면, 회의주의와 회의주의의 논박이라는 쌍은 재현의 이성 곁에, 연역의 앎 곁에 나타나지 않을 수 없다. 논리적인 것의 시중을 받고 또 계기적인 것을 공시화하면서 말이다.

회의주의와 그것의 논박이 주기적으로 되풀이되는 사태는 그 순간들이 반복하고 재-현하는 기억들을 거부하는 시간성을 의미한다. 합리성 또는 앎의 논리를 가로지르는 회의주의는 말함에 함축적으로 포함된 긍정을 공시화하는 것에 대한 거부이고, 또 이 긍정이 말해진 것 속에서 언표하는 부정을 공시화하는 것에 대한 거부다. 이것은 그것을 논박하는 반성에게는 명백한 모순이다. 그러나 회의주의는 이런 반성에 무감하다. 마치 긍정과 부정이 동시에 공명하지는 않는다는 듯이. 그러므로 회의주의는 공시적인 것에서 조건을 조건 지어진 것에 결부시키는 관계가 말함과 말해진 것 사이에서 반복된다는 주장을 인정치 않는다. 마치 회의주의에는 말함에 해당하는 타자에 대한 ─ 유보 없는 ─ 나의 노출과, 말해진 것의 ─ 그것의 평형과 그것의 정의에서의 ─ 노출이나 언표 사이의 차이가 감지된다는 듯이.

철학은 회의주의로부터 분리되지 않는다. 회의주의는 철학을 그림자처럼 따라다닌다. 이 그림자를 철학은 회의주의를 논박하면서 쫓아내지만 곧 자신의 발걸음 위에서 재발견한다. 최후의 말dernier mot은 철학에 속하는가? 어떤 의미에서는 그렇다. 서양 철학에서 말함은 말해진 것들로 고갈되기 때문이다. 그러나 회의주의는 말함과 말해진 것 사이에 분명히 차이를 만들며 간격을 둔다. 회의주의는 논박 가능한 것이지만 또한 다시 돌아오는 것[유령] revenant이다.

사람들은 회의주의의 진리를, 해석과 곤경이 언급되는 논의들에서의 진리와 동일한 수준에 놓는다. 마치 그 진리의 가능성에 대한 부정이 이 부정에 의해 의문시되는 질서 속에 배열된다는 듯이. 마치 모든 차이가 동일한 질서 속에 이론의 여지 없이 재흡수된다는 듯이. 반면에 진리의 가능성에 이의를 제기하는 것은 그 질서와 수준의 단일성에 이의를 제기하는 것이다.

회의주의의 논의는 논의의 파열이나 곤경 또는 무능력이나 불가능성을 언표하는데, 이 논의가 모순이 되는 것은, 말함과 말해진 것이 상관적인 것에 불과할 경우다. 근접성의 의미함과 알려지고 또 말해진 의미작용이 공통된 질서에 들어갈 수 있을 경우다. 말함이 말해진 것과의 충만한 동시성을 얻을 경우다. 말함이 근접성의 통시성을 배반함이 없이 존재성으로 진입할 경우이고, 말함이 앞으로 드러나면서도 말함으로 머물 경우, 다시 말해 주제화가 기억으로서의 주제로 진입할 경우다. 그런데 철학에 의해 해체된 회의주의적 말함은 바로, 공시화 가능한, 즉 기억 가능한 시간의 파열을 불러낸다. 그래서 말함의 흔적이, 결코 현전한 적이 없던 것이 내게 의무를 지운다. 결코 떠맡아진 적이 없는 타인에 대한 책임이 나를 묶는다. 전혀 들은 적이 없는 명령이 준수된다. 이것은 존재성의 모음에 속하지 않는 흔적이다. 철학은 이 "속하지 않음"에서의 부정의 진폭을 과소평가한다. 그 진폭은 부정과 긍정의 논리적 범위를 초과한다. 통각의 어떤 단일성에도 포함되지 않는 **삼자성과의 관** 계의 흔적이 내게 책임지도록 명한다. 신앙이나 신앙의 상실에 대 한 심리학을 초월하는 관계 ─ 또는 종교 ─ 는 무-시원적인 방식 으로, 정확히 말해, 현존도 원리의 탈은폐도 이루지 않은 채 ─ 결 코 그런 것이 이뤄지지 않은 채 ─ 내게 명한다.

자신의 말해진 것에서 근접성을 배반하는 철학적 발언 은 ─ 근접성은 그 말해진 것에 의해 우리 앞에 표출되는데 ─ 말 함으로서는 여전히 근접성과 책임으로 남는다. 철학은 다가감의 삶을 포위하고 제삼자 앞에서 정의와 앎으로, 즉 지혜로 이 삶의 의무를 헤아리지만, 다가감의 삶을 좌절시키지 않는다. 철학은 주 제 밖에 있는 타인에게 말해진다. 현재를 거부하는 통시성의 이 되 돌아옴은 회의주의의 물리칠 수 없는 힘을 이룬다.

서양 철학과 국가는 ─ 그렇지만 이것들은 근접성에서 비롯되 었는데 ─ 말해진 것과 **존재**로, 존재론으로 흡수된 담론 속에서 회 의주의를 논박한다. 즉, 서양 철학의 역사는 초월에 대한 거부만큼 이나 회의주의에 대한 논박 이외의 것이 아니었다. 말해진 로고스 는 모든 의미를 지배하는 최후의 말을 갖는다. 궁극의 것과 결과의 가능성 자체인 목적fin의 말을 갖는다. 아무것도 그것을 중단시킬 수 없다. 담론의 이 권력에 이의를 제기하거나 이 권력을 중단시키 는 것은 모두 즉각 기록되고 그 담론에 의해 뒤집힌다. 그것은 중 단되자마자 다시 시작한다. 말해진 ─ 글로 써진 ─ 로고스에서 그 담론은 그것을 언표하는 대화자들의 죽음 이후에도 문화의 연속 성을 확보하면서 살아남는다. 하지만 그것은 사멸할 수밖에 없는 것으로 인식되는 문명들의 종말과 함께 죽지 않는가? 이런 질문이 제기될 수 있다. 그러나 서양의 철학적 담론은 잔해 아래서나 상형문자에서 모든 문명의, 그리고 분리되어 자리했을 문명들의 선–역사의 중단된 담론들을 재발견할 줄 안다. 이 담론은 정합적으로, 또 일자로 자신을 긍정할 것이다. 담론의 중단을 또는 담론으로 나를 빨아들임을 기록하면서 나는 그 끈을 다시 묶는다. 담론은 즉자적으로 모든 단절을 말할 준비가 되어 있다. 그 모든 단절을 침묵의 근원으로서 또는 종말론으로서 완성할 준비가 되어 있다. 만일 철학적 담론이 단절된다 해도, 발언에서 후퇴하여 웅얼거린다 해도, 스스로 발언한다[혼잣말을 한다] 해도, 그 담론은 더 적게 발언하는 것이 아니다. 그 담론은 자신이 방금 발언한 담론에 대해, 그리고 자신의 일시적 후퇴를 말하기 위해 되돌아오는 담론에 대해 발언한다. 게다가 우리는 지금 이 순간에조차, 우리의 모든 시도가 꾀하는 출구를 가로막고 또 우리의 입장을 모든 부분에서 에워싸고 있는 중이 아닌가? 과거의 흔적과 다가감의 과도함이 말해지는 예외적인 단어들—일자, 신—은 철학적 언어를 낙마시키는 대신, 항들을 이루고 어휘 속으로 다시 들어오며 문헌학자들의 재량권에 맡겨진다. 그것들의 폭발 자체가 운위되는 것이다.

그러나 물론, 이런 이야기는 그 자체가 목적이 없으며 연속성이 없다. 즉, 하나에서 다른 것으로 나아간다. 이를테면, 전승이다. 하지만 그럼으로써 그것은 새로워진다. 새로운 의미들이 자신의 의미 속에서 일어난다. 그것에 대한 주해는 펼쳐 놓음, 또는 모든 사료편찬에 앞선 역사다. 이렇듯, 언어가 짜 나가는 올이 풀리지 않는 애매한 것이 의미를 준다. 그것은 거기서 주제화되는 존재의 일탈이나 왜곡이므로, 동일성에 대한 비틀림이지 않은가? 의미의 불가능한 동시성, 수집 불가능한 그러나 또한 분리 불가능한 타자를-위한-일자, 애매함 또는 수수께끼로서 의미를 주는 배제된 삼자—그렇지만 이것은 이 너머 자체가 스스로를 해체하면서 개념을 이루는 가능성이 아닐까? 언어는 시사하면서, 암시를 허락하면서, 결코 이해시키지 못하면서 사유의 한계들을 초과할 것이다. 체계의 동시성의 기호로 또는 한 개념의 논리적 정의의 기호로 다가오는 의미와는 구별되는 의미의 함축. 시적인 말해진 것 속에서 또 그것이 무한에 환기하는 해석 속에서 벌거벗음에 놓인 덕vertu. 일종의 떠오름 가운데 자신의 조건들을 무시하는 예언적인 말해진 것에서 드러나는 덕. 말해진 것이 극복할 수 없는 애매함으로, 동시성을 거부하는 의미로, 존재로 진입하지 않고 전체를 구성하지 않는 의미로 남는 것은, 말해진 것에 의해 기록된 다가감과 말함의 타자를-위한-일자에 의해서다. 다가감이나 말함은 예외적인 것과의 **조화**ensemble에 포함되지 않는 것과의 관계이며 존재성의 전복이고, 그것이 언표하는 주제를, 말해진 것의 "총체"tout ensemble를, "일체"tout compris를 넘쳐 난다. 언어는 이미 회의주의다. 말해진 것에 완전히 흡수되는 정합적 담론은 전복적 담론을 폭력에 의해 배제하는 국가에 자신의 정합성을 빚지고 있지 않은가? 정합성은 이렇듯 초월을, 타자를 향한 일자의 운동을, 잠재적 통시성을, 불확실함과 위험한 아름다움을 감춘다.

논리적 텍스트의 찢어진 부분들은 유일한 논리에 의해 봉합되는가? 담론의 단절이 극복되는 것은 철학과 국가의, 철학과 치료법의 연합을 통해서다. 논리에 순응하지 않는 대화 상대자는 감옥의 위협이나 추방의 위협을 받는다. 또는 스승의 위엄에 눌리거나 의사의 치료를 받게 된다. 폭력이나 국가 이성 또는 접근은 논리의 합리주의에 보편성을 보증해 주며, 법에 그것에 따르는 자료를 보증해 준다. 그러므로 담론은 자신의 의미를 억압에 의해서나 치료에 의해, 정당한 폭력에 의해 되찾는다. 억압적 정의가 유지되는 가능한 부정의의 기슭에서 말이다. 이성과 지식이 힘이자 효율인 것은 국가에 의해서다. 그러나 국가는 복귀 없는 광기를 미리 산정하지 않으며, 광기의 간격들조차 미리 고려하지 않는다. 국가는 매듭들을 풀지 않고 잘라 낸다. 말해진 것은 중단된 대화를 주제화한다. 또는 침묵에 의해, 곤경이나 착란에 의해 늦어진 대화를 주제화한다. 그러나 그 간격들은 회복되지 않는다. 담론의 중단을 기록하면서 제거하는 담론, 그것은 다시 엮인 실의 매듭들 아래서 비연속성을 유지하지 않는가?

말해진 것의 내재성에서 재발견되고 기록되는 담론의 중단은 다시 엮인 실의 매듭들에서처럼, 현재로 진입하지 않은 채, 동시성을 거부한 채, 통시성의 흔적으로 남겨진다.

그러나 모든 담론이 언표되는 궁극적 담론을 나는 여전히 중단시킨다. 그것을 듣는 자에게 또 담론이 말하는 말해진 것 밖, 그것이 감싸는 것 모두의 밖에 놓인 자에게 말함으로써 말이다. 이 점은 바로 이 순간에 내가 하고 있는 논의에 대해서도 참이다. 대화 상대자에 대한 이 지시는, 온갖 사물을 주제화하고 둘러쌈으로써 담론이 짜 내고자 하는 텍스트를 영속적인 방식으로 꿰뚫는다. 존재를 전체화함으로써 담론으로서의 담론은 전체화의 주장 자체를 부인하게 된다. 이것은 회의주의 논박이 드러내 보이는 것과 닮은 반전이다. 물론 글에서는 말함이 순수하게 말해진다. 말함과 그것의 조건들의 동시성이 마련된다. 자신의 고유한 단절들을 회복하는 중단된 담론, 이것이 책이다. 그러나 책은 자신의 운명을 가진다. 책은 자신이 포섭하지 못하는 세계에 속한다. 책이 집필됨으로써, 출판됨으로써, 미리-마주하게[서-문을 쓰게]pré-facer 됨으로써, 스스로 제언에 앞서[서문으로]d'avant propos 미리 나아가게 됨으로써 인식하게 되는 것이 세계다. 책은 중단되고 거기서 다른 책들을 환기하며 결국 ── 말해진 것과 구별되는 ── 말함 속에서 해석된다.

그 자신에 대한 담론의 반성은 담론을 그 자신에 가두지 않는다. 모든 종말론과 모든 중단을 포괄하는 전체성은 만일 그것이 침묵이라면, 폐쇄될 수 있을 것이다. 만일 침묵하는 담론이 가능하다면, 만일 글이 영구히 글로 남을 수 있다면 ── 그 의미를 상실함이 없이 그것을 담지하고 해석해 온 모든 전통을 포기할 수 있다면 말이다. 자기-자신에게 침묵하는 담론이 진실로 가능한가? 그 자기는 타자들에 무관심하지-않음이고, 타자들에 주어진 신호다. 모든 담론은, 내적으로 말해진 것조차, 근접성 속에 있으며 전체를 껴안지 못한다. 회의주의의 끊임없는 복귀가 의미하는 것은 구조들이 파열할 수 있다는 점이라기보다는, 그 구조들이 의미의 궁극적 뼈대가 아니라는 사실, 그 구조들과 어울리려면 억압이 이미 필수적일 수 있다는 사실이다. 그것은 우리에게 모든 논리적 합리주의의 정치적 — 아주 넓은 의미에서 — 성격을, 논리와 정치의 동맹을 환기시킨다.

회의주의의 복귀는 — 회의주의는 그것의 주장을 모든 주장의 조건들과 모순으로 놓는 논박에도 불구하고 되돌아오는데 — 만일 모든 것이 시간 속에서 기억 가능하다면, 즉 모든 것이 현재와의 구조를 마련할 수 있다면, 만일 말함이 말해진 것과 엄밀한 의미에서 동시적이 된다면, 순수한 무-의미가 될 것이다. 만일 과거 속의 모든 것이 환기 가능하고 드러날 수 있다면, 만일 시간이 순간의 연속일 따름이고 또 존재의 순수한 형식, 존재의 존재성의, 존재자들의 **존재**esse의 선험적 형식일 따름이라면, 요컨대 만일 무-시원적 통-시성에 대한 간접적 담론이 진리를 지닌다면, 주제화된 존재에 대한 진리가 참되다는 바로 그런 의미에서 그런 담론이 참되다면, 만일 통시성에 대한 진리가 주제로 모일 수 있고 그렇게 함으로써 스스로를 기만하지 않을 수 있다면, 회의주의의 복귀는 순수한 무의미가 될 것이다.

물론 회의주의가 주기적으로 재탄생하고 꺾이지 않으면서도 점점 사라져 가는 힘을 가진다고 해서, 어떤 특권이 회의주의의 말해진 것에 그것의 말함이 지니는 함축적 전제들에 반하여 부여될 수는 없다. 그러나 하나를 다른 것과 대립시키는 모순이 발언자의 목을 조르지는 않는다는 점 — 이것이 또한 떠올리게 하는 것은, 이 다시 돌아오는 것[유령]에 대한 비판적 검토에 따라 재현의 전체성 속에서 드러나는 결함, 즉 앎이 이성으로서 강력히 요구하는 동시성 속에서 드러나는 결함이다. 이것은 초월론적 통각의 통일의 파열을 환기시킨다. 이 파열 없이는 존재와 달리를 감당할 수 없을 것이다.

달리 말해서

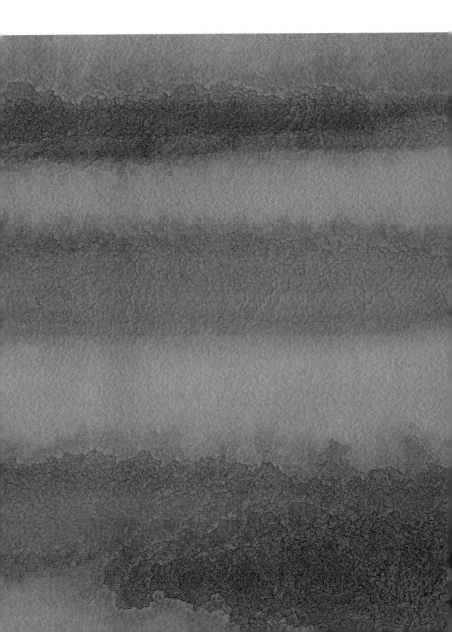

6장. 밖으로

메피스토펠레스: 당신은 이미 들은 것을 듣고자 할 따름인가요? 아무것도 당신을 방해하지 않아요. 더 어떤 소리가 들려도 말이지요. 가장 이상한 것들에 이미 오래전부터 익숙해졌으니.

파우스트: 그렇지만 나는 경직됨에서 내 행복을 찾지 않네. 전율은 인간성에서 최고의 부분이지.

—괴테, 『파우스트』, 2부 1막

존재의 개념, 그것을 결정하는 모든 내용으로부터 정화된 그 개념은, 헤겔에 따르면, 순수한 무와 구별되지 않는다. 그러나 이미, 존재에서 모든 내용을 벗겨 내는 지적 능력, 추상과 보편화의 대담함은, 존재를 침식하는 이 무를, 존재의 존재esse를 고갈시키는 분해를, 존재성의 유한함을 자신을 내세우는 구실로 삼는다. 일반화 없이는, 또 그것을 활용하는 타락 없이는, 부정에 의해, 개체적인 것으로부터 —순수하게 논리적인 일반화의 노력이 어떤 것일 수 있었든 간에 —개념의 발현이 생산되지 못할 것이다. 개념은 존재성에서 비롯한다. 그것을 극도로 지치게 하는 무는 관념론의 진리를, 주제화의 특권을, 또 대상의 대상성에 의한 존재자의 존재에 대한 해석을 영구화한다. 자신의 존재 자체에 의해 성취되는 존재성의 이 침식이 없이는, 아무것도 드러나지 않을 것이다. 지각의 대상은 결국 이미지들 사이의 온갖 구체적 유사성과 구별되는 이상적 동일성으로 자신을 동일화하기 위해 "실루엣들"의 정의되지 않은 다수성을 가로지르지 않는가? [그런 침식 없이는] 보편적인 것의 과학, 존재와 무에 작용하는 존재성의 놀이인 과학은 결코 탄생하지 않을 것이다. [그런 침식 없이는] 존재성은 우회를 통해 ─ 인간성을 거쳐 ─ 실천의 효과 가운데 있는 에너지를 밝혀낼 수 없을 것이다. 이 실천 속에서 추상적 ─ 그리고 무기력한 것으로서의 ─ 개념은 직접적인 것을 탈취하여 제도 및 법칙에 의해 직접적인 것을 자신의 관념에 맞게 가공하려 한다. 존재성, 인식, 행위는 죽음에 묶여 있다. 마치 플라톤의 이데아들 자체가 그것들의 영원성과 보편적 순수성을 오직 소멸하기 마련인 것의 몰락에 빚지고 있었던 것처럼. 이것은 이데아들의 나쁜 관념론으로부터 실효성 있게 탈출하기 위해 한 국가를 요청하기에 앞선 사태다.

인간 주체 ─ 인식하고 행동하는 의식적 자아 ─ 는 그래서 개념의 이 반전, 유한함의 이 사건의 축으로서 해석된다. 그는 존재자로서 개념에 순응하는데, 이 개념은 모든 부분에서 인간 주체의 독특성을 감싸고 그것을 보편적인 것과 죽음으로 흡수한다. 그래서 우리는 이렇게 물을 수 있다. 『파이돈』은, 존재성 그 자체의 아이러니에 공모와 묵계의 웃음으로 답하는 멀쩡한 체념résignation의 온전한 지혜가 허락할 수 있는 소크라테스적 아이러니에 따른 것이 아닐까? 존재성의 놀이를 위해 불러와진 주체는 "아침의 공간"이고, 대자다. 그러나 그래서 그것은 죽음을 받아들이지 않는다. 그렇지만 죽음에 의해 주체는 개념에 이르고, 또 보편적으로, 주체를 서임한 존재성 자체가 활동케 한다. 존재성에서의 내면의 깊이를 재어 주는 또는 이해관계의 깊이를 재어 주는 죽음에 대한 거부. 존재에 귀속됨은 결국 평화로운 항구에서의 휴식이 아니다. 존재성 내부에서의 존재와 무의 변증법은 무의 불안이며, 실존을 위한 투쟁이다. 아마 희극과 비극, 또 서양의 정신적 역사를 나타내는 종말론적 위안은 존재성의 아이러니까지 거슬러 올라갈 것이다. 이 역사에서는 개념의 궁극성 또 주체의 죽음이라는 궁극성과, 종말을 피하려는 희망이 대립된다.

주체는 그렇게 하여 양자택일에 갇히지 않는가? [양자택일의] 한 항이 구성되는 것은 존재성의 아이러니에 대한 이해에 의해서고, 또 사유가 보편적인 것과 스스로를 혼동할 가능성에 의해서다. 그런 혼동이 일어나는 것은 모든 것을 감싸 안고 거기에 침잠하려는 사유가 "죽음보다 결코 덜하지 않은 것을" 사유하는 순간에서다. 이 항은 존재성의 궁극성에 대한 고백, 존재성의 둘러막는 놀이의 출구 없는 내재성에 대한 고백이다. 그것은 제논에서 스피노자와 헤겔에 이르는 변주 속에서의 스토아적 지혜다. 체념과 승화 sublimation의 지혜다. 양자택일의 다른 항은 마찬가지로 이 닫힘과 이 유폐에 처할 것이다. 그러나 이 항은 그것이 자신의 "다시잡음"과 "미리잡음"에서 떼어 내진 순간에 열리는 미로들로 이끌리는데, 이 미로들은 쾌락에 열린다. 여전히 불충분하게 그 순간에 "시간을 자르고", 악몽과 상징주의의 기슭으로 달려 나가면서 여전히 꿈을 꾸고, 취기와 마약에서 또 다른 시간과 "이차적 상태"를 찾는 그런 쾌락에 말이다. 에피쿠로스적 무고함과 순수함의 귀결 또는 연장—그렇지만 여기서 쾌락은 타인을 위한 책임으로부터 분리될 것이고, 이미 사랑은 법에서 분리될 것이며, 이곳에선 에로티즘이 방울져 맺힐 것이다. 환상의 해법, 이것 또한 존재성과 그것의 놀이에 내재적이며, 새롭거나 더 오래된 의미작용에서의 의미를 존재성 그 자체에서 찾지 못한다. 딜레마로부터의 출구는 없고, 존재성으로부터의 출구도 없다. 죽음의 불안에 운명에 대한 공포가, 그저 있음 —존재성 바닥의 공포스러운 영원성— 의 끊임없는 소란에 대한 공포가 더해진다.

지금의 이 연구는 주체성이 양자택일의 애매한 두 항들을 지배하는 존재성에 이렇게 의거하는 것을 문제 삼는다. 이 연구는 모든 의미가 과연 존재성에서 비롯하는가를 묻는다. 거기서 주체성은 서로를 비난하기 위해 자기 것을 길어 내며, 그럼으로써 실존을 위해 또 민족주의의 폭력 격인 권력의 역능에 스스로 매혹되기 위해 싸우지 않는가? 주체성이 존재성에 대한 봉사 이외의 것이 아니며 의지를 의욕하지 않는다고 위선적으로 주장할 때조차 말이다. 서양의 타자들인 우리에게 진정한 문제는 이제 폭력을 거부하는 데 있다기보다는, 폭력에 반대하는 투쟁에 관해 우리 자신에게 묻는 데 있다. 악에 대한 비-저항으로 위축되지 않은 채, 이 투쟁 자체에서 출발하는 폭력의 제도를 피할 수 있을 그런 투쟁에 관해 묻는 것이 관건이다. 전쟁에 대한 전쟁은 사라지게 하라고 요청받은 바로 그것을 영속화하고 양심을 통해 전쟁과 전쟁의 남성적인 덕목들을 축성祝聖하지 않는가? 인간의 특정한 약함의 의미를 다시 고찰할 필요가 있다. 또 인내 속에서 더 이상 인간의 존재론적 유한성의 이면만을 보지 말아야 할 필요가 있다. 그러나 이를 위해 자기-자신이 인내할 ─ 그 인내를 타자들에게는 요구하지 않으면서 ─ 필요가 있다. 또 이를 위해서는 자기와 타자들 사이에서 차이를 받아들일 필요가 있다. 인간을 존재에 묶어 놓는 친족관계와는 다른 친족관계를 인간에게서 찾을 필요가 있다. 아마 이것은 나와 타자 사이의 이 차이를, 이 불평등을, 억압과 절대적으로 대립된 의미에서 사유할 수 있게 해줄 것이다.

이러한 재고찰은 니체에 대한 불충^{infidélité}이 ─ 그것이 나치주의의 모든 오염 밖에서 사유된 니체라 해도 ─ ("신의 죽음"에도 불구하고) 신성모독적 언사로 통용되는 세계에서는 거의 생각할 수 없는 것이다. 그러나 주체가 개념과 존재성을, 죽음의 불안과 그저 있음의 공포를 벗어나는 것은, 다만 체념과 환상에서가 아닌가? 진리의 시간 또는 불가피한 깨어남의 시간에 이것에 맞서는 존재성은 그토록 막강한데 말이다. 우리는 존재성 너머로부터, 그러니까 개념의 출구인 존재와 비−존재에 대한 망각으로부터, 주체의 주체성을 이해할 수 있지 않은가? 이것은 "무제한의"^{sans contrôl} 망각이 아니며, 또 존재와 무 사이의 존재성의 두 극 내부에 다시 놓이는 망각이 아니다. 오히려 이것은 고결함이 고결하지 않은 것에 무지하다고 하는 의미에서의 무지에 해당하는 망각이다. 또, 몇몇 유일신론자들이 가장 높은 자가 아닌 것에 대해서는 그것을 인식하면서도 인정하지 못한다고 하는, 그런 의미에서의 무지에 해당하는 망각이다. 의식 너머의 무지, 눈뜬 채의 무지. 이것은 자신들의 구원을 좇는 신비주의자들의 이해관심 속에 있지 않으며, 기분전환과 영원한 생명에 대한 희망 ─ 존재성 속에서의 반의미

contresens —— 이 여전히 유지되는 이해관심 속에 있지 않다. [그러한 무지는] 오히려 모든 의미의 원천에 있다. 그것은 필요로서 구조화되는, 다시 말해 자신의 고유한 틈을 건너지르는 존재성의 스며듦으로서 구조화되는 그런 모든 것에 있지 않다. 또 상실된 풍요함이 이미 그곳에 —— 이미 재발견되어 —— 있는, 탐구의 섭취욕과 식욕 가운데 있는, 그런 모든 것에 있지 않다. 여전히 존재성의 품에서 유지되며, 바로 그 사실로 인해 열망함에 만족하는, 그래서 에로스적인, 타자에 대한 이 열망에 있지 않다. 자기를 위한 이 투쟁과 자기에서의 이 만족 너머에 대한 주체의 열림 속에서의 개념의 무지. 당연히 비-에로스적인 열림, 그리고 또다시 주제를 고정시키는 시선의 개방성이 아닐 그런 열림. 그러나 또한 환상이 아닌 열림. 존재와 무의 놀이 그 자체는 환상에서 자신의 의미를 취할 것이다. 이 놀이의 양상이 아닌 열림. 비록 그것이 오직 이 놀이 덕택에 철학자에게 드러난다고 해도, 이 열림은 이미 세계 속에 그리고 그 주민들 가운데 펼쳐지는 세계의 기원에 관한 이야기들이 응결되는 신화에 도전한다. 존재와 죽음에 대한 무지, 이것은 존재도, 도피도, 비겁도, 일상으로의 추락도 알지 못할 것이다. 자살의 용기도, 또한 이해관계도 알지 못할 것이다. 이해관계 속에서 주체는 죽음에 대한 두려움이나 그저 있음에 대한 공포에 의해 더욱 확실하게 그런 것들의 지배 아래로 떨어질 것이다. 무지와 열림, 존재성에 대한 무관심. 이 책의 제목에서 "존재와 달리"라는 야만스러운 barbare 표현에 의해 지시된, 그러나 탈이해관심의 모든 범위를 헤아려야 마땅한, 또 존재론적 무관심으로서 진리와 이데올로기 사이의 구별에 필수적인 토양인 무관심. 순전히 부정적이지 않은 무관심. 왜냐하면 다른 의미에서 그것은 무관심하지-않음, 즉 타자에 대한, 타인에 대한 무관심하지-않음이기 때문이다. 나와 타자 사이의 차이 자체는 무관심하지-않음이며, 타자를-위한-일자다. 그러나 타자를-위한-일자, 그것은 의미작용의 의미함 자체다. 철학의 언어에 어떤 야만성[부정확한 어법]barbarisme을 도입함이 없이 어떻게 그러한 탐구를 시도할 것인가? 확실히 철학은 가장 높고, 예-외적인 자신의 시간에 존재의 너머 및 존재와 구별되는 일자를 언표할 것이지만, 존재를, 다시 말해 존재에 대한 내재성을 말하면서 무엇보다 철학의 자기 영역에 머물 것이다. 자기 영역, 유럽의 역사 그 자체는 이것의 쟁취였고 이것에 대한 질투 어린 방어였다. 물론, 서양의 이 역사가 자신의 경계들에서 다른 의미작용으로부터 주어진 사건의 흔적을 지니고 있지 않았다면, 또 역사의 시대들에 표제를 다는 승리의 희생자들이 그것의 의미로부터 제거될 수 있었다면, 우리는 이 자리에서 존재성 너머를 불러내려는 시도를 감행하지 못할 것이다. 여기서 우리는 로고스로 물러나는 스토아적 고귀함조차 그것의 에너지를 이미 존재성 너머에 대한 열림에서 얻는다고 대담하게 생각한다.

그러나 존재성의 너머에 대한, "존재와 달리"에 대한 열림은 그럼으로써, 보고 인식하고 이해하고 파악하는 가능성을 의미하지 않겠는가? 그런 가능성은 아주 명백하게, 다시 주제화하는 데로, 따라서 존재를 사유하는 데로—앎을 향한, 직접적 파악을 향한, 전치를, 조작을, 또 소유를 향한 장을 발견하는 데로 귀착할 것인데 말이다. 그러므로 그런 열림은 주체를—주체에게서 이 같은 지향들은 근본적이거나 좋은 것으로 인정받게 될 텐데—때로 달리 존재하는 데로 이끌 것이지만, 그러나 "존재와 달리"로는 이끌지 못할 것이다. 존재와 다른 것으로의 열림을, 그 자체로서의 열림이 곧바로 주체 자체가 곧장 빠지게 되는 존재성의 결합과 통일로의 모음을—이 모음은 주체에게 탈은폐될 것이며, 존재성과의 끈은 곧장 존재성의 내면 속에서 당겨질 것인데—의미하지 않게 하면서, 어떻게 사유할 것인가? 이 열림을 "열림의 욕구" 충족과 동화시키지 않으면서 어떻게 사유할 것인가? 의지이고 존재를 향한 내면성이며 이해관심인 지향적 주체의 도식을 우리는 피할 수 있는가? 이 주체에서 심성은—주체의 인간성은—"경험"으로 전환된다. 또 초월은 지상 도시의 하늘로 끌려가는 천상 도시 배후-세계의 목적으로 전환된다. 이 주체에서 황홀경extase은 늘 그 자신에 유폐되는, 또 스스로를 감추는 한 존재자의 흥분상태hors-de-soi 이외의 것이 아니다. 열림, 그것은 열린 문이나 창문을 건너는 존재자들의 접근 가능성이라는 의미와 다른 의미를 가질 수 있을까? 열림, 그것은 탈은폐의 의미작용과 다른 의미작용을 가질 수 있을까?

존재에 대한 이해로 알려진 철학의 기초인 비판주의에 따르면, 그럴 수 있을 것 같지 않다. 칸트에게 "직관의 주관적 형식"인 공간은 존재자의 재현 양식이다. 존재자의 속성도 아니고, 존재자들 사이의 관계도 아닌, 비-개념이다. 전혀 존재자가 아님—이 부정적 언표는 하나의 성과다.

그러나 칸트에게 공간은 존재자의 재현 조건으로 머물며, 이런 명목으로 주관성을 함축한다. 존재자가 "주관적 환상", 영혼의 거미줄로 짠 직물에서의 환상인 것은 아니다! 이것은 주목할 만한 방식인데, 존재자로서의 존재자 ──存在性── 가 먼저 즉자적으로 실현되고 이후에 때때로 드러나는 것이 아니다. 존재성은 현시나 현상성 또는 나타남으로서 자신의 현전 행렬을 이끌며, 바로 이런 명목으로 의식으로서의 주체를 요청하고 또 그것을 재현에 부여된 것으로서 서임한다. 주체를 요청하는 이 방식, 또 存在性이 자신의 현전을 실현하는 출현에 의해 주체를 재현에 참여시키는 이 방식이 存在性의 객관성이다. 공간 또는 외재성은 객관성에 필수적이다. 그것이 출현함apparoir에 필수적이기 때문이다. 빛으로 채워진 거리로서, 초현[투명]transparence의 텅 빔으로서 말이다.

공간에서 주체가 갖는 조작적이고 운동감각적인 가능성과 기술적인 기획에 의거하면서 存在性을 객관성으로서 생각하는 것을 멈출 수는 없다. 우리는 存在性을 달리 사유할 수 없다. 우리는 존재성 너머만을 달리 사유할 수 있다. 만일 철학이 존재론이라면, 칸트주의는 철학의 토대다. 객관성은 존재성의 사물화를 전혀 의미하지 않는다. 객관성은 존재성의 현상 자체이고, 존재성의 출현이다. 직관의 고려에서 실천의 철학으로 이행하면서, 사람들은 행동의 기초로 그 행동들을 담지하는 재현을 간직하며, 또 그 행동들의 목적성 속에 "빛 안에 놓임"을, 투명함으로서의 공간을 간직한다. 모든 주관적인 것은, 후설이 계승하는 브렌타노의 공식에 따르면, 재현이며, 재현에 근거를 둔다. 모든 주장은 억견의 주장으로, 존재자의 입장이나 존재자의 인정으로, 현존의 수용으로 전환된다. 탈은폐는 공간성의 사건으로, 또 주체의 임무로 머문다.

그러나 공간의 의미는 투명함과 존재론에서 고갈되는가? 그것은 존재성과 나타남에 묶이는가? 공간의 의미는 다른 의미작용들을 지니지 않는가? 출발의 흔적, 회복 불가능한 과거의 형태, 다수성의 평등, 정의 앞에서 동질적임 ─이런 인간적 의미작용들이 이 작업을 통해 환기된다. 그것들은 탈은폐로부터 해석되지 않는다. 게다가 의심할 나위 없이, 이 의미작용들에 앞서서, 공간의 열림은 아무것도 가려지지 않는 바깥을 의미한다. 이것은 비-보호, 겹주름의 이면, 거처-없음, 비-세계, 비-서식지, 안전보장 없는 펼침이다. 단지 배타적인 것이 아닌 의미작용들. 이것들은 내면성의 검은 윤곽선의 끝 ─또는 이편 ─을 의미하며, 신화의 탈신화화를, 자유 및 비-자유의 추상적 관념들이 소진시키지 못하는 유폐의 석방을 의미한다. 왜냐하면 여기서 중요한 것은 자유보다 더 심오하고 더 큰 복합체, 의미작용들의 복합체이기 때문이다. 그것을 자유가 생동케 하는데, 거기서 자유는 생동함 자체이고, 숨결이며, 바깥 공기의 호흡이다. 거기서 내면성은 그-자신으로부터 해방되어 온갖 바람에 노출된다. 공간의 빈 곳은 보이지 않는 공기 ─바람의 어루만짐이나 폭풍우의 위협 속에 있지 않다면 지각에 감춰진, 지각되지-않은, 그러나 내 내면성의 겹주름에 이르기까지 나를 관통하는 ─로 채워진다는 점, 이 비가시성 또는 이 빈 곳은 호흡 가능한 것이거나 공포스러운 것이라는 점, 무관심하지 않은 이 비가시성이 모든 주제화에 앞서 나를 강박한다는 점, 이 단순한 활기ambiance가 어떤 의도나 목표도 없이 주체가 스스로를 내맡기고 허파에 이르기까지 노출시키는 대기^{atmosphère}로서 부과된다는 점, 주체가 자신을 이루는 실체의 바탕에서 허파일 수 있다는 점 ─ 이것은 존재에 발을 딛기 전에 고통받고 스스로를 제공하는 주체성을 의미한다. 수동성을, 완전한 **떠받침**을 의미한다.

중요한 것은 빛에 열린 공간의 투명함 속에 자리 잡은 시선들에 대한 노출이 아니다. 거기서 주체는 상호성 속에서 세계를 재개하는 가운데 방어와 공격의 **자기-관-여**^{quant-à-soi}를 형태의 가소성과 자신이 지닌 부피의 관계들 아래로 숨기는 까닭이다. 그렇다고 밤의 공간에서의 펼침이 중요한 것도 아니다. 그것은 분명 놀라움에 노출되지만, 불안정 속에서의 안정에, 어둠의 덮개 아래의 휴식에 놓인다. 노출은 스스로를 노출하려는 의지적인 주체가 지닐 법한 주도적인 것에 선행한다. 주체는 자신의 고유한 부피 안의 장소 자체로부터도, 또 밤 속의 장소로부터도 발견되지 않기 때문이다. 주체는 공간에서 열리지만, 세계-내에-있지-않다. 호흡의 휴식 없음, 자기-자신에서의 추방, 휴식 없는 즉자 ─ 이것은 (이미 여기로부터 저기로의 운동을 이루는) 거주의 불가능성이 아니다. 그것은 **숨 가쁨**이고, 실체성의 흔들림이며, **여기**의 너머다. 형태를 갖춤에 이르지 못하는 노출의 수동성이다. 타인에 대한 나의 노출은 타인을 위한 나의 책임에서 내 편의 "결정" 없이 이룩된다. 주도성과 주체적 행위의 최소 외관은 그래서 이 노출이 지닌 수동성의 가장 심오한 고발을 의미한다. 얼굴의 열림에 대한 노출, 이것은 "자기-자신"의 탈-유폐의, 세계-내-존재가 아닌 탈-유폐의 "한층 더 멀리"를 뜻한다. 더 멀리 ─타자성의 바람에 의해 잘린 숨결에까지 이르는 깊은 호흡. 이웃의 접근은 허파 너머로 주체가 분열하는 것을 뜻한다. 자아의 저항적 핵에 이르기까지, 그 개체[분할 불가능한 자]의 분리되지 않음에 이르기까지 분열하는 것을 뜻한다. 이것은 자기의 분열 또는 분열성으로서의 자기이며, 물질의 수동성보다 더 수동적인 수동성이다. 공간으로서의 열림은, 호흡에 의해 자기에서의 유폐로부터 해방됨은, 이미 이 너머를 전제한다. 즉, 타자에 대한 나의 책임과 타자에 의한 나의 영감[불어넣어짐]을 전제한다. 타자성의 압도적인 부하負荷 ―너머― 를 전제한다. 존재자들이 자신들의 생명 공간에서 당당하게 스스로를 긍정하게 해주는 것처럼 보이는 호흡이 소진consumation이고 내 실체성의 탈핵화라는 것, 호흡을 통해 내가 이미 모든 비가시적 타자에 대한 나의 예속을 향해 나를 연다는 것, 너머 또는 해방이란 압도적인 부하의 떠받침이라는 것 ―이는 분명 놀라운 일이다. 여기 제시된 이 책의 대상이 되어 온 것은 바로 이 놀라움이다.

  물론, 호흡은 생물학의 용어로 보다 단순하게 말해진다. 즉 호흡은 에너지의 근본적 필요에 응답하면서 유기체의 기능에 필수적인 산소를 조직에 공급하며 노폐물을 없앤다. 공기와 그것이 포함하는 산소는 그래서 나무나 쇠처럼 취급된다. 공기는 건강에 좋거나 해로울 수 있으며, 조절되거나 흘러갈 수 있다. 산소는 선박에 실리는 물처럼 우주 비행사의 가방에 실린다. 그러나 이러한 진리를 통해 표현된 경험들이 이뤄지고 언표되게 하는 공기와의 관계는 그 나름의 한 경험이 아니다. 그 관계가 객관성이라는 지위를 철학적 언어에서조차 지님에도 불구하고 그렇다. 철학적 언어는 이 경험들의 배후로 나아가면서 또는 그것들을 주제화의 지평으로 가져오면서 이 경험들의 의미작용을 서술한다. 그러나 말해진 것을 말함으로 환원하는 철학적 언어는 말해진 것을 호흡으로 환원한다. 타자에 대해 열리며 타인에게 자신의 의미함 자체를 의미화하는 호흡으로 말이다. 이 환원은 그러므로 말해진 것의 끊임없는 취소이며, 말해진 것 —이것의 낱말들은 정의되지 않은 낱말들에 의해 정의되는데— 에 의해 언제나 배반당하는 말함으로의 환원이고, 말해진 것으로부터 취소로 나아가는 운동이다. 여기서는 의미가 드러나고 몰락하며 또 드러난다. 배를 띄워 주는 요소가 또한 그 배를 잠기게 하고 삼켜 버리는 요소이기도 한 항해와도 같다. 철학은 아마 언어의 이런 고양 이외의 것이 아닐 것이다. 거기서 낱말들은 —사후에— 자신이 종교, 과학 및 기술 따위가 그것들의 의미 평형을 빚지고 있는 조건임을 발견하게 된다.

자기의 타자를 향한 열림, 이것은 어떤 원리를 통해 자기를 조건 짓거나 기초 짓는 것 —정주적 또는 유목적 거주자의 고정성— 이 아니다. 그것은 오히려, 어떤 자리의, 건축함의, 정착함의 점유와는 전혀 다른 관계다. 호흡은 탈-유폐로서의 초월이다. 그것은 자신의 모든 의미를 타인과의 관계에서만, 이웃의 근접성에서만 드러낸다. 이 관계는 이웃에 대한 책임, 이웃을 대신함이다. 이 프네우마주의pneumatisme는 존재하지-않음이 아니다. 그것은 탈-존재-가운데-있음이다est dès-intéressement. 존재성의, 존재 및 존재하지-않음의 배제된 삼자다.

그러나 둘 중 어디에도 속하지 않는 순간에 의해 분리된 들숨

inspiration과 날숨expiration의 통시성은 동물성이 아닌가? 동물성, 그것은 너머로의 열림 ─존재성의 열림이 아닌가? 동물성이 영혼의 아주 짧은 여전한 숨결에 지나지 않는 것이 아니라면, 그럴지도 모른다. 또 인간의 호흡에서, 그의 일상적 규칙성 속에서, 존재성을 변환하는, 타자에 의한 들숨으로 존재성을 관통하는, 이미 날숨인, "영혼을 내어 주는"![1] 들이쉼의 헐떡임을 이미 들어야 하는 것이 아니라면, 그럴지도 모른다. 존재하는 가장 긴 숨결 ─정신. 인간은 멈춤 점 없는 들숨과 되돌아옴 없는 날숨으로 가장 긴 숨을 쉴수 있는 생명체가 아닌가? 자신을 초월함, 자기 집을 떠나 자기를 떠나는 지점에까지 이름, 그것은 스스로 타자를 대신함이다. 나-자신의 내 처소에서, 나를 잘 건사하는 것이 아니라, 유일한 내 존재의 단일성으로, 타자를 위해 속죄하는 것. 세계 없는, 장소 없는 자기의 개방으로서의 공간의 열림, 유-토피아, 유폐되지 않음, 끝까지의, 날숨에 이르기까지의 들숨 ─이것이 타인의 근접성이다. 이 근접성은 타인에 대한 책임으로서만 가능하며, 이 책임은 타인을 대신함으로서만 가능하다. 타인의 타자성은 타자성의 특별한 경우 ─한 종류─ 가 아니라, 그것의 본래적 예-외다. 타인이 초월을 의미하는 것은, 또는 더 정확하게 말해서 타인이 단적으로 의미를 주는 것은, 타인이 새롭기 ─전대미문의 본질이기─ 때문이

---

1) 이스라엘의 현자들은 모세가 신의 입맞춤을 통해 영혼을 내어 주었다[숨을 거두었다]고 우의적으로 말한다. 신의 명령으로 죽는 것을 히브리에서는 "신의 입으로" 죽는다고 표현한다(「신명기」, 34장 5절). 신의 입맞춤에서의 절대적 날숨은 명령에 따른 죽음이다. 수동성과 복종에서의, 타자에 의해 타자를 위하는 들숨에서의 죽음이다.

아니다. 새로움 속에 초월과 의미작용이 있다면, 그것은 그 새로움이 타인으로부터 오기 때문이다. 새로움이 존재 속에서 존재와 달리를 의미하는 것은 타인에 의해서다. 타인의 얼굴을 통한 타인의 근접성 없이는, 모든 것은 존재로 흡수되고 존재 속에 빠지며 존재 속에 틀어박히고 같은 측면에서 진행되며 모두가 하나의 전체를 형성하게 된다. 이때 전체는 주체 자체를 흡수해 버린다. 전체는 이 주체에게 탈은폐되는데 말이다. 존재성 ─ 존재자의 존재 ─ 은 나와 타자들 사이의 비교 불가능한 것들 사이에서 통일성을, 공동성을 뽑아내고(이는 오직 유비적 통일성에 의해서만 가능할 것이다), "같은 측면"에서 우리를 이끌고 우리를 모은다. 서로서로를 갤리선의 노예들처럼 묶고, 근접성을 그것의 의미에서 비워 내면서 말이다. 결합 및 결합된 상태[정황]를 떼어 놓으려는 모든 시도는 사슬의 삐걱거리는 소리만을 낳을 뿐이다. 탈은폐된 것으로서 타자는 같은 것으로 되돌아오며, 초월의 경험은 곧바로 인위적인 것으로 의심받는다. 이전할 수 있는 의례와 의식의 성대함, 일상적 시간 밖의, 비교할 수 없는 봄날 같은 지속의 순간들에 배인 새로움, 자연의 성장과 개화, 풍경의 신선함과 조화, 하이데거가 알아보고 재림parousie이라고 말할 줄 알았던 자신의 부동의 현존 속에서 성립하는 성질의 부단한 도래, 이런 것들은 그것들이 지닌다고 내세우는 초월의 ─ 비-상의 ─ 약속 배후에 자리한 어떤 극장 장치의 효과가 아닌가? 그것들의 존재성 속에서 황홀경의 이 계기들은 우리의 고유한 시선의 반영으로 ─ 우리 필요의 신기루로, 우리 기도의 메아리로 이미 강등되지 않는가. 허영의 헛됨, 모든 것은 헛되고, 태양 아래 아무것도 새롭지 않다. 하이데거의 마법적 담론의 모든 엄숙함 속에서, 그것의 빛과 그림자의 놀이가 보여 주는 인상주의 속에서, 또 장막 뒤로부터 오는 명료함의 신비 속에서, 발끝으로 또는 소리 없는 늑대의 발걸음으로 걷는 담론의 이 모든 진행(이때 사냥감을 두렵게 하지 않으려는 극단적인 신중함은 그 사냥감을 유인하는 것이 불가능하다는 사실을 아마 감출 테고, 여기서 각각의 접촉은 닿음일 뿐인데) 속에서 —시어, 그것은 과연 수사법을 환원하는 데 이르는가? 존재성, 그것은 다른 모든 것의 불가능성 자체, 자기에 기반한 혁명이 아닌 모든 혁명의 불가능성 자체가 아닌가? 다른 곳으로부터 온다고 주장하는 모든 것 —존재성 그 자체가 가능한 경이로운 것에 이르기까지, 기술과 마술에 의한 갱신의 놀라운 가능성에 이르기까지, 이 세계의 높은 곳들에 사는 신들의 완전함과 그들의 불멸성, 또 그들이 죽을 수밖에 없는 자들에 허락하는 불멸성에 이르기까지 —이 모든 것은 모든 부정의 배후에서 다시 시작하는 그저 있음의 역겨운 소동을 완화하지 못한다. 존재성에 의해 이끌리는 대열에서의 균열도, 방심도 그렇게 하지 못한다. 오직 타인의 의미만이 반박 불가능하며, 자기의 껍질 속에 은둔하고 복귀하는 것을 금한다. 한 목소리가 다른 기슭으로부터 온다. 한 목소리가 이미 말해진 것의 말함을 방해한다.

우리의 분석은 후설 철학의 정신을 요구한다. 후설의 저작은 현상학을 우리 시대에 불러왔고, 현상학은 철학 전체의 방법에 자신의 자리를 항구적으로 마련했다. 우리가 생각을 제시하는 방식은 그 관념들을 논리적으로 분해하거나 변증법적으로 기술하는 식으로 진행되지 않는다. 그것은 지향적 분석에 충실하게 머문다. 지향적 분석이 관념들을 그것들이 출현하는 지평에서 재구성함을 의미하는 한에서 그렇다. 이 지평은 대상을 현시함에서, 대상의 관념에서, 유일한 관념에 의해 흡수된 시선에서, 오해되고 망각되거나 전치된다. 모든 것이 주제화되는—모든 것이 주제를 통해 드러나는—말해진 것에서는 그것을 말함의 해당 의미작용으로 환원하는 것이, 말함과 말해진 것 사이에 자리 잡는 단순한 상호관계 저편에서 그렇게 하는 것이 바람직하다. 말해진 것을 말함의 의미작용으로 환원하는 것이, 이 말함을 언제나 다시 환원해야 할 철학적 말해진 것에 넘겨주면서 그렇게 하는 것이 바람직하다. 다수의 시간에서의 진리, 역시 호흡과 같은 진리, 철학적 탐구의 합법적 자식인, 논박되고 되돌아오는 회의주의의 운명이 시사하는, 또 어떤 면에서는 이 회의주의가 고무하는, 종합 없는 통시성의 진리.

그러나 존재의 출현은 주체성의 궁극적 정당화가 아니다. 현재의 이 작업이 현상학을 넘어 스스로 감행하는 것이 바로 이 정당화다. 주체적인 것에서는 관념들이—또 그 관념들이 분절할 따름인 존재성이—일관성을 상실한다. 그 관념들이 등장하는 주제가 관념들에 제공하는 일관성을 상실하는 것이다. "대상에 대립된 주체" 안의 "심리적 내용들"이 발견되어서가 아니다. 오히려, 관념들 및 그것들이 분절하는 존재성이 인간적 얽힘에서 터져 나오고 또 묶이는 것은, 그것들이 거슬러 올라가는 의미작용의 과장에서며, 최상급에서고, 탁월함에서다. 그곳을 지나가는, 그곳을 지나쳐 가는 초월, 주제에서 드러나는 존재의 한 양태가 아닌 초월에서다. 외재성의 강조가 탁월함이다. 높음, 하늘이다. 하늘의 왕국이 윤리다. 이 과장, 이 탁-월함ex-cellence은 그것의 탈이해관심에서의 "타자를-위함" 이외의 것이 아니다. 이것이야말로 이 자리에서 주체의 타자를-위한-일자에서의 의미작용을 향했던 우리의 낯선 논의가 말하고자 했던 바다. 의미작용을 주제 ─ 이곳에서 의미작용은 "이성을 부여받은 주체"의 이해에 제공되는데 ─ 에서 떼어 냄으로써, 우리의 논의는 의미작용을 의식의 "체험"으로 환원해 버리지 않았다. 우리의 논의는 제3의 조건 또는 배제된 삼자의 무조건을 서술한다고 주장했다. 주체성은 여기서 존재의 **존재성**의 신비한 술책에 의해 생겨나지 않는다. 존재의 존재성에서는 하이데거의 온갖 반-지성주의에도 불구하고, 인식형이상학의 상호관계가, 즉 일종의 선언에 의해 불러내진 인간이 발견된다. 반면에 여기서 인간적인 것은 초월에 의해 ─ 또는 과장에 의해 ─ 다시 말해, 존재성의 탈이해관심에 의해 고발된다. 이 과장에서 존재성은 터져서 위를 향해 떨어진다. 인간적인 것으로 떨어진다. 우리의 철학적 논의는 드러나는 것의 오직 "주체적인" 지평들만을 파고들면서 한 항에서 다른 항으로 이행하지 않는다. 오히려 우리의 논의는 **현존**이나 주체로서 과-향過-向된sur-tendu 개념들이 그곳에서 터지는 그런 요소들의 결합을 꺼안는다.

　말해짐 없는 말함의 이 의미작용이 의미작용의 의미함 자체, 타자를-위한-일자라는 것 ─ 이것은 말해진 것의 무한한 풍요와 교환하여 수용된 말함의 빈곤이 아니다(말해진 것은 고정되는가 하면 경탄스럽게 움직이며, 우리의 책들과 우리의 전통을, 우리의 과학과 우리의 시가詩歌를, 우리의 종교와 우리의 이야깃거리를 이룬다) ── 이것은 잘 속는 자의 물물교환이 아니다. 사랑의 어루만짐은 (계산하면서 사유하는penser en comptant 자에게는) 결국[계산의 끝에서는]en fin de compte 언제나 같은 것이지만, 실상 이것은 언제나 다르며 기상천외함으로 넘친다. 노래와 시와 고백들, 거기서 사랑의 어루만짐은 그토록 다른 양태들로, 또 그토록 많은 주제들을 통해 ── 겉으로는 그 속에서 잊혀지지만 ── 말해진다. 예후다 알레비Jehuda Halévi에 따르면, "신은" 자신의 영원한 말로 "각각의 인간에게 특별하게 말을 건넨다".

의미작용 ── 타자를-위한-일자 ── 타자성과의 관계 ── 는 이 저작에서 근접성으로서 분석되었다. 근접성은 타인에 대한 책임으로서, 또 타인에 대한 책임은 대신함으로서 분석되었다. 즉, 주체는 자신의 주체성에서, 분리된 실체의 그 처소 자체에서, 타인을-위한-속죄로, 볼모의 조건 또는 무조건으로 드러났다.

이 책은 주체를 볼모로, 주체의 주체성을 존재의 존재성과 단절한 대신함으로 해석한다. 사람들은 이 테제를 유토피아주의라고 경솔하게 비난하곤 한다. 현대의 인간은 자신을 존재들 가운데 한 존재로 여기고 있다고 생각하며 말이다. 그러나 그 현대성은 그 자신에게 머무는 것이 불가능함을 드러내며 터져 버린다. 이 책은 인간적으로 자리lieu를 잡은 것은 결코 그 자리에 갇혀 머물 수 없었다는 점을 상기시키며 이 유토피아주의라는 비난을 피해 나간다. 만일 유토피아주의라는 것이 비난이라면, 만일 어떤 사상이 유토피아주의를 회피한다면 그렇다는 소리다. 이를 위해, 비-장소nonlieu가 스스로 장소lieu가 됨으로써 역사의 공간에 예외적으로 들어서는 어떤 사건에 의거할 필요는 없다. 현대 세계, 그것은 무엇보다도 하나의 질서, 또는 무-질서다. 이곳에서 이제 엘리트는 인민들이 그들 자신의 관습을, 그들 자신의 불행과 그들 자신의 환상을 갖게 놓아둘 수 없으며, 자신의 고유한 논리에 내맡겨지면 가차 없이 뒤집히는 그들의 구원 체계들을 갖게 놓아둘 수도 없다. 우리는 이 엘리트들을 때로 "지식인"이라고 부른다. 인민들은 이 땅의 만나manne 없는 사막에서 모이거나 흩어진다. 그러나 인민들 가운데 각 개인은 잠재적으로 선출된 자다. 그는 자기 차례에 ─ 또는 자기 차례를 기다리지 않고 ─ 자아 개념에서 떠나도록, 인민 속에서의 자신의 자리extension에서 떠나도록 부름을 받은 자다. 나예요라고 응답하도록, 즉 타자들을 위해 내가 여기 있습니다라고 책임으로 응답하도록 부름을 받은 자다. 자신의 자리place를, 또는 존재 속에서의 자신의 피난처를 근본적으로 상실하도록, 유토피아이기도 한 편재ubiquité 속에 들어가도록 부름을 받은 자다. 타자들을 위해 내가 여기 있습니다. 이 전형을-벗어난[놀라운]é-norme 응답의 과도함은, 존재의 존재성을, 즉 존재가 자신을 이끄는 방식을 알고 있는 나 자신의 귀에 그 응답이 들어오자마자, 위선으로 인해 약해진다. 단번에 고발되는 위선. 그러나 이 고발이 의거하는 규범들은, 의미의 거대함 속에서 또 그 규범들이 공표되는 충만한 울림 속에서, 억누를 수 없는 증언으로서의 진리들로 이해되어 왔다. 아무튼, 그런 것들이 지상을 장식하는 얼마 안 되는 인간성에 필요하지 않은 것은 아니다. 그 인간성이 순수한 예절이나 관습의 순수한 반짝임에서 온 것에 불과하더라도 말이다. 거기에 필요한 것은 인간성이 적어도 폭력을 꺼리게 해주는 존재성의 탈-규칙dé-réglement이다. 폭력에 대한 꺼림이 입증하는 것은 시초의 인간성 또는 야생적 인간성의 단계일 따름이다. 그것은 자신의 혐오를 잊을 준비가 된, "탈-규칙의 존재성"으로 전도될 준비가 된, 전적인 존재성처럼 에워싸일 준비가 된 인간성, 불가피하게 자신의 보존을 열망하는, 명예와 군사적 덕을 열망하는 그런 인간성의 단계다. 지상을 장식하는 이 얼마 안 되는 인간성을 위해 필요한 것은 두 번째 단계로 존재성을 이완시키는 일이다. 즉, 전쟁에 대해 수행하는 정의로운 전쟁에서, 모든 순간에 이 정의 자체로 말미암아, 떠는 것, 더욱이 전율하는 것이 필요하다. 이 약함이 필요하다. 우리의 손이 거부하는 얼마 되지 않는 냉혹함을 위해 남성다움을 비겁함 없이 이완시키는 일이 필요할 것이다. 전적인 수동성보다 더 수동적인 수동성에 관해서, 자아의 자아로의 분열에 관해서, 타인을 위한 자아의 소진 ―이 소진은 그 재로부터 행위가 다시 태어날 수 없는 것인데― 에 관해서, 이 책을 통해 반복된 문구들로 시사해야만 했던 것은 특히 이런 의미였다.

이 책은 파산한 어떤 개념도 되살리려고 하지 않기에, 여기서 주체의 면직과 탈-직이 의미작용 없이 남아 있지는 않다. 즉, 배후 세계에 거주하는 특정한 신의 죽음 이후에 볼모의 대신함은 흔적을, 발음 불가능한 문자를 발견한다. 그것은 언제나 이미 지나간 채로―언제나 "그"ᴵᴵ인 채로―어떤 현재에도 들어오지 않는 것의 흔적이다. 존재들을 지시하는 이름들에 더 이상 어울리지 않는 것,

그 존재들의 존재성이 공명하는 동사들에도 더 이상 어울리지 않는 것, 그러나 하나의 이름이 지닐 수 있는 모든 것을 자신의 인장으로 나타내는 것, 즉 대표-이름[대-명사]Pro-nom의 흔적이다.

옮긴이 후기

『존재와 달리 또는 존재성을 넘어』(이하『존재와 달리』)는『전체성과 무한』과 더불어 레비나스 사상의 진수를 보여 주는 그의 대표작이다.『전체성과 무한』이 레비나스의 독자적 사유 틀이 형성된 성숙기의 저술이라면,『존재와 달리』는 그 사유가 다듬어지고 심화된 완숙기의 저작이다. 여기에 비해 초기작인『존재에서 존재자로』나『시간과 타자』는 중요한 단초들을 품고 있기는 해도 레비나스 사상의 본격적인 면모를 드러내 주지는 못한다.

물론 레비나스의 저작들에는 시기를 막론하고 일관된 줄기가 있다. 그것은 현상학적 정신을 견지하면서 하이데거 철학을 극복한다는 과제로 요약될 수 있다. 현상학은 모든 것을 주체상관적인 현상으로 다룬다. 그렇기에, 주체와 무관한 객관성을 내세우는 무비판적 과학주의에 맞서 주체의 의미 영역을 옹호한다. 이런 흐름에서 하이데거가 중요한 성과를 거둔 철학자임은 분명하다. 하지만 '존재'를 앞세운 하이데거의 철학은 나치즘과 같은 전체주의에 대항하는 데 사실상 무력했을 뿐 아니라, 그 같은 전체주의를 뒷받침했다는 혐의마저 받았다. 레비나스가 볼 때, 하이데거의 '존재'는 자기중심적 확장의 지평으로 작용하여 전체론으로 이어질 소지를 지닌다. 이러한 문제의식은 레비나스가 자신의 철학적 개념들을 벼려 나가는 데 큰 역할을 했다. 사실, 그의 주요 저작들은 제목에서부터 하이데거와의 대결을 시사한다. 『존재에서 존재자로』는 하이데거가 내세웠던 '존재자에서 존재로'라는 방향을 뒤집어 '존재자'를 사물적 존재자가 아니라 체험의 주체로 이해하고자 한다. 『시간과 타자』도 하이데거의 『존재와 시간』에서 다루어진 '시간'을 '타자'와의 관계를 통해 재구성하고 돌파해 보려는 시도라고 볼 수 있다. 『전체성과 무한』은 자기중심적 동일자의 '전체성'과 타자의 '무한'을 대비시키는 가운데 하이데거의 존재론을 '전체성' 비판의 주요 과녁으로 삼고 있다. 이런 점은 『존재와 달리』에서 더욱 분명해지는데, '존재와 달리 또는 존재성을 넘어'라는 제목부터 하이데거의 철학을 위시한 존재 중심의 사고방식들을 겨누고 있기 때문이다. 이렇게 개괄하여 볼 때, 『존재와 달리』는 레비나스의 저작들을 관통하는 문제의식의 귀결점을 이룬다고 할 수 있다.

　　『전체성과 무한』에서만 해도 레비나스는 '존재'라는 용어 자체를 대놓고 기피하지는 않았다. 하지만 『존재와 달리』에 와서는 '존재'가 자기중심성의 원천이자 지반으로 취급되기에 이른다. 무릇 갈등과 전쟁은 자기를 고수하려는 존재–사이에서 비롯하기에, 이 존재–사이에서 벗어나는 것이 인간적 삶이 추구해야 할 바가 된다. 그것이 바로 윤리다. 그런데 자칫 오해하여, 이런 주장을 엄존하는 존재성의 질서를 극복하고 새로운 차원을 열자는 뜻으로만 받아들여서는 곤란하다. 윤리의 근거는 이미 우리 삶 가운데 마련되어 있기 때문이다. 나라는 주체는 애당초 나 자신이 아니라 타자로부터 말미암았으며, 타자와의 관계에 의해 형성되어 왔다. 이 과정은 시원을 알 수 없을 정도로 깊어서 우리는 그 흔적들 위에서 살아갈 따름이다. 이런 점에서 주체는 근본적으로 수동적이다. 주체의 삶이란 타자 우위의 관계 속에서 성립한다. 그러므로 타자에 응답하는 책임은 존재성 '너머'뿐 아니라 존재성 '이편'에, 즉 우리 삶의 무시원적 심층에 이미 자리하고 있다. 달리 말해, 존재성이란 그런 깊이를 지닌 삶의 표면에 나타나는 부분적 층위에 불과하다. 그것은 자기를 고수하고 확장하려는 의식의 형태를 띠지만, 그런 식으로 포착될 수 없는 우리 삶에 부분으로서 끼어들어 있을 뿐이다. 따라서 '존재와 달리'란 우리가 사는 이 세계가 아닌 어떤 다른 세계를 지향하자는 뜻이 아니다. 현대 문명에서 특히 두드러진 '존재'의 전횡을 바로잡고 삶의 근본적 면모를 회복하자는 뜻이다.

이렇듯 『존재와 달리』에서는 레비나스 사상의 특징인 '타자의 우위'가 주체 내부까지 파고들어 철저해진다. 그래서 주체는 『전체성과 무한』에서처럼 분리된, 내면성을 지닌, 향유하는, 에로스를 통해 미래를 여는 자로 나타나기보다는, 이미 타자와 얽혀 있는, 타자와의 근접성 속에 있는, 타자에 의해 상처입기 쉬운, 타자를 대신하는 자로 등장한다. 이런 면모들은 특히 근접성과 대신함을 다루는 3장과 4장에서 세세히 논구된다. 근접성에서는 주체–타자의 관계가 타자에서 주체로의 방향으로 탐구된다면, 대신함에서는 그 관계가 반대의 방향, 즉 주체로부터 타자로 향하는 방향에서 해명된다. 근접성이란 타자가 내게 다가와 있는 방식을, 대신함은 그렇게 근접해 있는 타자에게 내가 응답하는 방식을 뜻한다고 보면 좋을 것이다. 레비나스는 타자가 나를 사로잡듯 '강박'하고 나를 '소환'하며 심지어 나를 '박해'한다고 말한다. 이것이 근접성의 양상이다. 여기에는 대신함의 양상이 대응한다. 즉, 타자의 강박에 해당하는 것은 나의 '인질' 됨이고, 타자의 소환에 상응하는 것은 '내가 여기 있습니다'라는 응답이며, 타자의 박해와 짝을 이루는 것은 타자의 잘못까지 감내하는 나의 '속죄'다. 보기에 따라서는 레비나스가 사용하는 이와 같은 개념이나 표현들이 다소 부담스럽고 종교적 색채가 강하다고 여겨질지 모르겠다. 하지만 그런 인상은, 이제껏 주로 종교적 신앙에 기대어서나 다룰 수 있었던 묵직하고 중요한 윤리적 사안들을 철학적 논변을 통해서 소화해 보려는 레비나스의 매력적 시도에 수반되는 부산물이 아닐까 싶다.

3장과 4장을 둘러싸고 있는 다른 장들도 흥미로운 문제들을 다룬다. 2장에서 특히 두드러지는 것은 '말함'과 '말해진 것'의 관계다. 하이데거가 고정된 규정들을 넘어선 '존재'의 유동성을 강조했다고 하지만, 레비나스가 보기엔 이런 것도 모두 전통적 로고스에 해당하는 '말해진 것'에 속한다. 파악과 지배를 노리는 동일자의 지평을 넘어서지 못한다는 것이다. 여기에 대비되는 것이 '말함'인데, 이 말함은 상대자인 타자와의 관계에서만 가능하다. 추상하거나 고립시켜 재현할 수 없는 관계의 생생함이 말함이다. 레비나스가 이렇게 말함과 말해진 것을 구별하여 제시한 것은 『전체성과 무한』에서 개진한 후설과 하이데거에 대한 비판이 데리다 같은 이들에 의해 재비판받은 것과 관련이 있어 보인다. 자신이 말하는 타자와의 관계는 구래의 철학적 언어의 그물망에 걸리지 않는다는 점을 그러한 구별을 통해 재삼 강조하려 한 것이겠다. 이렇듯 『존재와 달리』에는 『전체성과 무한』 이후 제기된 문제들에 대한 레비나스의 답변이 들어 있다. 이와 연관하여 5장(특히 3절)에서 주로 논의되는 책임의 보편성 문제도 주의 깊게 살펴볼 만하다. 레비나스에 따르면 타자에 대한 책임은 원래 비교되거나 견주어질 수 없는 것이지만, 타자들 사이에 충돌이나 갈등이 있는 경우 나는 그들 사이에서 어떤 태도를 취해야 하는가 하는 문제가 생긴다. 나아가, 타자와의 관계에서 나는 책임의 주체일 따름이지 책임의 대상이 아니지만, 나를 타자로 여기는 책임의 관계는 과연 성립 불가능한가 하는 문제가 책임의 보편성과 관련하여 제기될 수 있다. 레비나스는 이런 문제들에 대해, 정의正義 개념을 『전체성과 무한』에서와 다르게 재설정하여, 또 구래의 '신'을 대체한다고 보이는 '삼자성' 개념을 활용하여 답하고 있다.

이 책의 서론 격인 1장과 결론 격인 6장은 나머지 다른 장들을 풍성하게 에워싼다. 1장은 책 전체의 내용을 조목조목 개관하고 있는데, 본론을 읽고 나서 다시 읽으면 그 함의가 더욱 새롭게 다가올 것이다. 6장 「밖으로」는 이 책의 여타 장들 모두와 마찬가지로 독립적으로 읽어도 무방한 훌륭하고 멋진 글인데, 힘의 논리를 벗어나 존재성 바깥의 목소리를 듣는 약함의 윤리가 필요하다고 역설함으로써 마무리에 값하고 있다.

　이상, 옮긴이로서 『존재와 달리』의 됨됨이와 관련해 독자들에게 전할 만하다고 생각한 바 몇 가지를 간단히 적어 봤다. 책의 얼개를 이해하는 데 조금이라도 도움이 된다면 다행이겠다. 세월의 무게를 견뎌 낸 중요한 철학 책들이 대개 읽기 어려운 편이지만, 이 책의 난해함은 그 어느 책 못지않다. 레비나스의 사유가 꽤나 응축적이고 논쟁적인 데다가 서양 철학 전반을 문제로 삼고 있어서, 꼼꼼한 독해의 노력이 요구된다. 옮긴이의 경우도 이 책을 부산대 대학원 세미나에서 오랜 시간 함께 읽고 난 후에야 그 성과를 번역서로 만들어 볼 엄두를 낼 수 있었다. 그러므로 이 번역서에는 그간 레비나스 독해 세미나에 참여한 여러 사람의 노력이 담겨 있다. 이름을 일일이 열거하긴 어렵지만 이 자리를 빌려 그 모든 분들께 감사를 드린다. 또 상업성과는 별 상관이 없을 이 책의 가치를 믿고 출판을 결정해 준 그린비출판사에도 감사의 뜻을 전한다. 모쪼록 이 번역본이 현대의 철학, 문학, 그리고 사회운동과 관련된 논의들에 적지 않은 영향을 미치고 있는 레비나스의 사상을 한층 더 깊게 이해하는 데 작게나마 기여할 수 있기를 바란다.

　레비나스의 생각과 표현을 충실히 옮겨 보려고 나름 애를 썼으나 미흡한 부분이 많을 줄 안다. 발견하고 지적받는 대로 바로잡으려 노력할 것을 약속드린다.

2021년 7월

문성원

저역자 소개

에마뉘엘 레비나스(Emmanuel Levinas, 1906~1995)

리투아니아의 유태인 가정에서 태어났다. 1923년 프랑스로 유학해 스트라스부르 대학에서 수학했고, 1928~1929년 독일 프라이부르크 대학에서 후설과 하이데거로부터 현상학을 배운 뒤, 1930년 스트라스부르 대학에서 『후설 현상학에서의 직관 이론』으로 박사학위를 받았다. 1939년 프랑스 군인으로 2차 대전에 참전했다가 포로가 되어 종전과 함께 풀려났다. 1945년부터 파리의 유대인 학교(ENIO) 교장으로 오랫동안 일했다. 이 무렵의 저작으로는 『시간과 타자』(1947), 『존재에서 존재자로』(1947), 『후설과 하이데거와 함께 존재를 찾아서』(1949) 등이 있다. 1961년 첫 번째 주저인 『전체성과 무한』 이후 레비나스는 독자성을 지닌 철학자로 명성을 얻기 시작했으며, 1974년에는 그의 두 번째 주저 『존재와 달리 또는 존재성을 넘어』가 출판되었다. 다른 중요한 저작들로는 『어려운 자유』(1963), 『관념에 오는 신에 대하여』(1982), 『주체 바깥』(1987), 『우리 사이』(1991) 등이 있다. 레비나스는 기존 서양 철학을 자기중심적 지배를 확장하려 한 존재론이라고 비판하며, 타자에 대한 책임을 우선하는 윤리학을 제1철학으로 내세웠다. 1964년 푸아티에 대학에서 강의하기 시작하여 1967년 낭테르 대학 교수를 거쳐 1973년에서 1976년까지 소르본 대학 교수를 지낸 그는, 교수직을 은퇴한 후에도 강연과 집필을 계속하다가 1995년 성탄절에 눈을 감았다.

문성원

서울대학교 철학과를 졸업하고 동대학원에서 철학박사 학위를 받았다. 경기대, 서울대, 서울시립대, 서울산업대 등에서 강의했으며, 2000년부터 부산대학교 철학과 교수로 재직 중이다. 『철학의 시추: 루이 알튀세르의 마르크스주의 철학』(1999), 『배제의 배제와 환대: 현대와 탈현대의 사회 철학』(2000), 『해체와 윤리: 변화와 책임의 사회철학』(2012), 『철학자 구보 씨의 세상 생각』(2013), 『타자와 욕망』(2017), 『철학의 슬픔』(2019) 등을 썼다. 옮긴 책으로 지그문트 바우만의 『자유』(2002), 자크 데리다의 『아듀 레비나스』(2016), 공역한 책으로 『국가와 혁명』(1995), 『철학대사전』(1997), 『마르크스주의 변증법의 역사』(2000), 『신, 죽음 그리고 시간』(2013), 『전체성과 무한』(2018), 『타자성과 초월』(2020) 등이 있다.